中央编译局文库编辑委员会

主　　任：贾高建
副 主 任：魏海生　柴方国　季正聚　崔友平
委　　员（按姓氏笔画排序）：
　　　　　冯　雷　牟建君　杨雪冬　沈红文　张凤宝
　　　　　陈家刚　胡长栓　郗卫东　葛海彦

马克思主义经典著作研究读本

主　编　杨金海　李惠斌

列宁《帝国主义是资本主义的最高阶段》研究读本

刘长军　韩海涛　李惠斌

《马克思主义经典著作研究读本》顾问委员会

贾高建　俞可平　柴方国　庄福龄　陈先达　赵家祥　詹汝琮
李洙泗　张钟朴　冯文光　安启念　韩庆祥　李小兵　张曙光

《马克思主义经典著作研究读本》编委会

主　编　杨金海　李惠斌
副主编　薛晓源　林进平
编　委（按姓氏拼音排序）
　　　　　曹典顺　冯　章　韩立新　江　洋　姜海波
　　　　　李百玲　吕梁山　苗永姝　聂锦芳　闫月梅
　　　　　杨学功　姚　颖　张　盾　张云飞　郑　锦

总　序

呈献给读者的这套"马克思主义经典著作研究读本"丛书，旨在立足于21世纪中国和世界发展的现实，对马克思、恩格斯、列宁重要著作以及有关专题思想重新进行较为深入的研究和解读，供广大读者特别是致力于深入研究马克思主义经典作家原著的读者阅读使用。计划出版40种，三年内陆续完成编写和出版工作。

马克思主义经典著作是学习和研究马克思主义理论的基础文本，历来为人们所重视。在我国学术史上，曾编写和出版过不少关于经典著作的读本，包括各种注释性读本和导读性读本，对学习和研究马克思主义理论发挥过重要作用。然而，随着时代的发展，这些读本也越来越显出历史局限性。比如，以往对经典著作的解读视角较旧，对马克思主义理解不够全面；解读的经典著作范围较小，视野有限；解读所依据的文献不足，深度不够等。进入新世纪以来，特别是自2004年中央实施马克思主义理论研究和建设工程以来，马克思主义经典著作的教学、研究以及普及工作不断加强，这就迫切要求对经典著作重新进行解读。

同时，这些年我国学界有关经典著作的翻译和研究成果不断推出，为更好地解读经典著作提供了可能。改革开放以来，特别是进入新世纪以来，随着我国社会主义现代化建设以及人类文明的深入推进，我们对马克思主义的理解以及对经典著作的研究不断深化，解读视角发生重大转变，对马克思主义的理解更加全面。例如，以往由于受革命实践的影响，我们较多地从社会主义"革命"视角去解读，而较少从社会主义"建设"视角去解读，因此，较多地注重研究其中的阶级斗争、无产阶级革命和无产阶级专政等理论，而较少研究社会和谐发展、人的全面发展等思想。革命胜利后，仍然沿袭了这种解读模式。这就造成了对马克思主义理解的片面性。实际上，马克思主义经典著作中有丰富的新社会建设思想，恰恰是这些长期被忽视的思想对我们今天的社会主义建设实践来说更有意义。近些年来，我国学者自觉地从"建设"视角研究经典著作基本观点，取得了一系列可喜成就。又如，过去对经典著作的解读主要限于对若干重要经典著作的解读，如对《共产党宣言》等五六部名著有较为详细的解读，对其他著作的解读不多。即使有收文较多的导读性读本，但常常由于篇幅所限，也只能对这些著作进行简要介绍，不可能对每一部著作展开研究。近些年来，这种情况在逐步发生变化。研究经典著作的专题成果越来越多。再如，近年来新的经典著作编译成果和相关研究成果不断推出，大大拓宽了人们对经典著作基本观点的理解。加之这些年我国学界一大批优秀的中青年学者成长起来，他们的外语水平较高，知识储备较多，研究方法较新等，对经典著作的研究和理解也更有新意。这些都为更好地解读经典著作提供了新的时代条件。

为了继承前人研究的成果，弥补以往研究的不足，总结这些年我国学界编译、研究经典著作的成果和经验，比较全面系统地解读和阐释经典著作的基本观点，中央编译局专门成立了"马克思主义经典著作及其重大理论问题研究"课题组，并对该项研究提供了基金资助。课题组不仅在局内组织力量进行研究，而且向社会公开招标，争取到社会力量的支持，一批有造诣的中青年专家参与到课题研究中来。经过课题组同仁两年多努力，已经形成一批研究成果，并将继续补充、完善并陆续推出。这套"马克思主义经典著作研究读本"丛书就是这些成果的集中体现。

本丛书力求体现如下特点，这也是丛书编著工作所力求遵循的原则：第一，体现全面性和系统性。本丛书不仅对经典作家的名著进行解读，也对其他重要著作进行解读，还要对经典作家的一些重要思想，如马克思的人类学思想、列宁的新经济政策理论等，进行专题梳理和解读。不仅从"革命"视角，而且从"建设"视角，全面、系统地梳理经典作家的思想观点。力求使这套丛书成为收文最全面、解读最系统、最能够反映经典作家著作全貌的学术成果。第二,突出文献性和考证性。每一研究读本的写作,力求充分反映国内外有关研究成果,特别是要充分反映我国新时期在经典著作翻译和研究方面所发现的新文献、取得的新成果。在此基础上,要对经典著作形成的历史背景、国内外传播、原著重要思想观点及其流变,以及后人对这些观点的理解等,进行考证研究。如果说过去的解读主要是"注"的话,那么,这套读本则要进一步体现"疏"的特点。通过这种"注疏"性考据研究,不仅使读者知其然,也知其所以然。这样,也能够为学界进一步研究提供尽可能丰富的文献资料。第三,力求权威性和准确性。一方面,研究读本所依据的经典著作文本力求具有权威性和准确性。主要依据中央编译局所编译的最新译本,如《马克思恩格斯全集》第二版、《马克思恩格斯文集》、《列宁全集》第二版、《列宁专题文集》等。对还没有新译文的文本,可以采用旧译文。同时,适当参照外文版本,进行比较研究。另一方面,所依据的其他文献资料,也力求具有权威性和准确性。要选择国内外在该研究领域最具权威性的专家学者的最具代表性的观点和最有影响力的文章。

基于上述考虑,本丛书采取大致统一的研究和写作框架。除导论外,各个读本均有五个部分组成。一是历史考证部分,其中包括写作背景、国内外主要版本和传播考证等;二是研究状况部分,包括对国内外已有的研究情况进行梳理;三是当代解读部分,包括对经典著作的内容简介,对已有研究观点的疏正,对重要理论观点及其当代意义的阐述;四是原著选编部分,根据经典著作的不同情况,或采取全选的形式,或采取节选的形式,均采用中央编译局的最新译本,个别读本同时选编原著的旧文本,以方便比较研读;五是附录部分,包括3到5篇关于本著作的国内外有一定权威性的研究文章,以及进一步研究需要参考和阅读的文献资料。

需要说明的是,对于经典著作的研究,往往会有仁者见仁、智者见智的情况。所以,尽管我们在组织编写工作中努力体现上述原则,但这些读本的观点不一定都具有代表性,更不可能与每一位读者的观点完全一致。加之作者研究角度不同，水平各异，每一读本的结构、篇章、内容、观点都不尽相同，其权威性程度也不尽一致。其中很可能有疏漏和错误之处，谨请读者批评指正。

　　该丛书在编写和出版过程中，得到了各个方面的大力支持。中央编译局对此项工作高度重视，始终给予鼎力支持。国家出版基金将该丛书列入 2012 年资助项目。中央编译出版社为该丛书申报国家出版基金项目并最终立项，以及为丛书出版做了大量工作。本丛书中收入的译著和文章的译者、作者和出版者同意我们使用相关的著作版权。该项目顾问委员会的专家对丛书的编写工作给予热情指导，编委会成员和课题组同仁为丛书的编写付出了辛勤劳动。在此一并致以衷心的谢意！

《马克思主义经典著作研究读本》
编辑委员会
2013 年 6 月 16 日

目 录

导 论 …………………………………………………………… 1

第一部分 历史考证 ……………………………………… 9

第一章 《帝国主义是资本主义的最高阶段》的写作背景 …… 11
  一 时代背景：帝国主义时代的来临 ………………… 11
  二 现实状况：严格的书报检查 ……………………… 14
  三 理论背景：多种"帝国主义"论调 ………………… 15
  四 真正贡献：博采众长，独成一家 ………………… 18

第二章 《帝国主义是资本主义的最高阶段》的写作过程 …… 39
  一 写作前的准备阶段 ………………………………… 39
  二 具体写作过程 ……………………………………… 46

第三章 《帝国主义是资本主义的最高阶段》在国际上的
        出版传播 ………………………………………… 87
  一 在苏联的出版传播 ………………………………… 88
  二 在其他国家的出版传播 …………………………… 99

第四章 《帝国主义是资本主义的最高阶段》在中国的
        出版传播 ………………………………………… 103
  一 一些代表性的研究机构、个人及图书 …………… 103

1

二　新中国成立前的出版和传播 …………………………… 112
三　新中国成立后的出版和传播 …………………………… 124
四　借助"辞典"来传播 ……………………………………… 177

第二部分　研究状况 …………………………………………… 181

第五章　国内研究状况 ………………………………………… 183
一　国内研究现状 …………………………………………… 183
二　国内研究的特点及研究展望 …………………………… 202

第六章　国外研究状况 ………………………………………… 207
一　国外研究现状 …………………………………………… 207
二　国外研究《帝国主义是资本主义的最高阶段》的特点
　　分析 ……………………………………………………… 232

第三部分　当代解读 …………………………………………… 239

第七章　《帝国主义是资本主义的最高阶段》结构与内容 …… 241
一　生产集中和垄断 ………………………………………… 241
二　银行和银行的新作用 …………………………………… 243
三　金融资本和金融寡头 …………………………………… 244
四　资本输出 ………………………………………………… 246
五　资本家同盟瓜分世界 …………………………………… 247
六　大国瓜分世界 …………………………………………… 248
七　帝国主义是资本主义的特殊阶段 ……………………… 249
八　资本主义的寄生性和腐朽 ……………………………… 251
九　对帝国主义的批评 ……………………………………… 252
十　帝国主义的历史地位 …………………………………… 253
十一　关于列宁写的两个序言 ……………………………… 254

第八章 《帝国主义是资本主义的最高阶段》的文本比较 …… 257
　一　文本比较的原则 …… 257
　二　《帝国主义是资本主义的最高阶段》的文本比较情况 …… 260
　三　对文本比较结果的分析和总结 …… 274

第四部分　经典著作选编 …… 279
　列　宁　帝国主义是资本主义的最高阶段 …… 281

第五部分　附　录 …… 387
　附录Ⅰ　研究文献精选 …… 389
　　一　〔印度〕普拉卡什·卡拉特：21世纪的马克思主义：
　　　　对新自由主义和帝国主义的替代 …… 389
　　二　郑　彪：重读列宁的《帝国主义论》 …… 398
　　三　李惠斌：建立全球化时代的新的概念框架 …… 418
　　四　刘长军：马克思列宁主义在中国传播的模式分析 …… 432
　附录Ⅱ　延伸阅读书目 …… 446
　　一　经典著作与基本参考资料 …… 446
　　二　国内专著 …… 448
　　三　译著 …… 452
　　四　英文文献 …… 455
　　五　期刊论文 …… 456

后　记 …… 460

导 论

列宁所著《帝国主义是资本主义的最高阶段》（又译作《帝国主义论》）甫一问世，就像一艘超级革命巨轮，带着布尔什维克乘风破浪，极大地促成了"十月革命"。这部著作的广泛传播，对整个国际无产阶级革命运动起到了极大的助推作用，也自然而然地震撼了帝国主义的世界体系。研究这部著作，具有重要的理论意义和实践价值。

一　研究目的

随着时代主题由"战争与革命"转向"和平与发展"，尤其是随着"苏东剧变"的发生，思想理论界对《帝国主义是资本主义的最高阶段》的解读，出现了更多分歧。比如有的认为该著作已经过时了，有的认为该著作的基本观点没有过时只是其中部分结论过时了，等等。这样一来，就造成三个后果：

后果一：弄不清《帝国主义是资本主义的最高阶段》的译介问题，就武断下结论，造成了考证讹误和工作量重复。表现有三：一是梳理不清《帝国主义是资本主义的最高阶段》在中国乃至世界上的传播状况，掌握不准该著作在国内外的版本、译本和文本问题；二是掌握不准《帝国主义是资本主义的最高阶段》在国内外某个时期的具体的、历史的影响。只是笼统地说明该著作有重要的影响，但该著作对彼时工人运动或者学术界到底产生了怎样的影响，却讲不出子丑寅卯；三是由于不明晰《帝国主义是资本主义的最高阶段》的传播史状况，造成了某些重复性的考证工作量，浪费了人力、物力和财力。

后果二：搞不准《帝国主义是资本主义的最高阶段》的研究状况问题，就武断下结论，造成了某些思想混乱。表现有二：一是忽略了学术界已有的研究成果，缺少对国内外研究状况的整体性和细节性的真实把握，造成在评价前人研究观点时出现偏颇；二是忽视了对同一研究者在不同时期对待这部著作的不同态度，缺少对已有研究成果的前后比较，结果造成评价某一研究成果时，出现了"只见树木不见森林"的短视现象。实际上，国内外研究《帝国主义是资本主义的最高阶段》的成果也比较多，并且基本上都与国内外重大事件的发生和列宁的纪念活动有关。不同的研究者对这部著作有不同的认识，即便同一个研究者，在不同的时期也可能有不同的认识，甚至还会修正自己原先的结论。

后果三：搞不清楚《帝国主义是资本主义的最高阶段》的创作背景和写作过程，造成了对该著作的误读。表现有二：一是缺少将《帝国主义是资本主义的最高阶段》植入彼时的社会背景下去分析，造成了对该著作的解读缺少历史感，有假大空之嫌疑；二是不能做到将不同历史时期具有代表性的中文文本进行比较研究，搞不清楚一些关键术语演变轨迹及其背后复杂的社会历史条件，造成笼统性和模糊性地判定列宁思想中国化问题。

正因为如此，学术界对列宁帝国主义思想的分歧和争论也就在所难免了。可惜的是，有些分歧在历史上已经解决了，而当今部分学者仍然重拾旧题，结果造成无谓的争论，这不但不利于马克思列宁主义的传播，也影响了马克思主义中国化的进程，造成了思想理论的困惑，带来了不好的后果。

基于此，本书主要解决以下三个问题，并在此基础上提出自己的见解。

一是详细考证《帝国主义是资本主义的最高阶段》的译介问题。本研究不是单纯地重复考证，而是除了详细考证译本、版本和文本之外,还将详细考证该著作的创作背景、创作过程,以及考证该著作译介过程中出现的一些历史史实。可在前人研究的基础上,大大拓宽了考证的范围和考证对象,从而为解决因译介而产生分歧这一问题打下史料基础,避免说空话。

二是深入分析《帝国主义是资本主义的最高阶段》的研究状况问题。学术界有不少人梳理了国内外关于《帝国主义是资本主义的最高阶段》的研究状况,这很有意义。但由于这些公开发表的文章,容量比较小,而且大多数不是按照《帝国主义是资本主义的最高阶段》的译介年代来梳理,一定程度上造成了读者的思想混乱。比如认为该著作"过时的",到底是上世纪20年代认为过时的,还是30年代认为过时的,还是新中国成立之后才认为的,读者可能并不很清楚。当前的一些研究综述,恰好忽略了这些细节问题。本书详细地考证了该著作在不同年代的传播问题,并较为完整地梳理了研究状况,为读者清晰呈现了当前的研究现状、研究不足、研究空白、研究前瞻等问题,扭转了因为综述不深而武断下结论的弊端。

三是梳理《帝国主义是资本主义的最高阶段》的关键术语的比较和前后衍变问题。学术界对《帝国主义是资本主义的最高阶段》的研究,存在一个重要的空白论域,即文本比较研究。将不同历史时期典型代表性的文本做一对比,会发现该著作中关键术语出现了不同的翻译。从译者主观上看,这是由于他们的翻译习惯抑或知识结构造成的,但从客观上看,也隐含着当时的时代背景差异。通过这一对比研究工作,解决因为译文问题而陷入的无休止争论,这也同时为解决马克思主义中国化的曲折历史奠定了坚实的文本基础。

二 研究范围

由于《帝国主义是资本主义的最高阶段》这部著作内容十分丰富,涉及政治学、经济学、社会学、统计学等众多学科,加上学界对此研究成果较多，为了减少工作量重复，本研究将研究范围仅仅限定在以下三个方面：

第一，该著作的历史考证问题。包括：研究该著作的创作背景、创作过程、在国际上的出版传播、在中国的出版传播。

第二，该著作的研究状况问题。包括：国内研究状况和国外研究状况。

第三，该著作的文本比较问题。包括：不同版本之间专有术语的比较、译文逻辑的比较、专有词语的比较，等等。

以上研究范围是与上述研究目的相呼应的，是为了解决以往研究中出现分歧的原因而设定的。从这三个研究范围看，第一个研究范围是为第二、第三个研究范围打基础的，因为只有搞清楚《帝国主义是资本主义的最高阶段》的基本的历史考证问题，才能对该著作有一个正确的研究评价。所以，将第一个研究范围搞清楚，是本报告的基础工程和前提工程。第二个研究范围和第三个研究范围具有逻辑上的统一性，因为要说清楚该著作的时代价值，就需要对该著作的研究状况有一个基本的把握，而对该著作研究状况的把握，则有助于我们科学地评价该著作的当代意义。当然，本书不是为了考证而考证，而是通过考证工作，说明当前我们坚持和发展马克思列宁主义帝国主义思想的必要性和重要性。

三　研究方法

1. 依据文献学的方法。本书尽可能广泛地阅读有关原始文献特别是原始文本，在此基础上，将《帝国主义是资本主义的最高阶段》的创作背景、创作过程、传播史、研究状况等作为研究范围，以使研究更富深度和启迪性；注重"问题意识"、注重学术性和政治性的有机统一。

2. 运用归纳与演绎、抽象与具体相结合的方法，归纳马列著作中重要术语前后演变背后的中国化因素，对马列著作文本译介的内在机理进行中国化意义上的规律总结。本研究着重《帝国主义是资本主义的最高阶段》的背景梳理和传播史考证，注重全面总结当前学界对该著作的研究状况，尤其是注重对《帝国主义是资本主义的最高阶段》中基本概念和重要观点来龙去脉的追根溯源、演变轨迹的梳理和分析。

3. 历史与现实、理论与实践、逻辑与历史相结合的方法。为了避免单纯从文本到文本、从理论到理论带来的误读和空疏，努力将理论研究与历史研究结合起来，从复杂的历史背景和制约因素出发，解读国内外对列宁帝国主义思想的认识的历程、思想形成的过程、观念嬗变的深层原因。可以说，将理论研究、历史研究、现实研究结合起来是本书研究的最大特色。在注意本书研究的科学性和学理化基础的同时，注意"资政"，注意为中国共产党认识和建设中国特色社会主义提供历史借鉴。以《帝国主义是资本主义的最高阶段》为坐标，窥斑见豹，深入研究马克思主义在中国传播的模式问题，提炼本研究对当前推进马克思主义中国化的意义，进一步提高当今马克思主义中国化的有效性，达到研究的学术性和政治性的有机统一。

四　研究思路

本研究围绕《帝国主义是资本主义的最高阶段》在中国"如何译介"、"怎样变化"、"怎样中国化"等问题渐次展开。首先，对该著作的创作背景、写作过程、出版传播等问题，进行详细的历史考证；其次，对学术界的研究状况进行系统的梳理和总结，弄懂搞清学术界的研究状态；再次，从马克思主义中国化视角，研究该著作中关键术语的变化情况和历史演进，研究这些关键术语发生改变的原因；最后，系统总结本研究的当代启示和时代意义，为当前推进马克思主义中国化提供方法论支撑。本书自始至终探寻马列主义是如何以及怎样中国化的（如下图）。

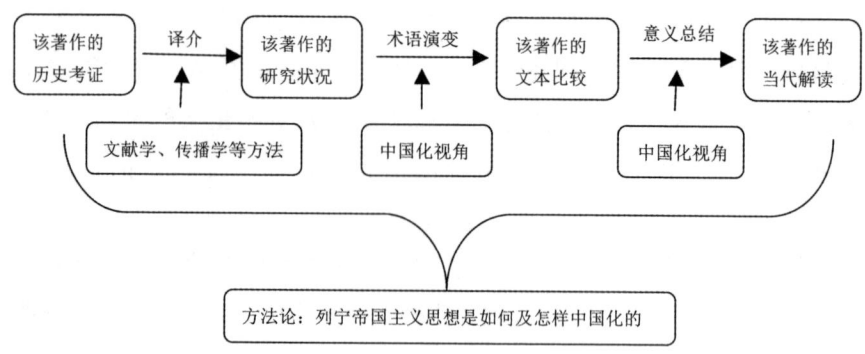

五 研究意义

本书的研究意义体现在以下几个方面：

1. 通过系统梳理《帝国主义是资本主义的最高阶段》的写作背景、写作过程以及该著作在国内外的译介情况，可以帮助人们认清列宁帝国主义思想的形成脉络，有助于人们准确把握列宁的帝国主义思想，也有利于读者进一步了解中国人民是如何一步一步接受列宁帝国主义思想的，总结其中的经验教训，为当前学习和宣传马克思主义提供借鉴。

2. 通过全面、系统地总结提炼国内外学术界关于《帝国主义是资本主义的最高阶段》的研究论域、研究态度、研究趋势等，有助于我们全面认识当前学术界对于该著作的研究状况、研究进程、研究缺陷等，可以很好地总结、提炼对该著作进一步研究的薄弱环节和空白点，也有助于我们弄清在哪些方面需要进一步坚持和发展列宁的帝国主义思想，而不是笼统性下结论。

3. 通过实事求是地挖掘和比较《帝国主义是资本主义的最高阶段》在中国的译本、版本、文本前后演变的情况，有助于厘清该著作中基本概念和重要观点来龙去脉的追根溯源和在中国的演变轨迹，为人们公允地评价列宁帝国主义思想奠定深厚的版本学和文本学基础。

4. 研究《帝国主义是资本主义的最高阶段》具有重要的时代价值，尤其在当前各种"后帝国"思潮相互迸发的全球化背景下，列宁的帝国主义思想仍然是我们辨析错谬、批判资产阶级"帝国论"的有力武器，仍然是继承、坚持和发展创新马克思主义帝国主义思想的光辉标杆。

第一部分　历史考证

第一章 《帝国主义是资本主义的最高阶段》的写作背景

《帝国主义是资本主义的最高阶段》不是心血来潮的产物，它是列宁在长期关注帝国主义问题的基础上，结合当时的时代特征，在与各种形形色色的帝国主义理论斗争的过程中产生的。所以，列宁创作该书有着特殊的时代背景、理论背景、个人背景等。那种认为该书仅仅是列宁受出版社之约而写成的应景之作的观点，是站不住脚的。

一 时代背景：帝国主义时代的来临

世界究竟何时开始迈进帝国主义时代的呢？如果用一个十分准确的年代来断定的话，是困难的。但是，在19世纪末和20世纪初，整个人类社会发展无论从生产关系上看，还是从当时世界发展状况看，的确进入了"帝国主义时代"。

（一）帝国主义的定义

什么是"帝国主义"呢？这是个复杂的问题，为了简而化之，笔者借用高岱在《帝国主义概念考析》中的观点来说明问题。高岱认为，"帝国主义"作为一个社会历史概念，它的内涵在不同的历史阶段，都不断地吸收、融合和产生新的认识和见解，并相应地发挥了它们应有的历史作用和理论意义。高岱认为：帝国主义（Imperialism）是从拉丁文 imperium（帝国）演化而来的。最初仅仅与西方文明进程中的古典帝国,如罗马帝国、查理曼帝国的扩张行为相联系;从15世纪开始的地理大发现,随着西班牙、葡萄牙殖民帝国的建立,"帝国主义"一词也伴随着世界殖民体系的形成和发展而具有了新的内涵。从19世纪30年代开始,"帝国主义"和"帝国主义者"便频繁出现在法文中。但真正将该词赋予殖民扩张的内涵,还是英国人。英国从19世纪下半叶开始使用该词,作为殖民扩张的代言。可以看出来,"帝国主义"一词,在19世纪下半叶之前,更多地是个政治概念。高岱认为,帝国主义作为一个社会历史概念,首先出现在英国人霍布森的《帝国主义论》中,并且随着时间的发展,作为历史概念的"帝国主义"也被不断地赋予新的内涵。列宁的帝国主义观点,对指导世界无产阶级运动具有重要意义。由于帝国的存在,当今帝国主义的表现形式是多样的,这就需要加强对帝国主义本质的再探讨和再把握。①

所以,在这里,我们所说的19世纪末和20世纪初,人类进入的"帝国主义时代"是从社会历史学的角度来说的,而不是从政治学角度来说的。

(二) 人类社会进入帝国主义时代

从当时人类社会生产关系上看,整个人类社会进入到帝国主义体系。这表现在两个方面:一是从资本主义生产关系本身来看,资本主义的生产关系基本上从自由竞争的生产关系转变到垄断积聚的生产关系,资本主义生产关系本身的表现形式,就已经表现出了帝国主义的生产关系特征。二是从资本主义与其他国家的关系看,帝国主义的生产关系已经逐渐占据了人类生产关系的主体。资本主义的生产关系已经从西欧一隅逐渐扩展到世界各地,资本主义的生产关系占据了人类生产关系的主导地位,并且裹挟着其他生产关系向前发展。但是,在各个资本主义国家之间,资本主义生产关系发展的程度并不一样,那些资本主义生产关

---

① 参见高岱:《帝国主义概念考析》,载《历史教学》2007年第2期。

系发展比较充分的国家，它们积累了较多的财富和肆意进行殖民扩张，那些起步较晚但发展较快的资本主义国家，也同时渴望积累更多的财富和扩张自己的殖民势力范围。整个世界，基本上被帝国主义的生产关系瓜分完毕。

从当时人类社会发展的外在形式看，帝国主义争权夺利的战争此起彼伏，并演变为第一次世界大战。第一次世界大战，实际上是帝国主义发展不平衡的产物，也是帝国主义为了分割势力范围，用战争的形式解决帝国主义生产关系发展中矛盾的一种手段。19世纪末和20世纪初，资本主义已经从自由竞争逐步过渡到垄断的帝国主义时代，帝国主义到处扩张殖民地，引起了资本主义国内无产阶级与资产阶级之间的矛盾、宗主国和殖民地之间的矛盾、帝国主义国家之间的矛盾等，这些矛盾不断激化，激发了无产阶级团结起来推翻帝国主义的世界无产阶级革命。第一次世界大战的爆发，将世界无产阶级革命推向了一个新的高潮。在这种背景下，列宁根据马克思主义的基本理论，结合资本主义发展的新特征和新材料，科学地论证了资本主义发展的新阶段——帝国主义阶段。所以，《帝国主义论》是帝国主义和世界无产阶级革命的产物。毛泽东深刻地指出："马克思不能在自由资本主义时代就预先具体地认识帝国主义时代的某些特异的规律，因为帝国主义这个资本主义最后阶段还未到来，还无这种实践，只有列宁和斯大林才能担当此项任务。"[①]

从当时的思想理论界来看，由于人类生产关系的帝国主义性质占据了主流，"帝国主义"成为当时的世界思潮和世界"名词"。在俄国，出现了列宁所说的"帝国主义经济派"；在英国，出现了以霍布森的《帝国主义》为代表的"帝国热"；在奥地利等国，出现了以希法亭的《金融资本》为代表的"帝国热"；在德国，则出现了以卢森堡为代表的左派"帝国积累"说，同时也出现了以考茨基等改良主义为代表的"超帝国主义论"，等等。

---

① 《毛泽东选集》第1卷，北京：人民出版社1991年版，第287页。

经济基础决定上层建筑，由于世界帝国主义生产关系的内在性，决定了帝国主义学说在世界范围内不断出现。再加上第一次世界大战的帝国主义性质，人类社会在这个时候，进入了"帝国主义时代"。列宁的《帝国主义是资本主义的最高阶段》正是在这种时代背景下产生的。总之，《帝国主义是资本主义的最高阶段》是帝国主义和世界无产阶级革命时代的产物。

二 现实状况：严格的书报检查

实际上，当时列宁在创作《帝国主义是资本主义的最高阶段》时，整个资本主义世界的书报检查制度是十分严厉的。资本主义仍然将马克思主义视为洪水猛兽，马克思主义刊物的公开出版发行还是问题，常常受到突然的检查和毫无预知的侵扰。

在俄国，沙皇严格的书报检查制度令列宁十分厌恶。如果我们认真阅读列宁于1917年4月26日在彼得格勒写的《帝国主义是资本主义的最高阶段》一书的序言，就可以想象出当时的舆论环境是多么的险恶。列宁指出，当时的理论创作环境十分逼仄："在目前这种自由的日子里，重读小册子里这些因顾虑沙皇政府的书报检查而说得走了样的、吞吞吐吐的、好像被铁钳子钳住了似的地方，真是感到十分难受。"[①] 如果用中文来形容当时列宁的心情，就是"如鲠在喉"，让人不吐不快。

这样的文字出现在列宁著作的很多地方，苏联学者莎拉波夫和瓦列茨基认为："弗拉基米尔·伊里奇极力诅咒沙皇制度强迫那些拿起笔杆撰写'合法'作品的一切革命者使用的伊索寓言。他在序言中用许多例子说明，以前他不得不用'奴隶'语言说话，只有现在一切才恢复了原样。"[②] 而实际上，在俄国孤帆出版社初版的列宁《帝国主义是资

[①] 《列宁专题文集（论资本主义）》，北京：人民出版社2009年版，第98页。
[②] 〔苏〕莎拉波夫、瓦列茨基：《列宁是怎样阅读书报杂志的》，黎鉴堂、戴松成译，北京：书目文献出版社1984年版，第90页。

本主义的最高阶段》中，著作中的不少专有名词都被修改了，就是为了能顺利通过当局的书报检查制度。列宁甚至认为《帝国主义是资本主义的最高阶段》"最经得起书报检查"。但是，结果却出乎列宁的预料。当时，当列宁将《帝国主义是资本主义的最高阶段》一书的手稿寄给当时的出版编辑米·尼·波克罗夫斯时，这个手稿却被法国的军事当局没收了。列宁在与米·尼·波克罗夫斯的通信中，提到了这个事情。

正是由于沙皇严格的书报检查，列宁希望读者在阅读《帝国主义是资本主义的最高阶段》时，也能够同时阅读他与季诺维也夫共同主编的《反潮流》文集中的文章，这些文章不但与列宁的帝国主义思想有关，更重要的是由于不是在俄国出版，出版的自由程度相对较高，受到的书报检查也不如俄国那样严格。所以，这些文章中的隐晦用语也比较少，读者可以更直接地了解当时的"帝国主义"及其基本情况。

三　理论背景：多种"帝国主义"论调

（一）资产阶级对帝国主义的解释

苏联著名经济学家 A.M.鲁勉采夫认为，"在第一次世界大战前，在论述帝国主义问题的资产阶级著述中出现了两个流派。第一个流派的代表（舒尔茨、利夫曼和里谢尔等人）发展了资产阶级辩护士们的帝国主义观点。他们宣称垄断组织在资本主义经济中具有'组织'作用，颂扬帝国主义（特别是本国帝国主义），抹杀帝国主义的深刻而尖锐的矛盾，避而不谈资本主义生产严重存在的无政府状态和比例失调状态，不谈经济危机的加深、失业人数的增加等等。第二个流派的代表（霍布森、阿加德和兰斯堡等人）对帝国主义持批判立场，指出了垄断资本主义的某些矛盾。但是，他们在批判帝国主义的同时，却完全支持资本主义生产方式。他们呼吁从垄断资本主义回到自由竞争的资本主义，要求从资本主义身上'清除'那些要不得的东西。这是小资产阶级对帝国主义的批判。列宁证明了资产阶级经济学家的观点在理论上是站不住脚的，在政治上是反动的。"①

(二) 改良主义者的帝国主义论

苏联著名经济学家 A.M.鲁勉采夫主编的《政治经济学教科书》认为，"在右翼社会民主党人中间，对于帝国主义的观点，也出现过两个派别。他们当中有些人（伯恩施坦、大卫和库诺夫等人）公开地转到帝国主义辩护士的营垒，颂扬帝国主义，劝说工人阶级支持资本主义制度。他们是最恬不知耻和最露骨的帝国主义的辩护人。

在右翼社会民主党人中间，以第二国际领袖考茨基为首的另一派的代表，装出一副反对帝国主义的样子，甚至还号召人们同帝国主义作斗争，而实际上则为资本主义辩解。列宁深刻而尖锐地批判了考茨基在帝国主义问题上的观点，因为他的观点对工人运动有巨大的危害性。考茨基抹杀和歪曲了帝国主义的真正实质。他断言帝国主义是高度发展的工业资本主义的产物，帝国主义的实质似乎只是工业资本侵占尽可能多的农业区域和国家。考茨基说，帝国主义只是代表一种特殊的政策，它同帝国主义经济——垄断组织和金融资本的统治没有直接联系。

考茨基把帝国主义政治与经济割裂开来，这实际上就是站到了同帝国主义妥协的立场上，因为同垄断组织的侵略政策作斗争并不损伤它们的经济统治的基础，正如列宁所指出的，这只是一句空话。考茨基的帝国主义定义是第二国际政党的机会主义政策的基础。

列宁还彻底批判了考茨基的另一改良主义理论——'超帝国主义'论。考茨基断言，资本主义的发展会导致民族资本的联合和一切托拉斯合并成一个包罗万象的托拉斯，随着这样的一个托拉斯的产生，各国的帝国主义者之间的斗争也就终止了，整个世界将由国际的联合起来的资本进行管理，于是出现了一个'超帝国主义'阶段。

---

① 〔苏〕A.M.鲁勉采夫：《政治经济学教科书》（上册），刘家辉等译，北京：高等教育出版社1984年版，第408—409页。

列宁强调指出，那种认为国际卡特尔会带来在资本主义条件下各国之间和平共处的希望的见解，在理论上是十分荒谬的，而在实践中则是保护了帝国主义，模糊了无产阶级的阶级意识。考茨基的'超帝国主义'论的根本错误，在于它无视资本主义发展不平衡的规律，这一规律的作用导致尖锐的国际冲突。"①

（三）第二国际左翼代表的"帝国主义论"

其中以卢森堡、拉法格、布哈林等为代表。卢森堡以《资本积累论》为代表，阐述了资本积累的趋势，提出了帝国主义的"积累规律"问题。拉法格则提出了帝国主义的"五大特征"说，并且这"五大特征"说，对列宁的帝国主义思想有着重要的影响。列宁对帝国主义五大特征的描述与拉法格有着很大的相似度。布哈林则有远见地认为，帝国主义将来会形成"帝国主义联盟"。

除了上述一些帝国主义的派别和论调之外，在俄国，围绕帝国主义问题的争论，还形成了列宁所谓的"帝国主义经济派"，这个派别不但迷思于帝国主义，而且还煞有介事地从经济学上论证帝国主义的正当性和必然性。尤其需要指出的是，19世纪末和20世纪初，机会主义和修正主义的国际思潮已经在国际工人运动中泛滥起来。国际工人运动出现了分裂，马克思主义展开了与机会主义和修正主义的激烈斗争。作为修正主义的鼻祖——伯恩施坦借口时代出现的新变化，提出要修正马克思主义，对于他的这种政治嘴脸，群众容易识破。但是，对于标榜"中派"的考茨基而言，由于他贩卖"超帝国主义论"，很容易麻痹群众，"考茨基主义"在群众中具有很大的欺骗性。面对机会主义的攻击，列宁以大无畏的精神深入批判了他们的丑恶嘴脸，《帝国主义是资本主义的最高阶段》就是在反对修正主义和机会主义的斗争中产生的。正如列宁所说："对无产阶级的思想独立来说，目前世界上没有什么东西能比

---

① 〔苏〕A.M.鲁勉采夫：《政治经济学教科书》（上册），刘家辉等译，北京：高等教育出版社1984年版，第409—410页。

考茨基的这种恶劣的自鸣得意和卑鄙的伪善态度更有害和更危险的了,他总想什么都捂着盖着,总想用诡辩和似乎博学的废话来麻醉工人们已经觉醒了的良知。"①

总之,在列宁创作《帝国主义是资本主义的最高阶段》时,无论是俄国国内,还是当时国际共产主义运动的左右两派,还是当时发达的帝国主义国家,都出现了"帝国主义"的论调,并且这种论调已经成为当时舆论的聚焦点之一。列宁《帝国主义是资本主义的最高阶段》正是在反对各种机会主义的斗争中逐步形成和完善的。

四 真正贡献:博采众长,独成一家②

长期以来,人们把列宁的《帝国主义是资本主义的最高阶段》这本通俗小册子奉为关于帝国主义问题研究的经典著作,有意识地掩盖了小册子是列宁在吸收众多研究帝国主义理论的先行者们的观点基础上写成的这样的一个事实。人们在夸大列宁功绩的同时,却把列宁的真正贡献忽略了。③

任何事物都有自己的产生根据,都不是无源之水、无本之木。列宁帝国主义理论也不例外,它也不是凭空产生的,而是在批判分析、吸收借鉴和突破创新已有的帝国主义理论的基础上产生的。正如肯尼思·塔巴克所说:"列宁从那些在帝国主义问题上比他论述早的人的著作中吸取了大量东西。"④《帝国主义是资本主义的最高阶段》充分体现了列宁从事理论创作的开放性。所以,研究《帝国主义是资本主义的最高阶

---

① 《列宁全集》第 47 卷,北京:人民出版社 1990 年版,第 26 页。
② 这部分内容,部分行文参照了刘维春所著《列宁帝国主义论的再理解》一书的部分文字。在此,表示感谢。
③ 中央编译局:《马克思恩格斯列宁斯大林研究》第 1 辑,北京:人民出版社 1996 年版,第 114 页。
④ 〔德〕罗莎·卢森堡、〔苏〕尼·布哈林:《帝国主义与资本积累》,柴金如等译,哈尔滨:黑龙江人民出版社 1982 年版,第 44 页。

段》创作背景，就不应该忘记列宁帝国主义理论的渊源，因为这部著作是列宁帝国主义理论产生的重要理论背景。

但是，学术界对于列宁帝国主义理论与当时其他帝国主义理论的关系的研究结论并不一致。有的认为，列宁帝国主义理论是"对拉法格帝国主义基本特征理论的整体继承；对霍布森'资本扩张本质论'的利用和帝国主义寄生性的补充；对希法亭'金融资本垄断论'的基本继承；对卢森堡'积累规律论'的部分借鉴；对布哈林的资本'国际化'与'民族化'的直接吸收；对考茨基'超帝国主义论'的全盘否定"①。

笔者认为，无论怎样研究列宁帝国主义论，都必须实事求是地依靠列宁原始文本中列宁亲友和同事的回忆录，甚至列宁论敌的一些论述。只有这样，我们才能真正地厘清列宁帝国主义理论是如何批判吸收以及突破创新当时形形色色的帝国主义理论的。

（一）列宁对霍布森帝国主义理论的吸收与批判

约翰·阿特金森·霍布森（Hobson, John Atkinson, 1858—1940）——英国经济学家，资产阶级改良主义者和和平主义者，其代表作有《帝国主义》（1894）等书。该书于1902年在伦敦出版，列宁曾于1904年翻译过。在《帝国主义》中，霍布森用大量材料说明了帝国主义的经济和政治特征，但却没有揭示出帝国主义的本质，认为帝国主义仅仅是一种政策的产物，只要改进收入的分配方式、提高居民的消费能力，经济危机就可以消除，争夺海外投资市场也就没有必要，帝国主义就可以避免。他还幻想只要帝国主义采取联合原则，形成所谓国际帝国主义，就能消除帝国主义之间的矛盾，达到永久和平。

霍布森的帝国主义理论是当时风靡一时的时髦理论，他提出的"帝国联合"思想是考茨基"超帝国主义"理论的主要来源，并且也影响了列宁的帝国主义理论。列宁在《关于帝国主义的笔记》中对它作了

---

① 参见刘维春：《列宁帝国主义论的再理解》，北京：社会科学文献出版社2013年版，第76—130页。

详细的分析和摘录。列宁在利用霍布森这部著作中的大量事实材料的同时，批判了他的改良主义的结论和暗中维护帝国主义的企图。

关于列宁对霍布森帝国主义理论的批判吸收，《帝国主义是资本主义的最高阶段》一书的序言交代得很清楚。在序言中，列宁实事求是地交代了当时从事理论创作的困难，主要是研究资料和参考文献严重不足。尽管如此，在这种情况下，列宁还是指出，"现在献给读者的这本小册子，是1916年春天我在苏黎世写成的。在那里的工作条件下，我自然感到法文和英文的参考书有些不足，俄文参考书尤其缺乏。但是，论述帝国主义的一本主要英文著作，即约·阿·霍布森的书，我还是利用了的，而且我认为是给了它应得的重视。"① 在《帝国主义笔记》中的《评考茨基论帝国主义》一部分，列宁也认为，"霍布森论述帝国主义的书一般说来是有益的，特别有益的是它有助于揭露考茨基主义在这一问题上的主要虚伪之处。"②

那么，列宁是怎样批判借鉴霍布森帝国主义理论的呢？其一，基本赞同霍布森对帝国主义特点的分析。尽管霍布森是资产阶级改良派的著作家，但列宁在《帝国主义是资本主义的最高阶段》一书的开始部分，还是基本肯定了霍布森对帝国主义特点的分析。列宁指出，从实质上看，霍布森的改良主义与和平主义观点同考茨基此时的立场是一致的，但"他对帝国主义的基本经济特点和政治特点作了一个很好很详尽的说明"③。为了更明显地批判考茨基背叛马克思主义和突出霍布森比考茨基在帝国主义理论上的较多贡献，列宁再次强调指出，"考茨基标榜自己在继续维护马克思主义，实际上比**社会自由主义者**霍布森还后退了一步，因为霍布森还**比较正确地**估计到现代帝国主义的两个'历史的具体的'（考茨基的定义恰好是对历史的具体性的嘲弄！）特点：（1）**几个**

---

① 《列宁专题文集（论资本主义）》，北京：人民出版社2009年版，第97—98页。
② 《列宁全集》第54卷，北京：人民出版社1990年版，第105页。
③ 《列宁专题文集（论资本主义）》，北京：人民出版社2009年版，第106页。

帝国主义相互竞争；（2）金融家比商人占优势。"①

其二，丰富补充了霍布森关于帝国主义寄生性的论述。霍布森虽然是资产阶级改良派学者，但他在《帝国主义》中，却用一个专章来论述帝国主义的寄生性问题以及这种寄生性对工人阶级的侵蚀和危害。列宁对霍布森的寄生理论非常重视，在《帝国主义是资本主义的最高阶段》一书的第八部分，即"资本主义的寄生性和腐朽"中，不仅大量地借用了霍布森的观点，甚至认为这一点是作为非马克思主义者的霍布森却比作为马克思主义者希法亭更有进步性的表征之一，"马克思主义者希法亭的缺点之一，就是他在这一点上比非马克思主义者霍布森还后退了一步。我们说的就是帝国主义所特有的寄生性。"② 由于霍布森政治身份的资产阶级性，以及他对马克思主义的天然距离感，使得霍布森关于帝国主义腐朽性对于无产阶级影响的分析，更能说明问题。列宁明确指出，"为了尽量把这一点说清楚，我们还是引用霍布森的话。他是一个最'可靠的'证人，因为谁也不会疑心他偏袒'马克思主义的正统思想'；另一方面他又是英国人，很了解这个殖民地最广大、金融资本最雄厚、帝国主义经验最丰富的国家的情况。"③ 霍布森对帝国主义的理论分析起点是资本主义的分配，而不是资本主义的生产，他认为帝国主义的腐朽性以及寄生习气所造成的对本国下层的金钱收买关系，都导源于资本主义的分配。列宁对此提出了批判，因为这与马克思主义的生产决定论背道而驰。所以，列宁又指出，"我们要补充一句：为了在经济上有可能进行这样的收买，不管收买的形式如何，都必须有垄断高额利润。"④ 在这里，霍布森颠倒了生产与分配的关系，他对帝国主义的分析逻辑竟然是分配决定论，直接导致他在对帝国主义殖民扩张的根源性的分析中，竟然错误地得出分配不合理这一根本原因，却完全忽视

---

① 《列宁专题文集（论资本主义）》，北京：人民出版社 2009 年版，第 178—179 页。
② 同上书，第 185 页。
③ 同上书，第 188 页。
④ 同上书，第 188—189 页。

了生产集中上的垄断的决定性意义。同时,霍布森以梦幻般的"帝国联盟"的方式来消解帝国主义之间的矛盾,也是"真空"式的理论幻想。这些错误的理论观点,列宁都曾批判过。

(二) 对希法亭"金融资本垄断论"的吸收与批判

希法亭,鲁道夫·希法亭(Hilferding,Rudolf,1877—1941)——奥地利社会民主党、德国社会民主党和第二国际领袖之一,"奥地利马克思主义"理论家。1910年发表《金融资本》一书,对研究垄断资本主义起到了一定的积极作用,但是书中有严重的理论错误和机会主义观点。

列宁在《帝国主义是资本主义的最高阶段》和《关于帝国主义的笔记》中,不止一次地引用过鲁·希法亭的《金融资本》一书。列宁在肯定这本书对帝国主义理论分析的同时,批评了作者在一些帝国主义的重要问题上的非马克思主义的论点和结论。(主要集中在《列宁全集》第2版第54卷第369—375、694—695页。)比如,列宁指出,"1910年,在维也纳出版了奥地利马克思主义者鲁道夫·希法亭的《金融资本》一书(俄译本1912年在莫斯科出版)。虽然作者在货币理论问题上有错误,并且书中有某种把马克思主义同机会主义调和起来的倾向,但是这本书对'资本主义发展的最新阶段'(希法亭这本书的副标题)作了一个极有价值的理论分析。"①

列宁对希法亭帝国主义理论的吸收借鉴,主要体现在"金融资本垄断论"。希法亭在《金融资本——资本主义最新发展的研究》中写道,"兼并和利益共同体不仅在工业领域中是可能的,而且在商业、银行中也同样是可能的。"② 工业的集中推动了商业的集中,而两者的集中又推动了银行金融的集中。反过来,银行金融业的集中,又进一步加剧了

---

① 《列宁专题文集(论资本主义)》,北京:人民出版社2009年版,第106页。
② 〔德〕鲁道夫·希法亭:《金融资本——资本主义最新发展的研究》,福民等译,北京:商务印书馆1994年版,第220页。

工业和商业的集中程度和集中速度。希法亭进一步指出,"资本主义产业的发展引起银行的集中,而集中的银行制度本身是达到在资本主义集中的最高阶段——卡特尔和托拉斯的重要推动力。……卡特尔也在银行和产业之间造成更为密切的关系。"① 至此,希法亭的金融资本理论基本成型。金融资本一旦形成,其政治权威的本性就立即现出原形,即金融资本不仅掌控国家的经济命脉,也是国家政治权力的实际掌控者,它们掌握着国家命运的未来走向,"金融资本所希望的不是自由,而是统治;它对个别资本家的对立性毫无兴趣,而是要求对后者的束缚"②。希法亭认为,各个资本主义国家金融资本的无限集中垄断,一定会突破国家间界限而在世界范围内进行毫无人性的殖民扩张,进而引起各帝国主义国家之间的利益纷争,其解决手段就是"最后诉诸暴力",帝国主义的战争就会不可避免地爆发,继而会围绕战争与和平等问题,引起国际范围和国家内部的无产阶级与资产阶级之间的斗争,而"反对帝国主义的斗争激化了资产阶级社会内一切阶级的对立"③。希法亭认为,无产阶级应该坚持社会主义的取向而不能因为金融资本的强大统治力就放弃正确的抉择。

列宁肯定了希法亭"金融资本垄断论",他在阐述帝国主义反动性的时候指出,"希法亭很正确地指出了帝国主义和民族压迫加剧之间的联系"④。同时,列宁还认为,希法亭正确地分析了下面的问题:在金融资本的基础上生长起来的非经济的上层建筑,即金融资本的政策和意识形态,加强了夺取殖民地的趋向。"希法亭说得很对:'金融资本要的不是自由,而是统治。'"⑤ 此外,列宁对希法亭的社会主义前途的预见性分析,给予了充分的肯定。

---

① 〔德〕鲁道夫·希法亭:《金融资本——资本主义最新发展的研究》,福民等译,北京:商务印书馆1994年版,第250页。
② 同上书,第385页。
③ 同上书,第428页。
④ 《列宁专题文集(论资本主义)》,北京:人民出版社2009年版,第207页。
⑤ 同上书,第172页。

虽然希法亭的帝国主义理论有许多闪光的创新之处，列宁也充分肯定了这些理论，但他的帝国主义理论体系的弱点同样十分明显。比如，列宁在《关于帝国主义的笔记》中毫不留情地指出："希法亭的缺点：（1）关于货币的理论错误。（2）忽视（几乎）世界的瓜分。（3）忽视金融资本与寄生性的关系。（4）忽视帝国主义与机会主义的关系。"①

在关于帝国主义寄生性问题上，列宁直接批评希法亭的落后性，讽刺他作为马克思主义者还不如非马克思主义者霍布森有进步性。此外，由于希法亭将货币流通视为金融资本概念的核心，这就葬送了他关于进一步揭示帝国主义本质的理论前途，这使得他的金融资本理论露出了用纸币本位制试图取代马克思劳动价值论的嫌疑。对此，列宁认为，希法亭关于金融资本的定义有问题，"这个定义不完全的地方，就在于它没有指出最重要的因素之一，即生产和资本的集中发展到了会导致而且已经导致垄断的高度。"②也就是说，希法亭在"金融资本统治论"问题上的可贵之处在于他正确地指出了金融资本的形成逻辑，但缺点是没有深入地揭示出金融资本的根源性问题——生产集中和资本垄断等，这也是他的帝国主义理论体系漏洞频出的关键之处，并且这一漏洞致使他在后来的理论探索中偏离了马克思主义道路，逐步滑入了机会主义和社会民主主义的怀抱。

可见，希法亭和霍布森都认为，帝国主义是由于垄断产生的，从而要进行必要的资本输出。这虽然有合理的地方，但问题是：资本输出为什么要实行帝国主义政策呢？希法亭的解释很难服众，他认为是偶然的事件或者偶然的竞争导致了资本输出是要采取帝国主义政策。也就是说，他认为，帝国主义从根源上讲是外部条件产生的。

---

① 《列宁全集》第54卷，北京：人民出版社1990年版，第201—202页。
② 《列宁专题文集（论资本主义）》，北京：人民出版社2009年版，第136页。

（三）对拉法格、卢森堡、布哈林有关帝国主义思想的批判性吸收

作为真正的马克思主义者，拉法格、卢森堡和布哈林关于帝国主义的论述，也给予列宁诸多的启发，列宁的帝国主义理论很大程度上吸收了他们的理论成果。

其一，列宁对拉法格帝国主义特征理论的完备继承。作为法国最早的马克思主义理论家和马克思的女婿，拉法格关于帝国主义的研究集中体现在《驳对卡尔·马克思的批评》（1896）和《美国托拉斯及其经济、社会和政治意义》两本书。在这两本书中，最能体现拉法格帝国主义思想的地方，就是关于帝国主义特征的描述。拉法格首先明确了资本主义发展的新阶段，他指出，"现在，当资本主义正在演变到它的最后阶段……"① 在《美国托拉斯及其经济、社会和政治意义》一书中，拉法格详细考察了美国托拉斯的发展历史及其政治意义，认为以托拉斯为典型代表的帝国主义具有如下特征：第一，生产的集中造成了托拉斯体系，而托拉斯体系又反过来加剧了集中的程度，造成了最大规模的垄断组织；第二，工业资本与金融资本日益融合生长；第三，托拉斯式的垄断组织成为经济领域、政治领域和其他领域的实际控制者；第四，金融寡头（即金融总司令）掌控国家对外政策，不断扩大对外侵略，加剧了国际和国内矛盾；第五，日益形成最大规模的国际性同盟。

拉法格关于帝国主义五大特征的分析，严重地影响了列宁，在《帝国主义是资本主义的最高阶段》中，我们可以毫不费力地看到列宁关于帝国主义特征的分析与拉法格是多么地惊人相似。当然，拉法格对帝国主义的分析还存在一些不足，比如对帝国主义的殖民瓜分分析不够，对资本输出的深远后果分析不够，等等。

其二，列宁对卢森堡关于帝国主义的"积累规律论"的批判和借

---

① 中央编译局国际共运史研究室：《拉法格文选》下，北京：人民出版社1985年版，第226页。

鉴。卢森堡关于帝国主义的研究主要集中在《国民经济学入门》（1908）、《资本积累论》（1913）、《资本积累——一个反批判》（1915）三本书中。其中，《资本积累论》因为否定马克思社会资本再生产理论、重构资本积累的企图，使得该书甫一发表就引起轩然大波，招致包括列宁等人的猛烈批判，此书也一度被打入了历史宿命论的冷宫。1913年3月，列宁在《致列·波·加米涅夫》的信中指出，"罗莎的新著《资本积累论》读过了。胡说八道！完全歪曲了马克思。我非常高兴，潘涅库克、埃克施泰因和奥·鲍威尔异口同声地谴责这本书，而且他们对这本书的批判，说的就是我在1899年反对民粹派时说过的话。我准备在《启蒙》杂志第4期上写篇文章谈谈罗莎这本书。"①

为了更详尽地批判卢森堡的"积累规律论"，列宁甚至还专门写了《评罗莎·卢森堡〈资本积累论〉一书的文章的提纲草稿和素材》（1913年3月—4月），列宁草拟的批判提纲如下：

大致内容：

一、14年前。民粹派反对马克思主义者。合法马克思主义者和社会民主党人。

二、罗莎·卢森堡的曲解。

三、理论问题的提法。

四、罗莎·卢森堡的批评。反批评。

五、罗莎·卢森堡的"补充"。失败。

补五。德国社会民主党刊物和"无谓纠纷"。

六、辩证法和折中主义。

七、帝国主义和剩余价值的实现（罗特施坦等）。②

但是，由于列宁事务太忙，加之当时他将最主要的批判矛头对准了考茨基，所以，列宁批判卢森堡的工作始终没能以体系的形式完成，而且从国际共产主义运动的大视角看，列宁与卢森堡的分歧充其量相当于

---

① 《列宁全集》第46卷，北京：人民出版社1990年版，第262页。
② 《列宁全集》第59卷，北京：人民出版社1990年版，第426—427页。

人民内部矛盾，不但他们的分歧不是政治路线的根本性分歧，而且他们都有共同的敌人——考茨基、伯恩施坦之流等机会主义者。

我们不得不承认，卢森堡从资本积累的角度阐述帝国主义问题，的确存在一些缺陷和空想成分。但是，从另外一个角度看，卢森堡从资本积累的角度来阐述帝国主义问题，这是她从资本横向扩展的角度而不同于他人从资本纵向增殖的角度来研究帝国主义，尤其是她对帝国主义世界体系的研究，还是给予列宁若干的理论启示，并且成为列宁帝国主义理论的来源之一。卢森堡认为，资本主义生产方式的内在张力决定了资本主义世界扩张的殖民掠夺之路的必然性，并且不可避免地导致殖民战争，"参加寻求积累地区的资本主义国家越多，仍然对资本扩张开放的非资本主义地方就变得越少，竞争就越厉害；它的掠夺转变为一连串的经济和政治灾难：世界危机，战争，革命。"① 而列宁对这一点是充分肯定的，他关于帝国主义战争的论述与卢森堡有着惊人的一致，而卢森堡《资本积累论》发表的时间要早于列宁《帝国主义论》，列宁在批判卢森堡这部著作的同时，也受到了该书中帝国主义体系观点的若干启示。

实际，列宁早在1909年的《致罗莎·卢森堡》的信中，就对卢森堡批判召回派的做法给予了充分肯定，列宁写道，"您那篇反对召回派和最后通牒派的文章大家都很喜欢。"② 而列宁在晚年的《政治家札记》的第三部分即"论捉狐狸；论莱维；论塞拉蒂"中还高度评价卢森堡以及卢森堡的有关著作和思想。列宁实事求是地指出，"罗莎·卢森堡在波兰独立的问题上犯过错误，在1903年对孟什维主义的评价上犯过错误，在资本积累的理论上犯过错误，在1914年7月犯过同普列汉诺夫、王德威尔得、考茨基等一起主张布尔什维克和孟什维克联合的错误，1918年在监狱里写的著作中也犯过错误（不过她已在1918年底

---

① 〔德〕罗莎·卢森堡、〔苏〕尼·布哈林：《帝国主义与资本积累》，柴金如等译，哈尔滨：黑龙江人民出版社1982年版，第68页。

② 《列宁全集》第45卷，北京：人民出版社1990年版，第233页。

1919年初即出狱以后纠正了自己很大一部分错误)。虽然犯了这些错误,但她始终是一只鹰,不仅永远值得全世界的共产党人怀念,而且她的生平和她的**全部**著作(德国共产党人延缓她的全集的出版太久了,他们在艰苦斗争中遭到空前惨重的牺牲也只能使他们在某种程度情有可原)对教育全世界好几代共产党人来说都将是极其有益的。"①

其三,对布哈林关于帝国主义多样性和世界革命多样化思想的继承和发展。作为被列宁誉为"不仅是党的最宝贵的和最大的理论家,他也理所当然被认为是全党喜欢的人物"②,布哈林关于帝国主义的论述主要集中在写于1915年并在1918年发表的《世界经济与帝国主义》一书中。虽然该书出版时间晚于《帝国主义是资本主义的最高阶段》,但列宁的确在此之前读过《世界经济与帝国主义》,并为该书作序。列宁在《为尼·布哈林〈世界经济和帝国主义〉一书写的序言》(1915年12月21日〔1916年1月3日〕以前)中指出,"布哈林这本著作所谈的问题,其重要性和迫切性是毋庸赘述的。在研究当代资本主义形式变化的经济科学领域中,帝国主义问题不但是最重要的问题之一,而且可以说是最重要的问题。了解一下作者在最新材料的基础上精选出来的大量有关事实,对于一个不但关心经济而且关心当代社会生活任何一个方面的人,都是绝对必要的。"③ 从列宁写这篇序言的时间上分析,在列宁《帝国主义是资本主义的最高阶段》出版之前,他应当是非常认真地阅读了布哈林的这篇著作,并认为该书对于研究帝国主义问题很有帮助。

列宁对布哈林帝国主义思想的借鉴吸收,主要体现在以下几个方面:一是帝国主义的阶段论。他在评价布哈林《世界经济与帝国主义》时明确指出:"尼·伊·布哈林的这本著作的科学意义特别在于:它考察了世界经济中有关帝国主义的基本事实,它把帝国主义看成一个整

---

① 《列宁选集》第4卷,北京:人民出版社2012年版,第643—644页。
② 同上书,第745页。
③ 《列宁全集》第27卷,北京:人民出版社1990年版,第140页。

体,看成最高度发达的资本主义的一定的发展阶段。"① 列宁在《帝国主义是资本主义的最高阶段》中,将帝国主义直接视为资本主义的最高阶段、最后阶段。可以说,在帝国主义的历史阶段的问题上,列宁直接吸收了布哈林的有关思想。实际上,这也是列宁不迷信"考茨基权威"的直接表现。二是社会主义革命前途论。布哈林在《世界经济与帝国主义》中,直截了当地点明了帝国主义的命运将被社会主义的前途所代替。他的这一思想后来在1925年的《到社会主义之路和工农联盟》一文中得到了充分的发挥,并且深化为"世界革命多样化"思想。列宁在《帝国主义是资本主义的最高阶段》中,也提出了"社会主义前夜"的问题,可谓两人观点不谋而合。此外,在垄断资本集中的问题上,在借用国家资本主义的概念问题上,列宁都不同程度地吸收了布哈林的有关思想。

在列宁《帝国主义是资本主义的最高阶段》出版之前,布哈林的帝国主义思想实际上是不完全的,列宁对布哈林帝国主义思想的吸收和借鉴,实际上也是不完全的。在列宁去世之后,布哈林又进一步发展了自己的帝国主义思想。但是,由于本文限于考察《帝国主义是资本主义的最高阶段》出版之前列宁对布哈林帝国主义思想的借鉴和吸收,而对于布哈林其后的帝国主义思想,本文不作为重点考察。但是,笔者认为,布哈林关于帝国主义的观点有许多地方值得我们重视,由于篇幅限制,现撷取三部分。第一,帝国主义多样化的观点。布哈林认为,帝国主义是资本主义的新阶段和没落阶段,但是"必须记住,即使在数百年当中发展起来的资本主义制度,它在发展的没落阶段即帝国主义时代,尽管已经达到了如此的高龄,也具有各种不同的形式、各种不同的所谓民族特点"②。第二,取代资本主义的社会主义也具有不同的道路选择。布哈林认为,社会主义建设中也存在独特性问题,"既然各国的革命都

---

① 《列宁全集》第27卷,北京:人民出版社1990年版,第141页。
② 《布哈林文选》上,北京:人民出版社1981年版,第474页。

有自己的特点，那么社会主义建设难免也会有自己的特点。"① 第三，世界革命的过程呈现了不同的多样化特征。②

在《世界经济与帝国主义》一书中，布哈林的帝国主义思想虽然在某些方面值得借鉴，但也存在一些缺陷，最主要的缺陷就是对帝国主义论证的不严密和逻辑思维的不缜密，列宁认为，"他的理论观点能不能说是完全马克思主义的，很值得怀疑，因为其中有某些烦琐哲学的东西（他从来没有学过辩证法，因而——我想——他从来没有完全理解辩证法）。"③ 在《世界经济与帝国主义》一书中，布哈林虽然提出了有价值的"有组织的资本主义"理论，但是，"布哈林识别出了形成国家基础之上单一的'庞大联合企业'的趋势。然而，和许多马克思主义者一样，他常常把一种趋势当做一种既定的事实来论述，并且忽视了各种相反的趋势。"④

可以看出来，布哈林对帝国主义的分析与霍布森、希法亭等人比较起来，其研究的视角和方法出现了重要的变化，就是把帝国主义看成是资本主义的一个历史阶段，并重点从生产领域来分析帝国主义问题，而不是将视角仅仅局限在交换领域和流通领域。但是，由于布哈林从根本上认为垄断完全排斥了竞争，这决定了他无法科学彻底地说明帝国主义的问题。

（四）对考茨基"超帝国主义论"的彻底否定

考茨基关于帝国主义的论述集中在《帝国主义》（1914 年第一次世界大战爆发前写成，1914 年 9 月 11 日发表。载于德文《新时代》杂志第 32 卷（1913—1914 年）第 2 册第 21 期，第 908—922 页。）、《国际

---

① 《布哈林文选》上，北京：人民出版社 1981 年版，第 196 页。
② 参见刘长军：《布哈林多样化思想的内涵》，载《胜利油田党校学报》2007 年第 2 期，第 30—32 页。
③ 《列宁选集》第 4 卷，北京：人民出版社 2012 年版，第 745 页。
④ 〔英〕安东尼·布鲁厄：《马克思主义的帝国主义理论——一个批判性的考察》，陆俊译，重庆：重庆出版社 2003 年版，第 116 页。

主义和战争》（1914）、《民族国家、帝国主义国家和国家联盟》（1915）、《两本论述重新学习的书》（1915）和《再论我们的幻想》（1915）、《帝国主义——〈唯物主义历史观〉第二卷第五编第八章》（1927）等著作和文章中。尤其是《帝国主义》小册子（1964年三联书店的中文版，共20页），它集中体现了考茨基的帝国主义思想。正如"出版者说明"所指出的那样，"考茨基在这篇文章中，提出了他自己给帝国主义所下的定义，分析了帝国主义产生的根源，鼓吹帝国主义发展成'超帝国主义'的可能性。文章包含了考茨基此后进一步发展的'超帝国主义论'的一切主要论点。"①

与希法亭强调"金融资本"不同，也与卢森堡突出的"资本—非资本"经济关系不一样，更与布哈林的"资本国际化—资本民族化"观点不一致，考茨基重点突出了"工业—农业"的产业结构分析。他的帝国主义理论的逻辑起点就是"工农业比例"。他认为，工农业之间的正常比例是保持社会再生产稳定发展的前提，而资本主义却要突破这种正常比例，使得资本主义工业快速增长的需要与农业原料供给不足之间的矛盾日益突出，工业资本为了寻求出路必然地突破已有的疆域界限，从而在世界范围进行扩张，"对抗竞争的愿望成了资本主义国家把农业地区直接当作殖民地或者间接地当作势力范围加以征服的新的动机，这是为了阻止农业地区发展自己的工业，为了迫使它们只限于从事农业生产。这是代替自由贸易的帝国主义的最重要的根源。"② 而工业资本向外扩张的形式中，帝国主义是最重要，也是一种"特殊形式"。

那么，什么是帝国主义呢？它的特点又是什么呢？考茨基标榜了帝国主义的定义。他说，"帝国主义是高度发展的工业资本主义的产物。帝国主义就是每个工业资本主义民族力图征服和吞并愈来愈多的农业区

---

① 〔德〕卡尔·考茨基：《帝国主义》，史集译，北京：生活·读书·新知三联书店1964年版，"出版者说明"，第2页。

② 同上书，第15页。

域，而不管那里居住的是什么民族。"① 那么，帝国主义的特点是什么呢？考茨基在《再论我们的幻想》一文中写道，"我认为帝国主义的特点在于，这一意图是从'高度发达的工业资本主义'产生的。"② 在考茨基看来，帝国主义虽然是"发达工业资本主义"的产物，但帝国主义处于资本主义的特殊阶段，即在资本主义奴役的农业区域内，那里的无产阶级强大到足以粉碎资本主义枷锁的时候，帝国主义的奴役才会结束。这时，帝国主义的命运就是"帝国主义的这一面只有通过社会主义才能被消灭"③。但是，考茨基更倾向于帝国主义发展形式的另一种观点，即帝国主义并非资本主义发展的必然阶段和最后形式。考茨基认为，帝国主义政策的结果是殖民扩张和军备竞赛，而军备竞赛不但导致了工业资本主义国家的矛盾，而且还出现了可以代替帝国主义的"超帝国主义"形式，也就是通过国家间的政治同盟或者联合，继而消除军备竞赛，资本主义并不是发展到了帝国主义阶段就穷途末路。"从帝国主义大国的世界大战中也能够产生其中最强大的国家的联合，这一联合将结束军备竞赛。可见从纯粹经济的观点看来，资本主义不是不可能再经历一个新阶段，也就是把卡塔尔政策应用到对外政策上的超帝国主义的阶段。"④ 虽然考茨基也呼吁无产阶级像反对帝国主义一样地反对"超帝国主义"，但他却十分强调超帝国主义发展的历史必然性，甚至认为任何事情都不可阻止超帝国主义的历史发展。

考茨基的"超帝国主义论"在已经决裂的第二国际左、中、右三派之间产生了不小的震动，左派是竭力声讨，右派是紧密追随，形成了所谓考茨基主义思潮，中派立场不定，最终又滑向了右派。

列宁作为最主要的声讨者之一，对考茨基帝国主义理论进行了彻底否定。与对待霍布森、希法亭、卢森堡、布哈林等人的帝国主义理论态

---

① 〔德〕卡尔·考茨基：《帝国主义》，史集译，北京：生活·读书·新知三联书店1964年版，"出版者说明"，第2页。
② 同上书，第38—39页。
③ 同上书，第15页。
④ 同上书，第18页。

度不同,列宁基本上没有给予考茨基的帝国主义理论留下任何肯定性评论,态度是清一色地批判和否定。他在《第二国际的破产》、《社会主义的战争》、《帝国主义是资本主义的最高阶段》等著作中,全面准确地揭批了考茨基主义。甚至在孤帆出版社初版《帝国主义是资本主义的最高阶段》之后,列宁仍然继续从事批判考茨基主义的理论研究工作,《无产阶级革命和叛徒考茨基》(1918)就是明证。

列宁在《帝国主义是资本主义的最高阶段》一书的法文和德文版序言中,明确指出了考茨基主义的国际思潮,"本书特别注意批判'考茨基主义'这一国际思潮,在世界各国代表这一思潮的是第二国际的'最有名的理论家'和领袖(在奥地利是奥托·鲍威尔及其一伙,在英国是拉姆赛·麦克唐纳等人,在法国是阿尔伯·托马等等,等等),以及一大批社会党人、改良主义者、和平主义者、资产阶级民主派和神父。这个思潮,一方面是第二国际瓦解、腐烂的结果,另一方面是由于整个生活环境而被资产阶级偏见和民主偏见所俘虏的小资产者的意识形态的必然产物。"①

列宁对考茨基帝国主义理论的揭批,一是否定了考茨基的帝国主义定义,二是否定了考茨基的超帝国主义理论。具体如下:

其一,列宁彻底驳斥了考茨基的帝国主义定义。列宁认为,考茨基关于帝国主义的定义,是片面和不准确的。"这个定义是根本要不得的,因为它片面地,也就是任意地单单强调了一个民族问题(虽然这个问题无论就其本身还是就其对帝国主义的关系来说,都是极其重要的),任意地和错误地把这个问题单单同兼并其他民族的那些国家的工业资本联系起来,又同样任意地和错误地突出了对农业区域的兼并。帝国主义就是力图兼并,——考茨基的定义的政治方面归结起来就是这样。这是对的,但是极不完全,因为在政治方面,帝国主义是力图使用暴力和实行反动。"②

---

① 《列宁专题文集(论资本主义)》,北京:人民出版社2009年版,第103页。
② 同上书,第177页。

列宁十分尖锐地指出，"考茨基的定义不仅是错误的和非马克思主义的，而且还成了全面背离马克思主义理论和马克思主义实践的那一整套观点的基础，这一点以后还要讲到。考茨基挑起的那种字面上的争论，即资本主义的最新阶段应当叫做帝国主义还是叫做金融资本阶段，是毫无意义的争论。随便你怎样叫都是一样。关键在于考茨基把帝国主义的政治同它的经济割裂开了，把兼并解释为金融资本'比较爱好的'政策，并且拿同一金融资本基础上的另一种似乎可能有的资产阶级政策和它对立。"① 即便考茨基驳斥了库诺的帝国主义进步论，但由于考茨基批驳方法的形而上学性，使得这种批驳不但是片面的，而且"这种反驳好像很有道理，实际上却等于更巧妙更隐蔽地（因此是更危险地）宣传同帝国主义调和，因为同托拉斯和银行的政策'作斗争'而不触动托拉斯和银行的经济基础，那就不过是资产阶级的改良主义与和平主义，不过是一种善良而天真的愿望而已。不是充分暴露矛盾的深刻性，而是回避存在的矛盾，忘掉其中最重要的矛盾，——这就是考茨基的理论，它同马克思主义毫无共同之点。显然，这种'理论'只能用来维护同库诺之流保持统一的思想！"②

列宁在《关于帝国主义的笔记》的《笔记"β"（"贝塔"）》部分的《评卡·考茨基论帝国主义》中，首先指出考茨基派的普鲁东主义性质，"考茨基（卡·考茨基、斯佩克塔托尔之流）引述'健全的''和平的'建立在'和平关系'上的资本主义的种种事实，拿这些事实同金融掠夺、银行垄断、银行和政权的勾结、殖民压迫等对比，认为这是正常的东西同不正常的东西、合乎愿望的东西同不合乎愿望的东西、进步的东西同反动的东西、根本的东西同偶然的东西等等对比。这是新的普鲁东主义。新基础上、新形式下的旧普鲁东主义。"③ 正是在批判考茨基派别的普鲁东主义性质的基础上，列宁在笔记中初步形成了关于

---

① 《列宁专题文集（论资本主义）》，北京：人民出版社2009年版，第179页。
② 同上书，第180页。
③ 《列宁全集》第54卷，北京：人民出版社1990年版，第105页。

帝国主义五大特征的理论构想。列宁指出,"帝国主义=

(1) 银行垄断

(2) 垄断组织(托拉斯等)

(3) 瓜分世界。[殖民地]

(4) 银行(金融)资本同国家机器的同盟(联系、融合)

(5) 集中的最高程度"①

在《笔记"β"("贝塔")》部分的《1914年和1915年的考茨基(论帝国主义、战争和社会民主党)》中,列宁重点评述了考茨基关于帝国主义的定义,认为考茨基的定义是"最乏味的同义反复"和这个定义"根本要不得"。②而在《帝国主义是资本主义的最高阶段》中,列宁又深入揭批了考茨基的帝国主义概念,他指出,"我们不得不在帝国主义的定义问题上,首先同所谓第二国际时代(1889—1914年这25年间)主要的马克思主义理论家卡·考茨基进行争论。在1915年,甚至早在1914年11月,考茨基就十分坚决地反对我们给帝国主义下的定义所表述的基本思想,他说不应当把帝国主义了解为一个经济上的'时期'或阶段,而应当了解为一种政策,即金融资本'比较爱好的'政策;不应当把帝国主义和'现代资本主义''等同起来';如果把帝国主义了解为'现代资本主义的一切现象'(卡特尔、保护主义、金融家的统治、殖民政策),那么帝国主义是资本主义所必需的这个问题就成了'最乏味的同义反复',因为那样的话,'帝国主义就自然是资本主义生存所必需的了',等等。"③

其二,列宁驳斥了考茨基的超帝国主义论。考茨基的"超帝国主义论"无论是定义还是其内容,都存在严重的错误,尤其是考茨基用理论想象中的"纯粹"来为自己的"超帝国主义论"设定成立的环境,更是痴人说梦。列宁指出:"如果纯粹经济的观点指的是一种'纯粹的'

---

① 《列宁全集》第54卷,北京:人民出版社1990年版,第106页。
② 同上书,第286页。
③ 《列宁专题文集(论资本主义)》,北京:人民出版社2009年版,第176—177页。

抽象概念，那么，说到底只能归结为这样一个论点：发展的趋势是走向垄断组织，因而也就是走向一个全世界的垄断组织，走向一个全世界的托拉斯。这是不容争辩的，不过也是毫无内容的，就好像说：'发展的趋势'是走向在实验室里生产食物。在这个意义上，超帝国主义'论'就如同什么'超农业论'一样是荒唐的。"① 在《关于帝国主义的笔记》中的《笔记δ》中，列宁对考茨基超帝国主义的理论用"哈哈"语气词进行了讽刺，在《笔记κ》中，列宁在摘录《约·阿·霍布森：〈帝国主义〉》时对考茨基的超帝国主义理论做如下评价，"考茨基的'超帝国主义'和资本主义基础上的欧洲联邦会形成什么东西：形成'国际帝国主义'！！"② 在《第二国际的破产》中，列宁将考茨基的超帝国主义理论评价为社会沙文主义，"一种最精致的、用科学观点和国际观点精心伪装起来的社会沙文主义理论，就是考茨基提出的'超帝国主义理论'。"③ 而考茨基为社会沙文主义辩护的方法就是在"左"派里有右派中间扮演"中派"的角色，在两者之间进行调和，具体来讲就是，"考茨基是借助对资本主义的和平**新纪元**的**希望**，来为机会主义者和各国正式的社会民主党违背巴塞尔决议的庄严生命而在**目前风暴时期**倒向资产阶级和放弃革命策略（即无产阶级策略）的行为辩护！"④ 但是，考茨基在为社会沙文主义辩护的同时，却不能清楚地说明帝国主义到底是处于资本主义的何种发展阶段，考茨基"不仅没有说明，什么样的情况和条件会产生而且必定产生这个新阶段，恰恰相反，他坦率地承认：就连这个新阶段'**能否实现**'的问题，我也还不能作出判断。"⑤

在《为尼·布哈林〈世界经济和帝国主义〉一书写的序言》中，列宁用滑稽的笔调对考茨基理论梦幻般的"超帝国主义"的实现问题进行了调侃，"如果把各国的（确切些说，各个国家彼此分离的）帝国

---

① 《列宁专题文集（论资本主义）》，北京：人民出版社2009年版，第181页。
② 《列宁全集》第54卷，北京：人民出版社1990年版，第479页。
③ 《列宁选集》第2卷，北京：人民出版社2012年版，第470页。
④ 同上书，第472页。
⑤ 同上。

主义的国际联合——这种联合'似乎能够'消除使小资产者特别不愉快、特别惊慌不安的冲突，如战争、政治动荡等等——叫作超帝国主义，那么，为什么不用这种较为和平、较少冲突、较少灾变的'超帝国主义'的天真幻想，来回避现在已经到了的、现实存在的、充满冲突和灾变的帝国主义时代呢？为什么不能幻想帝国主义时代也许很快就会过去，也许可以设想紧接着会出现一个较为和平的、不需要'激烈'策略的'超帝国主义'时代，从而回避欧洲已经到来的帝国主义时代正在提出和已经提出的'激烈'任务呢？……这种回避已经到来的帝国主义、幻想遁入不知道能否实现的'超帝国主义'的企图，是没有丝毫马克思主义的气味的。"①

总之，《帝国主义是资本主义的最高阶段》一书，除了建立了马克思主义帝国主义理论体系之外，还从理论上澄清了许多有关帝国主义的形形色色的模糊观点，尤其是对考茨基帝国主义理论的揭批，有助于无产阶级树立正确的帝国主义观。正如英国学者布鲁厄所说，"列宁写作《帝国主义论》的主要目的是反驳考茨基和其他'前马克思主义者'的宣传，在他看来，他们正在把四分五裂的第二国际引向一个完全错误的方向。"②

但是，如果抛开第二国际左、中、右三个派别意识形态之争的话，考茨基关于帝国主义的一些理论分析也并非一无是处。考茨基关于帝国主义的一些论述，比如强调工业资本主义向农业资本主义的不断扩张的观点，就"发展了马克思恩格斯在《共产党宣言》中所提出的资产阶级奔走于世界，有使乡村屈服于城市，东方从属于西方的趋势的经典资本主义批判理论，单是第一次世界大战后资本主义的发展和'全球化资本主义'的现实，就进一步证明考茨基抓住'国际分工'和'产业结

---

① 《列宁全集》第27卷，北京：人民出版社1990年版，第143页。
② 〔英〕安东尼·布鲁厄：《马克思主义的帝国主义理论——一个批判性的考察》，陆俊译，重庆：重庆出版社2003年版，第118—119页。

构'问题来理解资本主义新阶段的经济根源是更有远见的"①。

正是由于列宁对其他学者帝国主义理论观点的吸收,甚至有学者极端地认为,列宁关于帝国主义的理论贡献是很小的。比如布鲁厄直言,列宁"对帝国主义理论的发展作出了很少的贡献,或者说没有贡献","列宁……的贡献主要是把希法亭和布哈林的理论通俗化,并且引入了取自霍布森的观念"。②

从总体上看,列宁对前人有关帝国主义问题的研究,在对一些观点持否定态度的同时,在一些具体观点上,列宁则将它们继承和发展,或者做出了肯定性评价。从方法论上看,列宁与他人研究帝国主义的不同之处在于两点:一是政治经济学的方法,列宁是从生产领域而不是流通领域来研究帝国主义的。第二是历史唯物主义的方法,列宁是从生产领域的内部条件出发而不是从生产的外部条件出发研究帝国主义,认为生产力的变化,归根到底推动着帝国主义的变化。所以,从研究方法上看,"列宁不是从分配和流通领域,而是从生产领域,不是从生产的外部条件,而是从生产的内部条件出发,去研究帝国主义的产生。"③

---

① 刘维春:《列宁帝国主义论的再理解》,北京:社会科学文献出版社2013年版,第131页。
② 〔英〕安东尼·布鲁厄:《马克思主义的帝国主义理论———一个批判性的考察》,陆俊译,重庆:重庆出版社2003年版,第90—91、118页。
③ 陈其人:《帝国主义理论研究》,上海:上海人民出版社1984年版,第25页。

第二章 《帝国主义是资本主义的最高阶段》的写作过程

一 写作前的准备阶段

为了能够写出一部用马克思主义指导的、真正意义上的帝国主义著作,列宁进行了长期的准备工作,包括写作过程的准备和写作资料的准备。

(一) 阶段性的研究准备

有学者认为,列宁研究帝国主义问题,大体上可以分为三个阶段。"(1) 19 世纪 90 年代;(2) 1900—1914 年(从 20 世纪初到第一次世界大战爆发);(3) 第一次世界大战初期(1914—1915 年),即列宁着手撰写《帝国主义是资本主义的最高阶段》一书之前的时期。"①

Е.Г.瓦西里耶夫斯基进一步指出,在第一次世界大战之前,列宁已经发表了一些与帝国主义有关的文章,但这些文章基本上都不是专门谈论帝国主义的,还缺少总结性的专著。但很明显,列宁在他的著作中已经明确地谈到 20 世纪初资本主义发展的崭新时代即资本主义崩溃前夜到来的情景,并且这种崩溃是与资本主义垄断化过程相联系的。在

---

① 〔苏〕Е.Г.瓦西里耶夫斯基:《列宁的帝国主义理论的形成》,见〔苏〕Н.А.查戈洛夫主编:《列宁的帝国主义理论与当代政治经济学的发展》,复旦世经系世经教研室译,上海:复旦大学出版社 1987 年版,第 263 页。

1914—1915 年，列宁在第一次世界大战初期发表的《战争与俄国社会民主党》和《无产阶级与战争》两篇论著中，首次提出了帝国主义是资本主义发展的新的、特殊的、最高的、最后的阶段这样的经典型的定义。

在随后的研究中，列宁基本上遵从了这一定义的逻辑。这个时候，列宁还尝试对帝国主义当代基本特征做出概况，他在起草的伯尔尼代表会议决议《论战争的性质》（1915 年 2—3 月）和《社会主义与战争》（1915 年 7—8 月）中，都尝试性地提及了帝国主义特征。所以，"在这一时期，列宁关于帝国主义研究的逻辑体系的基本要素已轮廓初具，这在后来的《帝国主义是资本主义的最高阶段》一书中也有所反映。"① 在《第二国际的破产》（1915 年 9 月）和《给布哈林的小册子〈世界经济和帝国主义〉写的序言》（1915 年 12 月）中，列宁指出，研究当代资本主义的基本任务就是要分析帝国主义的基本特性和趋势，即现代高度发达的成熟的和衰败的资本主义的经济体系。在《论欧洲联邦口号》（1915 年 8 月）中，列宁根据帝国主义阶段发展不平衡的规律，提出了社会主义可能首先在少数或者甚至单独在一个资本主义国家取得胜利的论断，从而丰富了马克思主义国家理论。

所以，1915 年，是列宁研究帝国主义问题非常集中的一年。"列宁在战前时期和 1914—1915 年期间的著作对帝国主义进行了大量的分析，概括地提出了有关帝国主义经济和政治实质的重大问题，从而为列宁在《帝国主义是资本主义的最高阶段》一书中进一步加以全面研究的工作奠定了牢固的理论基础和方法论基础。"②

也有苏联学者认为，十月革命之前，列宁充分吸收了他的战友关于帝国主义问题的有益论述，因为他们的一些观点会影响到列宁。"对十

---

① 〔苏〕Е.Г.瓦西里耶夫斯基：《列宁的帝国主义理论的形成》，见〔苏〕Н.А.查戈洛夫主编：《列宁的帝国主义理论与当代政治经济学的发展》，复旦世经系世经教研室译，上海：复旦大学出版社 1987 年版，第 271 页。

② 同上书，第 272 页。

月革命前俄国马克思主义著作中帝国主义问题进行研究的历史方法要求：不能局限于研究列宁帝国主义问题的著作，而应按时间顺序研究马克思主义政论家和理论家的全部著作，还要说明布尔什维克党是怎样理解和认识资本主义发展新阶段的，怎样评价新阶级历史意义和做出怎样的结论。"① "对列宁的战友撰写的关于帝国主义理论问题的全部著作所进行的分析表明，对垄断资本主义发展新时期所有经济现象和重大特征，列宁的战友都有所涉及，他们都指出了这些现象和特征在资本主义发展中的作用和地位。但是，列宁的战友们在第一次世界大战以前还没有建立完整的帝国主义理论。这一理论是由列宁创立的，但这并不等于忽视列宁的战友们在发展马克思主义帝国主义理论、培养俄国无产阶级和准备社会主义革命方面的贡献。"②

按照时间顺序，B.B.奥列什金列举了列宁的战友研究帝国主义的一些情况，实际上也间接论述了列宁研究帝国主义的阶段性问题。比如，20世纪初，阿列克谢耶夫同列宁（1901年3月）和《火星报》的通信中，对垄断及其产生的原因进行了分析；第一次俄国革命时期，斯克沃尔佐夫-斯捷潘诺夫的《论竞争的自由》中，论述了资本主义出现的新现象；第一次世界大战前，斯克沃尔佐夫-斯捷潘诺夫的《不同行业的资本组织》（1908年）文章，是分析俄国和西方各种工业垄断形式的第一次科学尝试；奥利明斯基、科马罗夫-丹斯基、萨莫伊洛夫以及弗拉季米罗夫（沙因芬克尔）发表的有关俄国垄断资本主义的文章；弗拉季米罗夫首次论述了俄国金融资本形成的文章《银行和工业》，发表在1912年的《真理报》上；斯克沃尔佐夫-斯捷潘诺夫在1913年撰写的两篇重要文章《工业辛迪加》（笔名"M-K"）和《帝国主义》，发表在合法刊物《五金工人》和《教育》上，这两篇文章对帝国主义的经

---

① 〔苏〕B.B.奥列什金：《列宁的战友关于帝国主义理论问题的论述》，见〔苏〕H.A.查戈洛夫主编：《列宁的帝国主义理论与当代政治经济学的发展》，复旦世经系世经教研室译，上海：复旦大学出版社1987年版，第273页。

② 同上书，第274页。

济范畴和特点进行了广泛的理论分析。第一次世界大战和俄国二月革命时期，列宁的战友们对资本输出、殖民政策、资本扩张、领土分割、帝国主义地位等方面，进行了广泛的研究。波克罗夫斯基、卢金和斯维尔德洛夫（他发表题为"德国社会民主党的分裂"和"资本主义的崩溃（1915—1916年）"的论文）、诺金、奥波科夫、斯米多维奇、克雷连科、米柳亭、叶列梅耶夫、奥辛斯基（奥博连斯基）、阿维洛夫等人都表现了对帝国主义写作的积极性。

为什么会出现这种情况呢？В.В.奥列什金分析认为："在第一次世界大战时期，布尔什维克党的理论家特别注意研究帝国主义问题，因为当时国际上的机会主义和俄国社会民主党的机会主义派别力图向劳动群众灌输社会沙文主义思想。"[①]

列宁在写作准备阶段，根据各种资料的汇总结果，他把在帝国主义问题上的反马克思主义理论分成两大派别：（1）公开辩护派（里谢尔、舒尔采-格弗尼茨、利夫曼等）；（2）资产阶级批判派（霍布森、兰斯堡、阿甘等）。Г.Д.恰努克瓦泽认为，列宁这种划分方法也可适用于划分20世纪70年代资产阶级和小资产阶级经济学的观点。Г.Д.恰努克瓦泽认为，"民主社会主义"是社会党国际的正统理论，将民主社会主义视为既不是资本主义也不是共产主义的"第三条道路"，他们用"社会伙伴关系"观点代替马克思列宁主义的阶级斗争理论，将基督教道德观视为"民主社会主义"的思想基础，等等。Г.Д.恰努克瓦泽认为，列宁在《帝国主义是资本主义的最高阶段》中虽然不反对争取改良的斗争，但明白无误地批评了这种迷思改良主义的纲领。当然，也有学者并不完全认同这种派别的划分，详细见本书的"国外研究状况"部分，不再赘述。

关于列宁阶段性地研究帝国主义问题，中文第二版《列宁全集》

---

① 〔苏〕В.В.奥列什金：《列宁的战友关于帝国主义理论问题的论述》，见〔苏〕Н.А.查戈洛夫主编：《列宁的帝国主义理论与当代政治经济学的发展》，复旦世经系世经教研室译，上海：复旦大学出版社1987年版，第276页。

第54卷的题注是这样论述的:"列宁在第一次世界大战期间深入研究帝国主义问题,完全是出于革命斗争的需要。早在大战以前很久,他就留心这方面的研究。他在1895—1913年期间所写的一系列著作对此有零星片段的论述。大战爆发后他认为,如果不加深对帝国主义经济实质的理解,就根本不会懂得如何去估计当时的战争和政治。他考察了第一次世界大战前夜全世界资本主义经济在其国际相互关系上的总的情况。他从经济到政治,对帝国主义的实质全面进行了探索。"①

总之,列宁对于帝国主义的关注和对于资本主义新现象的关注,由来已久。他在1895—1913年写的一系列著作如《社会民主党纲领草案及其说明》(1895—1896)、《对华战争》(1900)、《危机的教训》(1901)、《内政评论》(1901)、《马克思主义和修正主义》(1908)、《俄国的生产集中》(1912)、《关于工人代表的某些发言问题》(1912)、《资本主义财富的增长》(1913)、《落后的欧洲和先进的亚洲》(1913)、《马克思学说的历史命运》(1913)中都揭示和分析了帝国主义时代所具有的个别特征。

在第一次世界大战期间,列宁集中写作了一系列的有关帝国主义问题的文章。后来,这些文章与季诺维也夫的部分文章一起汇编成册,以《反潮流》文集的形式公开发表。关于这些文章,读者可以参看本书的附录,在此不赘述。

(二) 写作资料的准备

《关于帝国主义的笔记》是列宁创作《帝国主义是资本主义的最高阶段》一书的准备材料,集中体现了列宁为了研究帝国主义问题而进行的资料准备工作。中文第二版《列宁全集》第54卷的题注明确指出:列宁为了创作《帝国主义是资本主义的最高阶段》一书,广泛利用了各种资本主义的资料,广泛阅读经济史、科学技术史、政治史、外交

---

① 《列宁全集》第54卷,北京:人民出版社1990年版,第I—II页。

史、战争史、殖民史、民族解放运动史、科学技术史等方面的许多文献，收集了世界经济地理和国际贸易等方面的重要资料。他查考过的用多种文字出版的各国的书籍、学术论文、报刊文章和统计资料有几百种。

列宁很早就注意到了资本主义发展中的新现象。他在1895—1913年写的一系列著作中揭露和分析了帝国主义时代的某些特征。列宁还非常注意论述资本主义的最新书籍的出版，曾写关于约·阿·霍布森的《现代资本主义的演进》一书的书评，并在1904年8月着手翻译霍布森的《帝国主义》一书（译稿目前尚未找到）。第一次世界大战爆发后，出于领导革命斗争的需要，列宁着手对资本主义发展的垄断阶段进行全面的研究。他从1915年中期起，特别加紧了这方面的研究工作，开始编参考书目、拟大纲、作摘录、写札记。1916年初，列宁应彼得堡孤帆出版社之约，开始撰写《帝国主义是资本主义的最高阶段》一书。2月上半月，他从伯尔尼移居苏黎世。在那里，他继续收集和整理有关材料，除充分利用苏黎世州立图书馆的丰富资料外，还从其他城市借阅了一些参考书籍。列宁在准备写作的整个过程中共作了15本笔记，分别用希腊文字母编了号（从"α"到"o"），此外还作了《"布雷斯福德"笔记》和整理了其他材料。列宁写完《帝国主义是资本主义的最高阶段》并于1916年7月初把手稿寄往出版社以后，仍然继续收集有关帝国主义问题的材料。《"埃格尔哈夫"笔记》和《关于波斯材料的笔记》等就是在这个时期作的。

《关于帝国主义的笔记》收载了上述20本笔记，此外还收了列宁在1912—1916年期间所作的有关这个问题的单独札记。笔记都是用有关著作和报刊的原文摘记的。[①]

苏联学者莎拉波夫、瓦列茨基认为，列宁很早就注意到了资本主义发展中的新现象。他在1895—1913年写的一系列著作中都揭示和分析

---

① 参见《列宁全集》第54卷，北京：人民出版社1990年版，第867页。

了帝国主义时代所具有的个别特征。他还非常注意论述资本主义的最新书籍的出版。第一次世界大战爆发后，列宁从1915年中开始，在伯尔尼集中力量认真研究有关帝国主义的问题。他从148本书籍（德文书106本、法文书23本、英文书17本和俄文译本两本）和刊登在49种不同的期刊（德文34种、法文7种、英文8种）上的232篇文章（德文206篇、法文13篇、英文13篇）中作了共约50个印张的摘录、提要、笔记等等（这些数据于1939年用《关于帝国主义的笔记》的书名在苏联首次出版，见《列宁全集》第2版第54卷）。列宁研究、检验和科学地分析了浩瀚的实际资料，为写作《帝国主义是资本主义的最高阶段》一书作了准备。①

实际上，这样的统计数字与中文第二版的《列宁全集》第27卷中的统计数字是一样的。但是，中文第二版《列宁全集》第27卷没有交代这些数字是根据什么统计的，而莎拉波夫和瓦列茨基却交代了这些统计数字的详细来源。他们在《列宁是怎样阅读书报杂志的》一书中，进一步交代这些数字来源于：Л.А.列昂切夫的学术著作：《谈谈列宁的〈关于帝国主义的笔记〉。列宁的内在创作活动评述》，1962年莫斯科版；《列宁的帝国主义论》，1969年莫斯科版。Б.М.克德罗夫：《列宁思想的内部创造活动研究。关于列宁〈哲学笔记〉的论文集》，1972年莫斯科。В.В.哥尔布诺夫：《时代的书》，书籍出版社，1973年莫斯科版。С.М.马尤罗夫：《列宁的最后书信和文章》，政治书籍出版社1970年莫斯科版。Е.Н.哥罗得茨基：《列宁是苏联历史科学的奠基人》，科学出版社，1970年莫斯科版。

《关于帝国主义的笔记》，主要写于1915—1916年，原文是俄文、德文、法文、英文及其他文字。第一次载于1933—1938年出版的俄文《列宁文集》第22、27、28、29、30、31卷。《笔记δ》第一次载于1938年俄文《无产阶级革命》杂志第9期，第171—184页。在这些笔

---

① 参见〔苏〕莎拉波夫、瓦列茨基：《列宁是怎样阅读书报杂志的》，黎鉴堂、戴松成译，北京：书目文献出版社1984年版，第121—122页。

记中,列宁所阅读和使用过的资料,既包括马克思主义者的资料,也包括资产阶级学者的资料。

在研究资本主义发展的垄断阶段时,列宁研究了反映经济科学中不同流派的各种资料。列宁阅读了各种人写的学术著作和书籍,其中有资产阶级和小资产阶级的经济学家和统计学家、史学家和外交家、金融商人和议会活动家、形形色色的改良主义者和修正主义者。列宁在研究各种资料时所作的批语,揭露了资产阶级思想家和为帝国主义辩护的改良主义者,驳斥了他们冒充科学的论断。同时,列宁也选用了上述资料中的事实材料。所以,在资料准备这个问题上,列宁的视野是开阔的,理论胸怀是宽广的。这一点,值得今天的学者认真学习和借鉴。

二 具体写作过程

(一) 写作的来龙去脉

日本学者中川信义认为,"列宁的《帝国主义论》1916年撰写于瑞士的苏黎世,1917年发表于俄国的彼得格勒。"① 但是,中川信义并没有详细介绍列宁创作《帝国主义论》的来龙去脉。

米·尼·波克罗夫斯基曾经在回忆列宁的文章——《〈帝国主义论〉是怎样产生的》中详细记述了当时列宁创作《帝国主义论》的基本情况。结合米·尼·波克罗夫斯基的回忆文章以及列宁当时给友人的信件,我们可以知道,《帝国主义论》产生的来龙去脉大致经历了这样几个阶段。

1."丛书"规划的出炉和破产

1916年春天,米·尼·波克罗夫斯基收到了高尔基的一封信。信中,高尔基建议米·尼·波克罗夫斯基出版一套反映第一次世界大战战

---

① 〔日〕中川信义:《〈帝国主义论〉是把握现代世界经济的基本理论观点》,见《马列主义研究资料》1985年第6辑,总第42辑,李成鼎译,北京:人民出版社1986年版,第5页。

前和战时的丛书，以便让广大群众深知第一次世界大战的帝国主义性质，从而更好地进行革命。这样，几经商量，根据马·高尔基的倡议，1915年12月在彼得格勒成立的孤帆出版社准备出版一套题为《战前和战时的欧洲》的通俗丛书，并委托在巴黎的米·尼·波克罗夫斯基编辑这套丛书。米·尼·波克罗夫斯基回忆道："1916年春天，我在巴黎收到马·高尔基的一封信，建议我组织国外的著作家编写一套题目为《战前和战时的欧洲》的丛书。这套丛书应当让'最广泛的各个阶层'了解，在这场战争中，谁是我们的同盟者，谁是敌人。当然，在这封经军事书刊检查机关检查的信中没有谈到这场战争本身的含义，但是从整个内容来看，这层意思是显而易见的。"① 高尔基的建议，引起了米·尼·波克罗夫斯基的极大兴趣和高度重视。为了能够及时出版这套丛书，米·尼·波克罗夫斯基等人详细制定了写作规划，选定了具体题目和响应的作者。"我们劲头十足地研究了具体的题目——对每个国家作单独的评述。阿·瓦·卢那察尔斯基写意大利，季诺维也夫写奥匈帝国，我同洛佐夫斯基写法国；打算让费·阿·罗特施坦写英国，但是他拒绝了，结果赫拉斯科夫（我差点没说'已故的'）写了这一小册子。"②

但是，好事多磨。这套丛书由于不能及时联系拉林，这样有关德国部分的写作基本告终，这也导致了"二月革命自然就取消了这套丛书。……不过这些小册子还是出版了，（同时一起出版的还有巴甫洛维奇同志撰写的关于欧洲以外的国家的小册子），并且以后已由苏维埃的出版社出版了。"③

---

① 〔苏〕米·尼·波克罗夫斯基：《〈帝国主义论〉是怎样产生的》，见《回忆列宁》第2卷，上海外国语学院列宁著作翻译研究室译，北京：人民出版社1982年版，第453页。
② 同上书，第453页。
③ 同上书，第454页。

2.《帝国主义是资本主义的最高阶段》的应约之作

虽然这套丛书被取消了,但毕竟有些书以小册子的形式出版了。这时,米·尼·波克罗夫斯基发现一个更为严重的问题,就是这些小册子缺少一个统领全局的系统性的论著,以起到使读者对这些小册子有提纲挈领的领会之用。所以,这时"立刻产生了一个问题:要写一个总的绪论——一本阐明全套丛书的宗旨的绪论性的小册子,即一本关于帝国主义的小册子。事实明摆着,除了列宁,没有人能写这一小册子"①。1915年11月,波克罗夫斯基于是约请列宁撰写这套丛书中带导言性质即关于帝国主义的一种,列宁接受了这一建议。

恰恰在这个时候,列宁正全神贯注地研究帝国主义问题,他突然于1915年10月末收到了俄国社会民主工党党员、历史学家米哈伊尔·尼古拉耶维奇·波克罗夫斯基(1868—1932年)的一封信。他建议:"鉴于彼得格勒帆船出版社要出一套总标题为《战前和战时欧洲》的丛书,应该参加该书的出版工作并撰写一本论金融资本在现代经济生活中的作用及从经济方面论述帝国主义的绪论性质的概况性的小册子。"② 所以,也只有在这种语境下,列宁的《帝国主义是资本主义的最高阶段》才算是应约而作。实际上,即便没有米·尼·波克罗夫斯基的要约,列宁也会创作有关帝国主义的著作的。只是米·尼·波克罗夫斯基的要约,加速了列宁创作帝国主义著作的步伐。

实际上,列宁对帝国主义问题的关注已经由来已久。在列宁旅居伯尔尼从而集中精力搜集、研读有关帝国主义材料之前,列宁已经在自己的一些文章中论及了帝国主义问题,而伯尔尼时期,则是列宁集中创作《帝国主义是资本主义最高阶段》的时期。根据列宁的妻子回忆,在伯尔尼时期,"1915年末和1916年,弗拉基米尔·伊里奇就在研究这些问题,为他的《帝国主义是资本主义的最高阶段》一书搜集了材料,

---

① 〔苏〕米·尼·波克罗夫斯基:《〈帝国主义论〉是怎样产生的》,见《回忆列宁》第2卷,上海外国语学院列宁著作翻译研究室译,北京:人民出版社1982年版,第454页。

② 参见《列宁年谱》第3卷,北京:人民出版社1984年版,第545—546页。

并反复重读了马克思和恩格斯的著作,以便更清楚地了解社会主义革命的时代、社会主义革命的道路及其发展。从1916年1月起,弗拉基米尔·伊里奇着手为孤帆出版社写帝国主义论这本小册子。伊里奇认为这个问题有重大意义,认为不从经济方面和政治方面彻底弄清帝国主义的本质,就无法真正地、深刻地估计当前的战争。因此,他极愿意做这个工作。2月中旬,伊里奇需要到苏黎世的图书馆去写作,我们就决定到苏黎世去住两个星期。到了之后,我们一再推延返回伯尔尼的日期,结果我们就索性住在苏黎世了。"① 在苏黎世从事研究的日子是平静而又充实的。克鲁普斯卡娅回忆:"我们在苏黎世的生活,正象伊里奇在一封家书里面写的那样,'很平静',我们和当地的侨民来往不多,天天在图书馆里从事研究工作。"②

列宁妻子的回忆文章与当时相关人员的回忆文章基本上是相呼应的。拉·波·哈利东诺娃曾经回忆到,1916年1月,列宁在伯尔尼开始撰写《帝国主义是资本主义的最高阶段》一书。1916年1月11日,列宁在给高尔基的信中提到了他目前正在研究这部书的情况。他在《致阿·马·高尔基》的信中,通报了自己目前的写作状况。他写道:"目前我正在着手写论帝国主义的小册子"。③ 这里的"小册子"就是指《帝国主义是资本主义的最高阶段》一书。到了2月,列宁移居苏黎世,继续研究帝国主义问题和撰写此书。列宁及其妻子本来打算在苏黎世只逗留两、三个星期,以便集中精力完成《帝国主义是资本主义的最高阶段》一书,"因为他知道当帝国主义战争正在激烈进行的时候是多么需要这本书啊。"④ 但是,《帝国主义是资本主义最高阶段》一书的写

---

① 〔苏〕娜捷施达·康士坦丁诺夫娜·克鲁普斯卡娅:《列宁回忆录》,见《回忆列宁》第1卷,上海外国语学院列宁著作翻译研究室译,北京:人民出版社1982年版,第532页。
② 同上书,第536页。
③ 《列宁全集》第47卷,北京:人民出版社1990年版,第238页。
④ 〔苏〕拉·波·哈利东诺娃:《弗·伊·列宁在布尔什维克苏黎世支部(1913—1917年3月)》,见《回忆列宁》第2卷,上海外国语学院列宁著作翻译研究室译,北京:人民出版社1982年版,第442页。

作时间拖长了。列宁和他的妻子喜欢苏黎世这个地方，因此他们决定留在苏黎世，并准备"长期居住"。在这期间，他和妻子参加了布尔什维克苏黎世支部。在苏黎世党支部内部，列宁"做了关于帝国主义的报告，举了许多国际的经济领域和政治领域内的鲜明事例来说明帝国主义，同时还宣读了《帝国主义是资本主义最高阶段》一书的手稿中的若干章节。"① 在苏黎世，列宁除了利用苏黎世州立图书馆的藏书外，还从其他城市借阅一些书籍。1916年6月19日（7月2日）《帝国主义是资本主义的最高阶段》一书完稿，列宁把手稿挂号寄给了波克罗夫斯基。

1916年6月19日，列宁写完此书，这比与出版社之间的要约时间还稍微提前了。书稿在出版之前，高尔基曾经审读过。1917年年中第一次出版，孤帆出版社刊印了这本书，但未标明该出版社的商标。小册子被书刊检查机关作了很大删改。在出版社办事的孟什维克分子删去了小册子中对考茨基和俄国孟什维克（马尔托夫等）的机会主义理论的尖锐批判，把列宁原用的词"发展成为"（资本主义发展成为资本帝国主义）改为"变成"，"反动性"（"超帝国主义"论的反动性）改为"落后性"的等等。在第一版是否作过大的修改问题上，米·尼·波克罗夫斯基认为，第一版的修改不是很大，但他这个结论是推论性的，因为当时米·尼·波克罗夫斯基并没有真正看到第一版的文本。"我没有见到《帝国主义论》一书的首次刊印的俄文本，但看来，这本书未经大的改动就出版了的，因为这已经是二月革命之后的事情，而且要是我没有弄错的话，这件事甚至同'出版社'没有什么关系。那时我已经不在那儿了，因为我是在1917年9月初才回到俄国的。我留下的只是以下的回忆：我平生曾一度当过伊里奇著作的编辑，正如读者所看到的

---

① 〔苏〕拉·波·哈利东诺娃：《弗·伊·列宁在布尔什维克苏黎世支部（1913—1917年3月）》，见《回忆列宁》第2卷，上海外国语学院列宁著作翻译研究室译，北京：人民出版社1982年版，第443页。

那样，我这个编辑当得并不是很成功……"①1921年10月，《共产国际》杂志刊登了列宁写的《帝国主义是资本主义的最高阶段》一书法文本和德文本的序言。该书德文版在同年，即1921年出版，法文本和英文本（不全）于1923年出版。但是，真正按列宁的手稿刊印的小册子全文载于《列宁全集》第22卷第179—297页。

（二）写作出版中的波折

1."随意"的署名

署名权是著作权中极其重要的组成部分，是作者权利的象征。一般而言，署名权就代表了作者对该著作所拥有的知识产权的核心内容。但是，由于当时俄国书报检查制度十分严格，加上沙皇俄国将列宁视为危险分子和"洪水猛兽"，列宁被迫侨居国外。但是，为了使《帝国主义是资本主义的最高阶段》顺利出版，列宁向出版编辑者米·尼·波克罗夫斯基提出了如何署名的问题。列宁认为，在当时环境下，是不能署真名的，最好署上自己平常使用的名字，或者临时想象一个名字。在列宁看来，署名不是重要的，重要的是该著作能够得到出版。

1916年7月2日，在《帝国主义是资本主义的最高阶段》出版前夕，列宁在《致米·尼·波克罗夫斯基》的信中，详细地介绍了关于该书的一些基本情况，比如署名问题、印张问题等。列宁写道："尊敬的米·尼·：今天把手稿按挂号印刷品寄给您。全部材料——提纲和著作的大部分已经写好，是按约稿计划写成5印张（200页手稿）的，所以再要压缩到3印张是绝对不可能的了。要是不给出版，那简直太遗憾了！到那时能否请求就在这个出版者的杂志上发表？可惜，不知怎么我和他的通信联系断了……至于作者的署名，当然，我想还是用我常用的笔名好些。假使不合适，就请换个新的：尼·列尼夫岑。或者随便您另

---

① 〔苏〕米·尼·波克罗夫斯基：《〈帝国主义论〉是怎样产生的》，见《回忆列宁》第2卷，上海外国语学院列宁著作翻译研究室译，北京：人民出版社1982年版，第457—458页。

取一个名字也可以。"①

列宁这种为了传播马克思主义思想，不惜牺牲自己著作权的做法，非常值得现今我们学界的学习。反观当前，一些著作者，为了作品上的署名位置，或者为了争夺第一署名权，不惜以大欺小、以权欺小、以上欺下。还有些学者，为了增加自己的知名度，祈求执笔人将自己的名字添加在著者之中，还美其名曰"挂个名就行"！这种投机钻营祈求"功名"的做法与列宁的淡泊名利相比，实在让人不齿。

对比一下列宁，即便是传世名著《帝国主义是资本主义的最高阶段》，列宁都没有将署名问题放在至关重要的位置，他所关心的就是该书如何能够通过书报检查，如何能够在社会上得到出版和传播。至于署名问题，列宁甚至全权授权给编辑者可以"随便"取一个名字。这种追求真理，豁达开朗的态度，难道不值得我们好好反思和学习吗？

2. 印张问题上的坚持己见

列宁与出版社之间的最初要约是将该书容量上限设定在 200 页，即 5 个印张。但是，在该书写作完工的时候，列宁考虑的问题比原来的写作计划增加了。根据列宁的妻子回忆："研究帝国主义的经济，分析这个'变速箱'的各个组成部分，把握走向灭亡的帝国主义——资本主义的最后阶段——的世界的图景，这一切使伊里奇有可能以新的方式提出许多政治问题，更加深入地研究实现社会主义的一般斗争形式和在俄国的具体斗争形式。伊里奇希望把许多问题通盘考虑一下，使自己的意见完全成熟，因此，我们决定到山里去，而且那时我也需要去，因为我的甲状腺肿病总是不好。只有一种方法能治好它，就是住在山里。"②因此，列宁在基本写完《帝国主义是资本主义的最高阶段》之后不久（1916 年 7 月 4 日和 7 日之间到弗吕姆斯山区的丘季维泽去修养，8 月底至 9 月初回到苏黎世），就和妻子去了苏黎世不远的一个休养所小住

---

① 《列宁全集》第 47 卷，北京：人民出版社 1990 年版，第 365 页。
② 〔苏〕娜捷施达·康士坦丁诺夫娜·克鲁普斯卡娅：《列宁回忆录》，见《回忆列宁》第 1 卷，上海外国语学院列宁著作翻译研究室译，北京：人民出版社 1982 年版，第 540 页。

一段时间。

由于列宁增加了研究的深度和范围，书的容量一下子多了，这就涉及印张的修改问题，甚至容量的增加也会延后小册子的出版。米·尼·波克罗夫斯基在与列宁的通信中，曾经讨论过印张问题和成书时间问题，他在一封给列宁的信中说："我的这封信中，注明写于1916年6月8日的第一张明信片已经谈到延期的时期。弗拉基米尔·伊里奇写道：'我正加紧工作，然而由于材料复杂，加之有病，恐怕要耽误一些时候。我很担心，在限期前来不及完成'（指7月中）"。①

但是，列宁克服了种种困难，用坚强的毅力及时完成了《帝国主义是资本主义的最高阶段》。"不用说，列宁在限期以前便完成了，比其他的人都早。7月2日的明信片已经告知，《帝国主义论》一书的手稿按挂号印刷品与明信片同时寄出。在这之前，我曾写信给伊里奇，提到出版社对小册子原定的规模感到吃惊，遽然建议将它的五印张的篇幅缩减至三印张。"②

正是这封要求压缩内容容量的信，使列宁感到比较为难。"我的这封信，显然使伊里奇非常为难。列宁写道：'全部材料、提纲和作品的大部分已按原定计划写成了五印张（二百页手稿），所以再要压缩到三印张是绝对不可能的了。要是不给出版，那简直太遗憾了！到那时能否请求就在这个出版者的杂志上发表？'（指马·高尔基出版的《年鉴》杂志。——米·波·注）"③。

后来，列宁在《致米·尼·波克罗夫斯基》的信中，又再次强调："全部材料——提纲和著作的大部分已经写好，是按约稿计划写成5印张（200页手稿）的，所以再要压缩到3印张是绝对不可能的了。……我特意采取了最经济（指版面、**纸张**而言）的方式。7页手稿用小号铅

---

① 〔苏〕米·尼·波克罗夫斯基：《〈帝国主义论〉是怎样产生的》，见《回忆列宁》第2卷，上海外国语学院列宁著作翻译研究室译，北京：人民出版社1982年版，第454页。
② 同上。
③ 同上书，第454—455页。

字排印也不过 2 页。"①

从列宁的通信中可以看出，列宁十分反对将原来出版计划的 5 个印张压缩为 3 个印张。列宁甚至提出，要是出版社真的将 5 个印张压缩为 3 个印张，自己就不打算出版了，转而准备在高尔基主编的《年鉴》杂志上发表。最后，在列宁的坚持下，出版社仍然按预先的约定，按照 5 个印张的容量出版了。

3. 书名的多次推敲

虽然《帝国主义是资本主义的最高阶段》是列宁与出版社之间的要约之作，但由于当时的书报检查制度十分严格，列宁在如何规避检查风险上颇费了一番脑筋，在书名的确定上，列宁就先后有过不同的意见和建议。

1916 年 7 月 2 日，在《帝国主义是资本主义的最高阶段》出版前夕，列宁在《致米·尼·波克罗夫斯基》的信中，提出了可以根据实际情况更改书名的问题："关于书名：如果觉得现在的不大妥当，如果认为最好避免用帝国主义这个字眼，那就用：《现代资本主义的基本特点》。(《通俗的论述》这一副标题绝对必要，因为许多重要材料就是按照作品的这种性质来阐述的）"。②

1916 年 8 月 5 日和 31 日之间，列宁在《致米·尼·波克罗夫斯基》的信中，在谈到《帝国主义是资本主义的最高阶段》手稿丢失的时候，再一次提出了更改书名的问题："我曾在信中建议改一个书名（如果'帝国主义'一词'可怕'的话），哪怕改用《最新的资本主义的特点》也好。现在要另作改动：《现代资本主义的最新经济资料》或者类似的书名。"③

列宁认为，将书名改为《现代资本主义的基本特点》或《现代资本主义的最新资料》，可以有效地规避沙皇当局的书报检查，减少不必

---

① 《列宁全集》第 47 卷，北京：人民出版社 1990 年版，第 365—366 页。
② 同上书，第 366 页。
③ 同上书，第 395 页。

要的麻烦。

在《帝国主义是资本主义的最高阶段》正式初版之前，高尔基审阅了书稿。高尔基在1916年9月29日给波克罗夫斯基的信里说，列宁的这本书"的确很出色"，可单独出版。然而孤帆出版社编辑部中的孟什维克却对列宁的书稿作了不少修改，如删去了对卡·考茨基和尔·马尔托夫的尖锐批评，把列宁原用的"发展成为"一词（资本主义发展成为帝国主义）改为"变成"，"反动性"一词（"超帝国主义"论的反动性）改为"落后性"等等。1916年11月，高尔基主编的《年鉴》以《最新资本主义》这一书名刊登了该书的出版预告。1917年年中，这本书用《帝国主义是资本主义的最新阶段（通俗的论述）》的书名在彼得格勒出版，书中附有列宁回国后于1917年4月26日写的序言。列宁1920年7月为本书法文版和德文版写的序言，对本书内容作了一些重要的概括和补充。1935年，本书首次以《帝国主义是资本主义的最高阶段》为书名并按照列宁手稿全文刊印于《列宁全集》俄文第2、3版第19卷。

在我国，1925年2月，《帝国主义是资本主义的最高阶段》以《帝国主义浅说》为书名，第一次出现了中译文单行本。

4. 念念不忘的"101"注释

通过研读列宁写作《帝国主义是资本主义的最高阶段》时的通信信件可以知道，列宁在以下几个方面是可以接受的：更改署名、更改书名、更改部分目录等。但是，在一件事情上，列宁是不可以忍受的，这就是删除著作中的注释"101"。那么，注释"101"是怎么一回事呢？列宁又为什么对此念念不忘呢？

原来，1916年8月5日和31日之间，列宁在《致米·尼·波克罗夫斯基》的信中谈到，由于第一份寄出的手稿丢失，列宁强调指出，可以大幅度地修改书名，甚至里面的章节（在寄往莫斯科时）也可以修改，以便通过书报检查，但对于文中的注释，尤其是第101注释，列宁认为必须保留。"注释务请保留，这些注释很重要（尤其是注101），并且参考书目也应当列出,因为在国内还有大学生和与之类似的读者要看。"①

实际上,列宁早在1916年7月2日的《致米·尼·波克罗夫斯基》中和这次的信中,谈到了"注101",尤其是这次通信,列宁十分重点地提及"注101"。

那么,"注101"到底指的是什么呢?原来,《帝国主义是资本主义的最高阶段》一书的注释最初是放在卷末的。"注101"出现在该书第8章临近末尾的一条注释,这个注释的内容是:

"《马克思和恩格斯通信集》第2卷第290页;第4卷第433页。卡·考茨基《社会主义与殖民政策》1907年柏林版第79页;这本小册子是考茨基在很早很早以前,当他还是马克思主义者的时候写的。"②

列宁在这条注释中,对俄国流行的机会主义者进行了比较详细的列举,以便为俄国国内的大学生指明理论上的道路,使俄国的知识分子不至于被机会主义错误的帝国主义观点所蒙蔽。这条注释,实际上也映射了当时正滑向机会主义的考茨基,一定程度上说是列宁的《叛徒考茨基》一书的萌芽性雏形。所以,列宁指出,这个注释十分必要,编辑部"务请保留"。

但是,列宁虽然多次强调要保留注释"101",但他的担心还是发生了。"当然列宁对出版者,确切一点说对'出版社'的担心是正确的,因为除了阿列克塞·马克西莫维奇之外还有别的人。正是在附注一百零一上出了问题——难怪伊里奇对这条附注这样关注。如果说整个小册子是著名的《帝国主义论》一书的原型的话,那么这条附注就是那同样著名的小册子《叛徒考茨基》一书的雏形了。德国社会民主党左翼从前的思想家的立场在这里的十行文字中间,首次被刻画得入木三分。因此,这条附注当然就完全不能为出版社所接受。这里的问题不在书刊检查机关——书刊检查机关倒允许骂德国人考茨基的,要骂多少就

---

① 《列宁全集》第47卷,北京:人民出版社1990年版,第396页。
② 《列宁全集》第27卷,北京:人民出版社1990年版,第419页。

骂多少。不客气地说,问题在于'舆论',在于未来的孟什维克《新生活报》的舆论。怎么'最伟大的马克思主义理论家'一点不中用了?!怎么和平主义者考茨基成了'叛徒'了?!亲爱的读者,请别忘记,在1927年,在苏联,'和平主义者'这个词确乎是一个骂人的字眼,但是在战争时期,在俄国,对不喊'乌拉'或者虽然喊了,但却是低声地,并且是用手半捂着嘴的人是受到尊敬的。不行,'礼数周到的'出版社不能刊印这个东西。于是过了两个月,在同彼得格勒通信磋商后(那时作这件事须要不少的时间),我不得不通知弗拉基米尔·伊里奇,附注虽然编写得简明扼要,但小册子付印时将予以删除。"①

  关于出版社删除注释"101"的问题,米·尼·波克罗夫斯基回忆说,虽然《帝国主义论》是他与列宁之间的"要约"之作,但到了真正出版的时候,米·尼·波克罗夫斯基已经不再具体负责这部书的出版编务了。当时出版社中的孟什维克分子不顾列宁的反对,删除了注释"101"。孟什维克分子的这种做法,也引起了米·尼·波克罗夫斯基的关注和讯问,但孟什维克对米·尼·波克罗夫斯基的讯问答复却姗姗来迟、吞吞吐吐。"只是到了12月8日(21日)我才收到回音——这是对我的关于'附注'命运吞吞吐吐的通知的答复——这个答复的语气比我原来预料的要温和些。弗拉基米尔·伊里奇责备我以编辑身份决定同意删削('请求出版者们:亲爱的先生们,请你们干脆在书上注明:我们出版社删去了对考茨基的批判。这样做不是更好吗?真的,应当这样做……'),在信的结尾他还说:'您来信说,'您不会打屁股吧?'就是说,我会因为您同意删掉这一批判打您屁股??唉,唉,我们是生活在文明世纪,解决问题并不这么简单……笑话丢开,但这的确令人可悲,简直岂有此理……好吧,我要在另外的地方跟考茨基算账。(《列

---

① 〔苏〕米·尼·波克罗夫斯基:《〈帝国主义论〉是怎样产生的》,见《回忆列宁》第2卷,上海外国语学院列宁著作翻译研究室译,北京:人民出版社1982年版,第456页。

宁全集》第 35 卷第 251—252 页）'。"①

由于初版时删除了注释"101"，列宁不得不接受这个严酷的现实。对于其中的原因，列宁在 1916 年 12 月 8 日的一封信中，似乎道出了其中的原委。1916 年 12 月 18 日，列宁在《致伊·费·阿尔曼德》的信中，还提到一个有趣的问题，就是考茨基想与自己商量《帝国主义是资本主义的最高阶段》中的一些观点，因为《帝国主义是资本主义的最高阶段》中有批判考茨基的"超帝国主义论"的论点。列宁在信中写到：

"我的论帝国主义的手稿已寄到彼得格勒，可是今天的来信说，出版者（而且是高尔基！啊！蠢才！）不满意这样尖锐地反对……您猜是谁？……考茨基！竟想和我通信商量商量！！！真是令人啼笑皆非。

您瞧，这就是我的命运。连续不断的战斗——反对政治上的各种愚蠢思想和庸俗见解，反对机会主义等等。"②

从这封信中可以看出，当时考茨基是十分关心《帝国主义是资本主义的最高阶段》的写作出版情况，但他关心的是列宁是否在书中删除了对自己的批判性语言，而注释"101"恰好是批判考茨基主义的雏形。孟什维克分子将注释"101"删除，也就可以得到顺理成章的解释了。但即便这样，列宁对考茨基的批判并没有停止，列宁反对机会主义的斗争仍然在继续。

5. 出乎意料的"丢失"

1916 年 7 月 2 日，在《帝国主义是资本主义的最高阶段》出版前夕，列宁在《致米·尼·波克罗夫斯基》的信末写道："我尽了最大力量使文章符合'严格的限制'；而这对我来说是极困难的，我觉得，缺点因而会很多。可是也没有什么办法！"③

---

① 〔苏〕米·尼·波克罗夫斯基：《〈帝国主义论〉是怎样产生的》，见《回忆列宁》第 2 卷，上海外国语学院列宁著作翻译研究室译，北京：人民出版社 1982 年版，第 457 页。
② 《列宁全集》第 47 卷，北京：人民出版社 1990 年版，第 482 页。
③ 同上书，第 366 页。

第一部分　历史考证

1916年7月2日列宁给米·尼·波克罗夫斯基的信

即便如此，列宁给波克罗夫斯基寄出的第一份《帝国主义是资本主义的最高阶段》手稿，还是莫名其妙地丢失了。1916年8月5日和31日之间，列宁在《致米·尼·波克罗夫斯基》的信中，谈到了《帝国主义是资本主义的最高阶段》手稿丢失的事情，并且具体还谈到了署名情况。列宁写道：

"尊敬的编辑：

最经得起书报检查的手稿，荒唐地、令人难以置信地丢失了。这使我感到如此害怕，以致连您的名字也不敢提了。

我担心我的信也被复制了。我曾在信中请求，如果采用通常的笔名（弗·伊林）不合适，就用尼·列尼夫岑。现在要用另一个笔名了，哪怕是用弗·伊·伊万诺夫斯基也好。

我曾在信中建议改一个书名（如果'帝国主义'一词'可怕'的话），哪怕改用《最新的资本主义的特点》也好。

现在要另作改动：《现代资本主义的最新经济资料》或者类似的书名。

标题（章节名称）要去掉（在寄往俄国时）。或许甚至修改章节的标题？这是可以做到的。

务请坚持现有篇幅（因为这是向我约稿的篇幅）。不损害内容而进行删节是不可能的。

（除非把最后几章整个删去？让我能把它们刊登到别的地方？这可是万万不得已的办法！我竭力主张不删节。）"。①

列宁在这封信中，同时还认为，寄送编辑部的手稿已经使用了十分隐晦和合乎当局的字眼，结果竟然还是莫名地丢失，这令人感到意外。但对于如何丢失一事，列宁并没有详细交代。直到1917年1月8日，列宁在《致米·尼·波克罗夫斯基》的信中，对手稿被法国军事当局

---

① 《列宁全集》第47卷，北京：人民出版社1990年版，第395—396页。

没收一事才隐讳地道出其中的详细情况。在信中，列宁写道：

"尊敬的米·尼：

刚刚给您寄出一张谈小册子问题的明信片（是回您的明信片的），就收到了钱，到目前已收到两笔，共500法郎，非常感谢。同时我还得到了正式答复（邮局的），说在1916年7月2日寄给您的我那份有关经济学的手稿被军事当局没收了！！！

简直不可思议！！能否再到什么地方想想办法，还是毫无指望了？

致崇高的敬礼和良好的祝愿！

您的 弗·乌里扬诺夫"。①

列宁这里所说的"经济学的手稿"就是指《帝国主义是资本主义的最高阶段》一书的手稿，这部手稿被法国军事当局没收了。

对于手稿丢失一事，列宁和出版者都感到了战争期间司空见惯的"不安"。"在这期间，当通信双方以为《帝国主义论》一书的手稿已丢失的时候，都感到非常不安，而这种不安在那个'战时的'环境中却是司空见惯的。法国书刊检查机关把娜捷施达·康斯坦丁诺夫娜抄得密密麻麻的手稿检查了很久，而我在收到明信片之后，约摸过了三星期才收到这包印刷品。就在那一段时期里，有过几次明信片往来，甚至还拍过电报询问：在什么地方？什么时候寄的？最后是否收到了？那末去邮局询问一下，等等，等等。"②

但是，这个时候列宁显示了异于常人之处，他仍然幽默应对这个事情。"我不能不引用这个动荡不安的时期中收到的一张明信片上的一段话，作为一个例子，来说明伊里奇是何等幽默。'丢失手稿，令人十分难过。这个消息迫使他——您所熟悉的具有普列汉诺夫特点的作品的作者，采取格·季·的办法（指用贴上法文书籍封面的办法寄手稿）。

---

① 《列宁全集》第47卷，北京：人民出版社1990年版，第509页。

② 〔苏〕米·尼·波克罗夫斯基：《〈帝国主义论〉是怎样产生的》，见《回忆列宁》第2卷，上海外国语学院列宁著作翻译研究室译，北京：人民出版社1982年版，第456页。

（咳！这些德国人！丢失手稿其实是他们的过错！就是法国人也比他们强！）'。读者也能猜到，'具有普列汉诺夫特点的作品'就是指《帝国主义论》这本小册子。"①

列宁第一次向出版社寄出手稿时被军事当局没收，只好第二次于7月28日，由妻子重抄一份秘密寄给波克罗夫斯基。手稿排印前高尔基读过此书并给予了高度评价，但此书在出版过程中再遇波澜，出版社内部的孟什维克主义者建议将书中批判考茨基的段落删除，并将列宁的原话"资本主义发展成为资本帝国主义"改为"资本主义变成资本帝国主义"。直到1917年初，孤帆出版社用《帝国主义是资本主义的最新阶段》的书名在彼得格勒出版了此书。1917年4月列宁结束流亡回国后重新为该书写了序言，并用了另外一个书名《帝国主义是资本主义的最高阶段》完整出版了该著。② 可以说，此书出版命运多舛。

6. 提纲的多次修改

在《关于帝国主义的笔记》中，详细记录了列宁具体创作《帝国主义是资本主义的最高阶段》的过程。可以说，列宁对《帝国主义是资本主义的最高阶段》框架结构的设想，从最初确定主题的简略提纲到开列出各章详细的提纲都保留在《关于帝国主义的笔记》中。

列宁首先初步设想了帝国主义的基本特征问题。他在笔记 β 中的《评卡·考茨基论帝国主义》中，特别指出："大体上：注意

---

① 〔苏〕米·尼·波克罗夫斯基：《〈帝国主义论〉是怎样产生的》，见《回忆列宁》第2卷，上海外国语学院列宁著作翻译研究室译，北京：人民出版社1982年版，第456—457页。
② 刘维春：《列宁帝国主义论的再理解》，北京：社会科学文献出版社2013年版，第165页。

帝国主义=

$\begin{cases}（1）\textbf{银行资本}\\（2）垄断组织（托拉斯等）\\（3）瓜分世界。[殖民地]\\（4）银行（金融）资本同国家机器的同盟（联系、\textbf{融合}）\\（5）集中的最高程度"①\end{cases}$

这是列宁研究帝国主义问题时，第一次比较系统且初步提出的关于帝国主义特征的先验式理论探索。因为在这个时候，列宁在描述帝国主义特征的时候，使用的还是不甚确定的"大体上"字眼。

提纲第一稿。在《列宁全集》第 54 卷 β 笔记与 γ 笔记中，列宁非常明晰地记载了《帝国主义是资本主义的最高阶段》的成书过程。在 β 笔记中，列宁以"关于帝国主义问题"为标题，对写作提纲进行了初步构思，具体如下：

"**关于帝国主义问题**：

题目：（大体上）

5.1. 金融资本。

4.2. 银行。

2.3. 卡特尔和托拉斯。

3. 垄断。

1.4. 集中和大生产。

6.5. 资本输出。

7.6. 殖民地。它们的意义。

8.7. 殖民地的历史。

---

① 《列宁全集》第 54 卷，北京：人民出版社 1990 年版，第 106 页。

9.8. 瓜分世界。

> 国际托拉斯
> 殖民地
> 卡尔韦尔

10.9. 自由竞争与帝国主义的对比。

11.10. 是回到自由竞争呢,还是向战胜帝国主义和资本主义前进?

12.11. 超帝国主义或国际帝国主义?

补12. 增长的不平衡。

13.12. 霍布森、考茨基、帝国主义。

14.13. 帝国主义的辩护士和小资产阶级的批评家。

15.14. 帝国主义国家的寄生性……("腐朽")(("食利国"))。

16.15. 工人运动的彻底分裂……["帝国主义和机会主义"]

17.16. 1871—1914年的外交和对外政策。

18.17. 帝国主义时代的民族问题。

19.18. **交织与'社会化'**(参看里塞尔)。

'帝国主义'这一概念的内容。

大体上:

1. Ⅰ 作为集中结果的垄断
2. Ⅱ 资本输出(成为主要的)
4. Ⅲ 瓜分世界 { (α) 国际资本的协议
5. Ⅳ   { (β) 殖民地
3. Ⅴ 银行资本及其'联系'。
6. Ⅵ 暴力政策(关税;侵占等等)代替自由贸易及和平流通。

希法亭的缺点:

(1) 关于货币的理论错误。

(2) 忽视(几乎)世界的瓜分。

(3) 忽视金融资本与寄生性的关系。

(4) 忽视帝国主义与机会主义的关系。

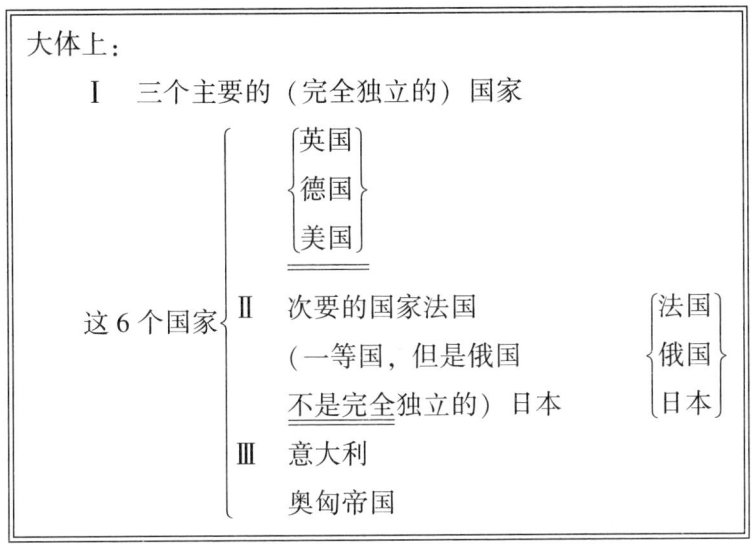

"帝国主义是资本主义的最高（现代）阶段"。

从上述列宁的比较详细的提纲列表中，我们可以看出《帝国主义是资本主义的最高阶段》的提纲雏形和主题内容。尤其是列宁在上述提纲的最后，还用文本框着重对一些帝国主义国家进行具体分类，以便为剖析帝国主义发展的不平衡性打下思路基础。

提纲第二稿。在笔记"γ"中，列宁再次对提纲进行了修改。这次修改应该是列宁写作《帝国主义是资本主义的最高阶段》的最后确定的总体思路，也是列宁对以上几次提纲的最后修订稿和最终稿。从这次笔记的题目——《〈帝国主义是资本主义的最高阶段〉一书提纲》中，就可以很容易地看出这一点。在随后列宁阅读的有关帝国主义的材料以及所作的笔记，基本上都是对这个最后提纲的材料性补充，而不是思路的补充。

列宁所确定的最终的这个提纲非常详细，在中文第二版《列宁全集》第 54 卷中，这个最终的提纲从 239 页一直到 252 页，总共有 14 页的内容，纲举目张，三级标题详细而具体，而且第三级标题下面还有更为详细的材料说明。虽然这个十分详尽的提纲是《帝国主义是资本主义的最高阶段》的最终思路，但列宁随后对这个提纲又进行了说明性的修改和补充。比如笔记《对该书提纲的补充》（第252—253页）、《该书某些章的提纲》（第253—254页）、《该书的总纲和几种不同的目录》（第255—258页）。

　　由于这个修改后的提纲对于研究《帝国主义是资本主义的最高阶段》的成书过程，具有重要的意义，笔者打算将它们全部摘抄下来，同时将《对该书提纲的补充》、《该书某些章的提纲》一起摘录下来，以便清晰地向读者朋友展现列宁拟定《帝国主义是资本主义的最高阶段》提纲的前后变化情况。

附：《帝国主义是资本主义的最高阶段》一书提纲

《帝国主义是资本主义的最高阶段》

（通俗的论述）

> 为了应付检查；大体上：《现代（最新的、最新阶段的）资本主义的基本特点》。

1. 当今资本主义的**特殊**阶段。

   主题：对这一阶段的研究，分析，结论。

2. **大生产的增长。生产的集中。**

   $\begin{cases} 1882—1895—1907\text{ 年德国的统计} \\ 1900—1910\text{ 年美国的统计} \end{cases}$

   俄国的有关材料（《资本主义的发展》?）。

   海曼的统计……β 108 ［199—200］①

   分行（银行的）及其增长：α 15 ［15—16］。

   德国股份公司的资本：α 22 ［22—23］。

   "联合制"：希法亭 ϑ 4 和 5 ［371—374］（第285、358页）。

   德国煤炭工业的集中：γ 26 ［234—235］。**特别是** α 7—8 ［8—

---

① 方括号内的页码是《列宁全集》第2版第54卷的页码。

11］。

> 集中的新纪元：β 11 ［69—70］。

> 技术和金融的集中。注意 β 102—3 ［191—195］。

3. **卡特尔和托拉斯**。

（2）① 一般数字：利夫曼：α40 ［36—37］。里塞尔 ϑ8 ［398—401］。塔弗尔 β 37 ［101—102］。

（1）发展时期：利夫曼，福格尔施泰因：α 33—34—35 ［53—54—55］。

（4）技术：塔弗尔：β 38 ［102—103］。

（5）《强迫加入组织》：克斯特纳。α 23 ［23］ **及以下各页**，**27** ［25—26］，特别是 **28** ［26—27］。

固定资本的固定性（流动的困难）。希法亭 ϑ 4 ［371—372］ **（第274 页）**。

>> 商人＝代理人：希法亭。ϑ 5 ［372—374］ >>

>> （第322 页）。>>

例子：水泥。β 99 ［185—188］。

（3）美国钢铁公司占的份额：γ 28—29 ［237—238］。

β 104 ［195—196］。α 40 ［36］。ι 8 ［419—420］。

补 3。**危机？农业和工业的发展不相适应**。

（6）危机和**垄断**：β 78 ［156—157］（耶德尔斯）。β 90 ［170—171］（特别是末尾）。狂热、冒险、破产：ι 11、12—13 ［421—423］。

4. **垄断**。

（补2）被夺得的生产的％：福格尔施泰因。克斯特纳：α 23—4 ［23—24］。

5. **国际卡特尔。它们"瓜分世界"**。

---

① 以下圆括号内的编号是列宁后来用铅笔写的。——俄文版编者注

参看希法亭 ϑ 5〔372—374〕（第491页）。

6.[①] 一般数字：利夫曼。

5.5. 火药托拉斯：α 39〔35〕。

2.4. 煤油：β 13〔73—75〕。β 64〔130—132〕。β 87〔166—167〕。β 92+93〔172—173+173—176〕。

3.3. 航运业：ϑ 里塞尔 10〔402—403〕。

4.2. 钢轨卡特尔：ϑ 里塞尔 11〔405—406〕。

福格尔施泰因：γ 28〔236—237〕。——伯格龙，第169页。

1. 注意：电力托拉斯。《Die Neue Zeit》[②]，1912：ϑ 7—8〔375—379〕（参看 ϑ 里塞尔 1〔382—384〕）。+ β 64〔130—132〕。β 89〔168—170〕。

五金贸易：α 11—12〔12—14〕。

锌业联盟：ϑ 里塞尔 13〔404〕。

7. 总结和意义。

6. **银行**。

0. 它们的一般作用。参看希法亭：ϑ 3〔369—370〕（第105页）和 ϑ 4〔371—372〕（第108页、第116页）。

6. "社会生产和分配的**形式**"（马克思）。希法亭 ϑ 4〔371—372〕（第262页）。注意：β 41〔106—107〕**末尾**。

英国银行的增长：β 95〔178—180〕

1. 它们的集中：ϑ 里塞尔 1、5〔382—384、389—390〕。γ 5〔207—208〕法国；β 99—100〔185—190〕；β 7〔64—65〕（3亿：300人）；β 13〔73—75〕。（β 78—9〔156—158〕——耶德尔斯）。α 45 和 48+1〔40—41 和 45—47+47〕。

4. 书信：ϑ 里塞尔 补 2〔388—389〕。

[①] 以下两排编号是列宁后来用铅笔写的。——俄文版编者注
[②] 《新时代》杂志。——编者注

5. 账户：γ 5 ［207—208］。

2. 分行：ϑ 里塞尔 13 ［392］。(β 50 ［115—116］ ——俄国)。β 66 ［134—136］ (法国)。β 67 ［137—139］ (英国)。

在俄国的银行（1905 年及以后）：β 42 和 43 ［107—108 和 108—109］。

银行和交易所：希法亭。ϑ 里塞尔 3 ［385—386］ +β 10 ［68—69］。(**注意**：α 42 ［33—34］) ((α 42 ［33—34］))。α 46 ［41—43］。3. 银行和职员：ϑ 里塞尔 3 ［385—386］。β 66 ［134—136］。β 100 ［188—190］。α 43 ［37—38］。

补 5。银行和邮局：β ϑ ［60—61］。

〞〞〞储金局：β 15 ［76—78］。

7. **银行**。

7. 同工业的溶合。希法亭：马克思，Ⅱ，79 (ϑ 3 ［369—370］)。β 80—81 ［158—161］ (耶德尔斯)。

8. 监事等。希法亭：ϑ 4 ［371—372］ (第 159、162 页。)——ϑ 里塞尔 7 ［395—397］。——β 79 ［157—158］ (耶德尔斯)。β 81 ［159—161］ (α 41 ［32—33］例子——银行给工业公司的一封信)。

9. "包罗一切的性质" (耶德尔斯)：β 81/2、83、84—7 ［159—162、162—163、163—167］。β 88 ［167—168］。(技术的作用。) β 90 ［170—171］。——β 99 ［185—188］。

注意。银行的垄断趋势。**希法亭**：ϑ 4 ［371—372］ (第 278 页)。α 48 ［45—47］。

8. "**金融资本**"。

1. "参与"。β 96—7 ［180—183］ (β 53 ［118］)。β 46 和 47 ［111—113］ (德国。**德意志银行**)。β 56 ［120—122］。β 94 ［176—178］。ι 11 ［421—422］。

‖ 注意股票分布的例子：β 65 ［132—134］ ‖

附在§3。俄国银行中的"参与":β 49(和48)[115(和113、115)]。

2. "交织"。

3. 女儿公司。β 9 [66—68]。β 105—6 [196—199]ι 7、9 [418—419、420]。

欺骗。

租让。

收买。

7. "交通托拉斯"和城市土地:β 12 [70—73]+β 94 [176—178]。

(土地的投机买卖):β 15—16 [76—79]。

8. 银行经理和官员(政府):俄国β 50—51和53、55 [115—117和118、119—120]。β 95—96 [178—182]。β 99 [185—188]。

4. **滥设投机公司**:"**创业利润**":**希法亭**:ϑ 5 [372—374](第336页)。利西斯:γ 19、20 [226—227、227—228]。+β 65 [132—134]。德国的例子:β 8 [65—66]。

外国债券:利西斯γ 19—20 [226—228]。α 2 [47—48]。(德国的)β 14 [75—76]。

9. **证券发行的统计**(1910—12):ϑ 9 [379—381]。ι 23 [429—430]。(**同上,自1871年起**):β 17和68 [79—81和140—143]。β 68 [140—143](奈马尔克和措林格尔)。α 47 [43—45](附在§18)。

6. 证券发行利润:α 38 [31—32]。ι 3、5 [415—416、417—418]。β 14 [75—76]。

5. 注意:"整理"。希法亭:ϑ [371](第172页)。施蒂利希:α 38和41 [31—33]。利夫曼:$\iota\vartheta$ [415—416]。法国金融史:λ 2—э [486—487]。

9. **资本输出**（§4）。

导言？资本的增长及其矛盾。

增长 { 霍布森——κ 9［455—457］
　　　莱斯居尔：γ 5［207—208］。β 67［137—139］
　　　（梅伦斯）。β 69［143—146］（奈马尔克）。

规模：奈马尔克（β 68 和 69［140—143 和 143—146］）+

ϑ 里塞尔 14［411］。

哈尔姆斯：ζ 3—5［318—323］。ζ 30［356］。

阿恩特：ε 1［296—297］。

迪乌里奇：β 63［129—130］。

考夫曼：β 66［134—136］。

舒尔采-格弗尼茨：α 2［47—48］。

意义。

同商品输出的联系。资本输出和投资：β 30［96—98］。

(**希法亭 ϑ** 。) β 100—101［188—191］（贷款和输出）。

注意。见 20①

（订货及其他）：β 14—15［75—77］。

供应：β 27［92—93］。β 28［94］。β 29［95—96］。

殖民地的银行：β 65［132—134］。α 30［27—29］。

(+ϑ **里塞尔** 7［395—397］）。

外国债券（？§3？）（α 2［47—48］）注意。外国资本在中国、日本及其他国家。β 17［79—81］。德国资本在俄国：γ 42［264—266］（参看 β 58［123—124］）。α 31［50—51］。η 13［364—365］。外国资本在阿根廷及其他国家。β 29［95—96］和 β 30［96—98］。

加拿大：β 94［176—178］。

---

① 见《列宁全集》第 2 版第 54 卷第 249 页。

> "倾销政策"：放在哪里？在哪里谈？放在§7吗？
> 见16①。

10. **殖民地**。

    它们的一般意义：农业：β 18［82—83］。

    殖民地的债款 ι 21［428—429］。

    殖民地的银行：ϑ 里塞尔 7［395—397］。

    殖民地的社会意义。瓦尔：γ 27［235—236］。

    原料：β 18［82—83］。

    销售：向殖民地输出。β 20［85—86］。

    压制工业和发展农业等等。β 24—5［89—91］。（印度等）β 26［91—92］。

    美国在菲律宾：β 26［91—92］。

    英国：**苏伊士**：α 44［39—40］。

    （1）垄断——（原料产地）。

    （2）资本输出（租让）。

    金融资本=统治。

11. **殖民地的增长**。

    英里斯：γ 47［268—269］及以下各页。

    $\left.\begin{array}{l}1860\\1880\\1900\end{array}\right\}\kappa$ 2—3［451—453］

12. **"世界的瓜分"**：1876和1914（殖民地）。ζ 5—7［322—327］。

    英国对葡萄牙、挪威和西班牙的事实上的保护（注意）：β 21—22—23［86—87—88—89］。暹罗（同上）。

    阿根廷———**萨尔托里乌斯，第46页**（阿根廷）：ζ 28［635—637］λ 25［503—504］（同上）。

---

① 见《列宁全集》第2版第54卷第248页。

注意：($\alpha\alpha$ 殖民地……)

($\beta\beta$ 半殖民地……)

($\gamma\gamma$ 金融上不独立的国家……)——**参看** α 31［50—51］。

| 3 | 13. **发展的不平衡和世界的"重新瓜分"**。

英国和德国相比。克勒芒德：ι 35—36［443—445］。一般的（新的发现）ι 12—13［422—423］。

发明专利权：λ 28［505—506］。

法国和德国相比。泰里：γ 3［205—206］。

于贝尔：γ 22［229—230］。贝拉尔：γ 24［231］。

美国、英国和德国。《*Vorwärts*》① 1916。μ 1［513—515］。

伦敦是世界市场并拥有金融实力。β 4—5［61—63］（"3/4 的贸易"等等）（参看 α 46［41—43］）。

(是不是放到§7或8去？？)

β 96［180—182］（铁（世界产量）：1850—1910）。β 98［183—185］（存款）。

水力：β 62［127—128］。

电缆：β 64［130—132］。ζ 3［318—321］。

【【铁、钢、电炉钢：β 99［185—188］】】。

【α 31—32［50—53］：德国帝国主义的发愤图强！】

霍布森：103；205；144；335；386［462；466—467；464—465；477；482—483］。

| 2 | 14. **世界经济的对比情况**。

理·卡尔韦尔。（修正。）μ［516—518］。

铁路。1890 和 1913。μ［536—544］

铁路的增长同钢铁生产增长的比较。μ［543—544］

---

① 《前进报》。——编者注

第 7 章。127—146—162①

15. **总结**。帝国主义的基本经济（生产）特征……

$\begin{cases} \alpha：集中和垄断。 & 1 \\ \beta：资本输出（主要的一点）。 & 3 \\ \gamma：银行资本及其"联系"。 & 2 \\ \delta：生产垄断者瓜分世界。 & 4 \\ \varepsilon：同上——殖民地。 & 5 \end{cases}$

卡·考茨基的定义。δ [289—290] 对比：

希法亭的定义不完备：ϑ 5 [372—374]（第 338 页）参看 ϑ 6 [374—375]（第 495 页）。

保·路易在 1904 年：γ 43—5 [266—267]。

与旧殖民政策的不同。κ 1，36，40 [450—451、474—475、477—478]。

霍布森的定义或者概念。κ 11 [458]。κ 13—14、17 [459—460、462]。κ 32 [472—473]。

第 9 章。162。

16. "**金融资本的经济政策**"和对帝国主义的批评？

"倾销政策"。

"保护主义"——它在英国、比利时、荷兰的发展。β 19 [83—85]。

保护关税的新意义。希法亭引的**恩格斯**的话。ϑ 5 [372—374]（第 300 页）。

暴力。κ 11 [458]（兼并）。42 [479—480]。β 97 [182—183]：输出和金融资本。

17. 是回到**自由**竞争呢，还是向战胜**资本主义前进**？希法亭：ϑ 6 [374—375]（**注意第 567 页**）。

---

① 列宁把§§13、14、15 包括在第 7 章中，而把它们的次序倒了过来；这几个数字是列宁的《帝国主义是资本主义的最高阶段》一书手稿的页码。——俄文版编者注

18. 资本主义的**寄生性**和"**腐朽**"。

"**食利国**"……（α 2［47—48］）。α 3［49—50］。β 30［96—98］（五个债权国）。（！！）β 95［178—180］（德国）。λ 19［497—498］（债权国）。λ 21（22—3）［499（500—502）］。λ 25［503—504］。λ 26、27、28、29［504—507］。κ 46—48［482—484］。κ 18、21、25、34［462—463、464、467、473—474］。κ 9［455—457］（15%）和 10、39［457—458、477］荷兰。γ 14［217—218］（莫斯）。

希尔德布兰德=为垄断担心：β 34［98—99］及以下各页。

在**德国**的外国工人（1907年统计）。

在**法国**的外国工人。δ 8［284—285］。

移民出境和移民入境。κ 5［455］。

> §8 中的证券发行的统计

注意：萨尔托里乌斯 ξ29［637—639］。

(1) 19. "**超帝国主义**"或"**国际帝国主义**"? κ 7［478—479］（参看 λ 20［498—499］）。

20. **考茨基和霍布森**与马克思主义对比。

注意。考茨基与**阿加德**对比。β。

向加拿大输出：λ 20［498—499］。

同独立国和附属国的贸易。β 100—102［188—193］。

波多黎各。λ 21［499—500］。

21. 帝国主义的**辩护士和小资产阶级批评家**。辩护士施尔德尔：β 27［92—93］。希尔德布兰德：β 35［99—100］。

尼布尔 α 13［14—15］。——κ 25、27、30［467、468—469、470—471］（费边派）。31［471—472］。利夫曼。

{ 霍布森。κ 1［450—451］。κ 15、16［460—462］。参看
β 40［104—106］关于卡·考茨基。

美国的反帝国主义者。帕图叶。γ 11〔213—214〕。维·贝拉尔论埃及：γ 23〔230—231〕。阿加德：β 41〔106—107〕及以下各页。β 54〔118—119〕。β 59〔124—125〕。

β 60、61〔125—126、126—127〕。

（**埃施韦格**：《道德化》；他反对：β 94〔176—178〕）。

β 100〔188—190〕：反对巴格达。

奈马尔克主张"和平"：β 69〔143—146〕（125）。

贝列拉兄弟主张世界和平。α 42〔33—34〕。

> **辩护士**：里塞尔（ϑ）和舒尔采-格弗尼茨（α 47〔43—45〕）。

22. **帝国主义和机会主义**。

英国自由派的工人政策。

工人运动的彻底分裂。

工人的上层。λ 18〔496—497〕。22、22—3、23、30〔500—501、500—502、501—502、507—508〕。κ 24〔466—467〕（205）（收买）【附在 18？】。

(2) 23. 1871—1914 年的**外交和对外政策**（几句话）。α 3。

……希法亭 ϑ 6〔374—375〕（第 505 页）…… ϑ 里塞尔 11〔405—406〕。

英国的对外政策（1870—1914）…… β 23〔88—89〕。

德国的：β 97〔182—183〕。

菱田政治：γ 6〔208—209〕。

在大洋洲：γ 27〔235—236〕。

帕图叶：γ 9 和 10〔211—212 和 212—213〕。

希尔：γ 46〔268〕。

(3) 补 23：**帝国主义和民主**。金融资本和反动（α 31〔50—51〕）。

尼布尔：α 13〔14—15〕。

(4) 24. 帝国主义时代的**民族问题** {几句话}。

> "民族战争"。帕图叶：γ 12 [214]。美国和殖民地。
> 帕图叶：γ 10 [212—213]。

民族运动的发展。β 28—29 [94—96]。

希尔德布兰德反对它。β 35 [99—100]。

尼布尔：α 13 [14—15]。

希法亭。ϑ。κ 17—19—20 [462—463—464]。ι 3 [415—416]。

结束语。帝国主义的历史地位（？）。

25. "**交织**"与"**社会化**"。

{ 增长的迅速和过度成熟……（兼而有之）。
{ "腐朽"和新生……   }

> 制瓶工厂主：《*Die Neue Zeit*》①，1912（30，2），第 567 页。
> 发明人叫欧文斯，而不是欧文！

利夫曼：α 40 [36—37]。

里塞尔：ϑ 3 和 10 [385—386 和 401—403]。

圣西门和马克思（舒尔采-格弗尼茨）：α 43—44 [37—40]。

增长的迅速：ϑ 里塞尔 9 [401]。

> 技术进步和折磨（*Quälerei*）。
> 泰罗和《对动作的研究》。β 70—77 [146—155]。

总结和结论。帝国主义和社会主义。注意：**乐观主义** [对于机会主义？]。

垄断和自由竞争——银行和社会化。——

交织和社会化——世界的瓜分和重新瓜分。——

往……哪里"过渡"？β 84 [163—164]。

契尔施基拥护卡特尔（反对托拉斯）：他害怕了：β 104

---

① 《新时代》杂志。——编者注

［195—196］。

希法亭的定义不完备。§15。（放在这里？）

对该书提纲的补充[①]

（b）资本主义的三种矛盾：（1）社会生产和私人占有，（2）富裕和贫困，（3）城市和农村，由此产生——资本输出。

（a）它和**商品**输出的不同。

当代殖民政策的不同点：

(1) 垄断（原料）

(2) ——（关于后备的土地）

(3)（区分——"自给自足"）——单一作物：β 25 [90—91]

(4)（资本输出）

(5) 租让，等等。

1. 社会意义（统治（希法亭，511））。希法亭。**注意**参看**瓦尔**。 2. "独立"国的依赖性。	注意

第 14 页中间，"原料的加工"？原料工业？+（注意）（摘自《Die Neue Zeit》[②]）。**补充化学**的工业托拉斯的材料。在关于金融寡头的一节中补充《Die Bank》[③] 杂志的"幼稚观点"。

---

① 以下对该书提纲的补充列宁用铅笔全部勾掉了。——俄文版编者注
② 《新时代》杂志。——编者注
③ 《银行》杂志。——编者注

该书某些章节的提纲

III. 创业利润和证券发行利润

　　整理

　　城市土地

　　银行和政府

　　证券发行的统计

VI. 1. 苏潘。1876年的%%。1900年的。

　　2. 莫里斯。

　　3. 表格。

　　补3:"附属国"。

　　4. 过去和现在的殖民地。

　　　　$\begin{cases}输出——销售\\原料\\抑制工业。\end{cases}$

VIII. 1. 食利国。

　　2. 霍布森9和10 [455—457和457—458]（**投资**的收益）:

　　　λ 21 [499—500]。

　　3. 霍布森30和46—48 [470—471和482—484]。

　　　前途

　　4. λ 28、29 [505—506、506—507]。λ 24—25 [502—504]。

　　补4。外国资本。

　　5. 生产效率高的工人的%降低。

6. 恩格斯和**马克思**论英国工人。

在法国有 30 万西班牙工人。

《*La Bataille*》①（1916 年 6 月）。

IX. 对帝国主义的批评。

1. 批评＝一般的观念。

2. 辩护士。（"费边派"。）

3. 小资产阶级民主派。

4. 考茨基与霍布森对比。（**卡·考茨基和斯佩克塔托尔。注意。**）

5. 前进还是倒退？

6. 自由竞争与关税、倾销政策对比等等。

7. 向附属国输出。

8. 超帝国主义或国际帝国主义？

9. 帝国主义的政治特征（外交）

$$\begin{cases} 反动 \\ 民族压迫 \end{cases}$$

X. I. 帝国主义是垄断的资本主义。

$\begin{cases} (a) \ 托拉斯 \\ (b) \ 银行 \\ (c) \ 瓜分世界 \end{cases}$　　(1) 托拉斯
　　(2) 夺取原料
　　(3) 银行
　　(4) 瓜分世界

II. 帝国主义是寄生的或腐朽的资本主义。

（1）共和派资产阶级和君主派资产阶级？美国和日本？

（2）机会主义。

$\begin{cases} 不同机会主义作斗争，不同机会主义决裂，同帝国主义 \\ 作斗争就是欺骗 \end{cases}$

---

① 《战斗报》。——编者注

Ⅲ. 帝国主义是过渡的或垂死的资本主义。

Ⅰ. 和 1—4。—— ——

Ⅱ. ——和（1）+（2）。对机会主义的"乐观主义"。—— ——

Ⅲ. 交织与社会化。

圣西门和马克思。——**里塞尔**论增长的迅速。——往哪里过渡？（β 84 [163—164]已经谈到过一次）。泰罗是否放在这里？[①]

上述这个提纲内容比较多，也比较详细。为了方便读者阅读，笔者将上述提纲进行了简要总结归纳。

虽然上述提纲的题目被确定为《帝国主义是资本主义的最高阶段》，但为了应付沙皇警察的书报检查制度，列宁还另外拟定了一个题目附在后面：《现代（最新的、最新阶段的）资本主义的基本特点》

1. 当今资本主义的特殊阶段。
2. 大生产的增长。生产的集中。
3. 卡特尔和托拉斯。
4. 垄断。
5. 国际卡特尔。它们"瓜分世界"。
6. 银行。
7. 银行。
8. 金融资本。
9. 资本输出。
10. 殖民地。
11. 殖民地的增长。
12. "世界的瓜分"。

[①] 《列宁全集》第54卷，北京：人民出版社1990年版，第239—255页。特别需要指出的是，上述的这个提纲中，凡是页中出现的脚注中的"编者注"，指的是中文第二版《列宁全集》第54卷的中文编者。

13. 发展的不平衡和世界的"重新瓜分"。

14. 世界经济的对比情况。

15. 总结。帝国主义的主要经济（生产）特征……

16. "金融资本的经济政策"和对帝国主义的批评？

17. 是回到自由竞争呢，还是向战胜资本主义前进？

18. 资本主义的寄生性和"腐朽"。

19. "超帝国主义"或"国际帝国主义"。

20. 考茨基和霍布森与马克思主义的对比。

21. 帝国主义的辩护士和小资产阶级批评家。

22. 帝国主义和机会主义。

补23. 帝国主义和民主。金融资本和反动。

24. 帝国主义时代的民族问题。

25. "交织"与"社会化"。

提纲第三稿。列宁对上述这个提纲并不满意，他随后又进行了调整，将13、14、15的次序进行了调整，并在前面标上了3、2、1的序号，将原来的13、14、15的顺序调整为15、14、13。对于19、23、补23、24，他标上了（1）、（2）、（3）、（4）的次序。这样，经过若干次的调整，他将总的提纲拟定为：

"A. 1。导言

B. 2—15。经济上的分析（基本生产关系）。

C. 18。（寄生性）。

D. 16—17。经济政策（关税政策）。

E. 19—22。对帝国主义的评价（对……的态度，批评）。

F. 23—24。几种政治上的关系和联系。

　　+18 寄生性。

25。$\sum\sum$"①

---

① 《列宁全集》第54卷，北京：人民出版社1990年版，第255—256页。

根据列宁对写作目的和写作计划的安排，他预计写成 10 章内容，容量分别是 180 页和 186 页，完成定稿时共有 200 页，这与编辑部向他约稿的篇幅要求基本吻合。所以，这个提纲实际上是《帝国主义是资本主义的最高阶段》的总提纲。

从上述摘录内容看，列宁虽然有一个比较详细的写作提纲，但最终对如何确定《帝国主义是资本主义的最高阶段》的目录，还是犹豫不定，这也体现在他所列出的四种"不同的目录"方案中。这四种目录是列宁根据总提纲分别开列的，如下。

目录一。

"大体上：

Ⅰ. 生产的集中，垄断，卡特尔。

Ⅱ. 银行和金融资本。

Ⅲ. 资本输出。

Ⅳ. 从经济上瓜分世界：国际卡特尔。

Ⅴ. 从政治上瓜分世界：殖民地。

Ⅵ. 总结＝帝国主义的概念和帝国主义的政策。

Ⅶ. 对帝国主义的批评。

Ⅷ. 交织还是社会化？

共 10 章，如果 Ⅱ＝2 章＋可能的补充、导言和结束语。"①

目录二。

"大体上：

Ⅰ. 生产的集中和垄断。——　　　　　　30 页

Ⅱ. 银行。——　　　　　　　　　　　　20″

Ⅲ. "金融"资本（和金融寡头）。——　　30″

---

① 《列宁全集》第 54 卷，北京：人民出版社 1990 年版，第 256 页。

Ⅳ. 资本输出。——　　　　　　　　　　10″

Ⅴ. 从经济上瓜分世界。——　　　　　　10″

Ⅵ. "政治"""""。——　　　　　　　　　　20″—120

Ⅶ. 总结＝帝国主义（卡·考茨基）。——　10″

Ⅷ. 寄生性。——　　　　　　　　　　　20″

Ⅸ. 对帝国主义的批评。——　　　　　　20″

Ⅹ. 社会化。帝国主义的一般意义（？）

　　帝国主义的历史地位。——　　　　10″″①

根据这个目录，列宁计算的内容容量大致为180页。

目录三。

"Ⅰ. 生产集中和垄断。

Ⅱ. 银行和银行的新作用。

Ⅲ. 金融资本和金融寡头。

Ⅳ. 资本输出。

Ⅴ. 各个资本家同盟瓜分世界。

Ⅵ. 列强瓜分世界。

Ⅶ. 帝国主义是特殊阶段。

Ⅷ. 资本主义的寄生性和腐朽。

Ⅸ.

Ⅹ."②

在这个目录中，列宁有意识地将"帝国主义是特殊阶段"描成了黑体字，意在强调这一条。

---

① 《列宁全集》第54卷，北京：人民出版社1990年版，第256—257页。

② 同上书，第257页。

目录四。
"   页码
Ⅰ. 生产集中和垄断。——   3
Ⅱ. 银行和银行的新作用。——   30
Ⅲ. 金融资本和金融寡头。——   58
Ⅳ. 资本输出。——   82
Ⅴ. 各个资本家同盟瓜分世界。——   91
Ⅵ. 列强瓜分世界。——   106
Ⅶ. 帝国主义是特殊阶段。——   127
Ⅷ. 资本主义的寄生性和腐朽。——   146
Ⅸ. 对帝国主义的批评。——   162
Ⅹ. 帝国主义的历史地位。——   186"①

从《帝国主义是资本主义的最高阶段》的最终成文目录看，在列宁开列的四种目录中，第四种"目录"方案比较接近。

---

① 《列宁全集》第54卷，北京：人民出版社1990年版，第257页。

第三章 《帝国主义是资本主义的最高阶段》在国际上的出版传播

我们在考察《帝国主义是资本主义的最高阶段》在苏联及其他国家出版传播的时候,还不能忘记与其有紧密关系的另一部十分重要的笔记——《关于帝国主义的笔记》。从一定程度上说,《关于帝国主义的笔记》就是《帝国主义是资本主义的最高阶段》的提前翻版。虽然这样说不甚恰当,但也的确可以说明一些问题。在本章中,我们打算从两个方面来考察:一是《帝国主义是资本主义的最高阶段》在苏联的出版传播情况;二是《帝国主义是资本主义的最高阶段》在其他国家的出版传播情况。

当然,《帝国主义是资本主义的最高阶段》除了该著作本身的翻译出版之外,还通过其他的一些专著的形式来传播。有些学者在自己的学术研究中,将《帝国主义是资本主义的最高阶段》一些主要的观点、思想、概念等详细加以剖析,大量地引用列宁的观点。这样,《帝国主义是资本主义的最高阶段》也会通过这种方式得到传播。当然,如果将研究列宁帝国主义思想的著作和论文都详细地罗列,既没有必要,也难以完成。对于一些比较有代表的研究性作品,笔者打算提一提,以便给读者一个资料性的提醒。

一　在苏联的出版传播

庄前生认为,《帝国主义是资本主义的最高阶段》一书是列宁在1916年上半年写的。1917年年中,在彼得格勒由生活和知识出版社印成单行本,书中附有列宁回国后于1917年4月26日写的序言。该书的德文版于1921年出版,法文版于1923年出版。列宁在这一名著中,创立了帝国主义理论,丰富和发展了马克思主义基本原理。[①]

实际上,列宁在尚未完成《帝国主义是资本主义的最高阶段》一书之前,就已经在一些场合公开阐述了该书中的主要观点,使得该书的部分内容得以被人们获知。根据所罗门·戈尔德施坦的回忆,大致在1916年的某个时期,列宁在施比赫尔街附近的"艾因特拉赫特"("Ferein Eintracht"——左派社会民主党人的联合组织,第一次世界大战期间在苏黎世活动于瑞士社会民主党内)的一间房子里,向当时移居在苏黎世的侨民作了关于"战争与革命"的报告,"我不打算谈报告的内容。因为报告依据的材料,已见于列宁的经典著作《帝国主义是资本主义的最高阶段》"。[②]

1926年,苏联列宁格勒国家出版社出版了季诺维也夫俄文版《列宁主义》一书,该书基本上是按照列宁思想发展的历史阶段并以专题的形式来设置章节,并且该书极力突出列宁思想对当时苏联面临迫切问题的实践价值,该书用两个篇章介绍新经济政策,虽然列宁的帝国主义理论没有设置为一个专题,但其中的部分理论观点还是贯穿在第十四章"列宁主义和社会主义在一国胜利问题"之中。但是,季诺维也夫实事求是地承认:"本书所涉及的远非全部问题,而只是列宁主义的**一些**基

---

① 庄前生主编:《马克思主义经典文献的出版和传播研究》,北京:中国社会科学出版社2010年版,第46页。

② 〔苏〕所罗门·戈尔德施坦:《列宁教我布尔什维主义》,见《回忆列宁》第5卷,侯焕闵译,北京:人民出版社1982年版,第86页。

本问题。书中几乎完全没有涉及诸如民族问题、帝国主义理论和工会等问题。也许以后我们能够把这些问题补充进去。"① 所以，单单从考察列宁帝国主义理论这个角度看，该书不无遗憾。季诺维也夫还明确指出，列宁首先在 7 个方面丰富了马克思主义，而排在第一位的就是"关于帝国主义的理论"②。这本书写于 1924—1925 年之间，大部分是作者在共产主义科学院和红色教授学院的讲稿，经过整理后出版，写完后曾送给列宁夫人克鲁斯普卡娅看过，提过意见。此外，季诺维也夫长期担任共产国际主席，其任务之一是将列宁思想向共产国际所属各国党组织进行介绍和传播，其中共产国际 1925 年通过的关于各国党的布尔什维克化的提纲就基本上采用了季诺维也夫对列宁主义所下的定义。由于他与列宁交往较深，有过多次革命实践合作与理论合作，甚至两人还一起避难于拉兹里夫窝棚，布尔什维克的一些重要文件如《几点纲要》（1915 年）和《1917 年 3 月 4 日（17 日）的提纲草稿》就是与列宁合作起草的。特别是他与列宁共同写作出版了《反潮流》文集。所以，季诺维也夫成为解读列宁思想的重要代表人物之一。但后来，由于各种原因，斯大林的《论列宁主义基础》和《论列宁主义的几个问题》成了解释列宁主义的范本和坐标，而其他所有论列宁主义的著作都成了非主流书籍，季诺维也夫的这本书也不例外。

（一）30 年代

《关于帝国主义的笔记》在苏联的出版是个渐进的过程，不是一下子出齐的。《关于帝国主义的笔记》，写于 1915—1916 年，原文是俄文、德文、法文、英文及其他文字。第一次载于 1933—1938 年出版的《列宁文集》第 22、27、28、29、30、31 卷。《笔记δ》第一次载于 1938 年《无产阶级革命》杂志第 9 期，第 171—184 页。

---

① 〔苏〕格·季诺维也夫：《列宁主义》，郑异凡、郑桥译，北京：东方出版社 1989 年版，"作者的话"，第 1 页。

② 参见同上书，第 3 页。

俄文《列宁全集》第 4 版第 39 卷收录了《关于帝国主义的笔记》，这些笔记是 1916 年上半年写成的《帝国主义是资本主义的最高阶段》一书的准备材料。具体情况如下：

首先，俄文版《列宁文集》第 22 卷，是列宁的笔记专卷，该卷的主要内容是：帝国主义笔记第一部分，笔记包括《α》、《β》。该卷由多人任主编，包括：阿多拉茨基、莫洛托夫、萨韦利也夫、索林。该卷于 1933 年出版。①

其次，俄文版《列宁文集》第 27 卷，是列宁的笔记专卷，该卷的主要内容是：帝国主义笔记第二部分，笔记包括：《γ》、《ε》、《ζ》、《η》、《ϑ》、《ι》。该卷由多人任主编，包括：阿多拉茨基、莫洛托夫、萨韦利也夫、索林。该卷于 1934 年出版。②

再次，俄文版《列宁文集》第 28 卷，是列宁的笔记专卷，该卷的主要内容是：帝国主义笔记第三部分，笔记包括：《χ》、《λ》、《μ》、《ν》、《ξ》。该卷由多人任主编，包括：阿多拉茨基、莫洛托夫、萨韦利也夫、索林。该卷于 1936 年出版。③

最后，俄文版《列宁文集》第 29 卷，是列宁的笔记专卷，该卷的主要内容是：帝国主义笔记第四部分，笔记包括：《o》及其余六册。该卷由多人任主编，包括：阿多拉茨基、莫洛托夫、萨韦利也夫、索林。该卷于 1936 年出版。④

中文《列宁全集》第一、第二版中收载的《关于帝国主义的笔记》专卷中的全部材料，母版源于在 20 世纪 30 年代由苏联收集起来并陆续加以发表的材料，后来又以《关于帝国主义的笔记》这一书名出版了单行本。

---

① 李洙泗：《列宁思想宝库的一个组成部分——〈列宁文集〉（俄文版）简介》，见《马列著作编译资料》第 2 辑，北京：人民出版社 1979 年版，第 27 页。该辑初版印数为 1—10000 册。在版权页和封底有"内部发行"字样。
② 同上书，第 28 页。
③ 同上。
④ 同上。

1939年莫斯科出版社出版了由苏联哲学家罗森塔尔、尤金主编的俄文版《简明哲学小词典》（即《哲学小词典》）一书，该书将《帝国主义是资本主义的最高阶段》作为词条收入进去。由于需求量大，1952年莫斯科出版社出版了俄文第三版、1954年又出版了俄文第四版。在第四版中，考虑了1952年第三版出版后报刊和读者反映的意见和建议，第四版增添了第三版中所没有的新的词、概念和术语，同时，这一版还反映了苏联共产党第十九次代表大会的基本精神。1955年莫斯科出版了俄文第四版增订版，这一版在第四版的基础上，又做了许多修改。

除了上述出版的情况之外，《帝国主义是资本主义的最高阶段》和《关于帝国主义的笔记》还通过其他渠道得到进一步传播。1933年，莫斯科党的出版社出版了由米·尼·波克罗夫斯基编著的《忆列宁.(文章和回忆录汇编)》。该书收录了一些与列宁创作《帝国主义是资本主义的最高阶段》一文有关的回忆记述。比如《〈帝国主义论〉是怎样产生的》等回忆文章。随着《忆列宁》的出版发行，《帝国主义是资本主义的最高阶段》的传播和影响也在不断扩大。

（二）40年代

1946年，莫斯科出版了两卷本的俄文版《列宁文选》。在《列宁文选》第一卷中，《帝国主义是资本主义的最高阶段》被收录进去。联共（布）中央附设马恩列学院在"一九四六年俄文原版序"中指出，"《列宁文选》两卷集，是每一个研究《联共（布）党史简明教程》和马列主义基础的人所必备的参考书。"① 该版本的《列宁文选》出版之后，由于需求量大，莫斯科外国文书籍出版社于1950年出版了中文版。

1947年，莫斯科出版了法文版《帝国主义是资本主义的最高阶段》

---

① 《列宁文选》第1卷，北京：人民出版社1953年版，第21页。

单行本，但该译本的具体出版信息不详。①

1947年，莫斯科外国文书籍出版社出版了英文版《帝国主义是资本主义的最高阶段》单行本，但该译本的具体出版信息不详。②

1947年、1949年，列宁格勒政治学图书出版社出版了俄文版《帝国主义是资本主义的最高阶段》单行本，但这两种译本的具体出版信息不详。③

（三）50年代

大致在20世纪50年代，柏林出版了德文版《帝国主义是资本主义的最高阶段》单行本，但该译本的具体出版信息不详。④

1950年，莫斯科外国文书籍出版社出版了英文版《帝国主义是资本主义的最高阶段》单行本，但该译本的具体出版信息不详。⑤

1950年，列宁格勒政治学图书出版社出版了俄文版《帝国主义是资本主义的最高阶段》单行本，但具体的出版信息不详。⑥

1951年，苏联出版了英文版《帝国主义是资本主义的最高阶段》（*Imperialism, the Highest Stage of Capitalism*）单行本，书号为英1—2/15，定价0.28元。⑦

1951年，苏联出版了法文版《帝国主义是资本主义的最高阶段》，书号为法1—2/15，定价0.39元，其余出版信息不详。⑧

1954年，苏联国家政治书籍出版社出版了《什么是帝国主义》一

---

① 中共中央高级党校图书馆编：《马克思列宁主义经典著作目录》（增订本），北京：中共中央高级党校图书馆编印1961年版，第102页。
② 同上书，第99页。
③ 同上书，第90页。
④ 同上书，第106页。
⑤ 同上书，第99页。
⑥ 同上书，第90页。
⑦ 参见新华书店外文发行所：《列宁著作目录》，北京：新华书店外文发行所编印1960年版，第17页。
⑧ 同上书，第20页。

书，该书由苏联学者阿尔祖马年所著。该书紧紧围绕《帝国主义是资本主义的最高阶段》一书的主要内容展开论述，或者说一定意义上就是对《帝国主义是资本主义的最高阶段》的详细解读，其内容主要包括四部分：什么是资本主义；帝国主义的基本经济特征；帝国主义的历史地位；资本主义总危机。

1954年，由苏联科学院经济研究所编的《政治经济学教科书》一书，由莫斯科政治书籍出版社出版，该书作为经济学教科书在苏联全国推广。在该书的第十七章、十八章、十九章等章节基本都是在介绍、阐释、评价《帝国主义是资本主义的最高阶段》一书。从这些章节的标题就可以明显地看出来，比如第十七章"帝国主义——资本主义的最高阶段。垄断资本主义的基本经济规律。"这一章的主要内容包括："向帝国主义的过渡"；"生产积聚和垄断。垄断和竞争。"；"银行业的积聚和垄断。银行的新作用。"；"财政资本和财政寡头"；"资本输出"；"资本家同盟从经济上瓜分世界。国际垄断组织"；"列强完成对世界领土的瓜分和重新分割世界的斗争"；"垄断资本主义的经济规律"。第十八章"帝国主义的殖民体系"。这一章的内容主要包括："殖民地在帝国主义时期的作用"；"殖民地是宗主国的农业和原料附庸"；"对劳动群众的殖民剥削的方法"；"殖民地人民的民族解放斗争"。第十九章"帝国主义的历史地位"。这一章的内容主要包括："帝国主义——资本主义的最后阶段"；"帝国主义——寄生的或腐朽的资本主义"；"帝国主义——社会主义革命的前夜"；"国家垄断资本主义"；"帝国主义时期资本主义国家经济政治发展不平衡的规律和社会主义在一个国家内胜利的可能性"。

从上述章节的题目中，可以明显看出《政治经济学教科书》对《帝国主义是资本主义的最高阶段》的宣传传播作用。这部几乎可以代表当时苏联最高水平的经济学著作，被多次再版，并以多种文字在苏联及国外发行，该书在我国的影响尤其突出，而列宁的《帝国主义是资本主义的最高阶段》一书也随之被广泛传播。我们可以从中文第二版的

"第二版前言"中,可窥见该著作的发行影响力:"1954年底出版的政治经济学教科书第一版,曾印六百余万册,已于短期内买完。除俄文外,教科书还用许多民族语文出版,并且在国外许多国家中出版。"①

1958年,苏联国家政治书籍出版社出版了《列宁反对修正主义》一书的俄文版,该书由苏共中央马克思列宁主义研究院编辑。在《列宁反对修正主义》中,摘录了《帝国主义是资本主义的最高阶段》(当时的目录标题是"帝国主义是资本主义底最高阶段")的部分章节,包括:(九)对帝国主义的批评。同年5月,人民出版社根据俄文版《列宁反对修正主义》,将之翻译成中文本,并在"出版者说明"中指出:"本书所搜各篇已有译本的,即采用现成的译文,在篇末注明出处;没有译文的,由中共中央马克思恩格斯列宁斯大林著作编译局译出。新旧译文和各种版本的译文,名词和规格等,不免有些出入,付印匆忙,不及统一,请读者鉴谅。"②

1958年,苏联国际关系研究所出版社出版了俄文版《列宁论国际政治与国际法》一书,该书摘录了《帝国主义是资本主义的最高阶段》的部分内容,包括:序言;法文版和德文版序言;四、资本输出;五、各个资本家联盟分割世界;六、列强分割世界;七、帝国主义是资本主义的特殊阶段;八、资本主义的寄生性和腐化;九、对帝国主义的批评;十、帝国主义的历史地位。对该书的编辑、印数等具体情况尚不了解。

(四)60年代

1969—1970年,苏联政治书籍出版社出版了5卷本的《回忆列宁》,发行范围很广,影响很大,并被翻译成多种外国文字,在世界上发行。这是列宁亲属、战友及外国友人对列宁的追忆。其中有些地方涉

---

① 苏联科学院经济研究所编:《政治经济学教科书》,中央编译局译,北京:人民出版社1956年版,"第二版前言",第1页。
② 《列宁反对修正主义》,北京:人民出版社1958年版,"出版者说明"。

及了《帝国主义是资本主义的最高阶段》一书的创作史、写作背景等内容的介绍。比如，在第 2 卷中，收录了米·尼·波克罗夫斯基的《〈帝国主义论〉是怎样产生的》一文。在这个回忆文章中，米·尼·波克罗夫斯基详细交代了《帝国主义是资本主义的最高阶段》产生的来龙去脉，这篇文章是研究《帝国主义是资本主义的最高阶段》不可或缺的重要参考文献。当然，在 5 卷本《回忆列宁》的其他一些追忆性的文章中，也部分涉及了《帝国主义是资本主义的最高阶段》的一些情况。

（五）70 年代

1970 年 1 月，为纪念列宁一百周年诞辰，在莫斯科举行了一次主题为"列宁的帝国主义论与现代革命力量"的真理讨论会。这次会议是由苏联高等中等专业教育部、苏联科学院世界经济与国际关系研究所和《世界经济与国际关系》杂志共同举办的。参加讨论会的有各城市高等院校以及苏联科学院有关研究所的专家和理论工作者。会议分为 3 个小组，共听取了 20 个报告和 30 几个发言。第一组的题目是两个体系的斗争、科学技术革命和现代帝国主义发展中的基本趋势。第二组主要讨论现阶段革命力量发展的迫切问题。第三组研究现代国际关系的特点和帝国主义之间的矛盾。会后，在 1970 年的《世界经济与国际关系》杂志上，发表了德拉吉列夫教授（莫斯科大学）、伊诺泽姆采夫院士、米列科夫斯基[①]通讯院士（世界经济与国际关系研究所）等的报告以及第一组中的报告和发言摘要。

在 20 世纪 70 年代中期，苏联出版了一些关于《帝国主义是资本主义的最高阶段》的有影响的书籍，这些书籍结合当时的情况对列宁的帝国主义理论进行解读和阐述。这几本书是：鲁勉采夫主编的《政治经济学教科书》（1978 年莫斯科版）；伊诺泽姆采夫、米列科夫斯基、马尔

---

① 张启荣、刘淑春：《苏联学术界研究列宁帝国主义理论的一些情况》，见《马列著作编译资料》第 6 辑，北京：人民出版社 1979 年版，第 99 页。

丁诺夫主编的《现代垄断资本主义政治经济学》（1975年莫斯科版）；德拉吉列夫主编的《国家垄断资本主义》（1975年莫斯科版）。①

1977年，莫斯科《思想》出版社出版了《列宁的帝国主义论与当代现实》一书，该书由苏联科学院院士、世界经济和国际关系研究所所长H.H.伊诺泽姆采夫主编。该书在论述列宁帝国主义理论当代意义的同时，对勃列日涅夫的个人作用有夸大嫌疑，并在个别地方存在对我国政党和领导人的不实指责。该书于1980年被翻译成中文。

1977年4月20日至22日，在莫斯科举行了纪念《帝国主义是资本主义的最高阶段》出版60周年的全国性学术会议。会议是由苏联高等中等专业教育部和莫斯科大学共同组织。参加会议的共有五百多人，包括高等院校的代表，苏联科学院、苏共中央社会科学院、苏共中央高级党校的研究人员，以及东欧一些国家的代表。会议共听取了36个报告和65个发言。除了听取大会报告和发言之外，会议共分四个小组进行。第一组主要探讨列宁对垄断资本主义的范畴和规律体系的研究的方法论意义。第二组根据列宁的帝国主义学说研究了有关资本主义垄断和金融资本在现代条件下的发展趋势。第三组的研究主题是列宁关于帝国主义的学说与现代国家垄断资本主义。第四组的主题是列宁关于帝国主义国际联系的论述与当前资本主义世界经济的危机。②

1977年5月，"社会主义国家科学院现代资本主义研究合作委员会"在苏联亚美尼亚共和国首府埃里温也召开了纪念《帝国主义是资本主义的最高阶段》出版60周年的学术会议。会上主要听取了苏联科学院世界经济与国际关系研究所提出的题为《列宁的帝国主义理论与现时代》的报告。报告共分7部分，它们的小标题分别是：现代帝国主义及其发展的规律性、国家垄断资本主义在现阶段的发展特点、生产的国际化和国际垄断组织、1974—1975年世界周期性危机的特点和新的经

---

① 张启荣、刘淑春：《苏联学术界研究列宁帝国主义理论的一些情况》，见《马列著作编译资料》第6辑，北京：人民出版社1979年版，第100页。

② 同上书，第98页。

济形势、帝国主义的三个中心和帝国主义之间矛盾的尖锐化、殖民体系的瓦解和获得解放的国家争取改革国际经济关系的斗争、帝国主义堡垒中争取民主和社会主义的斗争的现代条件。该报告是在已经出版的、研究所集体编写的同名著作（伊诺泽姆采夫、马尔丁诺夫、尼基丁主编）的基础上写成的。会上，保加利亚、东德、罗马尼亚等国的代表也作了发言。

（六）80年代之后

1981年，为纪念列宁《帝国主义是资本主义的最高阶段》发表60周年，莫斯科大学出版社出版了俄文版《列宁的帝国主义理论与当代政治经济学的发展》一书，该书是集体撰写的学术专著，主编是苏联著名经济学家H.A.查戈洛夫教授。参加编写的还有苏联、民主德国、波兰和保加利亚的70多位经济学家，其中不少是这些国家学术界的知名学者，如苏联的鲁缅采夫院士、米列伊科夫斯基通讯院士等。这本书紧密结合《帝国主义是资本主义的最高阶段》的基本原理，对当今世界政治经济发展的特征、前途、趋势等做出了分析。

1984年莫斯科高等学校出版社分别出版了苏联教育部社会科学教学主管局组织编写的马克思列宁主义哲学、政治经济学、科学共产主义、联共党史、哲学史五个学科的教学大纲。在这个教学大纲中的《政治经济学课程教学大纲》和《苏共党史课程教学大纲》中，列宁的《帝国主义是资本主义的最高阶段》被推荐为重要的参考书目。除此之外，在"政治经济学教程大纲授课时间表"（供250或300学时用）中，苏联教育部要求对《政治经济学课程教学大纲》的第二章，即"帝国主义是垄断的资本主义"部分，讲课时间为24学时、讨论36学时（供250学时用），或者讲课时间34学时、讨论40学时（供300学时用）。[①]

[①] 参见苏联高等和中等专业教育部社会科学教学主管局编写：《苏联高等院校政治理论课教学大纲》，吴虹滨、赵大伦译，北京：求实出版社1987年版，第1—322页。

列宁《帝国主义是资本主义的最高阶段》研究读本

1984年，岑川在《苏联将出版新编的〈马克思恩格斯选集〉和〈列宁选集〉》一文中介绍道："苏共中央马列主义研究院正在编辑九卷本（10册）《马克思恩格斯选集》和十卷本（11册）《列宁选集》，将于1984—1988年由政治书籍出版社陆续出版。"① 岑川在随后的介绍中指出，这批新编的俄文版《列宁选集》第六卷包括1910年12月—1917年1月的著作，这些在俄国新的革命高潮时期和第一次世界大战初期写的各种著作，阐述了马克思主义的理论，捍卫了马克思主义的纯洁性，论证了布尔什维克党的战略和策略，批判了机会主义和修正主义。其中，《帝国主义是资本主义的最高阶段》被收入该卷。

1983年，列宁格勒大学出版社出版了A.A.杰明的学术专著《国家垄断资本主义：问题、趋势、矛盾》。本书概述了国家垄断资本主义的发展趋势和新的问题，如国家垄断资本的所有制、国家垄断资本的联合体、国家垄断资本主义的民族形式，等等。作者对这些问题的实质和它的经济体制结构作了分析。

该书的主要内容包括：当代资本主义生产关系的体系；列宁的帝国主义理论的中心范畴——垄断资本；在国家垄断资本主义处境中的金融资本；国家垄断资本主义的组织形式——国家垄断联合体；国家垄断资本主义的经济结构；资本主义总危机和国家垄断资本主义；当代资本主义的结构危机。作者列举了一些资本主义国家，如美国、日本、法国、西德、英国、比利时等的统计数字作为实例加以论证。②

---

① 岑川：《苏联将出版新编的〈马克思恩格斯选集〉和〈列宁选集〉》，见《马列主义研究资料》1984年第3辑总第33辑，北京：人民出版社1984年版，第239页。该辑《马列主义研究资料》初版印数为1—7000册，版权页和封底印有"只限国内发行"的字样。
② 〔苏〕A.A.杰明：《国家垄断资本主义：问题、趋势、矛盾》，见《马列主义研究资料》1985年第6辑，总第42辑，北京：人民出版社1986年版，第246—247页。

二 在其他国家的出版传播

大致在 20 世纪 20 年代，美国纽约出版了英文第二版的《帝国主义论》，同一时期，日本东京丛文阁出版了日文版《帝国主义论》。①

1924 年，日本东京的希望阁出版了《帝国主义论：帝国主义是资本主义的最高阶段》（《帝国主義論：資本主義最後の階段としての帝国主義》）单行版，译者是青野秀吉，该书共 222 页，按照 20 开规格设计。该译本是"改译"，但具体情况不详。

1931 年，日本东京的改造社出版了《帝国主义论》单行本，译者冈田宗司，该译本共 252 页，按照 16 开规格设计，收入《改造文库》第一部，并排在第 63 篇出版。

1932 年，日本东京的橘书店出版了《帝国主义论》单行本，译者松村登，该书共 132 页，收入《马克思主义社会科学艺术文艺译注丛书》（《マルクス主義社会科学芸術文芸訳註叢書》）第二编。

1933，伦敦出版了英文版《帝国主义是资本主义的最高阶段》单行本，该译本的具体出版信息不详。②

1936 年，日本东京的白扬社出版了《帝国主义论：帝国主义是资本主义的最高阶段》（《帝国主義論：資本主義の最高段階としての帝国主義》）一书，由入江武一翻译，共 220 页，该书收入《列宁重要著作集》系列。

1939 年，纽约出版了英文版《帝国主义是资本主义的最高阶段》一书，但译者及版权情况不详。③

1947 年，日本东京的社会书屋出版了列宁的《帝国主义论》单行

---

① 《帝国主义论》，刘楚平译，上海：启智书局 1929 年版，"译者弁言"，第 1 页。
② 中共中央高级党校图书馆编：《马克思列宁主义经典著作目录》（增订本），北京：中共中央高级党校图书馆编印 1961 年版，第 99 页。
③ 〔美〕哈里·马格多夫：《帝国主义时代》，伍仞译，北京：商务印书馆 1975 年版，第 63 页。

本，由青野秀吉翻译，这是该译本的第二版，该书共 178 页，按照 19 开规格设计。

1951—1952 年，日本东京的社会书房出版了《列宁选集》（二卷）（《レーニン二卷選集》），由列宁选集刊行会编译，共 13 册。其中列宁的《帝国主义是资本主义的最高阶段》一书被收入第 1 卷第 6 分册，详细分册情况如下：1 卷 1 分册：《"什么是人民之友"以及他们如何攻击社会民主主义者?》（「人民の友」とはなんにか）（外六篇）；2 分册：《怎么办?》（なにをなすべきか）；3 分册：《进一步，退两步》（一步前進二步後退）；4 分册：《社会民主党在民主革命中的两个策略》（民主主義革命に於ける社会民主党の二つの戦術）（外四篇）；5 分册：《论民族自决权》（民族自决権について）（外十三篇）；6 分册：《帝国主义论》（帝国主義論）（外六篇）。2 卷 7 分册：《大难临头，出路何在?》（さしせまる大破绽それとどう斗かうか）（外十五篇）；8 分册：《国家与革命》（国家と革命）；9 分册：《苏维埃政权底当前任务》（ソヴェト政権当面の任務）（外十八篇）；10 分册：《无产阶级革命和叛徒考茨基》（プロレタリア革命と背教者カウッキー）（外十篇）；11 分册：《伟大的创举（共产主义星期六义务劳动）》（偉大な創意（「共產主義土曜劳働」について））（外十三篇）；12 分册：《共产主义运动中的"左派"幼稚病》（共產主義における「左翼」小兒病）（外五篇）；13 分册：《论粮食税（新政策底意义及其条件）》（食糧税について（新政策の意義とその諸條件））（外二十篇）。

1965 年，日本东京的青木书店出版了《帝国主义论：原典解说》一书，作者：林直道。该书选入《马克思列宁主义丛书》（《マルクス＝レーニン主義入門叢書》），共 276 页，按照 18 开规格设计。

1967 年 9 月，在纽约举行了第三次社会主义者大会，这次大会的主题是纪念列宁所著《帝国主义是资本主义的最高阶段》一书发表 50 周年。美国进步经济学家、《每月评论》的主笔之一哈里·马格多夫为大会提交了论文，其论文结构是研究帝国主义体系的历史根源、确定美国经济和金融结构及它们与政府的国际经济活动的关系。[①]

1968年纽约出版了《帝国主义时代——美国对外政策的经济学》（*THE AGE OF IMPERIALISM— THE ECONOMICS OF U. S. FOREIGN POLICY*），该书由美国经济学家哈里·马格多夫（Harry Magdoff）所著，书中对列宁的《帝国主义是资本主义的最高阶段》进行了评述。1969年，纽约和伦敦出版了《现代读者平装书》（*Modern Reader Paperbacks*）。1975年，该书译成中文。

1974年11月8日，阿尔巴尼亚的地拉那出版社出版了阿尔巴尼亚语《帝国主义是资本主义的最高阶段》（*Imperialismi, si faza më e lartë e kapitalismit*），出版地为地拉那，出版者为"8 Nëntori（十一月）"出版社，该译本共175页，按照17开规格设计。

1979年，英国麦克米兰出版公司出版了《马克思以后的马克思主义》（*Marxism After Marx*）一书，该书由英国著名学者戴维·麦克莱伦（David Mclellan）所著，该书在中国曾被中国社会科学出版社、东方出版社、中国人民大学出版社翻译出版，颇有影响。麦克莱伦在第二篇"俄国的马克思主义"的第七章"列宁"中，主要介绍了列宁的政党理论、革命理论、阶级理论、帝国主义理论、国家理论、民族问题、哲学思想等内容，在介绍列宁的帝国主义思想时，重点介绍了《帝国主义是资本主义的最高阶段》。

1980年，英国鲁德里奇和凯根·保尔公司出版了英文版《马克思主义的帝国主义理论——一个评论性的考察》，该书由英国布列斯托尔大学的经济学讲师安东尼·布鲁厄所著，在书中，安东尼·布鲁厄对列宁的帝国主义理论作了不少的负面评述，并且书中所评述的作者认为的"马克思主义者"中的许多人实际上并不是马克思主义者，这就使得该书观点错漏百出，但从研究帝国主义理论的角度看，不失为一个资料性著作。

---

① 〔美〕哈里·马格多夫：《帝国主义时代》，伍仞译，北京：商务印书馆1975年版，第16页。

1981年，英国麦克米伦出版公司出版了英文版《马克思主义、社会主义和共产主义词典》一书，该书由约瑟夫·维尔钦斯基（1922—1984年）编纂而成，在这部词典里，列宁的《帝国主义是资本主义的最高阶段》被作为"词条"收入进去。后来，该书的中文版本由东方出版社于1988年出版。

1999年，日本东京的新日本出版社出版了日文版《帝国主义论》，翻译底本是俄语《列宁全集》第5版，第27卷。著者聴涛于弘，该书收入"科学社会主义古典选书"系列，共238页，按照21开规格设计。

最后，需要说明的是，在国外众多的出版马列著作的出版社中，德国的狄茨出版社①在出版、翻译、传播马克思主义书籍方面做出了重要的贡献。狄茨出版社的创建人是约翰·亨利·威廉·狄茨（Johann Heinrich Wilhelm Dietz）。1879年（另一说是1881年），他征得党的同意，在斯图加特创办了一个以他自己的名字命名的"狄茨出版社"。他出版的第一部书就是马克思的《哲学的贫困》。狄茨出版社刊印的《国际丛书》（*Internationale Bibliothek*）是世界闻名的，其中包括马克思、恩格斯、列宁、拉萨尔、倍倍儿、梅林、伯恩施坦、考茨基等人的著作，这一套丛书总共出了64种。狄茨出版社曾于1933年停办。第二次世界大战后，西德和东德各自重建了狄茨出版社。西德的叫做"J.M.H.狄茨继承者出版有限公司"（Verlag J.H.W.Dietz Nachf.GmbH），力图表明其正统性，它主要出版社会民主党的书刊。东德的叫做"狄茨出版社"（Dietz Verlag），主要出版马列主义经典作家的书籍，如德文版《马恩全集》、《列宁全集》等等。② 当然，狄茨出版社所出版的德文版《列宁全集》中，也必不可少地包括了《帝国主义是资本主义的最高阶段》和《关于帝国主义的笔记》。

---

① 现多译作"迪茨出版社"。——编者注
② 田良英：《狄茨出版社》，载《马列著作编译资料》第6辑，北京：人民出版社1979年版，第260—261页。

第四章 《帝国主义是资本主义的最高阶段》在中国的出版传播

我们在考察《帝国主义是资本主义的最高阶段》在国内、国外出版传播史的时候,还不能忘记与该书有紧密关系的另一部十分重要的笔记专卷——《关于帝国主义的笔记》。从一定程度上说,《关于帝国主义的笔记》就是《帝国主义是资本主义的最高阶段》的提前版和序幕版。在本章中,我们打算从两个方面来考察:一是该著作在新中国成立前的出版传播情况;二是该著作在新中国成立后的出版传播情况。

当然,《帝国主义是资本主义的最高阶段》除了该著作本身的翻译出版之外,还通过其他的一些专著形式来传播。有些作者在自己的学术研究中,将《帝国主义是资本主义的最高阶段》的一些主要观点、思想、概念等详细加以剖析,大量地引用列宁的观点。这样,《帝国主义是资本主义的最高阶段》也会通过这种夹裹挟带的方式得到传播。不过,如果将研究列宁帝国主义思想的著作和论文都详细地罗列,既没有必要,也难以完成。对于一些比较有代表的研究性作品,笔者打算提一提,以便给读者一个资料性的提醒。

一 一些代表性的研究机构、个人及图书

自从列宁著作在中国翻译传播以来,中国的学术思想界就开始宣传、学习和研究列宁著作和列宁思想,这其中就包括了《帝国主义是资本主义的最高阶段》。当然,比较集中研究列宁著作在中国出版传播情

况的有这样一些学者和机构。

1961年12月，中共中央高级党校图书馆编印了一本《马克思列宁主义经典著作目录》（增订本），里面涉及《帝国主义是资本主义的最高阶段》在中国及外国的版本、译本情况，是一本研究列宁著作传播史的好资料，但里面的版本和译本信息太过笼统、不具体。书中在考证《帝国主义是资本主义的最高阶段》时，其结果为："《最后阶段的资本主义》（即《帝国主义是资本主义的最高阶段》），章一元译，上海春潮书局，1930年1月；《帝国主义论》（即《帝国主义是资本主义的最高阶段》），吴清友译，桂林新知书店1939年3月，增订再版；《帝国主义底最高阶段帝国主义》（即《帝国主义是资本主义的最高阶段》），伯虎译，延安解放社，1943年8月；《帝国主义是资本主义的最高阶段》，解放社，1946年6月；《帝国主义是资本主义的最高阶段》（通俗的论述），莫斯科外国文书籍出版社出版，1947年；《帝国主义论》（即《帝国主义是资本主义的最高阶段》），光华书店1948年1月；《帝国主义是资本主义底最高阶段》，华北新华书店出版，1948年9月；《帝国主义是资本主义底最高阶段》，华东新华书店出版，1948年9月；《帝国主义是资本主义底最高阶段》，莫斯科外国文书籍出版局，1949年；《帝国主义是资本主义底最高阶段》，吴清友译，解放社出版，1949年12月；《资本主义最高阶段帝国主义》（即《帝国主义是资本主义的最高阶段》），1950年5月；《帝国主义论》（即《帝国主义是资本主义的最高阶段》），吴清友译，中华书局，1951年1月，增订本；《帝国主义是资本主义的最高阶段》（通俗的论述），中央编译局译，人民出版社，1960年1月；《帝国主义是资本主义的最高阶段》，中央编译局译，人民出版社，1961年7月。"① 可以看出，上述的考证基本上是概括性的，版本的详细出版信息并不清楚，并且有些译本有遗漏，至于译者对译本的态度以及译本来龙去脉的情况，更缺少详细信息。

---

① 中共中央高级党校图书馆编：《马克思列宁主义经典著作目录》（增订本），北京：中共中央高级党校图书馆编印1961年版，第21—22页。

第一部分　历史考证

　　1985年，根据人民出版社出版的《马克思、恩格斯、列宁、斯大林著作中文本书目、版本、简介》（1950—1983）可以知道，《帝国主义是资本主义的最高阶段》一书在新中国成立后，主要有两个译本："本书译本有二：1. 唯真译校。本译本系按莫斯科外国文书籍出版局1950年出版的中文版《列宁文选》（两卷集）中所载译文排印的，全书共九万六千字。本书于1949年7月由解放社按莫斯科外国文书籍出版局1947年出版的中文本翻印，书后附简要注释三条，作为解放第一版，列为'干部必读'之一，由新华书店在全国发行。同年11月、12月先后印行第二版和第三版。1951年4月，解放社又按莫斯科外国文书籍出版局1949年所出最新中文本翻印，作为第四版发行。1953年5月由人民出版社出版（作第五版第5次印刷），1958年3月为5版6次（平装0.34元）。2. 中央编译局译。本译本系按《列宁全集》中文版第22卷中所载的译文排印的；出版第二版时，又作了一次修订。全书八万六千字。本书出版于1959年9月，由人民出版社出版，至1963年6月共印过7次；1964年9月为第二版（8次印刷，平装0.34元），1966年2月另出精装本（0.68元）。至1978年8月为2版18次（平装0.27元）。另外，本书于1964年9月（平装分二册，1.30元）和1971年9月（平装分二册，0.90元）两次出过16开大字体。"①

　　1995年，书目文献出版社出版了《列宁著作在中国：1919—1992年文献调研报告》一书，由北京图书馆编，书目文献出版社出版。这部调研报告很详细，在涉及《帝国主义是资本主义的最高阶段》的时候，也能提供一些具体的版本、译本、开本以及发行的信息。但是，对于专门研究《帝国主义是资本主义的最高阶段》的译介情况来说，就显得不够了。该书关于《帝国主义是资本主义的最高阶段》以及《关于帝国主义的笔记》考证如下：

　　"《帝国主义是资本主义的最高阶段》中译文有12种：

---

　　① 人民出版社马列著作编辑室编：《马克思、恩格斯、列宁、斯大林著作中文本书目、版本、简介》（1950—1983），北京：人民出版社1985年版，第122页。

1. 李春蕃（柯柏年）译，发表在1924年5月12—30日《觉悟》杂志上，标题是《帝国主义》，节译第1—6节。1925年2月出版单行本，1926年1月再版，书名是《帝国主义浅说》，李春蕃译，沈泽民校，187页，小32开，竖排平装，出版者未署名。初版由中共中央编译局图书馆收藏。另有重印本，未署出版者和出版时间，上海图书馆收藏。中国经济研究会出版重印，李春蕃译，高尔柏校，云南省图书馆收藏。

2. 刘楚平[①]译，上海启智书局1929年6月出版，书名是《资本主义最后阶段帝国主义论》。(2+2+2+176+4)页，32开，竖排平装。全译，中共中央编译局图书馆收藏。

---

① 应为刘垫平。

3. 章一元译,上海春潮书局 1930 年 1 月 5 日初版,(2+182)页,32 开,竖排平装,书名是《最后阶段的资本主义》,全译。

4. 伯虎译,唯真校,收在 1931 年莫斯科外国工人出版社出版的《列宁选集》中文版第 8 卷。1938 年莫斯科外国工人出版社出版了单行本,156 页,32 开,横排平装。重庆生活书店 1939 年 7 月初版,1939 年 11 月再版,(2+3+3+13+203)页,32 开,竖排平装,书名是《帝国主义——资本主义底最高阶段》。初版本和再版本都有中共中央编译局图书馆收藏。延安解放社 1943 年 8 月重印,251 页,32 开,竖排平装,书名是《资本主义发展底最高阶段帝国主义》。太岳新华书店 1946 年 6 月重印,192 页,32 开,竖排平装。

5. 高希圣、郭真译,收在神州国光社 1932 年 8 月出版的《经济学教程》一书中,标题是《帝国主义》,节译第 1—8 章和第 10 章。

6. 吴清友译,孙冶方校,上海新知书店 1937 年 6 月 25 日初版,1939 年 3 月 21 日再版,(2+10+409)页,大 32 开,横排,平装和精装两种,书名是《帝国主义论增订本》。上海中华书局重校,1951 年 1 月初版,1951 年 4 月再版,324 页,大 32 开,横排平装。再版本由上海图书馆收藏。

7. 唯真译校,收在 1947 年莫斯科外国文书籍出版社出版的《列宁文选》(两卷集)第 1 卷。莫斯科外国文书籍出版局 1947 年出版、1949 年再版单行本,初版 166 页,再版 119 页,大 32 开,横排平装。光华书店 1948 年 1 月重印,(1+176)页,32 开,竖排平装,书名是《帝国主义论》,中共中央编译局图书馆收藏。华北新华书店 1948 年 9、12 月重印,(2+9+138)页,32 开,竖排平装。华东新华书店 1948 年 9 月重印,(4+170)页,32 开,横排平装。冀鲁豫新华书店 1949 年 1 月重印,176 页,32 开,竖排平装。新中国书局 1949 年 4 月重印,(1+176)页,32 开,竖排平装,书名是《帝国主义论》。苏北新华书店 1949 年 4 月重印,(4+119)页,32 开,竖排平装。浙江新华书店 1949 年 6 月重印,(1+126)页,32 开,竖排平装,书名是《帝国主义论》。皖北新华书店 1949 年 6 月重印，(1+133) 页，32 开，竖排平装，书名是《帝国主义论》。解放社 1949 年 7、9、12 月在北京三次重印，173 页，(12 月版 120 页) 32 开，竖排平装。解放社 1949 年 9 月华中版，173 页，32 开，杭州大学图书馆收藏。解放社 1949 年 11 月汉口版，171 页，重庆市图书馆收藏。西北新华书店 1949 年 7 月重印，(1+1+2+166) 页，32 开，竖排平装。上海新华书店 1949 年 8 月重印，(2+251) 页，32 开，竖排平装，中共中央编译局图书馆收藏。新华书店重印，书名是《帝国主义论》，(1+156) 页，32 开，竖排平装，未署出版者和出版时间。解放社重印，(15+170) 页，32 开，未署出版时间。重庆市图书馆收藏。

8. 野畔书店 1949 年 6 月出版，(1+63) 页，32 开，竖排平装，书名是《帝国主义论》，缺第 10 节，译者未署名。

9. 四川经济学会译，收在四川经济学会出版的《社会主义经济论》一书中，全译，标题是《帝国主义论》，译者未署名，中央党校图书馆收藏。

10. 收在 1950 年 5 月北京群众书店出版的《资本主义经济论》一书中，全译，标题是《帝国主义论》，译者未署名，中央党校图书馆收藏。

11. 上海时代出版社 1950 年 5 月出版，158 页，大 32 开，竖排平装，书名是《帝国主义最高阶段帝国主义论》，译者未署名。

12. 中共中央编译局译校，收在 1958 年 6 月出版的《列宁全集》中文第 1 版第 22 卷。

民族出版社翻译出版了朝鲜文版（1973 年 11 月）、蒙古文版（1974 年 2 月）、维吾尔文版（1974 年 7 月）、哈萨克文版（1974 年 7 月）、藏文版（1975 年 5 月）、维吾尔文新文字版（1976 年 6 月）。新疆人民出版社 1976 年 7 月出版了蒙古文版。北京盲文印刷厂 1973 年 3 月出版了盲文版。

《关于帝国主义的笔记》，包括列宁 1915—1916 年写的 20 本关于帝国主义问题的笔记以及列宁 1912—1916 年就同一问题作的一些单独的札记。20 本笔记中,前 15 本依次有列宁按希腊文字母所作的编号,后 5 本列宁没有编号,是按时间顺序编排在有编号的笔记后面。全部笔记标题都是列宁加的,笔记中书籍、文章、草稿、参考书目的摘录的标题,有的是按照列宁编的笔记目录加的,有的是从引文中摘出的。关于帝国主义的笔记是列宁《帝国主义是资本主义的最高阶段》一书的准备材料,全部材料在本世纪 30 年代由苏联收集起来,陆续加以发表的,1939 年印成单行本,标题是《关于帝国主义的笔记》。中译文首次发表在 1963 年 2 月出版的《列宁全集》中文第 1 版第 39 卷。"①

可以说,这本《列宁著作在中国(1919—1992 年文献调研报告)》是迄今为止,研究列宁著作中中文版本最详细的著作,其考证结果详尽程度,令人感叹。从这些考证结果看,可以推知当时研究者所耗费的精力是令人钦佩的。正如著者在"编辑说明"中所指出的那样:"在文献调研过程中,我们走访了中宣部图书馆、中共中央马克思恩格斯列宁斯大林著作编译局图书馆、中央档案馆、中国革命博物馆、新华社图书馆、人民日报图书馆、版本图书馆、北京大学图书馆、清华大学图书馆、中国人民大学图书馆、天津市人民图书馆、上海图书馆、复旦大学图书馆、南京图书馆、浙江图书馆、杭州大学图书馆、湖北省图书馆、武汉大学图书馆、武汉市图书馆、广东省中山图书馆、中山大学图书馆、四川省图书馆、重庆市图书馆,并得到大力支持。本书还得到了叶再生先生的热情帮助。"②

笔者感叹当时研究者付出的艰辛努力,也被他们执著的精神所折服。实际上,笔者在考证中,除了发现以上 12 种《帝国主义是资本主义的最高阶段》版本之外,还发现了 2015 年人民出版社出版发行的单行本,收入《马列主义经典作家文库》第一批出版书目中。这样,截

---

① 北京图书馆编:《列宁著作在中国(1919—1992 年文献调研报告)》,北京:书目文献出版社 1995 年版,第 128—129 页。

② 同上书,"编辑说明",第 2 页。

止到2015年,《帝国主义是资本主义的最高阶段》共有13个中文版本,这比《列宁著作在中国(1919—1992年文献调研报告)》一书中所考证的结果多了1个版本。

另外,还有一些学者,比如马祖毅等在2006年所著《中国翻译通史·现当代部分》(第一卷)中,也涉及了《帝国主义是资本主义的最高阶段》的译介情况,但里面的考证有些谬误且遗漏不少。马祖毅认为:"列宁这部著作的最早中译文,发表在1924年5月12日—30日《觉悟》杂志上,题为《帝国主义》。该文节译原书第1—6节,译者李春蕃。1925年2月以单行本问世,未署出版单位。1926年1月再版,书名改为《帝国主义浅说》,署李春蕃译,沈泽民校。其后,又由中国经济研究会出版重印本,译者同上,校者改为高尔柏。

1929年6月,上海启智书局出版了刘楚平[①]译的《资本主义最后阶段帝国主义论》,这是该书原著的全译本。

1930年1月5日,上海春潮书店出版了章一元的全译本,书名是《最后阶段的资本主义》。

1931年,莫斯科外国工人出版社出版的《列宁选集》中文版第9卷中收有伯虎的译本,由唯真校。1938年7月,同一出版社出版了中文单行本。1939年,重庆生活书店据此印了初版,同年11月再版,书名是《帝国主义——资本主义的最高阶段》。1943年8月,解放社又予以重印,书名是《资本主义发展的最高阶段帝国主义》。1946年6月,太岳新华书店又予以重印。

1932年8月,神州国光初版的《经济学教程》中收有高希圣、郭真译的《帝国主义》,即是节译原书的第1—8章和第10章。四川经济学会翻译出版的《社会主义经济学》中亦收有《帝国主义》,节译原书的部分与上同。该书未署出版时间,据说是新中国成立前印的。

[①] 应为刘楚平。

第一部分 历史考证

　　1937年6月25日，上海新知书店出版了吴清友的译本，校者孙冶方。吴氏系根据莫斯科外国工人出版社1931年版的《列宁选集》第8集的中译本进行增订的，故书名为《帝国主义论增订本》。1939年3月21日再版。1951年1月，上海中华书局予以重校，印出初版，同年4月又再版。此外，桂林新知书店和大连光华书店曾将此译本再版过几次。

　　1947年，莫斯科外国文书籍出版社出版了《列宁文选》两卷集中文本，内收唯真译校的《帝国主义是资本主义的最高阶段》，并于1947年和1949年两次出了该著作的单行本。1949年8月，这个译本被国内近20家出版单位重印过，书名多为《帝国主义论》。

　　1948年6月，野耕书店出版了该著作的中译本《帝国主义论》，内缺第10章，译者未署名。1958年，北京群众书店出版的《帝国主义经济论》一书中，收有该著作的全译本，题为《帝国主义论》，译者未署名。

　　1958年6月，中共中央马恩列斯著作编译局译校的《列宁全集》中文第1版第22卷，是该著作的又一中译本。

　　关于帝国主义的笔记，是列宁《帝国主义是资本主义的最高阶段》一书的准备材料。全部材料在20世纪30年代由苏联方面收集起来，陆续予以发表，于1939年印成单行本，题为《关于帝国主义的笔记》。中译文首次发表于1963年出版的《列宁全集》中文第1版第39卷中。"①

　　总之，一些学者的研究和考证工作，为本研究提供较好的研究思路和考证材料，但由于本研究是专门考证《帝国主义是资本主义的最高阶段》的译介情况，这就需要以更高要求来做好这个课题。但实事求是地说，《帝国主义是资本主义的最高阶段》在中国的译介情况比较复杂，笔者打算按照年代来逐一考证和辨析，但由于水平有限，加上时间紧迫，其中定会出现一些谬误或遗漏之处，请读者见谅并提出批评。

---

① 马祖毅等：《中国翻译通史·现当代部分》第1卷，武汉：湖北教育出版社2006年版，第74—75页。

二 新中国成立前的出版和传播

（一）20年代之前的译介情况

1920年，《共产党》月刊1号上曾经刊登了"列宁著作一览表"，全文如下：

"我们在下头列表的列宁著作一览表，极不完整。因为几年来这里和俄国断绝交通，俄国各著作家的书籍不能自由入口。美国的图书馆也极少俄社会学者和经济学者的著作。所以我们迫得预备这一表只是我们现在所有的。虽然这表不是完全，已经对于经济上、文学上、科学上的范围，非常广阔。这种书籍都是对于经济学、政治学和社会学发表实施的政策。

下列各书籍的先后，都是依着著作年期的次序：（该页侧面印有'震寰译 Soviel Russia'字样）

（一）俄罗斯的社会民主党问题（一八九七年出版）

（二）俄罗斯的官本制度发达史（一八九九年在圣彼得堡出版）

（三）经济的创作记和论文（同上）

（四）要做什么（一九〇二年在德国出版）

（五）告贫乏的农民（为农民对于社会民主党的宗旨而作）（一九〇三年在瑞士由俄国革命的社会民主党出版）

（六）进一步退两步（论本党的危机）（一九〇四年在瑞士出版）

（七）民主革命中的社会民主党两个政策（一九〇五年在瑞士由俄国社会民主工党总部出版）

（八）社会民主实业史略的大纲（一九一七年在彼得格拉出版）

（九）解散旧国会和无产阶级的目的（一九〇六年在俄国出版）

（十）一九〇五年至七年俄罗斯第一次革命中的俄国社会民主的大纲（一九〇七年著，一九一七年在彼得格拉出版）

（十一）经济批评主义的唯物哲学（反动哲学的批评释义，一九一〇年出版）

（十二）帝国主义是资本主义的末日（一九一五年著，一九一七年在彼得格拉出版）

（十三）俄国的政党和无产阶级的目的（一九一七年在彼得格拉出版）

（十四）论进行方法的文书（一九一七年在彼得格拉出版）

（十五）革命的教训（同上）

（十六）农业中资本发达律的新论据（卷一论美国农务经济中的资本主义，一九一七年彼得格拉出版）

（十七）国家与革命（一九一七年在彼得格拉出版）

（十八）苏维埃政府的要图（即苏维埃实现）（一九一八年在彼得格拉出版）

（十九）无产阶级的革命与靠斯基汉奸（一九一八年在彼得格拉出版）

列宁也会翻了许多外国经济学和社会学的著作。我们只说一本很重要的是'职工同盟主义的学理和实施'又名'工业革命'。

列宁的著作英文原名对照

1. The Problems of the Russian Social-Democrats

2. The Development of Copitalism in Russia

3. Economic Monographs and Articles

4. What is to be done?

5. To the Peasant Poor (A Presentation of the aims of the social Democrats for the Peasants)

6. One Step Forward, Two Steps Backward (Concerning the Crisis of the Party)

7. Two Policies of the Social-Democrats of the Central Committee of the Russian Social-Democratic Labor Party

8. A Page from the History of the Social-Democratic Agrarine Program

9. The Dissolution of the Duma and the Aims of the Proletraiat

10. The Agraman Program of the Russian Social Democrats Suring the First Revolution, 1905—1907

11. The Materialistde Philosophy and Emperiocritlicism Critical Notes on a Reactionary Philosophy

12. Imperialism, the Latest of Capitalism

13. Political Parties in Russia and the Aim of the Proletariat

14. Letters on Tactics

15. The Lessons of the Revolution

16. New Data Regarding the Law of Capitalist Development in agriculture Vol I, Capitalism in the Rural Economy of the United states

17. The State and Revolution

18. The Immediate at Problems of the Soviet Government (the Soviets at work)

19. The Proletarian、Revolution and the Renegade Kautsxy"①

（九）解散舊國會和無產階級的目的（一九〇六年在俄國出版）

（十）一九〇五年至七年俄羅斯第一次革命中的俄國社會民主的大綱（一九〇七年著·一九一七年在彼得格拉出版）

（十一）經驗批評主義的唯物哲學（反勳哲學的批釋義一九一〇年出版）

（十二）帝国主义是资本主义的末日（一九一五年著）

（十三）俄國的政黨和無產階級的目的（一九一七年在彼得格拉出版）

agrarine Program.
9. The Dissolution of the Duma and the aims of the Proletariat
10. The Agrarian Program of the Russian Social Democrats Suring the First Revolution. 1905-1907
11. The materialistic Philosophy and Emperiocritlicism Critical notes on a Reactionary Philosophy
12. Imperialism, the Latest of Capitatism
13. Political Parties in Russia and the aim of the Proletariat

《共产党》月刊1号上的"列宁著作一览表"中的部分截图

---

① 《列宁著作一览表》，载《共产党》月刊1号。需要指出的是，这个一览表中，有些翻译与当前不一致，有些英文书写也有错误，但这些不一致和错误是极容易辨别的，相信读者应该很容易看出来，为了尊重史实，引文保持了原貌。

从这个《列宁著作一览表》中，可以看出列宁的《帝国主义是资本主义的最高阶段》一书的名称，已经开始在我国报刊上出现了，并且是作为列宁著作系列之一的面目出现的。

(二) 20年代的译介情况

1921年9月，人民出版社在上海秘密成立，为避免检查，它在出版的书刊上都印有"广州人民出版社出版"的字样。该社成立后就确定出版《马克思全书》15种、《列宁全书》14种（包括《帝国主义是资本主义的最高阶段》、《"左派"幼稚病》、《论策略书》等著作）、《康民尼斯特丛书》11种和其他理论书籍9种。但是，由于种种原因，《列宁全书》并没有出全，并且《帝国主义是资本主义的最高阶段》也没有作为《列宁全书》中的章节来出版。

1924年1月21日，列宁逝世的消息传入中国之后，全国举办多种纪念活动。中共中央机关刊物《向导》发表了题为《悼列宁》的专文。北京"国民追悼列宁大会"发行的《列宁纪念册》中，刊载了《论粮食税》的全文。上海的《东方杂志》、《民国日报》等也发表了《论合作制》、《帝国主义是资本主义的最高阶段》和《国家与革命》等译文。

1924年5月，李春蕃（柯柏年）摘译了《帝国主义是资本主义的最高阶段》第1—6节，以《帝国主义》为题发表在同年5月《觉悟》杂志上。

1925年2月，李春蕃以《帝国主义浅说》为书名出版了单行本。

1929年6月，上海启智书局出版了《帝国主义论》一书，著作权页注明：民国十八年六月出版，竖排倒看，著者"伊里基"，译者"刘垫平"，定价5角，176页。该书没有标明印量。该书翻译了列宁《帝国主义论》的绝大多数内容，目录包括："译者弁言"、"绪论"、"第一章 生产集中与垄断"、"第二章 银行及其新任务"、"第三章 金融资本与金融寡头政治"、"第四章 资本输出"、"第五章 资本家集团间底世界分割"、"第六章 列强间底分割"、"第七章 资本主义的特殊阶段之帝国主义"、"第八章 寄生生活与资本主义底没落"、"第九章 帝国主义底批判"、"第十章 帝国主义底历史的地位"。1931年,《客观》半月刊杂志在第六期上,发表了渔村介绍该书出版的信息,大致相当于"书评"。

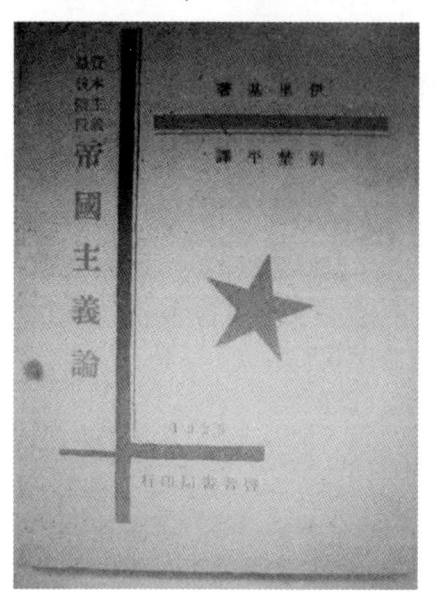

(三) 30年代的译介情况

1930年5月,上海的南强书局出版了吴黎平所著的《社会主义史》一书,共569页,32开本规格设计,竖版排印。收入"新兴社会科学丛书"。其中,在第四章"帝国主义时代的马克思主义"的第二节"列宁关于帝国主义的理论"中,吴黎平从帝国主义的来源和特点、帝国主义与战争、帝国主义的基本矛盾等方面,对列宁的帝国主义理论作了介绍和阐述。1937年12月,生活书店将该书初版,由于需求量极大,1938年5月生活书店进行了再版,定价为国币1.4元。1950年,北京的生活·读书·新知三联书店再次将该书重版。1986年2月,吴黎平修改后由北京出版社进行了出版,这一次印量为1—6200册,定价2.45元。

1937年3月，上海的一般书店出版了《〈帝国主义论〉读本》一书，著者章汉夫，收入夏征农主编的"新青年百科丛书"之中，由于需求量大，两个月后即5月再版，再版定价为4角，繁体竖排倒看，36开，190页，印数不详。章汉夫在"小序"中介绍说，这个《〈帝国主义〉读本》除了参照列宁《帝国主义论》之外，还参照了美国出版的一种《政治经济学课本》而编写的。作者还说，这本书算是对列宁《帝国主义论》出版20周年的纪念。

1937年5月，上海出版市场上发现了《帝国主义论》一书，竖排倒看，232页，总经售：上海杂志无限公司，出版社不明。著作权页注明：民国廿六年五月廿五日初版，译述者：钟原昭，发行人：张鸿飞，初版1—2000册，全一册定价6角。该书目次包括："绪论"、"第一章 生产的积集和独占"、"第二章 金融资本和金融寡头政治"、"第三章 资本的输出"、"第四章 资本家团体间的世界革命"、第五章"大列强间对于世界的分割"、"第六章 不平衡发展的法则"、"第七章 帝国主义和劳动阶级"、"第八章 帝国主义是颓废的和行将死灭的资本主义"、"第九章 资本主义的总危机"。从目录看，这本《帝国主义论》，缺少正文"第十章 帝国主义的历史地位"。

1937年6月，新知书店出版了吴清友翻译的《帝国主义论》（增订本），横排正看，32开，409页。本译本封面印有："伊里奇原著 苏联·世界政治世界经济研究院增订"、"吴清友译"、"孙冶方校"、"新知书店总经销"。该译本目录为："译者序"、"序"、"法文版和德文版底序言"、"第一章 生产集中和垄断"、"第二章 银行和它的新作用"、"第三章 财政资本和财政寡头统治"、"第四章 资本输出"、"第五章 各资本家团体间的瓜分世界"、"第六章 各列强间的世界瓜分"、"第七章 成为资本主义底特殊阶段的帝国主义"、"第八章 资本主义底寄生主义和腐化"、"第九章 对于帝国主义的批判"、"第十章 帝国主义的历史地位"、"原译本注释"、"翻译本注释 关于伊里奇著帝国主义是资本主义底最高阶段一书的新材料"。1939年3月,重庆的新知书店将该书再版,共409页,32开本规格设计。

 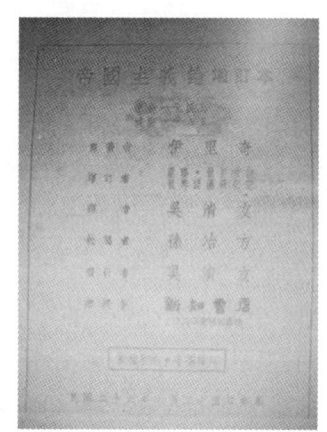

吴清友翻译的《帝国主义论》(增订本),孙冶方校

1938年2月,由联共(布)中央委员会编著并且经联共(布)中央委员会审定的《联共(布)党史简明教程》开始出现中文版,这部《教程》在中国的发行量是惊人的。"仅1953年《教程》就发行了9万5千册,1954年发行40万零5千册,1955年发行36万册。"① "连同新中国成立前在内,估计《教程》在我国出版和发行(包括苏联印行的中文版)不下1000万册。"② 该译本由中国出版社出版,博古任总校阅,竖版倒看排印。在该《教程》第六章"布尔什维克党在帝国主义战争时期。俄国第二次革命(1914年—1917年3月)"中的第三节"布尔

---

① 刘彦章:《〈联共(布)党史简明教程〉若干问题简析》,载《马克思恩格斯列宁斯大林研究》2006年第3期,第44页。

② 姜琦、周尚文:《对〈联共(布)党史简明教程〉的几点看法》,载《书林》1982年第1期,第3页。苏共中央决定出版的苏共党史还有1959年出版的由鲍·尼·波诺马廖夫主编的《苏联共产党历史》,以及1964年出版的多卷本《苏联共产党历史》。随着中苏关系的冷暖不定,中国人对于这个《教程》也赋予了诸多的思想感情,尤其对后面两部《苏联共产党历史》特别是对多卷本的《苏联共产党历史》,更是颇多微词。当然,如果避开《教程》中苏意识形态的斗争不谈,单纯地从该著作传播《俄国资本主义的发展》来讲,还是应当提及的。

什维克党在战争、和平与革命问题上的理论和策略"中,详细地提到《帝国主义是资本主义的最高阶段》一文。随着《教程》在中国的传播,《帝国主义是资本主义的最高阶段》一文也更容易地被中国读者所接受。因为,《教程》是从历史发展的角度来简要阐明苏联共产党波澜壮阔的革命斗争历程,书中对于帝国主义战争时期的国内情况、国际背景、思想理论界状况等详加阐述,这有助于读者深化对《帝国主义是资本主义的最高阶段》一文的理解。

(四) 40 年代的译介情况

1940 年,顾伯荐发表了《论列宁的〈帝国主义是资本主义底最高阶段〉》一文,该文载于《群众》1940 年第 4 卷第 2—3 期,第 56—80 页。见下图。

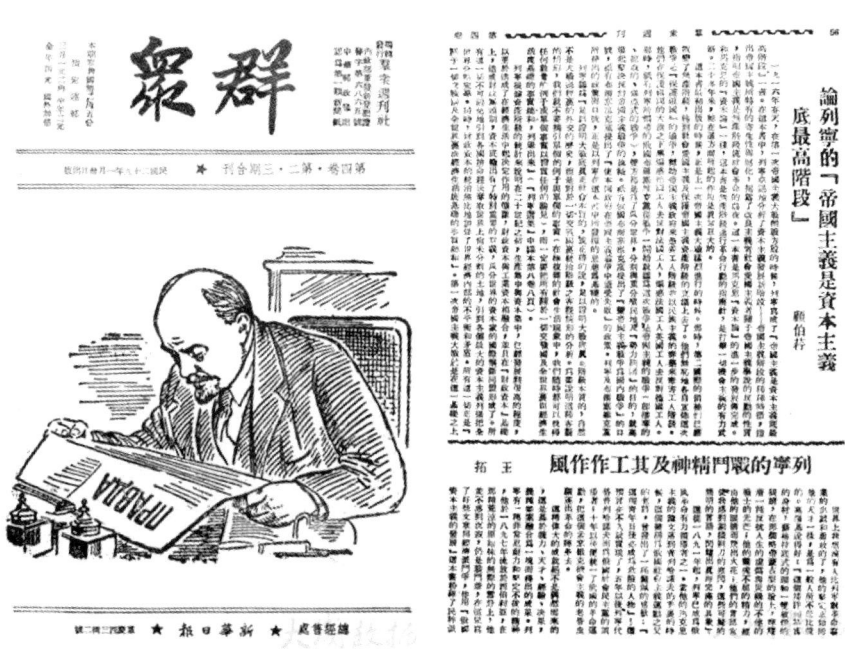

1943年，崔书琴发表了《反帝政策与列宁的帝国主义论：三民主义新论之五》一文，该文载于《中央周刊》1943年第5卷第22—23期。文中崔书琴对列宁《帝国主义论》作了长篇介绍。见下图。

1946年6月，合肥的皖北新华书店刊印了《帝国主义论》小册子，共133页，32开，其余出版信息不详。

1948年1月，光华书店刊行了《帝国主义论》，平装本，32开，176页，繁体竖版排印。收入《马列文库》丛编，其余出版信息不详。

1949年2月，为了迎接全国解放，根据毛泽东指示，中共七届二中全会决定重新编审出版一套"干部必读"，"干部必读"包括12种马列著作，其中列宁著作有3种，包括《帝国主义论》。陈友进考证认为，这套"干部必读"于1950年6月出齐12种，一年内印数达300万册。

1949年3月，在宝丰的中原新华书店印行了列宁的《帝国主义论》一书，176页，32开，印数1—10000册，繁体印刷。

1949年3月，中原新华书店印行的《帝国主义论》

  1949年3月，生活·读书·新知三联书店出版了《政治经济学教程》一书，该书由王思华所著，1版1次印量为1—25000册。由于需求量大，1950年4月，进行了1版2次印刷，印数为25001—35000册。王思华在第三篇"帝国主义与资本主义总危机"的第一章"帝国主义及其特征"中，对列宁关于帝国主义五大基本特征、生产集中与垄断等论断进行了分析和解读。

  1949年4月，新中国书局出版了列宁的《帝国主义论》一书，该书收入"干部学习丛书"第一辑，32开，176页，封底印有在"在毛泽东旗帜下前进！"字样。正是封底上的字样，使得该书有一定的收藏价值。

**1949年4月,新中国书局出版的《帝国主义论》,
列入"干部学习丛书"第一辑**

1949年6月,浙江新华书店翻印了《帝国主义论》,封面印有"马列文库之一",126页,繁体竖版排印。目次包括:"序言"、"德文版和法文版序言"、"引言"、"一 生产集中与垄断"、"二 银行及其新作用"、"三 财政资本与财政寡头"、"四 资本输出"、"五 各资本家同盟彼此分割世界"、"六 列强分割世界"、"七 帝国主义是资本主义底最高阶段"、"八 资本主义底寄生性与腐化"、"九 对帝国主义的批判"、"十 帝国主义底历史地位"。

1949年6月,浙江新华书店翻印的《帝国主义论》,收入《马列文库》

1949年9月,中华书局出版了《论列宁的〈帝国主义是资本主义的最高阶段〉》一书,该书著者为苏联学者"得佛尔根",李少甫翻译,52页,收入"新时代小丛书"之内,列为该"丛书"的第18种,定价2.4元。由于需求量大,同年11月,再版该书。实际上,李少甫翻译的这本书,与他在1949年的《新中华》杂志的第22、23期上发表的译文完全一致。此外,得佛尔根的本部书也曾被五十年代出版社出版,由兆凝翻译。

三 新中国成立后的出版和传播

(一) 新中国成立后至50年代末期的译介情况

1949年11月,天津的读者书店印行了《帝国主义论研习提纲》一书,该书由苏联著名学者列昂节夫所著,译者不详,32开,正文30页,繁体竖排倒看,1版1次印量为1—10000册,版权页标明"非经同意·不得翻印"的字样。该书在《前言》中介绍,由于列宁的《帝国主义论》是干部必读之一,为了帮助大家更为深入理解列宁的这一著作,遂将苏联学者列昂节夫的这篇论文翻译成小册子,希望可以借此提高同志们对列宁帝国主义思想的认识。

1950年2月,上海书报杂志联合发行所刊行了《怎样研读列宁的帝国主义论》一书,收入"理论与实践丛书",该书共133页,32开,繁体竖排,1版1次印量为1—5000册,著者是苏联著名学者列昂节夫,申谷翻译。目次为:马克思《资本论》底天才继续,帝国主义底基本经济特征,帝国主义底历史地位,被现实生活证实了的学说。

1950年,解放社出版了《政治经济学教程大纲》一书,该书由苏联著名经济学家科兹洛夫主编,曹葆华、谢宁翻译,共78页,按照18开本规格设计。在该书的俄文第二版中,增加了"帝国主义"部分,具体来说,就是他在"资本主义底垄断阶段——帝国主义"中的第十七章"生产集中与垄断"、十八章"财政资本与财政寡头政治"、十九章"资本输出"、二十章"垄断资本家联盟间的世界经济分割·列强间的世界领土分割及其争取重分的斗争"、二十一章"帝国主义底历史地位"中,增加了列宁的帝国主义理论。所以,这几章基本上就是对列宁《帝国主义论》的文本照描和详细解读。

1950年5月,上海时代出版社出版了《资本主义最高阶段帝国主义论》一书,大32开,158页,1版1次印量为1—5000册,译者不详。

1950年5月,上海时代社刊行的《资本主义最高阶段帝国主义论》

1950年5月,北京的群众书店刊行了《资本主义经济论·帝国主义论》一书,1版1次印量为1—8000册,定价46元,149页,译者不详。该书目录为:"序言"、"法文版与德文版序言"、"一　生产集中与垄断"、"二　银行及其新作用"、"三　财政资本与财政寡头"、"四　资本输出"、"五　各资本家同盟彼此分割世界"、"六　列强分割世界"、"七　帝国主义是资本主义的特殊阶段"、"八　资本主义寄生性与腐化"、"九　对帝国主义的批评"、"一○　帝国主义底历史地位"、"简要注释"。从目录看,基本上包括了《帝国主义论》的所有内容。

1950年9月21日,《人民日报》大篇幅刊登一则讲解《帝国主义是资本主义的最高阶段》的消息,当时影响很大,也很有意思。这则消息全文如下:"中央人民广播电台决定从十月四日起开始请郭大力教授播讲'帝国主义论'。播讲时间在每星期三和星期四。每天播讲三次,即六点到七点、七点半到八点半、十九点到二十点。每星期三由郭大力教授亲自播讲,星期四由该台播音员重播。这个讲座是讲解列宁著《帝国主义是资本主义的最高阶段》一书中的重要问题。共分八讲,准备两个月内讲完。讲题如下:

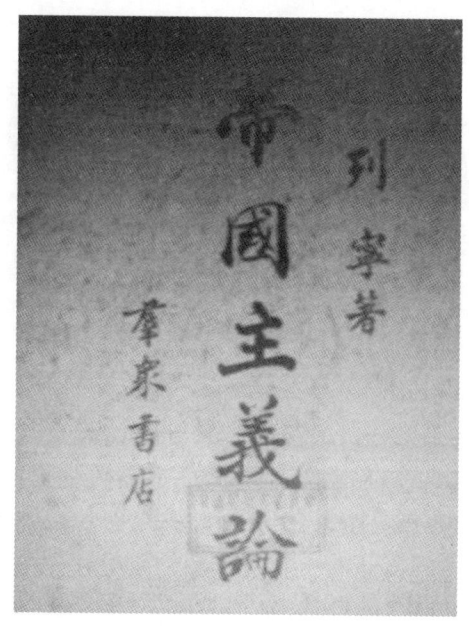

1950年5月，群众书店刊行的《帝国主义论》

一、怎样学习列宁的帝国主义论？

二、列宁怎样着手去分析帝国主义？（讲解《帝国主义是资本主义的最高阶段》的第一章'生产集中与垄断'）。

三、银行的新作用和财政资本（讲解同上书第二章'银行及其新作用'及第三章'财政资本与财政寡头'）。

四、资本输出（讲解同上书第四章'资本输出'）。

五、国际卡德尔和帝国主义战争（讲解同上书第五章'各资本家同盟彼此分割世界'及第六章'列强分割世界'）。

六、列宁怎样批判机会主义者考茨基（讲解同上书第七章'帝国主义是资本主义的特殊阶段'及第九章'对帝国主义的批评'）。

七、资本主义的腐朽性（讲解同上书第八章'资本主义的寄生性与腐化'）。

八、列宁的科学预见（讲解同上书第十章'帝国主义的历史地位'并作全讲座的简单总结）。

该台从四月十日起增设社会科学讲座,已经讲过'社会发展史'和'政治经济学',社会发展史讲座正在继续重行播讲。现在听众遍及全国二十三省、内蒙古自治区,京津及各大行政区直辖市。各地机关团体学校组织收听并与该台直接联系的将近五百余单位,听众人数,据其中二九七单位统计,共约八万六千人。大家认为收听广播对学习有很大的帮助。

自该台预告十月一日改变播音时间以后,接连接到各地听众来信,要求社会科学讲座时间不要变动。该台现在根据听众要求,决定从十月一日起,第一、二、三次播音时间都不改变,第四次播音时间提早一小时,改为十七点三十分到二十三点三十分,其中社会科学讲座时间不变动,仍旧在十九点到二十点;人民讲坛和听众服务时间改为十八点到十八点三十分;原来二十点三十分的文艺节目改为十八点三十分到十九点;第四次播音时间内的其他节目都按原定时间提早一小时。"①

1951年,我国出版了维文版《帝国主义是资本主义的最高阶段》一书,但该书的具体出版信息不详。②

1951年1月,上海中华书局出版了吴清友翻译的《帝国主义论》(增订本),324页,初版印量为1—3000册,定价人民币两万元,增订者:明德尔松。由于需求量大,同年4月进行了重印。该译本的目录如下:"初版译者序"、"解放后新版译者序"、"序"、"法文版和德文版的序言"、"第一章 生产集中和垄断"、"第二章 银行和它的新作用"、"第三章 财政资本和财政寡头统治"、"第四章 资本输出"、"第五章 各资本家团体间的瓜分世界"、"第六章 各列强间的世界瓜分"、"第七章 成为资本主义底特殊阶段的帝国主义"、"第八章 资本主义底寄生性和腐化 本章附录 关于现代资本主义腐化的事实和数

---

① 《中央人民广播电台 下月开始播讲帝国主义论 由郭大力教授在两个月内讲完》,载《人民日报》1950年9月21日。
② 中共中央高级党校图书馆编:《马克思列宁主义经典著作目录》(增订本),北京:中共中央高级党校图书馆编印1961年版,第28页。

字"、"第九章对于帝国主义的批判"、"第十章 帝国主义的历史地位"、"注释"、"关于列宁著'帝国主义是资本主义底最高阶段'一书的新材料"、"附录:'帝国主义论'三十年 列昂捷夫作"。此外,吴清友在1937年3月所写的"初版译者序"中,详细交代了他在1937年翻译《帝国主义论》的来龙去脉,他说:"我得到这本书的原文,是在1936年初,当时我就着手翻译,经过不久之后,我又得到原文修正和补充的第二版,其中关于垄断增长、财政寡头、现代资本主义的腐蚀及其发展不平衡性等章均有相当的增订,我接着就根据第二版继续翻译。当时我是将列宁的原文(中文虽有一两种译本,似欠真确)与增订部分一齐依次翻译,大约原文译到二、三章的光景,在友人处发现一种莫斯科出版的中文译本(只'帝国主义论'中文,没有增订部分)。觉得译笔既忠实又通顺,我为着急于使这本书早日与读者相见,就决定采取这一部分的译文,而专心从事于增订部分的翻译。全书翻成之后,两部分的译笔和用字难免有参差不齐之弊,而且在增订的部分插入英、法、德、日文的名词,这更非我个人浅薄的学识所能及,为着减少译文的错误,并求语气的一贯起见,我就请学识经验都很丰富的孙冶方兄根据原文及日文译本加以校阅和整理,这本书今天能够以较为完善的形式呈现于读者的眼帘,是要十分感谢他的。……本书出版恰在原著问世二十周年,这也算是中国学术界对这位历史巨人的一种纪念!"①

而在1950年1月23日,吴清友在《解放后新版译者序》中,又交代了他翻译《帝国主义论》(增订本)的来龙去脉,他说:"本书译本初版于抗日战争的初期,再版于抗日战争的中期,先后两版均委托上海及桂林新知书店代为发行,但因处在战争期间,交通梗阻,传播不广。现时全中国在伟大人民领袖毛主席为首的中国共产党领导之下已获解放,本书被指定为干部必读书之一,因此本书译本之重行刊印,实为适应客观的要求。《帝国主义论》增订本与《帝国主义论》

---

① 《帝国主义论》(增订本),吴清友译,北京:中华书局1951年版,"初版译者序",第3页。

本文的不同之点，是在于'增订本'，除了包括列宁天才名著的全文之外，还添加了原著初版后三十年来的新材料（一九一七——九四七年），就材料的容量而言，比本书多三倍以上。自一九一六年至一九三五年的新材料，是由苏联著名经济学家 Л. 明德尔松等主持之下增订的，此外译者还附加权威学者列昂捷夫一九四七年著的《〈帝国主义论〉三十年》一文，籍臻完善。本版译本除添加上举一文之外，文字上亦有若干修订。"①

1951 年 5 月，北京生活·读书·新知三联书店出版了《帝国主义论讲解》一书，该书由郭大力所著。版权页注明：1951 年 5 月北京印造初版，100 页，1951 年 5 月长春印造二版，印数 20001—25000 册，定价 3800。该书实际上是"中央人民广播电台丛书"之一，当时中央人民广播电台根据中央精神，开展了社会科学讲座和自然科学讲座。社会科学讲座的内容包括对"干部必读"书中重要问题的讲解、中国革命问题基本知识以及浅近的社会科学的初步知识；自然科学讲座包括各种自然科学常识、科学与技术的新知识介绍、苏联科学介绍以及怎样用马列主义观点研究自然科学等等。郭大力所著的《帝国主义论讲解》就是在这种背景下产生的，它是郭大力在中央人民广播电台对《帝国主义论》的讲座稿，根据郭大力的介绍，当时围绕《帝国主义论》进行了 8 次讲座，一次一讲。这本《帝国主义论讲解》实际上是上述 8 讲的汇编。中央人民广播电台为了满足读者特别是没有收音机朋友的需求，出版了这套丛书。

---

① 《帝国主义论》（增订本），吴清友译，北京：中华书局1951年版，"解放后新版译者序"，第 4 页。

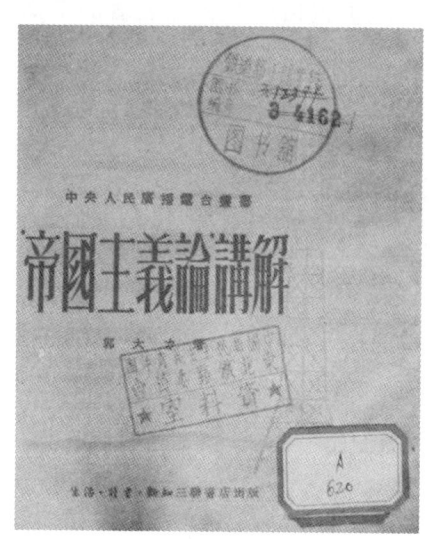

1951年5月,郭大力所著《帝国主义论讲解》一书

1953年,人民出版社出版了两卷本中文版《列宁文选》,其中在《列宁文选》第一卷中,《帝国主义是资本主义的最高阶段》一文被收入进去。该两卷本的《列宁文选》是人民出版社根据莫斯科外国文书籍出版局1950年出版的中文版排印的,但是其中的译文是根据苏联马克思恩格斯列宁学院1946年在莫斯科刊印的俄文新版译出的。人民出版社在1953年出版的中文版《列宁文选》第一卷,1版1次印量为1—40000册,精装本定价为36000元。①

1954年2月,作家书屋刊行了《列宁—斯大林的帝国主义论》一书,收入"马克思·列宁主义思想学习译丛"之中,著者是苏联经济学硕士И.Н.德伏尔金,译者大地,1版1次印量为1—6000册,122页,定价3800元,竖版排印。虽然书名是《列宁—斯大林的帝国主义论》,但更多地是讲列宁的帝国主义思想,尤其是列宁《帝国主义是资本主义的最高阶段》中的思想,这从该书的目录就可以看出来。该书目

---

① 笔者对这个定价存有质疑,但是原始书籍的著作权页上印的清楚明了,更改不得。这一问题也同样出现在《列宁文选》第二卷的定价上,第二卷的精装本定价为35000元。

次为：译序；第一讲：生产集中与垄断、现在资本主义的基本经济法则、银行及其新作用·金融资本与金融寡头的统治、资本输出、垄断资本家联合之间的经济上瓜分世界、世界列强之间在领土上瓜分世界及为重分世界而斗争；第二讲：国家垄断资本主义、帝国主义——寄生的腐朽的死亡着的资本主义、帝国主义——资本主义的最高和最后阶段·社会主义革命的前夜、帝国主义时期经济和政治发展不平衡性的法则·列宁——斯大林、社会主义革命理论、资产阶级的帝国主义理论的批判。该译本实际上是著者 И.Н.德伏尔金的两篇经过修订后的讲演稿。在《译序》里，译者交代了翻译这部书的目的："我们翻译和出版本书，其目的在于，这两篇讲演的内容，对于我们研究斯大林同志的经典著作《苏联社会主义经济问题》中有关现代资本主义的部分，即关于研究统一的世界市场的瓦解与世界资本主义体系危机的加深、资本主义国家间战争的不可避免性及现代资本主义的基本经济法则诸问题，是具有一定的帮助的。同时，通过这两篇系统而通俗的讲演，我们对于列宁的不朽名著《帝国主义是资本主义的最高阶段》，也可以获得更深刻的理解。"[①]

1954 年，北京的五十年代出版社出版了《论列宁著〈帝国主义是资本主义底最高阶段〉》一书，该书由苏联学者德沃尔金所著，兆凝翻译，共 69 页，按照 18 开规格设计。

1954 年 5 月，上海华东人民出版社出版了陶大镛所著的《什么是帝国主义》一书，1 版 1 次印数为 1—35000 册，定价 2500 元。该书详细介绍了列宁有关帝国主义学说的中心内容，包括：帝国主义是资本主义的最高阶段、帝国主义的五大经济特征、帝国主义的历史地位、帝国主义是社会主义革命的前夜等等，同时对斯大林的帝国主义思想也进行了介绍。

1955 年 6 月，人民出版社出版了中文版的苏联科学院经济研究所

[①] 〔苏〕И.Н.德伏尔金：《列宁—斯大林的帝国主义论》，大地译，上海：作家书屋 1954 年版，"译序"，第 1 页。

编、中央编译局翻译的《政治经济学教科书》一书，该书1版1印共发行1—320000册，定价2.15元。该书的第十七章、十八章、十九章等章节基本上是对《帝国主义是资本主义的最高阶段》的解读、阐释、介绍和评价。3个月后，该书再版。1956年出版了增订第二版。随后，该书在中国被不断地再版。列宁的《帝国主义是资本主义的最高阶段》也随之被广大读者所熟知。当然，随着时间的发展以及中苏关系的恩恩怨怨，中国人对于这部影响深远的《政治经济学教科书》的态度也恰如中苏双方的亲疏变化的关系一样，冷热不均。但是，抛开意识形态色彩，仅从《帝国主义是资本主义的最高阶段》一书的传播史上看，当时苏联的这部高水平的《政治经济学教科书》的确起到了助推的作用。

1955年7月，人民出版社翻译出版了《什么是帝国主义》一书，该书由苏联学者阿尔祖马年所著，杨静远译，1版1次印数1—15000册，定价0.19元。该书紧紧围绕《帝国主义是资本主义的最高阶段》一书的主要内容展开论述，或者说一定意义上就是对《帝国主义是资本主义的最高阶段》的详细解读，其内容主要包括四部分，分别是：什么是资本主义；帝国主义的基本经济特征；帝国主义的历史地位；资本主义总危机。

1956年9月，高等教育出版社出版了依·斯·佐托夫的《垄断资本主义——帝国主义讲义（手稿）》，1版1次平装印量为1—20000册，精装印量为1—15000册，平装定价0.55元，封底印有"内部发行"字样。这是依·斯·佐托夫自1955年在中共中央直属高级党校第一部的讲授手稿，他详细地阐述列宁的《帝国主义是资本主义的最高阶段》这本经典著作。同时，该书《出版说明》进一步指出："因为本书是佐托夫同志在苏联共产党第二十次代表大会以前写成的，在此次大会以前，佐托夫同志已经返国，在此，不能征询他是否需要根据此次大会的文件进行修改，深为抱歉！"①

---

① 〔苏〕依·斯·佐托夫：《垄断资本主义——帝国主义讲义（手稿）》，吴振坤、王世范、傅美文、吕文镜合译，北京：高等教育出版社1956年版，出版说明。

1957年，中共中央高级党校出版了《论列宁的〈帝国主义是资本主义的最高阶段〉》小册子，该书是由苏联学者依·普·尤弗利雅科夫所著，共45页。该书一共包括三部分：一、列宁写作《帝国主义是资本主义底最高阶段》一书时期的环境；二、从垄断前资本主义向帝国主义的过渡。帝国主义的主要经济特征；三、帝国主义的历史地位。帝国主义时期资本主义经济政治发展不平衡的规律。

1958年5月，人民出版社出版了《列宁反对修正主义》一书的精装本和普通本，其中普通版1版1次印数为1—10000册。由于销量急升，同月，普通版就进行了第二次印刷，印数为10001—40000册，单价1.40元。对于精装本而言，同年6月，就进行了第三次印刷，印数为20001—35000册，单价1.80元。在这本《列宁反对修正主义》一书中，摘录了《帝国主义是资本主义的最高阶段》（当时的目录标题是《帝国主义是资本主义底最高阶段》）的部分章节。《列宁反对修正主义》书中注明，摘录的《帝国主义是资本主义的最高阶段》系"载'列宁文选'两卷集第一卷人民出版社1958年版"①。

1958年6月，人民出版社出版了中央编译局编译的中文版《列宁全集》第22卷。该卷收录了《帝国主义是资本主义的最高阶段》的全部内容，包括十章内容和"序言"以及"法文版和德文版序言"。由于在著作权页没有明确的印刷数量，笔者不敢冒昧揣测具体发行量。但根据原始文本可以知道，该卷在1963年7月，进行了第三次印刷。从这个信息来推测，该卷的发行量还是很大的。在"译后记"中，中央编译局交代了本卷收录的《帝国主义是资本主义的最高阶段》一书的译校情况："本卷根据原文并参照前人译文重新译校，'帝国主义是资本主义的最高阶段'一书校后，又由原译者唯真同志看过。"②

1959年9月，世界知识出版社出版了中文版《列宁论国际政治与国际法》一书，该书摘录了《帝国主义是资本主义的最高阶段》的部

---

① 《列宁反对修正主义》，北京：人民出版社1958年版，第269页。
② 《列宁全集》第22卷，北京：人民出版社1958年版，第378页。

分内容，包括：序言；法文版和德文版序言；四、资本输出；五、各个资本家联盟分割世界；六、列强分割世界；七、帝国主义是资本主义的特殊阶段；八、资本主义的寄生性和腐化；九、对帝国主义的批评；十、帝国主义的历史地位。实际上，该书译自 1958 年苏联国际关系研究所出版社出版的俄文版《列宁论国际政治与国际法》。在中文版著作权页中，笔者没有发现 1 版 1 次的印量，也没有发现"内部发行"或"内部读物"的字样，该书精装本单册定价 3.8 元。

（二）60 年代的译介情况

1960 年，湖北人民出版社出版了《列宁论帝国主义是无产阶级社会主义革命的前夜》一书，共 20 页，内部读物，按照 19 开本规格设计。

1966 年，北京语言出版社出版了法语版的《帝国主义是资本主义的最高阶段》（L'imperialisme，Stade Supreme du Capitalisme，出版地 Beijing，出版社：Editions en Langues Eterangers），该书共 158 页，按照 19 开本规格设计。

1960 年，生活·读书·新知三联书店出版了《政治经济学教科书》一书，该书由苏联科学院经济研究所主编，中央编译局翻译，1979 年重印，390 页，按照 20 开本规格设计。虽然这部书经过了多次修改和补充，但是关于列宁帝国主义的这一部分，基本都保持了第一版本的原貌。在"（乙）垄断资本主义——帝国主义"的第十五章"帝国主义的基本特征"中，编写者详细地解读了列宁的帝国主义思想，包括：向帝国主义的过渡、生产积聚和垄断、垄断和竞争、银行业的积聚和垄断、银行的新作用、财政资本和财政寡头、资本输出、资本家同盟从经济上瓜分世界、列强完成对世界领土的瓜分和重新分割世界的斗争等方面。

1960 年 4 月，为了纪念列宁诞辰 90 周年（1870—1960），人民出版社出版了《列宁论帝国主义是无产阶级社会主义革命的前夜》一书，该书由人民出版社编辑部编，定价 0.14 元。该书集中摘录了列宁关于帝国主义的论述，其中多处选编了《帝国主义是资本主义的最高阶段》一书。由于该书需求量大，同年11月，进行了1版2次印刷发行。

1960年9月，外文出版社出版了俄文版《列宁论帝国主义是无产阶级社会主义革命的前夜》一书，32开本规格设计，89页。

1963年2月，人民出版社出版了《列宁全集》第39卷，该卷是笔记专卷，即《关于帝国主义的笔记》，定价3.60元，发行量不详。该卷由中央编译局根据俄文第四版译出。

1964年7月，人民出版社出版了《列宁斯大林论帝国主义》一书，该书著作权页没有标明发行数量。该书内容分为六个部分，每一部分都有标题，按照内容汇编在一起。第一部分标题是：帝国主义是资本主义的最高阶段，是垄断的、腐朽的、垂死的资本主义，是社会主义革命的前夜。第二部分标题是：垄断是帝国主义的经济实质，它具有五个主要特征。第三部分标题是：一般垄断已经发展为国家垄断，国家垄断资本主义仍然是资本主义。第四部分标题是：全面反动是帝国主义的政治特征。第五部分标题是：帝国主义必然产生和加深各种不可调和的尖锐矛盾，这些矛盾只有通过无产阶级世界革命的彻底胜利才能得到解决。第六部分标题是：帝国主义的灭亡和社会主义在全世界的胜利是不可避免的。从这六部分的标题可以看出，该书的时代色彩十分明显，该书的"出版说明"就明确指出："为着适应反对现代修正主义，重新学习马克思列宁主义的需要，我们就国际共产主义运动目前争论的几个重要问题，分别编辑了一些资料，供读者参考。每个问题的资料分册出版，册数不定。但是一般都包括有：马克思列宁主义经典作家的论述，老修正主义者的言论，现代修正主义者的言论，帝国主义的言论或其他有关资料。"①

作为《帝国主义是资本主义的最高阶段》的笔记专卷，《关于帝国主义的笔记》中文版在1963年由人民出版社出版了两个不同的版本。一个是作为《列宁全集》其中的一卷出版的，即中央编译局编译的

---

① 《列宁斯大林论帝国主义》，北京：人民出版社1964年版，出版说明。

《列宁全集》中文第 1 版第 39 卷，于 1963 年 2 月 1 版 1 印，定价 3.60 元，该卷版权页没有标注发行印数。另外一个版本则是作为单行本发行的，即中央编译局编译的《列宁关于帝国主义的笔记》上、下两册，于 1963 年 4 月 1 版 1 印，两册定价共 2.80 元，版权页标明当时印数为 1—20470 册。两个版本的内容完全相同，译者也是同一个翻译群体，至于为什么会出现这种情况，笔者尚未找到史料证实。根据 20 世纪 60 年代的中苏关系以及中国彼时国情，笔者推测大致有这样的几个原因：一是从国际关系看，当时中苏关系的恶化，使得中国共产党更多地从"帝国主义"的角度来思考当时的苏联，甚至一些报刊出现了"苏联社会帝国主义"、"苏联帝国主义"等词语；二是从国内情况看，毛泽东对于资产阶级复辟的担心以及赶超"帝国主义"的雄心壮志，使得"帝国主义"一词成为当时家喻户晓的词语；三是从当时外交形势看，中苏关系恶化导致国际共产主义阵营的分化，使得中国共产党的外交空间受到挤压，加上美、英等帝国主义的封锁包围，也促使中国共产党急于认识和研究"帝国主义"。四是《列宁全集》虽然权威性最高，但从方便读者阅读的角度看，它不方便携带，并且价格昂贵。所以，我们既需要权威的《列宁全集》，但也需要方便读者携带、同时能减轻读者经济负担的简装单行本，这样能使广大的受众更好地了解列宁的帝国主义思想。所以，国际、国内、外交以及扩大读者群等几个因素交织在一起，应该是当时人民出版社在同一年出版两个版本的同一部著作的原因，这也自然而然地促进了《帝国主义是资本主义的最高阶段》在 20 世纪 60 年代的出版和传播。

在我国，《列宁全集》第 1 版第 39 卷收载的《关于帝国主义的笔记》是根据俄文《列宁全集》第 4 版第 39 卷翻译的。在 1990 年 2 月，由人民出版社出版的中文《列宁全集》第 2 版中，《关于帝国主义的笔记》被收载其中且材料编排基本等同于第 1 版第 39 卷，但卷序编为第 54 卷，第一次发行印量为 1—13700 册，定价为 13.65 元。

中文《列宁全集》第 1 版、第 2 版收载的《关于帝国主义的笔记》

也有一些细微差别,"《单独的札记》部分对文献的收载在本版本卷中和在第 1 版第 39 卷中略有不同:本版本卷增加了关于揭露资本主义制度下消费'平等'谬论的、摘自《国民饮食状况。群众饮食状况》一书的材料,还增加了摘自《巴塞尔前进报》的《瑞士的国外投资》这一材料;第 1 版第 39 卷的《短评:论本国在帝国主义战争中的失败》、《〈帝国主义和民族自决权〉演讲的提纲》、《关于〈帝国主义和社会主义运动中的分裂〉一文提纲》、《帝国主义和对帝国主义的态度》分别编入本版的第 26 卷(第 376—377 页)、第 27 卷(第 64—76 页)、第 28 卷(第 377—379 页和第 382—384 页)"①。

借助《回忆列宁》来传播。这是列宁的亲属、战友、外国友人等回忆列宁的文章汇编,共 5 个卷册。1969—1970 年,苏联政治书籍出版社出版了 5 卷本的《回忆列宁》,发行量很广,影响很大,并被翻译成中文。该译本中文版母版源于苏联俄文版本的《回忆列宁》,由上海外国语学院列宁著作翻译研究室译出,人民出版社于 1982 年出版了第一版。该著作是研究列宁的重要的参考资料,其中多处涉及了列宁创作《帝国主义是资本主义的最高阶段》一书的情况。尤其在中文译本的第 2 卷中,米·尼·波克罗夫斯基著的《〈帝国主义论〉是怎样产生的》一篇回忆录,更是研究列宁思想不可多得的资料,该卷中文 1 版 1 印,定价 1.90 元,印数为 32500 册。

(三) 70 年代的译介情况

1973 年,北京外语出版社出版了英文版《帝国主义是资本主义的最高阶段》(*Imperialism, the Highest Stage of Capitalism*),157 页。该书实际上是对 1965 年版本的翻印。19 开本规格设计。

1974 年 6 月,人民出版社出版了《〈帝国主义是资本主义的最高阶段〉提要和注释》一书,该书由中央党校编写小组编,版权页没有标

---

① 《列宁全集》第 54 卷,北京:人民出版社 1990 年版,"前言",第 X 页。

列宁《帝国主义是资本主义的最高阶段》研究读本

明印数,但指出 1975 年 1 月北京第二次印刷。该书的时代印记十分明显,在正文之前有两页四段毛主席语录。第一段语录:"自由竞争时代的资本主义发展为帝国主义,这时,无产阶级和资产阶级这两个根本矛盾着的阶级的性质和这个社会的资本主义的本质,并没有变化;但是,两阶级的矛盾激化了,独占资本和自由资本之间的矛盾发生了,宗主国和殖民地的矛盾激化了,各资本主义国家间的矛盾即由各国发展不平衡的状态而引起的矛盾特别尖锐地表现出来了,因此形成了资本主义的特殊阶段,形成了帝国主义阶段。"第二段语录是:"从本质上看,从长期上看,从战略上看,必须如实地把帝国主义和一切反动派,都看成纸老虎。"第三段语录是:"新的世界大战的危险依然存在,各国人民必须有所准备。但是,当前世界的主要倾向是革命。"第四段语录是:"苏修、美帝狼狈为奸,做了这么多的坏事、丑事,全世界革命人民是不会饶过他们的。世界各国人民正在起来。一个反对美帝、苏修的历史新时期已经开始。"在正文里面,我们可以看到许多学习《帝国主义论》反苏反美和批林批孔的字眼。比如"学习列宁的《帝国主义论》,对于认识帝国主义、社会帝国主义的本质,认识我们这个时代的各种基本矛盾,认识国际阶级斗争的发展规律和形势的分析,更好地执行毛主席的无产阶级革命路线和备战、备荒、为人民的方针,进一步批判苏修叛徒集团的修正主义,都有极为重要的现实意义。学习《帝国主义论》,对当前深入开展批林批孔运动,同样具有极为重要的意义。"①

1974 年 10 月,上海人民出版社出版了《〈帝国主义是资本主义的最高阶段〉浅说》一书,该书 1 版 1 次印量为 1—350000 册,定价 0.31 元。该书扉页没有毛主席语录,也没有"出版说明"。出版这本书的目的是:"学习列宁的《帝国主义论》,更加加强我们彻底埋葬帝、修、反的信心和决心。我们一定要深入开展批林批孔斗争,彻底批判林彪反党集团的卖国主义、投降主义的滔天罪行,肃清其流毒,把国内阶级斗

---

① 中央党校编写小组:《〈帝国主义是资本主义的最高阶段〉提要和注释》,北京:人民出版社 1974 年版,第 9 页。

争进行到底,把国际阶级斗争进行到底。"① 该书有三个附录,第一个附录是:战后帝国主义和社会帝国主义经济资料简编;第二个附录是:帝国主义战争史大事记;第三个附录是:修正主义路线头子关于帝国主义的谬论摘编。需要指出的是,在第三附录中,将考茨基、赫鲁晓夫、勃列日涅夫、伯恩施坦以及林彪、刘少奇视为国际和国内的修正主义路线的头子。

1974年11月,陕西人民出版社出版了《读列宁〈帝国主义论〉》一书,著者是中国人民解放军后字二〇二部队理论组。书前有"列宁语录"和"毛主席语录"。列宁语录分别是:"帝国主义是无产阶级革命的前夜。"、"'世界霸权'是帝国主义政策的内容,而这种政策的继续便是帝国主义战争。"、"反对帝国主义的斗争,如果不同反对机会主义的斗争密切联系起来,就是一句骗人的空话。"毛主席语录分别是:"从现在起,五十年内外到一百年内外,是世界上社会制度彻底变化的伟大时代,是一个翻天覆地的时代,是过去任何一个历史时代都不能比拟的。处在这样一个时代,我们必须准备进行同过去时代的斗争形式有着许多不同特点的伟大的斗争。""新的世界大战的危险依然存在,各国人民必须有所准备。但是,当前世界的主要倾向是革命。""美帝国主义和社会帝国主义这两个超级大国互相勾结、互相争夺、妄图瓜分世界的丑恶面目越来越暴露。它们陷入了前所未有的困难境地,被全世界人民彻底埋葬的日子已经不远了。"

在该书的《前言》中,交代了编写该书的意义:学习列宁的帝国主义思想"对于批判以苏修为代表的现代修正主义,批判林彪'克己复礼'的反革命修正主义路线,普及、深入、持久地开展批林批孔运动;对于更好地贯彻执行毛主席的无产阶级革命路线,把无产阶级专政

---

① 《〈帝国主义是资本主义的最高阶段〉浅说》编写组:《〈帝国主义是资本主义的最高阶段〉浅说》,上海:上海人民出版社1974年版,第9页。

条件下的继续革命进行到底，都具有极为重要的现实意义。"①

1974年12月，人民出版社出版了《〈帝国主义是资本主义的最高阶段〉学习体会》一书，该书是20世纪70年代初期一些重要的杂志和报纸上的文章的汇编。该书的著作权页没有标明发行印数量。该书的时代色彩也十分明显，扉页是两段毛主席语录。第一段语录是："认真看书学习，弄通马克思主义。"第二段语录是："自由竞争时代的资本主义发展为帝国主义，这时，无产阶级和资产阶级这两个根本矛盾着的阶级的性质和这个社会的资本主义的本质，并没有变化；但是，两阶级的矛盾激化了，独占资本和自由资本之间的矛盾发生了，宗主国和殖民地的矛盾激化了，各资本主义国家间的矛盾即由各国发展不平衡的状态而引起的矛盾特别尖锐地表现出来了，因此形成了资本主义的特殊阶段，形成了帝国主义阶段。"该书所摘选的文章包括10个，分别是：常谦的《帝国主义是无产阶级社会革命的前夜》，该文发表在《红旗》杂志1973年第9期；汤啸的《帝国主义必然灭亡，社会主义必然胜利》，该文发表在《人民日报》1974年4月22日；辛风的《反修斗争的强大思想武器》，该文发表在《红旗》杂志1974年第3期；天津第四棉纺织厂工人理论小组的《批判修正主义的强大思想武器》，该文发表在《天津日报》1974年4月23日；上海师范大学史鉴思的《认清我们时代的基本特征》，该文发表在《解放日报》1973年10月9日；冯曼林的《正确理解无产阶级的历史使命》，该文发表在《文汇报》1973年10月29日；石春的《帝国主义就是战争》，该文发表在《文汇报》1973年10月17日；施生的《"超帝国主义论"与"核保护伞"的破产》，该文发表在《文汇报》1974年3月25日；北京维尼纶厂工人理论组的《历史的车轮决不能倒转》，该文发表在《北京日报》1974年10月22日；北京维尼纶厂李轩的《美化旧制度就是反对革命》，该文发表在

---

① 中国人民解放军后字二〇二部队理论组：《读列宁〈帝国主义论〉》，西安：陕西人民出版社1974年版，前言。

《北京日报》1974 年 10 月 22 日。从这些充满战斗性的论文题目中，我们可以窥见当时中国的政治氛围和理论焦点所在。

1975 年 4 月，人民出版社出版了《〈帝国主义是资本主义的最高阶段〉学习札记》一书，该书由北京大学经济系、中国人民银行北京市分行理论小组、北京市财税局理论小组联合编写。该书的时代色彩十分浓厚，扉页印有毛主席语录："自由竞争时代的资本主义发展为帝国主义，这时，无产阶级和资产阶级这两个根本矛盾着的阶级的性质和这个社会的资本主义的本质，并没有变化；但是，两阶级的矛盾激化了，独占资本和自由资本之间的矛盾发生了，宗主国和殖民地的矛盾激化了，各资本主义国家间的矛盾即由各国发展不平衡的状态而引起的矛盾特别尖锐地表现出来了，因此形成了资本主义的特殊阶段，形成了帝国主义阶段。"该书共收载 13 篇文章，从题目中就可以看出来当时理论斗争、阶级斗争的浓浓火药味："无产阶级革命的强大思想武器"、"我们仍然处在帝国主义和无产阶级革命的时代"、"第三世界是推动世界历史发展的动力"、"反霸斗争的一个创举"、"苏美两霸是新的世界战争策源地"、"揭露苏修社会帝国主义的经济实质"、"驳苏修新殖民主义的强盗逻辑"、"反对修正主义是无产阶级的长期战斗任务"、"'跳跃式'发展掩盖不了帝国主义的腐朽本质"、"经济危机是帝国主义的不治之症"、"垄断统治加深了无产阶级贫困化"、"'小国师大国'是投降卖国的理论"、"考茨基和林彪都是开历史倒车的反动派"。但是，这 13 篇文章，都没有作者署名，著作权页也没有标明发行印数。

1975 年 8 月，商务印书馆出版了内部发行读物《帝国主义时代》一书。该书由美国学者哈里·马格多夫著，译者伍仞，版权页没有标明发行印刷数量。书中对列宁的《帝国主义是资本主义的最高阶段》进行了评述，并提到了纽约在 1967 年 9 月为了纪念《帝国主义是资本主义的最高阶段》发表 50 周年的纪念活动。

1975 年 12 月，商务印书馆出版了《〈帝国主义是资本主义的最高阶段〉浅说和注释》一书，该书由南开大学政治经济系编，版权页没有标明印数，定价 0.43 元。该书充满了批判性语言，这是那个时代的反映。扉页上是毛主席的五段语录。第一段语录是："认真看书学习，弄通马克思主义。"第二段语录是："自由竞争时代的资本主义发展为帝国主义，这时，无产阶级和资产阶级这两个根本矛盾着的阶级的性质和这个社会的资本主义的本质，并没有变化；但是，两阶级的矛盾激化了，独占资本和自由资本之间的矛盾发生了，宗主国和殖民地的矛盾激化了，各资本主义国家间的矛盾即由各国发展不平衡的状态而引起的矛盾特别尖锐地表现出来了，因此形成了资本主义的特殊阶段，形成了帝国主义阶段。"第三段语录是："深挖洞、广积粮、不称霸。"第四段语录是："备战、备荒、为人民。"第五段语录是："苏修、美帝狼狈为奸，做了这么多的坏事、丑事，全世界革命人民是不会饶过他们的。世界各国人民正在起来。一个反对美帝、苏修的历史新时期已经开始。"很有意思的是，该书在《后记》中提到："本书由工农兵学员和教师一起编写而成。在编写过程中，曾到一些工厂、农村、部队举办的《帝国主义论》学习班上征求意见。"①

从这本书《后记》所提供的信息可以推知，当时我国一些地方的工人、农民和广大部队官兵，为了能够从思想上彻底认清帝国主义的本质以及做好战争准备，曾经举办过专门的《帝国主义论》学习班，这是一个值得挖掘的历史史料。这些《帝国主义论》专门学习班，虽然笔者囿于资料，无法获知学习班的规模、班次、科目等，但工人、农民和广大官兵举办《帝国主义论》学习班这个事实，就足以说明我国所处的紧张的政治气氛。

1975 年 12 月，人民出版社出版了《〈帝国主义是资本主义的最高阶段〉提示和讲解》一书，该书由珍宝岛地区部队某部理论小组、鞍钢工人理论小组、中央党校编写小组联合编写。著作权页没有标明印数，定价 0.43 元。因为该书出版时，正值中苏珍宝岛事件的紧张时期，

---

① 南开大学政治经济系编：《〈帝国主义是资本主义的最高阶段〉浅说和注释》，北京：商务印书馆 1975 年版，第 213 页。

所以该书的时代色彩十分浓厚。书前有两页毛主席三段语录,基本内容是反对帝国主义的。三段语录分别是:"自由竞争时代的资本主义发展为帝国主义,这时,无产阶级和资产阶级这两个根本矛盾着的阶级的性质和这个社会的资本主义的本质,并没有变化;但是,两阶级的矛盾激化了,独占资本和自由资本之间的矛盾发生了,宗主国和殖民地的矛盾激化了,各资本主义国家间的矛盾即由各国发展不平衡的状态而引起的矛盾特别尖锐地表现出来了,因此形成了资本主义的特殊阶段,形成了帝国主义阶段。"另一段语录是:"全世界人民团结起来,反对任何帝国主义,社会帝国主义发动的侵略战争,特别要反对以原子弹武器的侵略战争!如果这种战争发生,全世界人民就应以革命战争消灭侵略战争,从现在起就要有所准备!"第三段语录是:"苏修、美帝狼狈为奸,做了这么多的坏事、丑事,全世界革命人民是不会饶过他们的。世界各国人民正在起来。一个反对美帝、苏修的历史新时期已经开始。"人民出版社编辑部在《出版说明》中指出:"珍宝岛地区部队某部是珍宝岛自卫反击战的参战部队,鞍钢是《鞍钢宪法》的发源地。为了深刻理解毛主席关于时代问题的教导,认清当今世界的基本矛盾,更好地担负起时代赋予自己的历史使命,特别是认清美苏两个超级大国争霸世界和第三世界人民反帝反殖反霸的伟大斗争,进一步落实毛主席关于加强无产阶级专政,提高警惕,要准备打仗,支援第三世界各国人民革命斗争等重要指示,他们认真学习了列宁这部光辉著作,并和中央党校编写小组的同志们一起编写了这本辅导读物。"① 在随后的介绍中,"出版说明"进一步指出:"工农兵参加编写解释马列著作的书是无产阶级文化大革命和批林批孔以来出现的新事物,我们怀着十分喜悦的心情,予以出版,供读者学习参考。"② 在正文部分里,多次出现了反帝反修等字

---

① 珍宝岛地区部队某部理论小组、鞍钢工人理论小组、中央党校编写小组:《〈帝国主义是资本主义的最高阶段〉提示和讲解》,北京:人民出版社1975年版,"编辑说明",第1—2页。

② 同上书,"编辑说明",第2页。

样。比如"认清时代，把反帝反修斗争进行到底，是我们今天学习列宁的《帝国主义论》的根本目的。"[①]"我们珍宝岛地区部队的指战员和鞍钢工人阶级，同全党全军全国人民一样，坚决响应毛主席的伟大号召，认真贯彻毛主席关于'深挖洞、广积粮、不称霸'，'备战、备荒、为人民'的伟大战略方针，要准备打仗，做好一些反侵略战争的准备。"[②]

《帝国主义是资本主义的最高阶段》以少数民族文字出版的情况：

1973年11月，人民出版社出版了朝鲜文《帝国主义是资本主义的最高阶段》单行本，该书共155页，按照26开规格设计，定价0.27元，其翻译和发行量不详。

1974年2月，人民出版社出版了蒙文版《帝国主义是资本主义的最高阶段》单行本，该书共219页，采用26开规格设计，定价0.27元，其翻译和发行量不详。

1974年2月，民族出版社出版了蒙古文版《帝国主义是资本主义的最高阶段》单行本，共219页，1975年5月进行了1版2次印刷。

1974年，民族出版社出版了维吾尔文《帝国主义是资本主义的最高阶段》单行本，由民族出版社翻译，共231页，按照20开规格设计。该书是根据人民出版社1973年11月的汉文版翻译出版。

1974年，民族出版社出版了哈萨克文《帝国主义是资本主义的最高阶段》单行本，共217页，按照20开规格设计，民族出版社翻译。

1975年5月，民族出版社出版了藏文版《帝国主义是资本主义的最高阶段》单行本，该书共204页，定价0.27元，其余信息不详。该书是根据中共中央编译局翻译的、人民出版社1975年2月出版的汉文版翻译的。

1975年8月，内蒙古人民出版社出版了蒙文版《学习〈帝国主义是资本主义的最高阶段〉辅导讲话》一书，由内蒙古人民广播电台编译，该书共170页，1版1次印量为1—17520册，定价0.17元，其余出版信息不详。

---

① 珍宝岛地区部队某部理论小组、鞍钢工人理论小组、中央党校编写小组：《〈帝国主义是资本主义的最高阶段〉提示和讲解》，北京：人民出版社1975年版，第210页。

② 同上书，第229页。

1975年8月，人民出版社出版了蒙文版《〈帝国主义是资本主义的最高阶段〉提要和注释》一书，该书共351页，采用19开本规格设计，定价0.34元，其翻译和发行量不详。

1975年9月，人民出版社出版了哈萨克文《帝国主义是资本主义的最高阶段》一书，该书共229页，采用26开本规格设计，定价0.27元，其翻译和发行量不详。

1976年1月，人民出版社出版了维吾尔文《帝国主义是资本主义的最高阶段》一书，该书共234页，按照26开本规格设计，其翻译和发行量不详。

1976年，新疆人民出版社出版了新哈萨克文《〈帝国主义是资本主义的最高阶段〉提要和注释》一书，由新疆人民出版社翻译，共365页，按照19开本规格设计。该书是根据人民出版社1974年6月1版1次印刷版本翻译的。

1977年9月，民族出版社出版了朝鲜文版的《〈帝国主义是资本主义的最高阶段〉提要和讲解》一书，该书由抚顺县李石寨朝鲜大队贫下中农业余翻译小组译，共316页，按照19开本规格设计，定价0.43元。

青海民族出版社出版了藏文版《〈帝国主义是资本主义的最高阶段〉提要和注释》一书，作者是中央党校编写小组、中央民族学院语文系工农兵学员，共420页，定价0.34元，其余信息不详。

黑龙江人民出版社出版了藏文版《〈帝国主义是资本主义的最高阶段〉初释》一书，作者是黑龙江大学政治经济学系，共333页，定价0.29元，其余信息不详。①

---

① 特别说明：关于少数民族文字出版的有关《帝国主义是资本主义的最高阶段》的资料，我部分参考了"读秀知识库"。但是，"读秀知识库"所呈现的一些书籍的信息，有些是不完整的，为了准确起见，我特地在2014年7月24日10:45左右，多次致电他们的客服电话：010—51667449，得到的答复是"这些书籍信息是可靠的"。但吊诡的是，我们却能赫然发现"读秀"在每一次检索之后的免责声明："免责声明：读秀不承担任何由内容服务商提供的信息所引起的争议和法律责任，一切争议和法律责任请与内容服务商联系"。在这种情况之下，我只好请读者详细辨别，防止出错。同时，为了进一步证实其中的一些版本信息，我花费了不少时间到国家图书馆进一步考证和查找，即便如此，但由于笔者不熟悉少数民族文字，其中如果出现了考证错误，请读者朋友指正出来，以便再版时修正。——编者注

同时，笔者在湖北教育出版社 2006 年出版的《中国翻译通史·现当代部分》（第四卷）中，也发现了《帝国主义论》的少数民族版本的考证资料。"《帝国主义是资本主义的最高阶段》，民族出版社出版了朝鲜文版（1973 年 11 月）、蒙古文版（1974 年 2 月）、维吾尔文版（1974 年 5 月）和维吾尔新文字版（1976 年 1 月）。新疆人民出版社于 1976 年 7 月出版过蒙古文版。"①

总体看来，1970 年至十一届三中全会之间，《帝国主义是资本主义的最高阶段》一书的解读、解析、注释、介绍、评述、学习札记、参考资料等书籍多了起来，并且政治气氛浓厚，意识形态色彩挂帅。这显然是与当时的国际、国内政治环境有关系。从国际上看，中苏关系的恶化，不但削弱了社会主义阵营的力量，而且造成了社会主义阵营内部的对立和斗争，尤其是中苏两国间的"十年论战"，彼此用强烈的语言攻势来消解对方的理论气力，达到壮我声威、灭敌锐气的目的。从国内看，"无产阶级专政下继续革命"的纲领依然是人们工作生活的紧箍咒，加上 1971 年的林彪叛逃事件，全国的革命氛围、批判氛围更甚，这些都通过当时所谓"文攻武斗"的形式表现出来。其中，列宁的《帝国主义论》被大量广泛地解读和介绍，也在情理之中。

笔者根据自己所查找到的资料，将 20 世纪 70 年代关涉《帝国主义论》的解读资料进行了简单的汇总。在这些汇总的资料里，绝大部分的书籍在正文之前就开卷载有列宁语录或毛主席语录。凡是前面有列宁语录或者毛泽东语录的，这些语录内容的中心关键词有这样几个：反对帝国主义、做好世界大战准备、反对苏联修正主义、反对美国帝国主义、无产阶级革命、世界无产阶级革命要取得胜利、帝国主义快灭亡了、帝国主义是纸老虎、批林批孔、无产阶级革命的时代没有变、多学马列著作，等等。

---

① 马祖毅：《中国翻译通史·现当代部分》第 4 卷，武汉：湖北教育出版社 2006 年版，第 176 页。

20世纪70年代《帝国主义是资本主义的最高阶段》部分学习解读资料

书名	出版日期	出版单位	编著者	页数	书前是否有列宁毛泽东语录
《帝国主义是资本主义的最高阶段》浅说	1975	吉林人民出版社	吉林省哲学社会科学研究所编写组编	70	1段毛泽东语录
《帝国主义是资本主义的最高阶段》浅说	1975	辽宁人民出版社	《〈帝国主义是资本主义的最高阶段〉浅说》编写组编	132	2段列宁语录 2段毛泽东语录
《帝国主义是资本主义的最高阶段》学习体会	1976	上海人民出版社	多人学习体会汇编	84	
《帝国主义是资本主义的最高阶段》学习札记	1975	北京人民出版社	北京大学经济系等著	107	2段毛泽东语录
《帝国主义是资本主义的最高阶段》提示和讲解	1975	人民出版社	珍宝岛地区部队某部理论小组等编	237	3段毛泽东语录
《帝国主义是资本主义的最高阶段》学习参考纲要	1975	北京人民出版社	《〈帝国主义是资本主义的最高阶段〉学习参考纲要》编写小组编	189	2段列宁语录 2段毛泽东语录
《帝国主义是资本主义的最高阶段》学习参考纲要	1974	人民出版社	中央党校编写小组编	181	4段毛泽东语录
《帝国主义是资本主义的最高阶段》浅说和注释	1975	商务印书馆	南开大学政治经济学系编	213	5段毛泽东语录

（续表）

书名	出版日期	出版单位	编著者	页数	书前是否有列宁毛泽东语录
学习《帝国主义是资本主义的最高阶段》参考材料	1974	旅大五·七干校	旅大五·七干校翻印	248	2段列宁语录
《帝国主义是资本主义的最高阶段》学习体会	1974	北京人民出版社	常谦等著	76	2段毛泽东语录
《帝国主义是资本主义的最高阶段》浅说	1974	北京师范大学政治经济学系	《文汇报》编辑部编	165	2段毛泽东语录
《〈政治经济学批判〉导言》《帝国主义是资本主义的最高阶段》《苏联社会主义经济问题》部分注释	1977		中共中央党校政治经济学教研室资料组编	50	4段毛泽东语录
苏美争霸和第三世界的反霸斗争——学习《帝国主义是资本主义的最高阶段》札记讨论稿	1975		北京石油化工总厂工人理论组、北京师范大学党史系世界史组编写	78	
《帝国主义是资本主义的最高阶段》辅导材料和注释	1975		厦门大学经济系政治经济学教研室	304	5段毛泽东语录

（续表）

书名	出版日期	出版单位	编著者	页数	书前是否有列宁毛泽东语录
《帝国主义是资本主义的最高阶段》浅说	1974	上海人民出版社	《〈帝国主义是资本主义的最高阶段〉浅说》编写组编	179	
《帝国主义是资本主义的最高阶段》解说	1974		武汉大学政治经济学系编	164	
《帝国主义是资本主义的最高阶段》提要和注释（2版）	1974	北京人民出版社	北京大学经济系	152	2段毛泽东语录
《帝国主义是资本主义的最高阶段》提要和注释	1974	兰州军区政治部宣传部		175	
《帝国主义是资本主义的最高阶段》内容介绍和注释	1974	天水地区革委会政治部	兰州大学经济系	252	
学习《帝国主义是资本主义的最高阶段》参考材料讨论稿	1974			98	6段列宁语录 6段毛泽东语录
学习《帝国主义是资本主义的最高阶段》参考资料	1974		杭州大学马列主义教研室政治系政经教研室	101	

(续表)

书名	出版日期	出版单位	编著者	页数	书前是否有列宁毛泽东语录
学习《哥达纲领批判》《帝国主义是资本主义的最高阶段》《关于正确处理人民内部矛盾的问题》参考材料	1974		西藏自治区政工组宣传组	95	
《帝国主义是资本主义的最高阶段》学习参考材料讨论稿	1974		北京市革命委员会毛泽东思想学习班教学组	60	
《帝国主义是资本主义的最高阶段》解说和注解	1973		复旦大学政治理论课教研组	262	4段列宁语录 3段毛泽东语录
《帝国主义是资本主义的最高阶段》提要和注释	1973		广西壮族自治区委员会党校教研室	298	3段毛泽东语录
帝国主义是无产阶级社会革命的前夜 学习《帝国主义是资本主义的最高阶段》	1974	山东人民出版社	常谦等著	103	3段列宁语录
学习《帝国主义是资本主义的最高阶段》参考材料	1974	内蒙古人民出版社	中共内蒙古自治区委员会党校政治经济学教研室	224	4段毛泽东语录

(续表)

书名	出版日期	出版单位	编著者	页数	书前是否有列宁毛泽东语录
《帝国主义是资本主义的最高阶段》辅导提纲	1974	广州军区军政干部学校政治教研室		63	
学习《帝国主义是资本主义的最高阶段》的体会	1974	浙江大学马列主义教研组		105	
《帝国主义是资本主义的最高阶段》学习体会和参考资料	1973	浙江人民出版社		100	
学习《帝国主义是资本主义的最高阶段》札记	1975	河北人民出版社		42	
学习《帝国主义是资本主义的最高阶段》辅导讲话	1975	内蒙古人民出版社	内蒙古人民广播电台	84	2段毛泽东语录
《帝国主义是资本主义的最高阶段》简介和注解试解用本	1975	四川人民出版社	《〈帝国主义是资本主义的最高阶段〉简介和注解》编写组	244	
《工资、价格和利润》《帝国主义是资本主义的最高阶段》注释	1974	云南大学政治课教研室		161	

（续表）

书名	出版日期	出版单位	编著者	页数	书前是否有列宁毛泽东语录
《帝国主义是资本主义的最高阶段》提要·注释·参考资料	1974	大连工学院政教室	大连工学院政教室	221	3段毛泽东语录
《帝国主义是资本主义的最高阶段》解说	1974初版 1976再版	陕西人民出版社	西安交通大学马列主义教研室编写组	216	
《帝国主义是资本主义的最高阶段》学习笔记征求意见稿	1973	中共株洲市委宣传部	中共株洲市委宣传部	155	
《帝国主义是资本主义的最高阶段》学习体会	1974	湖北人民出版社		127	
《帝国主义是资本主义的最高阶段》辅导材料	1975	郑州大学出版社	郑州大学政治系，郑州大学马列主义教研室	155	
学习列宁《帝国主义是资本主义的最高阶段》讲解记录稿	1974	甘肃省第一汽车运输公司兰州汽车站	甘肃省第一汽车运输公司兰州汽车站工人理论小组	182	
《帝国主义是资本主义的最高阶段》学习参考材料	1974	辽宁省图书馆	辽宁省图书馆	76	2段毛泽东语录

（续表）

书名	出版日期	出版单位	编著者	页数	书前是否有列宁毛泽东语录
列宁《帝国主义是资本主义的最高阶段》学习参考材料	1974	华北农业大学马列主义教研室	华北农业大学马列主义教研室	84	
学习《帝国主义是资本主义的最高阶段》参考材料	1974	广东人民出版社	中共广东省委党校等	132	2段毛泽东语录
《帝国主义是资本主义的最高阶段》辅导材料	1974	广东师院马列主义教研室	广东师院马列主义教研室	125	
学习《帝国主义是资本主义的最高阶段》参考材料	1973	南开大学政治理论教研室	南开大学政治经济学教研组	52	
《帝国主义是资本主义的最高阶段》解说和注释	1973	广东省哲学社会科学研究所经济研究室	广东省哲学社会科学研究所经济研究室	189	
《帝国主义是资本主义的最高阶段》注释	1973	安徽省革命委员会毛泽东思想学习班	安徽省革命委员会毛泽东思想学习班	87	
学习《帝国主义是资本主义的最高阶段》讲座	1976	江苏人民出版社	苏州市《学习帝国主义是资本主义的最高阶段》讲座编写组	178	

(续表)

书名	出版日期	出版单位	编著者	页数	书前是否有列宁毛泽东语录
学习《帝国主义是资本主义的最高阶段》	1974	湖南人民出版社	湖南人民出版社	71	3段毛泽东语录
学习《帝国主义是资本主义的最高阶段》	1975	山东人民出版社	中国人民解放军55372部队理论小组	71	
《帝国主义是资本主义的最高阶段》初释	1976	黑龙江人民出版社	黑龙江大学政治经济学专业	146	
《帝国主义是资本主义的最高阶段》教学辅助材料	1973	同济大学出版社	同济大学	106	
《帝国主义是资本主义的最高阶段》辅导材料	1974	哈尔滨师范学院政治系	哈尔滨师范学院政治系	116	
《帝国主义是资本主义的最高阶段》讲解	1977	新疆人民出版社	乌鲁木齐天山染织厂工人理论组、新疆大学政治教育系理论研究组	240	
以路线斗争为纲,深刻领会《帝国主义论》的基本思想	1973	中共州直属机关委员会	中共吉林省委干部学习班	91	
《帝国主义是资本主义的最高阶段》讲解	1977	新疆人民出版社	乌鲁木齐天山染织厂工人理论组、新疆大学政治教育系理论研究组	240	

以上书籍汇编,资料来源主要是依靠"读秀知识库"、国家图书馆等库本,但因为"读秀知识库"部分书籍在介绍基本情况时,有的并不完全准确,故本汇总表有可能会遗漏一些珍贵资料,甚至出现些许错误,请读者明鉴。

(四) 改革开放之后的出版情况

中共上海市委宣传部在20世纪80年代中期,曾经组织编写了一套"青工轮训教材",其中包括:《马克思主义基本知识》、《社会主义民主与社会主义法制》、《共产主义道德》、《马克思主义审美观》、《中华人民共和国在世界上》、《现代科学技术新成就》等6本书。这套"青工轮训教材"是根据中共中央批转的《国营企业职工思想政治工作纲要》(试行)的要求来编写的,适用于各企业。"出版说明"介绍说:"此书出版后受到各方面的欢迎,被许多单位用作轮训教材,目前已发行三百多万册。"按照当时上海市委宣传部的说法,从形式上看,这本《马克思主义基本知识》是马克思主义哲学、马克思主义政治经济学、科学社会主义"三合一"的尝试,其中《马克思主义基本知识》中,重点将列宁的帝国主义思想作为马克思主义的基本知识来介绍。在《马克思主义基本知识》的第九章,标题是"帝国主义是资本主义的最后阶段",包括了三个板块的内容,分别是:金融寡头的垄断统治;穷凶极恶的国际剥削者;无产阶级社会革命的前夜。第九章的内容主要依据就是列宁的《帝国是资本主义的最高阶段》。这本《马克思主义基本知识》在1版1次的印刷中,就发行了80000册,影响不小。①

1980年8月,中国社会科学出版社翻译出版了《列宁的帝国主义论与当代现实》一书,该书由苏联科学院院士、世界经济和国际关系研究所所长H.H.伊诺泽姆采夫主编。1版1次印数为1—6300册,张承辉等译,定价1.30元。该书在论述列宁帝国主义理论当代意义的同时,

---

① 参见中共上海市委宣传部编:《马克思主义基本知识》,上海:上海人民出版社1984年版,第170—192页。

对勃列日涅夫的个人作用有夸大嫌疑，并在个别地方存有对我国政治和领导人的不实指责。

1981年10月，人民出版社出版了《马克思主义哲学史稿》一书，该书主编是中山大学哲学系，副主编是中国人民大学马列主义发展史研究所，1版1次印量为1—41000册，定价1.55元。在"编者的话"中指出："本书是在教育部直接领导下编写的高等学校哲学专业教材。"在该书第八章"列宁在反对帝国主义战争和实现社会主义革命的过程中，丰富和发展唯物辩证法（1914—1917年）"的第四节"运用唯物辩证法分析帝国主义的矛盾和国家问题，指导无产阶级革命的胜利实现"中，对列宁帝国主义理论的哲学意义和哲学价值进行了阐述。

1982年10月，红旗出版社出版了《论当代帝国主义经济》一书，1版1次印量为1—8000册，定价0.55元。该书是《红旗》杂志从1980年第10期开始开辟的"帝国主义经济问题论坛"的陆续论文汇编本，共16篇文章。该书在"前言"中指出：《帝国主义是资本主义的最高阶段》至今仍是我们分析帝国主义经济的理论依据，虽然这部著作至今已有60多年了，帝国主义国家也出现了一些新的变化，但运用《帝国主义是资本主义的最高阶段》来分析当今帝国主义的基本问题仍然没有过时。所以，这部《论当代帝国主义经济》一书，实际上是《帝国主义是资本主义的最高阶段》在20世纪80年代初期中共思想理论界的一种应用情况的反映。

1982年12月，四川人民出版社出版了由王茂湘、巫宁耕、胡绍琼三人合著的《列宁的〈帝国主义论〉和当代资本主义》一书，陈岱孙为该书作序，该书1版1次印量为1—10500册，433页，定价1.15元。该书透彻地讲述了列宁《帝国主义论》中的所有主要观点，并结合当代资本主义发展变化的实际，批判了代表资产阶级利益的所谓"混合经济理论"、"福利国家论"、"垄断削弱论"、"权力转移论"、"收入均等化论"、"阶级融合论"等。陈岱孙在为该书所作的"序言"中指出："本书的一个显著特点是注意到当代西方资产阶级经济学家关于帝国主义的一些辩解观点并对之进行了批判。"①

1982年12月，北京师范大学出版社出版了《高等师范院校政治教育专业教学大纲》（上下），由于需求量大，1984年10月进行了1版4次印刷，印量达到30000—34200册，定价3.00元。该《教学大纲》是根据1980年全国师范教育工作会议的精神，以及教育部颁发的四年制本科汉语言文学、政治教育和历史专业的教学计划（试行草案）编写的。在《政治经济学教学大纲（资本主义部分）》的第十二章"帝国主义的基本经济特征"（课堂授课8学时、课堂讨论2学时）、第十三章"帝国主义的历史地位"（课堂授课6学时、课堂讨论2学时）、第十四章"资本主义总危机和战后帝国主义经济"（课堂授课8学时、课堂讨论2学时）中，《帝国主义是资本主义的最高阶段》均被选入课后"阅读书目"。并且在这三章的课后"思考题"中，有些是直接与《帝国主义是资本主义的最高阶段》有联系的。比如第十二章的思考题中，第3题是：为什么说资本输出是帝国主义的重要特征？资本输出的实质和后果是什么？第6题是：为什么说殖民地是帝国主义生存的主要条件？第7题是：为什么说垄断是帝国主义的经济实质和最深厚的经济基础？在第十三章的课后思考题中，第1题是：怎样正确理解帝国主义是寄生的或腐朽的资本主义？第3题是：如何正确理解帝国主义是垂死的资本主义？② 此外，在《科学社会主义教学大纲》的第十五章"世界战争与世界和平"中，《帝国主义是资本主义的最高阶段》被选入课后"阅读书目"。

1984年1月，上海人民出版社出版了《论当代帝国主义》一书，该书由《经济研究》编辑部编，1版1次印量为1—11000册，定价1.60元。该书收入论文25篇，它们以《帝国主义是资本主义的最高阶

---

① 王茂湘、巫宁耕、胡绍琼：《列宁的〈帝国主义论〉和当代资本主义》，成都：四川人民出版社1982年版，"序言"，第2页。
② 《高等师范院校政治教育专业教学大纲》（上），北京：北京师范大学出版社1982年版，第297—306页。

段》为蓝本，对当代帝国主义的发展与腐朽、国家垄断资本主义、经济危机、战后帝国主义殖民地等问题进行了详细分析，并对当代资产阶级经济学的帝国主义理论进行了批判。"编者的话"指出了这部文集的出版背景：一是十一届三中全会之前，由于受"左"倾错误思想的影响，对于当代帝国主义问题的研究、教学和宣传都存在片面性和教条主义，对战后帝国主义的问题缺乏具体全面的分析，甚至缺乏了解。二是十一届三中全会后，在对外开放政策的大背景下，社会上开始关心战后帝国主义的种种问题，纷纷要求对帝国主义的新变化给予马克思主义的回答。三是根据时任中国社会科学院副院长许涤新的要求，《经济研究》就战后帝国主义问题在北京调查的结果显示，人们对战后帝国主义的发展与腐朽、帝国主义的本质和矛盾、国家垄断资本主义、经济危机、无产阶级贫困化、帝国主义殖民地、无产阶级革命、帝国主义战争等问题，既存在不同的认识，也存在思想困惑。四是1982年11月，在许涤新主持下，《经济研究》编辑部邀请部分专家学者就上述问题进行了座谈，对调查情况进行了分析，与会者一致认为列宁的帝国主义理论没有过时，它仍是分析当代帝国主义发展变化的理论武器。在上述背景下，《经济研究》编辑部约请国内专家学者撰写论文，汇编成册。

1984年4月，北京大学出版社出版了《政治经济学（帝国主义部分）》一书，该书作为"北京大学试用教材"1版1次印量为1—70000册，由傅骊元、王茂根合著。该书主要讲述列宁帝国主义理论中的主要内容，包括：帝国主义经济的五大特征、帝国主义经济发展不平衡的规律、社会主义"一国胜利论"和帝国主义的历史地位、资本主义的总危机理论以及当代帝国主义的种种矛盾，等等。从结构上看，该书分为上篇和下篇两部分。上篇：列宁的帝国主义论是马克思《资本论》的直接继续和发展；下篇：资本主义总危机理论是列宁关于帝国主义理论的重要组成部分。无论上篇还是下篇，都是在介绍和解读列宁的帝国主义思想。

1984年6月，北京师范大学出版社出版了《中学教师进修高等师范本、专科政治经济学教学大纲（供公共政治理论课试用）》一书，1版1次印量为1—50000册，定价0.25元。在《政治经济学教学大纲说明》中指出，这个大纲是根据教育部的《中学教师进修高等师范本、专科教学计划》的规定编写的。在这个共15章的《教学大纲》中，列宁的《帝国主义是资本主义的最高阶段》一书的主要内容被分在第七、八两章中。第七章标题是"帝国主义是垄断资本主义"，讲授时数4，讨论时数0，合计4。这一章的教学目的和要求是"通过教学，使学员了解帝国主义的基本经济特征和帝国主义的经济实质；认识资本主义经济发展过程中所出现的许多新现象，都是垄断资本主义矛盾加深的表现"。除此之外，第七章的思考题有两个，一个思考题是"帝国主义的基本经济特征是什么？为什么说垄断是帝国主义的经济实质？"第二个思考题是"国家垄断资本主义的实质是什么？"第八章的标题是"帝国主义是无产阶级社会革命的前夜"，讲授时数4，讨论时数2，合计6。这一章的教学目的和要求是"本章通过对帝国主义历史地位的分析，使学员正确认识和理解帝国主义的寄生腐朽性和垂死性，明确认识帝国主义是无产阶级社会革命的前夜，资本主义的灭亡和社会主义的胜利是历史发展的必然趋势"。第八章有三个课后思考题，第一个思考题是"怎样正确理解帝国主义时期生产和技术发展的停滞趋势？"第二个思考题是"怎样理解帝国主义是垂死的资本主义？"第三个思考题是"为什么说社会主义必将在全世界取得胜利？"①

1984年6月，北京师范大学出版了《中学教师进修高等专科学校政治教育专业教学大纲（试用本）》（上下），该教学大纲是根据1980年全国师范教育工作会议的精神，以及教育部颁发的中学教师进修高师专科教学计划（试行草案），由教育部师范教育司委托有关单位编写的。由于需求量极大，1987年6月1版3次印量已经达到15001—151800册，定价3.10元。在《国际共产主义运动史教学大纲（1847—

---

① 《中学教师进修高等师范本、专科政治经济学教学大纲》（供公共政治理论课试用），北京：北京师范大学出版社1984年版，第25—35页。

1956年）》的第七章"俄国社会民主工党建立 列宁主义形成"中，列宁的《帝国主义是资本主义的最高阶段》被选为课后的"学习书目"，并且在课后的"思考和讨论题"中专设一个与《帝国主义是资本主义最高阶段》有关的思考题："列宁怎样批判考茨基的'超帝国主义论'？"此外，在《政治经济学教学大纲》的第十章"帝国主义是垄断的资本主义"、第十一章"帝国主义是无产阶级社会革命的前夜"中，列宁的《帝国主义是资本主义的最高阶段》均被选为课后唯一的"学习书目"，并且两章课后的"思考题"都直接与《帝国主义是资本主义的最高阶段》有关。其中，第十章有三个课后思考题，分别是："怎样从资本主义的基本矛盾运动说明垄断的形成和发展？""怎样理解垄断是帝国主义最深厚的经济基础？""什么是国家垄断资本主义？国家垄断资本主义的实质和形式是什么？"而第十一章也有三个课后思考题，分别是："怎样正确理解帝国主义是寄生的或腐朽的资本主义？""怎样正确理解帝国主义是垂死的资本主义？""为什么说资本主义在全世界灭亡和社会主义在全世界的胜利是历史发展的必然趋势？"

1984年7月，北京师范大学出版社出版了《师范专科学校政治教育专业教学大纲（试用本）》，1版1次印量为1—10000册，定价0.36元。该教学大纲主要包括4门课程的教学大纲，其中在《国际共产主义运动史教学大纲》的第八章"第一次世界大战期间国际无产阶级的革命斗争"（8学时）的第三节"大战期间列宁反对考茨基主义的斗争"中，着重介绍的就是列宁的《帝国主义是资本主义的最高阶段》一书。因为第三节的主要内容包括两部分，第一部分是：列宁对考茨基"超帝国主义论"的批判。包括："超帝国主义论"的反动实质；对"超帝国主义论"的批判；《帝国主义论》。第二部分是：列宁关于社会主义在一国或数国首先胜利学说提出的依据及其伟大意义。在第八章中，列宁的《帝国主义是资本主义的最高阶段》被推荐为"阅读书目"。[①]

---

① 《师范专科学校政治教育专业教学大纲（试用本）》，北京：北京师范大学出版社1984年版，第48页。

1984年8月，上海人民出版社出版了陈其人著的《帝国主义理论研究》一书，1版1次印数为1—7000册，定价0.52元。该书紧紧围绕《帝国主义论》的基本观点，并结合彼时帝国主义的新发展和新状况，试图对列宁以后的帝国主义发展情况做出理论上的探索和回答。在《帝国主义论》与《俄国资本主义的发展》两部著作的关系上，陈其人认为：列宁在《俄国资本主义的发展》中已经提到了殖民地问题，"如果说，列宁在《俄国资本主义的发展》中提到的国内殖民地，是移民垦殖的殖民地，其中有的是在剿灭或赶走土著居民，也就是在肃清了的土地上建立的，因而这种殖民地不一定涉及民族问题的话，那么，他在《帝国主义是资本主义的最高阶段》中提到的国内殖民地，则是建立在奴役非俄罗斯民族的基础之上的，因为已涉及民族问题，这就是说，被压迫民族居住地区就是殖民地。"① 在《帝国主义论》与《资本论》的关系上，陈其人认为："列宁的《帝国主义是资本主义的最高阶段》，是马克思的《资本论》的续篇，无论从方法论，还是从理论上看，都是这样。"②

1984年8月，中国人民大学出版社出版了《科学社会主义史纲》一书，该书由刘佩弦主编，1版1次印量为1—34000册，定价2.40元。沈云锁和徐昕在所写的第六章"社会主义革命的新理论和十月革命的光辉验证"的第二节"马克思主义的帝国主义理论的创立和社会主义革命新理论的提出"中，对《帝国主义是资本主义的最高阶段》的出版情况、时代意义等方面进行了分析和阐述。

1984年9月，复旦大学出版社出版了《上海市高等教育自学考试公共课程考试大纲汇编》一书，该书由上海市高等教育自学考试委员会办公室编，1版1次印数为1—30000册。由于社会需求大，很快销售一空。1985年4月，一版二次印数为30001—53000册。该书一共包括10门课程的自学考试大纲，其中在《〈政治经济学〉自学考试大纲》中，

---

① 陈其人：《帝国主义理论研究》，上海：上海人民出版社1984年版，第68页。
② 同上书，第76页。

列宁的《帝国主义是资本主义的最高阶段》被列入"教材和阅读书目"之中。

1985 年 6 月,北京大学出版社出版了《〈关于帝国主义的笔记〉研究》一书,该书由傅骊元所著,1 版 1 次印量为 1—12000 册,平装定价 2.20 元,精装定价 3.40 元。陈岱孙为该书作序。此书是我国研究《关于帝国主义的笔记》中分量较重的学术专著。

1985 年,苏联科学院院士 A.M.鲁勉采夫主编的《政治经济学(上册)》(根据莫斯科政治书籍出版社 1982 年出版的《政治经济学》增订第五版译出。原书经苏联高等和中等专业教育部批准为高等经济学校和经济系教科书)由高等教育出版社出版了中文版,印数为 1—6200 册,定价 3.85 元,标有"限内部发行"字样。该书上册的第二篇"帝国主义——资本主义的最高阶段。列宁的帝国主义论是马克思的社会经济学说的继续和发展"基本上都是围绕《帝国主义是资本主义的最高阶段》而详细阐述列宁帝国主义思想的。该篇包括了许多章节,比如第十二章、十三章、十四章等等,其二级标题就可以明显地看出来。比如第十二章"生产的积聚和垄断组织。金融资本和金融寡头"共包括四节内容,分别是第一节"帝国主义生产的规律性和实质";第二节"垄断和竞争";第三节"银行资本的积聚和集中。银行垄断组织和银行的新作用";第四节"金融资本与金融寡头"。第十三章"资本输出。世界的经济分割和领土瓜分。资本主义世界经济体系"共包括四节内容,分别是第一节"资本输出";第二节"资本家同盟对世界的经济分割";第三节"帝国主义列强对世界的领土分割和争取重新分割领土的斗争";第四节"资本主义世界经济体系"。第十四章共包括六节内容,分别是第一节"帝国主义是资本主义的特殊阶段";第二节"帝国主义是垄断的资本主义";第三节"帝国主义是寄生、腐朽的资本主义";第四节"帝国主义是垂死的资本主义,是社会主义革命的前夜";第五节"资本主义经济发展和政治发展不平衡的规律";第六节"对反对列宁主义的帝国主义论的批判"。

除了上述三章及二级标题与《帝国主义是资本主义的最高阶段》的逻辑内容相似之外，其他章节的标题也直接阐明了其对《帝国主义是资本主义的最高阶段》的介绍和观点解释。

1985年，吉林大学出版社出版了由黎鸣主编的《马克思主义基本原理》一书，1版1次印数为1—8500册。这本教材将马克思主义基本原理分为马克思主义哲学部分、政治经济学部分、科学社会主义部分等几块，其中列宁的帝国主义思想被作为马克思主义基本原理写入教材。在第九章"垄断资本主义及其历史地位"一章中，列宁关于帝国主义的基本特征、寄生性和腐朽性、社会主义代替资本主义的历史必然性等，都被作为显著的论断写入教材，这从第九章的目录中就可以看出来。第九章包括三个部分：第一节是"帝国主义的基本经济特征"，包括生产集中和垄断；金融资本和金融寡头；资本输出；国际垄断同盟从经济上瓜分世界；帝国主义列强瓜分世界领土的斗争。第二节是"当代帝国主义经济特征的发展"，包括生产和资本的集中与垄断空前加剧；金融资本和国家垄断资本迅速膨胀；资本输出多元化和跨国公司畸形扩张；国家垄断资本的国际垄断同盟；帝国主义的新殖民主义。第三节是"帝国主义的历史地位"，包括帝国主义的腐朽性；帝国主义的过渡性；社会主义代替资本主义的历史必然性。

这本教材，在上个世纪80年代的吉林大学、东北师范大学、白求恩医科大学、吉林工业大学、长春地质学院、吉林财贸学院等院校的使用率较高。这本书在编写过程中，虽然是分开论述马克思主义哲学、政治经济学、科学社会主义等几个部分，但是在编写中，编者力求全面体现马克思主义严谨而完整的学说体系，既改变国内流行的哲学、政治经济学和科学社会主义三本教科书相互重复的现象，又避免拼盘式地把三个学科简单地组合在一起。①

1985年12月，高等教育出版社出版了苏联科学院院士鲁缅采夫主

---

① 黎鸣主编：《马克思主义基本原理》，长春：吉林大学出版社1985年版，第542页。

编的《政治经济学教科书（资本主义生产方式）》（上），1版1次印量为1—6200册，定价3.85元，该书是根据莫斯科政治书籍出版社1982年俄文版《政治经济学教科书》增订第五版译出，译者刘家辉、周新城等人，原书经苏联高等和中等专业教育部批准为高等经济学校和经济系教科书，该书大体上反映了当时苏联经济学界的政治经济学基本观点和研究水平。鲁缅采夫主编的这部书，也曾被其他出版社译成中文出版过，不再赘述。该著作在第二篇"帝国主义——资本主义的最高阶段·列宁的帝国主义论是马克思的社会经济学说的继续和发展"的第十二章"生产的积聚和垄断组织。金融资本和金融寡头"、第十三章"资本输出。世界的经济分割和领土瓜分。资本主义世界经济体系"、第十四章"帝国主义的历史地位"中，对列宁《帝国主义是资本主义的最高阶段》进行详尽、系统、完整的分析和概括。

1986年2月，北京出版社出版了《社会主义史》一书，该书由吴黎平所著，1版1次印量为1—6200册，定价2.45元。其中，在第四章"帝国主义时代的马克思主义"的第二节"列宁关于帝国主义的理论"中，吴黎平从帝国主义的来源和特点、帝国主义与战争、帝国主义的基本矛盾等等方面，对列宁的帝国主义理论作了介绍和阐述。该书实际上是吴黎平在20世纪30年代的新版本。

1986年3月，陕西人民出版社出版了《简明马克思主义哲学史》一书，该书由王卫国等编著，1版1次印量为1—4700册，定价2.70元。蒋申华在写作第九章"列宁在十月革命前后对马克思主义哲学的发展"的第二节"列宁运用辩证法研究帝国主义和国家问题的成果"中，对列宁是如何从辩证法的角度研究帝国主义问题进行了阐述，但阐述的内容不是很多。

1988年6月，上海人民出版社出版了《列宁思想史》一书，该书在刘佩弦和马健行的主持下，由中国人民大学马列主义发展史研究所集体编写而成，1版1次印量为1—4000册，定价7.35元。其中，马健行在该书的第七章"关于帝国主义理论的形成"中，花费了大量的笔墨阐述和深度解析了列宁的帝国主义理论。这部书有较高的学术价值，也是研究列宁思想的上乘之作。

1986年8月，中国社会科学出版社出版了《马克思以后的马克思主义》一书，该书由英国著名学者戴维·麦克莱伦所著，由余其铨、赵长林等翻译，黄楠森和汤侠生总校阅，1版1次印量为1—7000册，定价3.20元。麦克莱伦在第二篇"俄国的马克思主义"的第七章"列宁"中，他主要介绍了列宁的政党理论、阶级理论、革命理论、帝国主义理论、国家理论、民族问题、哲学思想等几个方面。在介绍列宁的帝国主义思想时，麦克莱伦重点介绍了《帝国主义论》。同年9月，东方出版社也翻译出版了该书，印量为1—4000册，定价2.35元，由林春、徐贤珍翻译。2004年，该书由李智翻译，中国人民大学出版社出版，收入"马克思主义研究译丛"中。2008年，中国人民大学出版社出了该书的第二版。

1987年7月，甘肃人民出版社出版了《简明科学社会主义史》一书，该书由肖励峰等主编，1版1次印量为1—3780册，定价2.40元。在该书第四章"进入帝国主义时代初期的科学社会主义（十九世纪末—1917年）"的第三节"帝国主义理论的创立和社会主义革命的新论断"中，对列宁的帝国主义思想进行了简要的介绍和说明。

1987年7月，黑龙江教育出版社出版了《科学社会主义思想史》一书，该书由朱光等人编著，单荣范为该书作序，1版1次印量为1—2700册，定价2.10元。其中，在第六章"第一次世界大战时期列宁对科学社会主义的新发展"的第一节"《帝国主义是资本主义的最高阶段》一书。对帝国主义的科学分析和一国胜利的理论"、第二节"对帝国主义战争的策略和民族问题的理论。马克思主义国家学说的新发展"中，对列宁帝国主义理论进行详细的介绍，对《帝国主义是资本主义的最高阶段》作了系统的分析。

1987年11月，北京大学出版社出版了《马克思主义哲学史》（上中下）三册，该书由黄楠森、施德福、宋一秀主编，被列入"高等学校文科教材"。在该书中册的第十三章"列宁对马克思主义哲学的全面发展"的第五节"列宁对国家与革命的理论的发展"的第三个专题"提出帝国主义是资本主义的最高阶段"中，对列宁的帝国主义理论进行了介绍和阐述。由于需求量大，1988年2月，进行了1版2次印刷，印量为8101—14100册，定价3.45元。

1987年12月，安徽人民出版社出版了《马克思主义哲学史教程》一书，该书由余源培等著，胡曲园为该书作了《序言》，1版1次印量为1—3000册，定价5.75元。在该书的第十章"列宁在第一次世界大战和十月革命时期，对唯物辩证法的丰富和发展"的第四节"运用唯物辩证法考察帝国主义时代的矛盾以及国家与革命问题，发展历史唯物主义"中，对《帝国主义是资本主义的最高阶段》中所包含的唯物辩证法思想进行了很好的解读，解读容量也不小。

1988年，陕西人民出版社出版了由李子猷、刘永佶、王毅武、宋宁合著的《列宁的经济学说》一书。该书1版1次印数为1—1500册。在该书中，著者将列宁的经济思想划分为三个阶段，即列宁关于资本主义经济的理论、列宁关于帝国主义的理论、列宁关于社会主义经济的理论。其中在列宁经济思想的第二阶段，著者们重点介绍了列宁的《帝国主义是资本主义的最高阶段》一书，并对列宁创作帝国主义理论的历史过程做了介绍。

1988年12月，人民出版社出版了《马列著作选读·政治经济学》一书，1版1次印量1—14300册，定价4.50元。该书共收入或节选了马克思、恩格斯、列宁、斯大林的有关著作19篇，其中列宁著作有5篇，占收入著作数量的26.3%。该书目录上分为三大部分，分别是：总论、资本主义部分、社会主义部分，其中列宁的《帝国主义是资本主义的最高阶段》被节选入"资本主义部分"。该书正文之前，附有邓小平1985年9月23日在《在中国共产党全国代表会议上的讲话——关于干部的新老交替和理论学习》。在"后记"中，《马列著作选读·政治经济学》编辑组指出："一九八五年九月，邓小平同志在党的全国代表会议上的讲话中,对新、老干部提出了要努力针对新的实际,学习和掌握马克思主义理论的要求,并希望党中央能作出切实可行的决定。为了贯彻落实这个指示精神,从一九八五年十一月开始,在有关中央负责同志的主持下,由中央宣传部理论局具体组织,多次邀请在京有关的学者、专家,分学科地研究编选学习马克思中央理论的书目问题。经多次讨论、编选和修订,并两次排印'征求意见本',广泛征求各方面意见,最后形成了一套《马列著作选读》。本书是其中的科学社会主义部分。"① 所以,这套《马列著作选读》应该说是具有官方背景,具有一定的权威性和指导性。与此同时,为了配合《马列著作选读·政治经济学》一书的学习,提高群众对马列著作的认识,中共中央党校出版社1988年11月出版了配套的解读书《马列著作选读(政治经济学)讲解》,由中共中央党校本书编写组编写,其篇目设置与《马列著作选读·政治经济学》完全相同,1版1次印量为16000册,定价2.90元。问题是,为什么这个配套的解读书却比母本书提前一个月出版呢?这个问题,笔者尚未搞清楚。

1989年1月,陕西师范大学出版社出版了《马克思主义哲学史——从诞生到当代》一书,该书由祝大征、马润青主编,1版1次印量为1—4000册,定价3.50元。在该书的第七章"列宁对马克思主义认识论与辩证法的重大发展"的第三节"对帝国主义与社会主义革命辩证法的研究"中,对列宁如何从唯物辩证法的角度研究帝国主义问题的情况进行了阐述和介绍。

1989年3月,东方出版社出版了中文版《列宁主义》一书,该书由季诺维也夫所著,1版1次印量为1—2200册,定价5.40元。该书是根据苏联列宁格勒国家出版社1926年的俄文版译出,译者是郑异凡和郑桥。

1989年8月,中国人民大学出版社出版了《马克思主义发展史》

---

① 《马列著作选读·科学社会主义》,北京:人民出版社1988年版,第504页。

一书，该书由郭继严、辛仲勤、谢淀波主编，1 版 1 次印量为 1—11000 册，定价 4.80 元。在该书的第二篇"马克思主义在资本主义向垄断阶段过渡时期的发展"的第八章"列宁在两个世纪之交对马克思主义的发展"中，重点介绍了列宁的帝国主义理论和帝国主义思想。

1990 年 5 月，延边人民出版社出版了《马克思主义哲学史新编》一书，该书由王建铨、卢宏、刘长兴编著，1 版 1 次印量为 1—7000 册，定价 3.80 元。在该书第八章"第一次世界大战和十月革命中列宁对马克思主义哲学的丰富和发展"的第三节"分析帝国主义时代的矛盾，丰富、发展唯物史观的国家与革命学说"中，从唯物辩证法的角度解读了列宁是如何创立帝国主义理论的，但解读的容量不是很多。

1990 年 9 月，中共中央党校出版社出版了《马克思主义哲学史新编》一书，该书由李恒瑞等编著，1 版 1 次印量为 1—5500 册，定价 7.50 元。编者在"编者说明"中指出："本书是我国党校系统编撰马克思主义哲学史著作的首次尝试"。其中，任启文在写作第九章"在俄国十月革命的过程中对列宁唯物辩证法学说的全面探讨"的第四节"运用辩证法分析帝国主义的矛盾，制定无产阶级革命直接实践的策略"中，对如何运用唯物辩证法批判错误的帝国主义理论，构建科学的帝国主义理论等问题，进行了不少的阐述。

1990 年 12 月，人民出版社出版了《列宁全集》第 54 卷，该卷是列宁的《关于帝国主义的笔记》的笔记专卷，这是人民出版社出版的《关于帝国主义的笔记》第 2 版，该版 1 版 1 次印量为 1—13700 册，定价 13.65 元。

1991 年 5 月，人民出版社出版了《马列著作青年读本》一书，该书由中共中央宣传部教育局、国家教委思想政治工作司、共青团中央学校工作部联合编写，1 版 1 次印量为 1—100000 册，定价 4.40 元。该书在编写过程中，得到了邓力群的大力支持，并征求了卢之超、逄先知、石仲泉、靳辉明、林基洲、江流、吴树青、梁柱、赵光武、罗国杰等人的意见。《马列著作青年读本》共收入马克思、恩格斯、列宁的文章

(包括节选、专题摘编)31篇,其中列宁18篇,占58%。在《马列著作青年读本》中,《帝国主义是资本主义的最高阶段》的部分内容被收入进去,包括:七 帝国主义是资本主义的特殊阶段;八 资本主义的寄生性和腐朽;十 帝国主义的历史地位。同时,为了更好地帮助读者理解马列经典原著,同步推出了《马克思主义著作青年读本导读》一书,其解读内容除了《马列著作青年读本》中的文章之外,还包括《毛泽东邓小平著作青年读本》中的文章。

1991年10月,东南大学出版社出版了王学栋主编的《简明马克思主义发展史》一书,1版1次印量为1—4500册,定价4.70元。在该书的第五章"十月革命前后列宁对马克思主义的重大发展"的第一节"十月革命前列宁对马克思主义的新贡献"中,对列宁帝国主义理论进行了简要、概括性的介绍。

1991年12月,内蒙古大学出版社出版了《马克思主义哲学史》一书,该书由图拉古尔主编,1版1次印量为1—5000册,定价5.40元。其中,侯廷智在撰写第八章"列宁在反对帝国主义战争和十月革命过程中丰富和发展了唯物辩证法"的第三节"在分析帝国主义时代的矛盾时对唯物辩证法的具体运用"中,对列宁的帝国主义思想进行了哲学上的解读和剖析。

1992年1月,武汉大学出版社出版了《马克思主义哲学史纲》一书,该书由孟宪鸿主编,1版1次印量为1—1000册,定价5.45元。在该书的第十七章"列宁在第一次世界大战和十月革命准备时期对唯物史观的发展"的第一节"揭示帝国主义的矛盾及其发展规律,提出社会主义首先在一国胜利的理论"中,对列宁的帝国主义理论进行了哲理上的解读,但解读极其之少,以至于仅仅占了2页纸的容量。

1992年7月,高等教育出版社出版了《马克思主义发展史》一书,该书由鲁开荣主编,奚广庆为顾问,1版1次印量为1—2657册,定价5.25元。在该书第五章"马克思主义发展的新阶段——列宁主义的诞生"的第六节"帝国主义理论的创立,社会主义革命的新论断"中,对列宁的帝国主义理论和帝国主义思想进行了介绍和解读，但容量不大。

1992年7月，河南人民出版社出版了苏联著名哲学家罗森塔尔的《列宁帝国主义理论中的辩证法》一书，周秀凤、赵国顺、董荣卿、孔熙忠、刘淑春、李俊聪翻译，张启荣校，1版1次印量为1—2000册，定价7.60元。

1993年2月，中国社会科学出版社出版了《帝国主义理论形成史》，该书由马健行所著，357页，按照19开本规格设计，1版1次印量为1—3000册，定价5.70元。书中对霍布森、卢森堡、希法亭、考茨基、拉法格、布哈林、列宁等人帝国主义问题的认识和理论研究，探讨了帝国主义理论的形成。在"前言"中，马健行指出，这本书开始写于1984年，本想为纪念《帝国主义论》出版70周年，但因事耽误，直至1993年才出版。

1993年5月，中共中央党校出版社出版了《社会主义思想史》一书，该书由章显培、王惠群、肖贵毓主编，1版1次印量为1—3000册，定价5.40元。其中，王红在撰写的第七讲"列宁的《帝国主义论》与当代资本主义"中，从列宁关于帝国主义理论的创立、《帝国主义论》的现实意义等方面对列宁的帝国主义思想进行了比较完整的介绍。

1996年12月，北京出版社出版了《马克思主义哲学史（修订版）》的第四卷，该书是1994年11月第一版的新版本，即第二版，2版1次印量为1—3000册，精装定价30.00元。本卷主编黄楠森、商英伟，该卷是专门阐述"马克思主义哲学在俄国的传播和发展"的，该书被收入"中国文库·哲学社会科学类"丛书。苏振富在写作该书第六章"列宁对马克思主义哲学的运用和深入发展"的第一节"关于'帝国主义'的理论和研究方法上的斗争"、第二节"运用唯物辩证法揭示帝国主义的本质特征及其发展规律"、第三节"批判社会沙文主义的诡辩论，阐发战争与革命的辩证法"中，都对列宁的帝国主义理论进行了系统的、比较完整的阐述与分析，是研究列宁帝国主义理论中哲学思想的上乘之作。

2001年，人民出版社出版了《帝国主义是资本主义的最高阶段》第三版单行本，由中央编译局译，138页，按照20开本规格设计，收入"马克思列宁主义文库"。

2002年2月，人民出版社出版了《马克思列宁主义基本问题》一书，该书收入"全国干部学习读本"系列丛书，时任中国共产党中央总书记的江泽民同志为该书作序，该书由赵曜、王伟光、鲁从明、蔡长水主编，1版1次印量为1—50000册，定价19.50元。在该书第五章，即"列宁关于帝国主义和无产阶级革命的理论"中，着重介绍了《帝国主义是资本主义的最高阶段》一书的内容以及意义。

2002年11月，中共中央党校出版社出版了《马克思主义发展史纲》，该书由王怀超主编，1版1次印量为1—5000册，定价16.50元。在该书的第五章"列宁主义对马克思主义的新发展"的第二节"关于帝国主义理论"中，对列宁的帝国主义理论进行了概括性、简要性的介绍。

2002年10月，中共中央党校出版社出版了《〈马克思列宁主义基本问题〉学习与考评》一书，该书被收入"新编干部理论学习，竞争上岗考评系列"丛书。该书1版1次印量为1—6000册，定价23.00元。该书第五章"列宁关于帝国主义和无产阶级革命的理论"中，《帝国主义是资本主义的最高阶段》一书的写作背景以及主要内容被作为重点来介绍。

2004年，《中华魂》杂志自当年第10期起，开辟"认真读点马列原著"专栏，至2006年第5期已先后刊出20讲，并结集出版。"认真读点马列原著"讲座的开办，是出自读者的建议。读者来信说：贵刊在纪念毛泽东诞辰110周年的时候，曾经重温他老人家一再提出的关于读几本马列原著的号召，你们能否更具体一点，向大家介绍若干必读的书籍？我们认为，这个建议甚好，很及时，很必要，就照办了。在这20讲中，第十五讲就是讲授列宁《帝国主义论》的，由吴健主讲，题目是:"《帝国主义论》:列宁发展了马克思关于资本主义的基本理论"。其余19讲分别是:第一讲 为什么要认真读点马列原著?(马鋆伯主讲);第二讲《共产党宣言》:指引我们胜利前进的灯塔(荀春荣主讲);第三讲《雇佣劳动与资本》:揭示了资本家剥削工人的秘密(李光远主讲);第四讲《〈政治经济学批判〉序言》:唯物史观精义(马鋆伯主讲);第五讲《法兰西内战》:无产阶级专政的理论基石(田改伟主讲);第六讲《资本论》:一座宏伟的科学理论大厦(郑宗汉主讲);第七讲《哥达纲领批判》:走向未来社会的科学构想(钟哲明主讲);第八讲《社会主义从空想到科学的发展》:科学社会主义的入门(吴雄丞主讲);第九讲《家庭、私有制和国家的起源》:革命性和科学性完美结合的典范(荀春荣主讲);第十讲《费尔巴哈论》:系统阐述马克思主义哲学的经典著作(田改伟主讲);第十一讲《怎么办?》:建立新型无产阶级政党的思想基础(吴雄丞主讲);第十二讲《党的组织和党的出版物》:坚持文学的无产阶级党性原则(荀春荣主讲);第十三讲《马克思学说的历史命运》:历史的总结和科学的预言(梁柱主讲);第十四讲《谈谈辩证法问题》:列宁探索发展唯物辩证法的理论结晶(吴雄丞主讲);第十六讲《国家与革命》:对马克思主义国家学说的系统阐发(吴雄丞主讲);第十七讲《无产阶级革命和叛徒考茨基》:无产阶级专政的真谛(田改伟主讲);第十八讲《"左派"幼稚病》:革命战略和策略的指南(马鋆伯主讲);第十九讲《论战斗唯物主义的意义》:加强意识形态领域工作的庄严号召(马鋆伯主讲);第二十讲《论我国革命》:对庸俗生产力论的总清算(钟哲明主讲)。后来,《中华魂》杂志社将这20讲汇编成册,由中央文献出版社在2006年出版。

2006年9月,湖北人民出版社出版了《马克思主义发展史》一书,该书由顾海良、梅荣政主编,定价28.00元,发行量不清楚。在该书的第六章"列宁对马克思主义的新发展"中,设定了四节内容,分别是:开创马克思主义哲学的新境界;帝国主义理论的创立;对经济落后国家无产阶级革命道路的探索;新经济政策的主要内容及实施途径。所以,该书对列宁的帝国主义理论作了很多的论述。同时，该书作为"教育部马克思主义理论与思想政治教育重点学科、教育部'高校思想政治教育课程建设研究'重点攻关项目创新教材"在全国发行。

2007年3月，吉林大学出版社出版了《马克思主义发展史》一书，该书由韩喜平、庞雅丽主编。定价22.00元，发行量不详。在该书的第四章"列宁斯大林对马克思主义的继承和发展"中的第二节"帝国主义论"中，对列宁帝国主义论的提出，以及"帝国主义论"的实质等问题进行了阐述。

2008年，社会科学文献出版社出版了《帝国主义历史的终结——当代帝国主义的形成和发展趋势》一书，著者王金存，共381页，按照24开本规格设计，该书是"国家社科基金特别委托项目"，收入"世界社会主义研究丛书·研究系列"。该书以列宁的《帝国主义是资本主义的最高阶段》为引子，对列宁的帝国主义论进行较为详细的分析，并对当代帝国主义的定义、形成和发展趋势做了比较系统的分析和整理。

2009年4月，中国人民大学出版社出版了顾海良主编的《马克思主义发展史》一书，在该书的第五章"马克思主义的新发展与帝国主义理论的创立"中，讲述了列宁的帝国主义理论和帝国主义思想，这一章的撰稿人是吴家华、张雷声、江德兴。

2009年12月，人民出版社出版了《马克思主义哲学史教程》（上下）两卷，由何萍所著，1版1次印量为1—3500册，定价110.00（上下）。在上卷中，第三篇"苏联马克思主义哲学"的第二章"列宁：世界革命与唯物辩证法"的第四节"资本主义理论"中，重点讲述了两个问题，分别是：对俄国资本主义发展的探讨；帝国主义理论。但从实际写作容量看，该书对列宁的帝国主义理论介绍不是很多。

2010年9月，北京师范大学出版社出版了《当代马克思主义哲学史》一书，该书由刘怀玉、张传平主编。在该书第二章"第一次世界大战期间列宁对唯物辩证法的深入系统研究"的第二节"列宁运用唯物辩证法深刻揭示帝国主义的本质"中，从哲学视角将列宁的帝国主义理论进行了比较系统的介绍和解读。

2011年，知识产权出版社出版了《马克思主义发展史上的论争》一书，该书由孙继红所著。在该书的第三章"列宁：机会主义者要负玷污社会主义的责任"中，对列宁的帝国主义理论以及围绕"帝国主义"问题，列宁与考茨基等人的争论情况做了详细的说明和介绍。

2012年1月，中国民主法制出版社出版了《〈帝国主义是资本主义的最高阶段〉导读》一书，该书由赵甲明、王代月合著，16开本规格设计，发行量不明。该书收入由艾四林主编的"马克思主义经典著作导读丛书"。这个导读性的读物，对《帝国主义是资本主义的最高阶段》的写作背景、成书过程、主要内容和时代意义等，都做了一定程度的概括性介绍。

2012年5月，高等教育出版社、人民出版社联合出版了《马克思主义哲学史》一书，该书由《马克思主义哲学史》编写组编写，是中央"马克思主义理论研究和研究工程"重点教材，由于需求量大，在同年8月，进行了1版2次印刷。在该书第七章"列宁的哲学思想及其对马克思主义哲学的新发展"的第四节"《帝国主义是资本主义的最高阶段》《国家与革命》对历史唯物主义基本原理的阐发与拓展"中，对《帝国主义是资本主义的最高阶段》中的历史唯物主义思想进行了比较系统的介绍与分析。

2013年8月，高等教育出版社出版了《马克思主义发展史》一书，该书由《马克思主义发展史》编写组集体编写而成，首席专家邢贲思、梅荣政、张雷声、艾四林，该书是"马克思主义理论研究和建设工程"重点教材。在该书的第四章"马克思主义发展的列宁主义阶段"中的第二节"列宁帝国主义理论的创立"中，对列宁的《帝国主义是资本主义的最高阶段》做了很详细地解读。

2013年9月，中国社会科学出版社出版了《列宁帝国主义理论及其当代价值研究》，作者田文峰，158页，著作权页没有标明发行量。该书被收入刘从德主编的"马克思主义发展史·列宁专题思想研究丛书",同时该书的出版得到了华中师范大学"211"工程三期重点学科建设项目支持,也是国家社会科学基金项目"列宁的和平共处思想及其当代价值"的相关研究成果。不过,从内容上看,该书实际上与田文峰的博士论文《列宁帝国主义理论及其当代价值研究》(导师刘从德)差别不大,将该书说成是其博士论文的翻版并不为过。

2015年,人民出版社出版了《帝国主义是资本主义的最高阶段》单行本,被收入"马列主义经典作家文库"第一批书目中。这是迄今为止,笔者发现的最新的单行本著作。中央编译局编译的"马列主义经典作家文库"单行本和选编本第一批7种著作,由人民出版社在2015年相继出版。这些著作包括《共产党宣言》、《1844年经济学哲学手稿》、《社会主义从空想到科学的发展》、《1848年至1850年的法兰西阶级斗争》、《路德维希·费尔巴哈和德国古典哲学的终结》、《帝国主义是资本主义的最高阶段》等6种单行本和《列宁论新经济政策》1种选编本。

除了以上所提到的书籍之外,自改革开放以来,我国学者对《帝国主义是资本主义的最高阶段》的关注,已经从先前的注重翻译逐渐转向了以研究为主。由于所涉及书目太多,在此不再一一赘述。

可以看出,改革开放以来,《帝国主义是资本主义的最高阶段》在我国的传播情况,基本上是借助一些冠名为"马克思哲学史"、"科学社会主义史"、"马克思主义发展史"或相近书名的书籍来传播,并且基本是以解读和剖析为主。

但与此同时,笔者发现一个不好的学术现象,就是在我国部分学者所著的绝大部分冠名为"政治经济学史"、"马克思主义政治经济学"、"政治经济学教程"或相近书名的书籍中,虽然提及垄断资本主主义、资本输出、瓜分领土等,却很少或几乎没有提到《帝国主义是资本主义的最高阶段》或者提到列宁的帝国主义思想,即便有些提到也是含含糊糊或者隐约式地提及列宁。这种现象,在一些高校所使用部分教材里,最为突出。

笔者认为，这样做会造成两种后果：一是部分作者利用剽窃的列宁帝国主义思想，扩大了自己的学术影响，或者获得了某项国家或其他机构的资助，进而获得了经济利益，可以说名利双收；二是这种行为不利于列宁著作和列宁思想的传播，更不利于扩大马克思主义的影响。在这一点上，我国学者应该实事求是地向苏联的一些专家学习，同样是撰写关于马克思主义帝国主义理论的书籍，人家在书中解读帝国主义部分的时候，凡是用到了列宁的帝国主义理论，都明白无误地标明出来，甚至在目录标题中就十分明显地标示出来，而我国学者却羞羞答答，犹抱琵琶。如果长此以往，随着时间的推移，后来的一些年轻学生在阅读这一部分的时候，如果对列宁的帝国主义思想不甚了解，甚至会认为这部分内容根本不是列宁的思想而是著者自己的理论创新呢！这样一来，非常不利于马克思主义大众化的推广。

需要特别指出的是，新中国成立后，我国一些政治学、马克思主义理论等学科专业的硕士、博士开始将列宁《帝国主义是资本主义的最高阶段》作为研究对象，并将《帝国主义是资本主义的最高阶段》作为论文题目主题词，虽然数量不是很多，但仍然值得单独列出来。

1. 《列宁帝国主义理论的当代视域》，作者：贾凌昌，硕士，安徽大学2004年通过学位论文答辩，导师：徐俊达。

2. 《关于列宁帝国主义论的研究》，作者：赵毅，博士，北京大学2005年通过学位论文答辩，导师：张世鹏。

3. 《列宁帝国主义理论新探》，作者：孙玉健，博士，武汉大学2006年通过学位论文答辩，导师：何萍。

4. 《列宁帝国主义论的再理解》，作者：刘维春，博士，南京大学2009年通过学位论文答辩，导师：刘怀玉。

5. 《列宁的帝国主义论及其当代意义》，作者：陈睿哲，硕士，黑龙江大学2010年通过学位论文答辩，导师：隽鸿飞。

6. 《国外帝国主义论研究》，作者：温丽娟，博士，吉林大学2011年通过学位论文答辩，导师：贾中海。

7.《列宁〈帝国主义论〉中金融资本思想研究》,作者:陈芸,硕士,内蒙古师范大学 2012 年通过学位答辩,导师:贺瑞。

8.《列宁帝国主义理论及其当代价值研究》,作者:田文峰,博士,华中师范大学 2012 年通过学位论文答辩,导师:刘从德。①

四 借助"辞典"来传播

在 20 世纪,我国翻译、出版了一些"哲学词典"、"辞典"等工具书,里面将列宁的一些经典著作作为"词条"收录进去。特别是到了 20 世纪 80 年代末和 90 年代初,根据时任中共中央政治局常委、中央书记处书记李瑞环同志关于"要编纂一些好的哲学工具书,便于大家学习查阅"的指示,一些出版社根据自己的实际情况,出版了不同种类的"辞典"。在这些"辞典"里,列宁的一些经典著作包括《帝国主义是资本主义的最高阶段》被作为"词条"收录进去。

1955 年 7 月,人民出版社出版中文版《简明哲学辞典》一书,该辞典由苏联学者罗森塔尔、尤金主编,翻译者为中央编译局,该书 1 版 1 次印量为 1—100000 册,精装定价 2.70 元。该书翻译母本为苏联 1954 年的俄文第四版,该版比第三版更新许多,并反映了苏联共产党第十九次代表大会的基本精神。在该辞典里,列宁的《帝国主义是资本主义的最高阶段》作为词条收入。由于该书需求量极大,到 1958 年 6 月,人民出版社出版了中文第二版。到 1962 年 6 月的时候,该书中文版进行了第 9 次印刷,这时的印量达到了 510001—560080 册,精装定

---

① 根据中国知网和万方学位论文库,在搜索项中仅仅包括在题名中包含列宁"帝国主义论"或"帝国主义理论"字样的硕士和博士学位论文,且搜索时间截止到 2014 年 7 月 24 日。需要指出的是,由于各种原因,可能有些关涉《帝国主义是资本主义的最高阶段》的研究生学位论文,没有上传至网络。比如,笔者的硕士学位论文《论卢森堡的马克思主义观》,虽然获得了中国人民大学优秀硕士学位论文奖,但并没有上传至中国知网。所以,笔者以自身情况推测,或许还有部分涉及《帝国主义是资本主义的最高阶段》的研究生学位论文,上述统计也可能会遗漏部分学位论文。

价为 2.60 元。1973 年 6 月，北京生活·读书·新知三联书店根据人民出版社第二版第 9 次印刷本重印了该译本，在著作权页表明"内部发行"字样，平装定价 1.75 元。

1961 年 11 月，中华书局辞海编辑所修订、出版了《辞海试行本·哲学》（第 2 分册），1 版 1 次印量为 1—19200 册，定价：（十）1.30 元。在这部辞典里，列宁的《帝国主义是资本主义的最高阶段》、《帝国主义论》、《关于帝国主义的笔记》都被作为"词条"收入进去。

1983 年 2 月，吉林人民出版社出版了《哲学词典》一书，该书由刘延勃、张弓长、马乾乐、张念丰主编，1 版 1 次印数为 1—187030 册。在这部词典里，列宁的《帝国主义是资本主义的最高阶段》被作为"词条"收入进去。由于需求量大，1985 年 5 月，吉林人民出版社进行了 1 版 2 次的印刷，印量为 187031—512110 册。

1987 年 8 月，冶金工业出版社出版了由张念宏主编的《政治理论学习辞典》一书，该书 1 版 1 次印量为 1—21800 册，精装定价 4.65 元。在这部辞典里，列宁的《帝国主义是资本主义的最高阶段》被作为"词条"收入进去。

1987 年 10 月，中国大百科全书出版社出版了《中国大百科全书》（哲学·I）一书，在这部书里，列宁的《帝国主义是资本主义的最高阶段》被作为"词条"收入进去。

1988 年 5 月，河南人民出版社出版了由高放主编的《社会主义大辞典》，时任全国政协副主席的陆定一为该书题写书名，该书 1 版 1 次印量为 1—11500 册，精装定价 17.00 元。在这部辞典里，列宁的《帝国主义是资本主义的最高阶段》被作为"词条"收入进去。

1988 年 11 月，东方出版社出版了约·维尔钦斯基主编的《马克思主义、社会主义和共产主义词典》一书，该书由裘因、龚亚铎、物毓撰、邹用九翻译，1 版 1 次印量为 1—14500 册，精装定价 12.00 元。在该词典里，列宁的《帝国主义是资本主义的最高阶段》被作为"词条"收入进去。

1988年12月，中国人民大学出版社出版了《马克思主义与当代辞典》一书，该书由刘佩弦主编，1版1次印量为1—10000册，定价16.50元。在该词典里，列宁的《帝国主义是资本主义的最高阶段》被作为"词条"收入进去。

1989年3月，南京大学出版社出版了由张传凯、宗楼主编的《大学政治理论课词典》一书，1版1次印量为1—6000册，精装定价8.50元。在该词典里，列宁的《帝国主义是资本主义的最高阶段》被作为"词条"收入进去。

1990年12月，上海人民出版社出版了《干部哲学辞典》一书，该书由陈先达主编，1版1次印量为1—5000册，精装本定价11.30元。在这部辞典里，列宁的《帝国主义是资本主义的最高阶段》被作为"词条"收入进去。

1991年1月，哈尔滨出版社出版了《新编哲学大辞典》一书，该书由孙云、孙镁耀主编，1版1次印数为1—5000册，定价26.00元。在这部辞典里，列宁的《帝国主义是资本主义的最高阶段》被作为"词条"收入进去。

1992年6月，北京出版社出版了《马克思主义哲学史辞典》一书，该书主编为庄福龄、徐琳，1版1次印量为1—2500册，定价19.00元。在这部辞典里，列宁的《帝国主义是资本主义的最高阶段》被作为"词条"收入进去。

1992年7月，高等教育出版社出版了《干部哲学辞典》一书，该书由丁一、崔智友、筱文主编，1版1次印量为1—4107册，单册定价6.15元。在这部辞典里，列宁的《帝国主义是资本主义的最高阶段》被作为"词条"收入进去。

1993年3月，人民日报出版社出版了由廖盖隆等主编的《马克思主义百科要览》一书，该书分为上、下两册，两册精装定价380.00元，1版1次印量为1—3000册。在这个百科要览中，列宁的《帝国主义是资本主义的最高阶段》被作为"词条"收入进去。

1993年5月，中国和平出版社出版了由卢之超主编的《马克思主义大辞典》一书，该书1版1次印量为1—5500册，精装定价48.00元。在这部辞典里，列宁的《帝国主义是资本主义的最高阶段》被作为"词条"收入进去。

需要说明的是，同样都是将《帝国主义是资本主义的最高阶段》作为词条收录的"辞典"或"词典"，但在具体介绍《帝国主义是资本主义的最高阶段》的基本情况时，其介绍的侧重点是不一样的，即便涉及同一问题，也会出现介绍有别的情况。

第二部分 研究状况

第五章 国内研究状况

中国人对列宁《帝国主义是资本主义的最高阶段》的认识，经历了一个从翻译出版到研究提高的过程。在这个过程中，国内学者主要是围绕以下几个问题来研究的。

一 国内研究现状

（一）《帝国主义是资本主义的最高阶段》与方法论

在这个问题上，我国呈现了两种极端的做法。一是根本不提《帝国主义是资本主义的最高阶段》与方法论的关系，也不阐述《帝国主义是资本主义的最高阶段》中丰富的辩证法思想。二是只要提到《帝国主义是资本主义的最高阶段》与方法论的关系，观点大致是统一的，即认为《帝国主义是资本主义的最高阶段》具有丰富的辩证法思想。但是，在具体阐述的时候，研究者的论述各有侧重。

毛泽东曾经认为，没有哲学头脑的作家要写出好的经济学来是不可能的。他认为，苏联《政治经济学教科书》的最大缺点，就是缺少辩证法。与此相反，毛泽东却充分肯定了《帝国主义是资本主义的最高阶段》中的辩证法思想，他指出："马克思能够写出《资本论》，列宁能够写出《帝国主义论》，因为他们同时是哲学家，有哲学家的头脑，有辩证法这个武器"。①

高俊逸认为:"如同马克思在《资本论》中所用的方法一样,列宁在《帝国主义论》中所用的方法,也是辩证唯物主义和历史唯物主义的方法。"② 高俊逸具体列举了列宁所使用的方法:科学分析法,经济分析法,阶级分析法,矛盾分析法。

也有学者指出,《帝国主义是资本主义的最高阶段》一书通篇贯穿着辩证唯物主义历史唯物主义的分析方法,主要体现在以下几个方面:占有大量材料,进行科学分析;经济基础与上层建筑辩证统一的方法;矛盾分析和阶级分析的方法。③

陈国新认为:"《帝国主义论》自1916年写成,迄今已七十一周年。半个多世纪以来,帝国主义的经济和政治又有了新的变化和发展。但是,《帝国主义论》的基本原理,特别是列宁研究帝国主义理论的唯物辩证法的逻辑方法,仍然具有普遍真理的意义,成为我们研究和概括帝国主义新变化的指南。"④

(二)《帝国主义是资本主义的最高阶段》与《资本论》的关系

1. 认为《帝国主义是资本主义的最高阶段》是《资本论》的直接继续和发展

中文第二版《列宁全集》第27卷的题注中,明确指出了《帝国主义论》是马克思《资本论》的直接继续和进一步发展。这一论断,基本上代表了主流学界对《帝国主义是资本主义的最高阶段》与《资本

---

① 《毛泽东文集》第8卷,北京:人民出版社1999年版,第140页。
② 高俊逸:《〈帝国主义是资本主义的最高阶段〉的分析方法》,载《学习与探索》1981年第4期,第85页。
③ 参见南开大学政治经济系编:《〈帝国主义是资本主义的最高阶段〉浅说和注释》,北京:商务印书馆1975年版,第7—8页。
④ 陈国新:《〈帝国主义论〉分析和综合相结合的方法探析》,载《西南民族学院学报(哲学社会科学版)》1987年第2期,第121页。

论》两者之间关系的态度。

陈国新认为:"列宁的《关于帝国主义的笔记》与《哲学笔记》几乎是同时写成的。《帝国主义是资本主义的最高阶段》(简称《帝国主义论》)这一划时代党的著作,则是这两本'笔记'的结晶。无论是从政治经济学的意义上,还是从辩证法和逻辑的意义上,都可以说,《帝国主义论》就是马克思《资本论》的直接继续。"①

苏振富认为:"列宁在研究和写作《帝国主义论》及其准备材料《关于帝国主义的笔记》中,充分应用了《资本论》的逻辑来揭示当代资本帝国主义的本质特征及其发展规律,从而形成了《帝国主义论》的逻辑。"②

傅骊元、王茂根认为:"列宁于1917年发表的《帝国主义是资本主义的最高阶段》一书,标志着马克思主义关于帝国主义理论的形成,它在马克思主义思想史上划了一个时代,是对马克思主义政治经济学的继承和发展,是对马克思主义的伟大贡献。列宁在这部专门论述帝国主义问题的经典著作中,继承和发展了马克思在《资本论》中所阐明的基本原理,科学地分析了帝国主义时代的资本主义经济关系。"③

赵甲明和王代月认为:"列宁继承和发展了《资本论》中有关生产集中与垄断的关系、股份公司、资本输出、银行资本以及帝国主义的相互关系等理论。在《资本论》写作的时代,垄断资本主义仅仅是一种发展趋势,马克思敏锐地把握到这种趋势,对生产集中必然导致垄断、股份公司等问题进行了论述,然而这些论述并不系统。列宁在继承马克思相关理论的基础上,结合他所处时代资本主义发展的最新形势和大量

---

① 陈国新:《〈帝国主义论〉分析和综合相结合的方法探析》,载《西南民族学院学报(哲学社会科学版)》1987年第2期,第121页。
② 苏振富:《〈帝国主义论〉的逻辑与〈资本论〉的逻辑的比较研究》,载《厦门大学学报(哲学社会科学版)》1987年第2期,第99页。
③ 傅骊元、王茂根:《政治经济学(帝国主义部分)》,北京:北京大学出版社1984年版,"前言",第4页。

最新的研究材料，对上述问题进行了深入系统的探讨。"①

刘长军认为，俄国落后经济形势与帝国主义快速发展的矛盾，是列宁中期遇到的主要经济矛盾。到 19 世纪末 20 世纪初的时候，资本主义已经从自由竞争资本主义完全过渡到垄断的帝国主义阶段。整个世界的地理版图，几乎全被帝国主义侵占，因发展不平衡而引发的帝国主义第一次世界大战，席卷了整个欧洲，波及了整个世界。帝国主义的命运如何？它有哪些特征？资本主义与帝国主义的关系如何？这些问题，引起了马克思主义阵营内部不同派别的争论。许多理论家，如卢森堡、希法亭、伯恩斯坦、考茨基等人都从不同角度深入探究资本积累、帝国主义等问题。因此，"帝国主义的命运"就成为当时理论界亟需回答的社会现象。列宁根据《资本论》中关于资本集中、资本集聚、股份制、现代殖民地、辛迪加等基本观点的论述，撰写了《帝国主义是资本主义的最高阶段》一书。该书详细考察了帝国主义的本质特征以及无产阶级社会主义革命的可能性问题，它集中体现了列宁对资本的国际市场情况的分析研究，并成为这一时期列宁运用《资本论》进行理论创新的核心内容和典型代表。②

2. 认为《帝国主义是资本主义的最高阶段》在理论和方法两个方面都继承和发展了《资本论》

李达昌认为："列宁的《帝国主义论》是对垄断资本主义经济进行马克思主义分析的奠基作。它不但在理论内容上直接继续了马克思《资本论》的分析，对 19 世纪末、20 世纪初这个新阶段的资本主义进行了深入的考察，揭示了帝国主义的经济实质及其必将为社会主义生产方式所替代的历史地位；而且还直接继承了《资本论》的科学方法，从历史唯物主义的立场出发，通过由现象到本质的研究和由本质到现象的叙

---

① 赵甲明、王代月：《〈帝国主义是资本主义的最高阶段〉导读》，北京：中国民主法制出版社 2012 年版，第 98 页。

② 刘长军：《列宁经济思想的逻辑勘定——兼论列宁对〈资本论〉中经济思想的实践运用》，载《南京政治学院学报》2014 年第 2 期。

述，形成了分析帝国主义经济问题的完整的方法论体系。"① 李达昌认为，今天进一步学习《帝国主义论》的方法论，对于研究当代帝国主义经济中的新问题，对于建立马克思主义世界经济学更有直接的指导意义。

刘永佶认为，"马克思的系统抽象法在《俄国资本主义的发展》一书中得到了具体的运用，这是《资本论》的逻辑从抽象到具体过程的继续，也是它的丰富和充实。"同样，"列宁对帝国主义的研究，是以《资本论》第一卷第七篇中关于资本积累的历史趋势为前导的，他展开并进一步丰富、充实了马克思的资本集中和垄断概念，由此来规定帝国主义经济的本质和基本特征。……在对各具体现象材料的抽象中，他完善了资本垄断这个概念，并以此为核心，来建筑他的《帝国主义是资本主义的最高阶段》一书的体系。这个体系，是以从抽象到具体的概念运动为主体的。"②

值得关注的是，随着 2008 年西方经济危机的爆发，中国学者对《资本论》和《帝国主义是资本主义的最高阶段》的关注达到了一个新的高度。其中，以中国社会科学院先后两次举办学术研究会为代表，学者们从《资本论》、《帝国主义是资本主义的最高阶段》视角深刻揭示西方经济危机的成因及其实质，提出我国的应对措施。与会者认为：危机当前重读《资本论》、《帝国主义是资本主义的最高阶段》具有重大现实意义；要运用《资本论》、《帝国主义是资本主义的最高阶段》的立场、观点和方法，全面揭示西方经济危机产生和发展的必然性和内在逻辑。③

---

① 李达昌：《列宁〈帝国主义论〉的方法论初探》，载《四川大学学报（哲学社会科学版）》1982 年第 1 期，第 44 页。
② 刘永佶：《政治经济学方法论》，上海：上海人民出版社 1992 年版，第 101 页。
③ 曹苏红、王立强：《"〈资本论〉〈帝国主义论〉与当前西方金融危机"学术研讨会综述》，载《高校理论战线》2009 年版第 7 期，第 57—60 页。

(三)《帝国主义是资本主义的最高阶段》是否过时

我国学者虽然总体上认为《帝国主义是资本主义的最高阶段》没有过时，但在其某些具体结论上已经不适应时代的发展了、过时了。对于哪些过时、哪些没有过时，有学者指出，要实事求是地分析："从列宁1916年写作该书到现在，特别是第二次世界大战结束以来的这个时期内，主要资本主义国家生产和资本的集中进一步发展，垄断资本的统治进一步加强，同时也出现了一系列值得注意的新现象、新特点，需要运用列宁关于帝国主义的基本理论，实事求是地加以分析和研究。"①

1. 总体上没有过时

1989年9月8日，陈云在与中央负责同志李瑞环的一次谈话中指出："讲一个理论问题，也是一个现实问题。

列宁论帝国主义的五大特点和侵略别国、互相争霸的本质，是不是过时了？我看，没有过时。

列宁写这篇著作的时候，帝国主义国家为瓜分殖民地而进行的第一次世界大战还没有结束。战争并没有解决帝国主义国家之间的基本矛盾，却引起了无产阶级的革命。

从历史事实看，帝国主义的侵略、渗透，过去主要是'武'的，后来'文'、'武'并用，现在'文'的（包括政治的、经济的和文化的）突出起来，特别是对社会主义国家搞所谓的'和平演变'。那种认为列宁的帝国主义论已经过时的观点，是完全错误的，非常有害的。

这个问题，到了大呼特呼的时候了。"②

许涤新认为，列宁在《帝国主义是资本主义的最高阶段》一书中所表达的基本观点，如："帝国主义就其经济实质来说，是垄断资本主义"、垄断"必然要引起停滞和腐朽的趋向"、帝国主义发展不平衡必

---

① 腾维藻等:《战后资本主义生产集中和垄断的新发展》，见《论当代帝国主义经济——"帝国主义经济问题论坛"文集》，北京：红旗出版社1982年版，第1页。

② 《陈云文选》第3卷，北京：人民出版社1995年版，第370页。

然引起战争等，都没有过时。他认为，列宁帝国主义理论仍是是分析当代帝国主义发展变化的强大的思想武器。①

厉以宁认为，西方资产阶级学者借口资本主义的新变化否定《帝国主义是资本主义的最高阶段》，认为这本书已经过时了。但是，"我们按照当代资产阶级经济学一般理论的学派倾向，概述并评论了结构改革论者、混合经济论者、经济自由主义者关于帝国主义的主要论点。尽管各派的观点有所分歧，并且相互非难，但这并不妨碍它们在根本立场上的一致性，即他们都维护资产阶级的利益，维护现存的资本主义制度，否定了列宁在《帝国主义是资本主义的最高阶段》一书中提出的有关帝国主义的基本理论。但这一切都是徒劳的。历史事实雄辩地证明，列宁主义没有过时，列宁对于帝国主义的本质的分析完全适用于当代帝国主义。这就是我们的结论。"②

肖枫认为，当前帝国主义已经出现了新的变化，但是，"尽管当代资本主义有上述发展变化，但不能认为列宁的'帝国主义论'已完全过时了。从总体上说，'帝国主义论'对我们研究当代资本主义以及我们当前的现实斗争仍有重要的指导意义。"③

吴波认为："列宁帝国主义论，是马克思主义关于作为资本主义最高阶段的帝国主义的经典概括和系统阐述，其中充满辩证统一思想的两个基本观点是：资本主义发展到垄断资本主义阶段后向新的社会形态演变的过渡性和垄断资本主义这个历史阶段社会主义革命发生的可能性。20世纪以来的资本主义依然是资本主义的最高阶段，并没有摆脱列宁帝国主义论的分析框架。"④

---

① 参见《论当代帝国主义》，上海：上海人民出版社1984年版，"序"，第1—10页。
② 厉以宁：《资产阶级经济学与当代帝国主义》，见《论当代帝国主义》，上海：上海人民出版社1984年版，第451—452页。
③ 肖枫：《列宁的〈帝国主义论〉与当代资本主义》，载《当代世界与社会主义》1997年第3期，第26—29页。
④ 吴波：《列宁帝国主义论的当代沉思——兼评20世纪以来资本主义的历史定位》，载《当代世界与社会主义》2004年第4期，第54页。

赵甲明和王代月认为，《帝国主义是资本主义的最高阶段》在当代仍然有重要的意义，"《帝国主义是资本主义的最高阶段》中的基本理论和分析方法对于我们认清当今资本主义发展的新特点，特别是全球化以及所处的历史阶段具有借鉴价值和现实意义"①。"《帝国主义是资本主义的最高阶段》对资本输出的辩证分析对我们应对全球化提供了理论指导。"② 这个"理论指导"体现在两方面：一是垄断资本的全球化使帝国主义尽收渔翁之利；另一方面垄断资本的全球化促进了国家间的交往与联系，促进了世界的开放性。

在我国 20 世纪 70 年代，所有关涉《帝国主义是资本主义的最高阶段》的解读书籍，都无一例外地认为《帝国主义是资本主义的最高阶段》不但不过时，而且还是彼时反对苏联修正主义、反对美帝国主义的有力武器。关于这部分内容，请读者参看《帝国主义是资本主义的最高阶段》在中国的出版传播部分，在此不再赘述。

2. 一些具体观点并没有过时

其一，认为列宁的"帝国主义腐朽论"并没有过时。仇启华认为："列宁在《帝国主义是资本主义的最高阶段》中早就指出，帝国主义是腐朽的资本主义。以后资本主义的发展，证明列宁的论断是完全正确的。第二次世界大战后，在五十年代和六十年代，主要资本主义国家生产和技术得到了迅速的发展。资产阶级经济学者宣称列宁关于帝国主义腐朽性的论断已经过时。而我们有些同志也对列宁的这个论断发生了怀疑，认为当代资本主义是'腐而不朽'。我认为，这种看法是不正确的。"③

李琮认为，当今帝国主义的腐朽性在加深、国家垄断资本主义阶段腐朽性在加深、当代帝国主义的停滞趋势没有改变、当代帝国主义的寄

---

① 赵甲明、王代月：《〈帝国主义是资本主义的最高阶段〉导读》，北京：中国民主法制出版社 2012 年版，第 112 页。
② 同上书，第 115 页。
③ 仇启华：《论当代资本主义的腐朽性》，见《论当代帝国主义经济——"帝国主义经济问题论坛"文集》，北京：红旗出版社 1982 年版，第 124 页。

生和腐朽现象有新的表现、当代食利国的寄生性在加深,等等,这些帝国主义的新变化都没有超出列宁在《帝国主义是资本主义的最高阶段》中关于帝国主义寄生性和腐朽性的论述范围,列宁的帝国主义理论仍然没有过时。① 但是,李琮认为,要正确理解《帝国主义是资本主义的最高阶段》中关于帝国主义腐朽性的论断。他认为,列宁是从历史的角度来论述帝国主义腐朽性的,列宁所讲的腐朽性是一个历史过程,腐朽性随着帝国主义的发展而有所变化,但它在不同时期、不同阶段就有不同的表现形式。所以,要活学活用列宁的帝国主义理论。②

其二,认为列宁的"帝国主义垂死论"也没有过时。仇启华指出:"列宁的《帝国主义是资本主义的最高阶段》这一光辉著作于 1917 年公开发表以来,已经有 60 多年了。在这期间,帝国主义的经济和政治发生了重大变化。我们应当解放思想,从实际出发,研究新情况,回答和解决新问题。但这决不意味着我们可以离开列宁关于帝国主义的理论。恰恰相反,实践证明,列宁关于帝国主义的基本原理并没有过时,它们始终是我们在研究帝国主义时必须坚持的基本理论阵地。……我认为,列宁关于帝国主义垂死性的论断并未过时。"③

吴健认为:"帝国主义是垄断的、寄生腐朽的与垂死的资本主义。帝国主义是无产阶级革命的前夜。这是列宁在 1916 年写的《帝国主义是资本主义的最高阶段》一书的基本思想。这一光辉思想,已为十月社会主义革命开创的人类历史新纪元所证实。这一光辉思想,仍然是我们今天认清现代帝国主义的本质、矛盾与发展总趋势的强大的思想武器。"④

---

① 参见李琮:《当代帝国主义是更加腐朽的资本主义》,见《论当代帝国主义》,上海:上海人民出版社 1984 年版,第 1—24 页。
② 同上书,第 2—3 页。
③ 仇启华:《列宁关于帝国主义垂死性的论断过时了吗?》,见《论当代帝国主义经济——"帝国主义经济问题论坛"文集》,北京:红旗出版社 1982 年版,第 135 页。
④ 吴健:《当代帝国主义仍然是垂死的资本主义》,见《论当代帝国主义》,上海:上海人民出版社 1984 年版,第 25 页。

但同时,吴健也指出,要正确理解列宁关于"帝国主义是垂死的资本主义"的论断。他认为,列宁的这一论述包含着两层方面的涵义:一是过渡性,即资本主义发展到垄断阶段,意味着它将要向社会主义过渡,也就意味着它的死亡的开始。二是长期性,即资本主义在世界范围内向社会主义过渡将是一个长期的过程,那么帝国主义的灭亡也是一个长期的过程。三是曲折性,即资本主义在世界范围向社会主义过渡是曲折坎坷的,甚至会出现倒退和反复,因此帝国主义的垂死灭亡也是曲折的。①

其三,认为列宁关于帝国主义"两个趋势"的分析没有过时。陈耀庭认为,列宁关于帝国主义发展呈现"停滞腐朽"和"快速发展"的两种趋势的论断,是正确的。列宁的这一论断仍然使用对当今帝国主义的经济发展的分析,我们不应当因帝国主义经济的一时发展,而忘记或怀疑马克思列宁主义的这一真理。②

实际上,列宁是辩证地讲述垄断"必然要引起停滞和腐朽的趋向"这一论点的。二战后二十多年的发展证明,资本主义发展既存在快速发展的一面,也存在破坏生产力和停滞发展的方面,我们要辩证看,不能将列宁的论断作绝对化理解。列宁指出,垄断资本主义发展存在两种发展趋势:一是停滞和腐朽,二是迅速发展。但这两种趋势在不同国家、不同时期、不同阶段的表现不一样,但它们"都不同程度地时而表现出这种趋势,时而表现出那种趋势"。但停滞和腐朽的趋势始终在发挥作用,某些时期还会占上风。③

其四,认为列宁关于"机会主义和改良主义的分析"没有过时。

---

① 吴健:《当代帝国主义仍然是垂死的资本主义》,见《论当代帝国主义》,上海:上海人民出版社1984年版,第26—30页。

② 陈耀庭:《论帝国主义经济发展的两种趋势》,见《论当代帝国主义》,上海:上海人民出版社1984年版,第70—83页。

③ 参见《列宁选集》第2卷,人民出版社1972年版,第842、818页。这本书里列宁未提到"某些时期",但在《帝国主义和社会主义运动的分裂》一文中则同时提高了"个别时期",见《列宁选集》第2卷,北京:人民出版社1972年版,第884页。

赵甲明和王代月认为:"列宁在《帝国主义是资本主义的最高阶段》中对工人阶级中机会主义和改良主义的分析,揭示了资产阶级在高额利润许可的条件下,拿出其中一部分来收买工人阶级,造成工人阶级队伍的分化,这在当代资本主义社会并没有过时。"①

其五,认为列宁关于"垄断"的分析也没有过时。傅骊元、王茂根认为:"列宁对马克思主义帝国主义理论的重要贡献之一,就是对帝国主义基本经济特征进行了深刻地、系统地分析,阐明了各个特征之间的有机联系,揭示了它们都是以垄断为基础,由垄断所决定,是垄断的不同表现形式,表明了帝国主义的实质就是垄断资本主义。"②

3. 部分结论过时了

其一,认为《帝国主义是资本主义的最高阶段》中关于"战争与革命"时代主题的论述过时了。肖枫认为,列宁的《帝国主义是资本主义的最高阶段》认为"帝国主义时代是'战争与革命'的时代"这一核心论断已不适应当前的情况了。③

其二,认为《帝国主义是资本主义的最高阶段》中的"垄断"观点过时了。田文峰认为,由于当今资本主义出现了许多《帝国主义是资本主义的最高阶段》中不曾遇到的新现象,也需要对《帝国主义是资本主义的最高阶段》中的"陈旧观点"作冷静思考与科学分析。其中,"列宁所论及的资本垄断只是民族国家层次上的资本垄断,在当代视野之下重新审视,它并非是资本集中的最高阶段"。"列宁只是在时间的纵向维度上对资本主义经济发展做了历史的考察,忽视了空间的横向维度内的国家之间的经济关系的考察,因而只是孤立地看待单个国家主体,局限于国家民族的框架之内。另外,从资本运动的客观规律来看,

---

① 赵甲明、王代月:《〈帝国主义是资本主义的最高阶段〉导读》,北京:中国民主法制出版社 2012 年版,第 109 页。
② 傅骊元、王茂根:《政治经济学(帝国主义部分)》,北京:北京大学出版社 1984 年版,"前言",第 4 页。
③ 肖枫:《列宁的〈帝国主义论〉与当代资本主义》,载《当代世界与社会主义》1997 年第 3 期。

将资本垄断局限于国家民族的框架之内也是难以自圆其说的。"①

其三，认为《帝国主义是资本主义的最高阶段》中关于帝国主义"瓜分领土"的观点过时了。田文峰认为，列宁将帝国主义的特征之一概括为"最大资本主义大国已把世界领土瓜分完毕"，这一概括随着国家变迁和国际形势的变化已经受到了质疑，因为二战后许多民族国家获得了独立，资本主义的世界殖民体系逐渐瓦解。②

其四，认为《帝国主义是资本主义的最高阶段》关于帝国主义的"垂死性"的观点过时了。田文峰认为："资本主义在经过100多年的发展之后仍然健在并且尚无颓势就无法再称为'垂死'了。当代资本主义对生产关系当中一些不适应生产力发展的元素进行了改良，有效地摆脱了列宁'垂死论'的预测，也证明了'垂死论'有值得商榷之处。"③

其五，认为《帝国主义是资本主义的最高阶段》关于资本主义发展的"某些趋势"的分析过时了。田文峰认为，列宁过分夸大了资本主义发展过程中的某些趋势，而对另一些趋势则又估计不足。比如"帝国主义是垂死的资本主义"、"帝国主义战争不可避免"等等。"列宁的失误之处在于，首先是没有对资本主义生产关系和上层建筑之间的良性互动给予充分的估计；其次是也过于乐观地将资本主义一个阶段的终结视为整个资本主义的灭亡，同时在主观主义的急躁情绪和形而上学的片面视角之下忽视了历史辩证法的重要性，因而作出了错误的判断。"④

其六，认为《帝国主义是资本主义的最高阶段》中关于帝国主义战争"不可避免"的论述过时了。田文峰认为，列宁的这一结论在第二次世界大战之前是无可厚非的。但二战后，"资本主义国家之间由于利益纠纷所发生的局部战争，小规模武力摩擦不可避免，但是在和平与

---

① 田文峰：《列宁帝国主义理论的历史贡献与现代价值》，北京：中国社会科学出版社2013年版，第71、72页。
② 同上书，第72页。
③ 同上书，第73页。
④ 同上。

发展成为当今世界主题的局面下,'帝国主义之间战争无法避免'这一结论无论如何已经不再恰当"①。

其七,认为列宁关于帝国主义时代的论述过时了。田文峰认为,考茨基在其"超帝国主义论"中所表述的世界因为帝国主义国家间的协议和彼此联合进而进入一个持久和平的新时代的观点,是有道理,而列宁却忽视了考茨基这个观点。"战后的世界格局多极化趋势也为发展中国家促进本国经济发展、政治独立提供了有利条件。这都证明了从整体趋势而言并非如列宁所论及的帝国主义时代是充满了帝国主义国家之间战争的时代。"②

但是,田文峰在认为《帝国主义是资本主义的最高阶段》许多观点已经过时或者不合时宜的同时,也认为:"列宁的帝国主义理论不仅在第一次世界大战及战后的特定阶段具有重要的历史意义,在近一百年后的今天,我们仍然能看到它的理论的影响和实践的意义。当代帝国主义的发展并没有证明列宁的帝国主义论'已经过时',相反,在很大程度上正是其科学性的当下体现。"③

(四)关于《帝国主义是资本主义的最高阶段》与"两个笔记"

不少学者认为,研究《帝国主义是资本主义的最高阶段》,必须同时将"两个笔记"联系起来共同研究。一个是《关于帝国主义的笔记》,另一个就是《哲学笔记》。前一个笔记是《帝国主义是资本主义的最高阶段》的思路汇集,后一个笔记是写作《帝国主义是资本主义的最高阶段》的哲学指导、哲学支撑。列宁在《帝国主义是资本主义的最高阶段》中所运用的唯物辩证法和历史唯物主义的观点,都能在

---

① 田文峰:《列宁帝国主义理论的历史贡献与现代价值》,北京:中国社会科学出版社2013年版,第74页。
② 同上。
③ 同上书,第36页。

《哲学笔记》中找到相关的论述。

1. 《帝国主义是资本主义的最高阶段》与《关于帝国主义的笔记》

大多数学者都认为,《关于帝国主义的笔记》是《帝国主义是资本主义的最高阶段》的准备资料,是列宁研究帝国主义问题的一个思路性的资料汇集。但是,对于《关于帝国主义的笔记》有什么样的学术价值,学界研究还不是很多。

陈岱孙认为,"《关于帝国主义的笔记》的一个重要学术价值,在于它提供了《帝国主义是资本主义的最高阶段》一书的史实和思想的背景、源流。……我们看到,在为他的《帝国主义是资本主义的最高阶段》准备资料时,列宁如何坚决地站在马克思主义的观点上剖析前人对于帝国主义的论述,既批判其错误,指出其庸俗和反动本质,又充分地吸取和利用其所含的有用成果。"①

傅骊元认为,《关于帝国主义的笔记》含有丰富的材料,是《帝国主义是资本主义的最高阶段》的思想支撑和材料支撑,它也是马克思主义革命者战斗的武器。"学习列宁的《关于帝国主义的笔记》,可以给我们以启示和榜样,给我们以智慧和力量,去揭露和批判垄断资产阶级、现代修正主义和改良主义者所鼓吹的什么'人民资本主义'、'有计划的资本主义'、资本主义的'全面福利国家'和资本主义和平转入社会主义,以及资本主义'变质论'、马克思主义'过时论',等等一切谬论,划清马克思主义和修正主义的界限,划清社会主义和资本主义的界限,全面正确地理解和掌握马克思主义的帝国主义基本理论,为反对帝国主义、现代修正主义和改良主义,为捍卫马克思主义的革命性和科学性而斗争。"②

---

① 傅骊元:《〈关于帝国主义的笔记〉研究》,北京:北京大学出版社1985年版,"序",第1—2页。

② 同上书,第18页。

2. 《帝国主义是资本主义的最高阶段》与《哲学笔记》

有学者更进一步指出,作为列宁研究哲学问题的一个阶段性总结的"辩证法要素",对列宁创作《帝国主义是资本主义的最高阶段》更具有直接的哲学意义,《帝国主义是资本主义的最高阶段》与"辩证法要素"的关系十分密切。陈铁民认为:"辩证法要素十六条,是列宁在1914—1916年的哲学研究工作的一个总结,是列宁构思唯物辩证法体系的雏形。它规定了辩证法体系的唯物主义出发点、总特征以及贯穿整个体系的核心;规定了辩证法的实质即辩证法就是认识论。列宁在这期间集中研究辩证法是为了解决时代的课题:剖析帝国主义的本质及其发展规律,揭露帝国主义战争的实质和根源。《帝国主义是资本主义的最高阶段》正是这一研究成果的结晶,也是运用唯物辩证法解决无产阶级革命实践中的重大课题的典范。认真学习、研究这部光辉著作,对于加深理解列宁提出的辩证法要素,推进唯物辩证法理论体系的建设,是极有裨益的。"①

(五)关于《帝国主义是资本主义的最高阶段》中的其他理论争论

关于《帝国主义是资本主义的最高阶段》的争论,由来已久,我国学者也不例外。除了众所周知的"过时论"的争论之外,还有其他的一些理论争论。

1. 是否存在"理论缺环"

权文荣认为,列宁帝国主义论存在三个方面的理论缺环,表现在:"首先,列宁未能像马克思那样,把资本生产力的关系看作是决定资本主义社会一切社会关系的最原始最基本的社会关系(即资本主义的社会自然关系),他把资本生产关系当作基本的原始的社会关系。因而没有把资本生产里发展的固定资本的发展水平,看作资本主义发展的根本标

---

① 陈铁民:《"辩证法要素"与〈帝国主义论〉》,载《厦门大学学报(哲学社会科学版)》1985年第3期,第59页。

志，并把此作为划分资本主义社会主义发展阶段的根据。而是把资本生产关系的发展水平，资本集中的发展程度，作为划分资本主义社会发展阶段的根据。其次，列宁没有像马克思那样，以资本生产方式的逻辑演进为主线，从资本生产力与生产关系的相互制约的矛盾运动中，探求资本主义社会一切社会关系的辩证进展规律。而是从资本生产关系出发，研究资本生产关系与资本上层建筑关系的相互作用规律。因而未能从资本劳动过程与价值增值过程之间既对立又统一的矛盾运动中，考察资本存在及发展的内在根据的逻辑演化趋势。……最后，列宁没有像马克思那样，从作为历史个人的人的发展与生产力及交往关系发展的相互制约互为前提条件上，考察资本主义的发展。因而未能以人的全面发展和生产力的普遍高度发展，以及交往关系的普遍高度发展为前提，揭示私有制灭亡和从资本主义经济制度向共产主义经济制度的过渡。而是以国家垄断资本主义的经济与政治状况为前提，来说明从资本主义向共产主义的过渡，把垄断资本主义所产生的一些经济现象，当作资本主义的垂死状态，以及资本主义从它的最高阶段向作为共产主义第一阶段的社会主义过渡的表现。"① 那么，如何看待列宁帝国主义论的理论缺环现象呢？权文荣认为，列宁帝国主义理论的缺环现象，并不能抹杀帝国主义论的科学贡献，指出这种理论缺环，是为了能够更好地坚持和发展列宁的帝国主义思想，更好地应对全球化的挑战。

对于权文荣的"理论缺环"说，学术界的反应平平，基本上没有激起争论的涟漪。

2. "国家垄断资本主义"是否是当前资本主义的"最后一公里"

列宁在《帝国主义是资本主义的最高阶段》一书中提出了一个观点：资本主义基本矛盾的作用，是将一般垄断资本主义推向国家垄断资本主义。但是，列宁在书中并没有对这一问题进行详细论述。在这不久，1917 年 5 月，列宁明确指出了"一般垄断已经过渡到国家垄断。

---

① 权文荣：《列宁帝国主义论的理论缺环》，载《人文杂志》2002 年第 3 期，第 13 页。

客观情况表明,战争加速了资本主义的发展,资本主义已经发展为帝国主义,一般垄断已经发展为国家垄断"①。由此,褚葆一和张幼文认为,列宁将资本主义的历史阶段划分为三阶段:自由竞争资本主义;一般垄断资本主义;国家垄断资本主义。他们认为,国家垄断资本主义是资本主义的第三阶段。②

但是,在这个问题上,龚维敬认为:将国家垄断资本主义视为资本主义的最新阶段是不正确的。"我认为,国家垄断资本主义的发展,并没有取代私人垄断资本主义的统治地位而出现一个资本主义的'新阶段'(或第三阶段)。在目前国内外学术论著中,对私人垄断资本主义运转中的资金来源,销售市场,科学研究和资本输出等方面,把国家垄断资本主义的地位和作用都大大夸大了。至于有的同志认为,私人垄断资本已经'成为国家垄断资本主义的一种形态'的论点,更是不能成立的。"③

仇启华认为,应当对西方出版物中的"经济一体化"概念进行分析,这一概念不能反映事物的本质,它掩盖了参加同盟的成员之间的矛盾。"因此,我们马克思主义者不应沿用'经济一体化'的概念,而应当使用'国际垄断同盟'的概念。"④

3. 列宁论述方式的"自相矛盾"

有学者认为,列宁在《帝国主义是资本主义的最高阶段》中的某些说法有自相矛盾之处,比如列宁"一方面认为垄断并不排除竞争,但另一方面又指出,帝国主义最深厚的经济基础就是垄断,这种垄断同任

---

① 《列宁选集》第3卷,北京:人民出版社1972年版,第171页。
② 褚葆一、张幼文:《论资本主义发展的新阶段》,见《论当代帝国主义》,上海:上海人民出版社1984年版,第148页。
③ 龚维敬:《国家垄断资本主义是资本主义发展的"新阶段"吗?》,见《论当代帝国主义》,上海:上海人民出版社1984年版,第177页。
④ 仇启华:《论当代国际垄断同盟》,见《论当代帝国主义》,上海:上海人民出版社1984年版,第222页。

何垄断一样必然产生停滞和腐朽的趋向。列宁的这种说法常常引起歧义。"①

很显然,这种理解实质上是学者就《帝国主义论》来讲《帝国主义论》,或者说是从《帝国主义论》的文字表面来理解列宁的帝国主义思想。这种阅读方式的"表面化"引起了对列宁一些思想观点的误判。

对于这一点,有学者指出,要客观真实地理解列宁的帝国主义思想,必须"破除阅读的传统模式,回归文本的真实语境"②。刘维春认为,这些传统的阅读模式包括:文本的单一性;阅读空泛的极端化;核心内容的趋同性——对立统一辩证法。那么,哪些是文本的真实语境呢?刘维春认为,首先要扩大文本视域,从1914—1917年相关著作中研究帝国主义论;其次,批判性阅读,从辩证性层面理解帝国主义论;再次,核心内容的另辟蹊径,从否定之否定的大逻辑阐述帝国主义论。

(六)《帝国主义是资本主义的最高阶段》与《俄国资本主义的发展》、《论粮食税》三者之间的关系

刘长军认为,《帝国主义是资本主义的最高阶段》是《资本论》的直接继续,但它与《俄国资本主义的发展》是合二为一的,前者是对后者的延伸和拓展。在《俄国资本主义的发展》第八章"国内市场的形成"的第五节"边疆地区的意义。国内市场还是国外市场?"中,列宁认为:资本主义市场形成的过程表现在两方面:资本主义向深度发展,即资本主义农业与资本主义工业在现有的、一定的、闭关自守的领土内的进一步发展;资本主义向广度发展,即资本主义统治范围扩展到新的领土。但问题是,"根据本书的计划,我们差不多只叙述这个过程的前一方面,因此我们认为特别必须在这里着重指出,这个过程的另一

---

① 布成良:《全球化与帝国主义:批判及辩护——重读列宁的帝国主义论》,载《当代世界与社会主义》2003年第6期,第51页。
② 刘维春:《破除阅读的传统模式,回归文本的真实语境——列宁帝国主义论的再理解》,载《科学社会主义》2011年第5期,第9页。

方面具有非常重大的意义。从资本主义发展的观点对开发边疆地区与扩大俄国领土的过程进行稍微充分的研究，就需要有专门的著作。"很显然，列宁对于这个尚未研究的"专门的著作"十分在意，并且还"着重指出"。那么，这个专门研究资本主义国际扩张的著作，列宁到底有没有完成呢？

刘长军认为，这部"专门的著作"就是《帝国主义是资本主义的最高阶段》一书。考察可知，列宁在《俄国资本主义的发展》一书中，就已经埋下了伏笔。他指出，"资本主义如果不经常扩大其统治范围，如果不开发新的地方并把非资本主义的古老国家卷入世界经济的漩涡，它就不能存在与发展。"《帝国主义是资本主义的最高阶段》这部书详细解读了资本主义发展到帝国主义阶段后，帝国主义是如何逐步蚕食他国疆土、争夺国外市场以及如何资本输出的。

刘长军认为，列宁在《俄国资本主义的发展》中认为资本的扩展表现为国内市场和国际市场两个方面，并提出了需要专门来着重研究资本的国际扩张问题，那么，从这个意义上说，《帝国主义是资本主义的最高阶段》一书是《俄国资本主义的发展》的延伸和拓展，两者是上篇和下篇的关系，它们都统一于列宁研究"资本主义的发展"这个大文章中。上篇主要考察资本主义国内市场的形成，体现为《俄国资本主义的发展》一书。下篇主要考察资本主义国外市场的形成，体现为《帝国主义是资本主义的最高阶段》。上篇是下篇的必要准备和理论奠基，下篇是上篇必然的理论逻辑延伸。虽然两者研究的范围各有限定，但它们都是《资本论》的列宁理论实践，是列宁研究资本主义发展的不同表现形式。

刘长军认为，《论粮食税》开创了《资本论》的社会主义经济理论的实践先河，并构成列宁经济逻辑理路的新起点。在《论粮食税》中，列宁提出的关于社会主义国家的自由贸易、商品流转、商品交换、经济结构平衡、国家资本主义建设、收入分配方式、新经济政策等重要的观点，不但为苏俄经济恢复发展作出了正确的规划，而且开创了无产阶级利用国家资本主义的肇基，拓展了马克思主义的经济分配思想。比如马克思在《资本论》中提到的"赎买"、"国家资本主义"等论题，都被列宁在《论粮食税》中创造性地丰富发展了。

刘长军认为，列宁受到了《资本论》的极大影响，其经济逻辑可集中概括为"一条线、三部分、三阶段"。"一条线"，指列宁将《资本论》运用于俄国实际时，紧紧围绕"俄国落后经济走势"这条理论主线。"三部分"，指列宁将"俄国落后经济走势"的经济学分析分解成三个互联有别的组成部分，分别是资本的国内情况分析、资本的国际情况分析、资本的社会主义实践分析。"三阶段"，指的是列宁对《资本论》的经济学运用，是从相互贯通的早期、中期和晚期三个阶段体现出来的，早期代表性著作是《俄国资本主义的发展》、中期代表性著作是《帝国主义是资本主义的最高阶段》、晚年代表性著作是《论粮食税》。①

二　国内研究的特点及研究展望

（一）研究特点分析

1. 几个极端现象

（1）极端地扩大化宣传。在改革开放之前，我国学者对《帝国主义是资本主义的最高阶段》的研究，其结论基本上相同，即认为《帝国主义是资本主义的最高阶段》是正确无疑的，这种情况在20世纪70年代更甚。在彼时的中国，我国上至机关单位，下至工厂农村，都曾举办过《帝国主义是资本主义的最高阶段》的学习班，有些农村还详细划分了学习小组，有些少数民族的学习小组还将《帝国主义是资本主义的最高阶段》翻译成自己民族文字版。当时所使用的教材的扉页上，都

---

① 刘长军：《列宁经济思想的逻辑勘定——兼论列宁对〈资本论〉中经济思想的实践运用》，载《南京政治学院学报》2014年第2期。

写有列宁语录或毛主席语录。这些语录大部分是阶级斗争、反修正主义、反美帝国主义、准备打仗等内容。《帝国主义是资本主义的最高阶段》在这一时期的"待遇"也达到了前所未有的高度,在整个70年代,我国出版了维文、朝鲜文、新维吾尔文、满文、蒙古文、藏文等少数民族文字版的《帝国主义是资本主义的最高阶段》,甚至还出版了少数民族文字版的相应的解读材料。总之,在20世纪70年代,学习《帝国主义是资本主义的最高阶段》和准备打仗是紧紧结合在一起的。在那个"无产阶级专政下继续革命"的年代,与其说是研究《帝国主义是资本主义的最高阶段》倒不如说是扩大化宣传《帝国主义是资本主义的最高阶段》。这种做法,看似无限抬高了《帝国主义是资本主义的最高阶段》,实则没有抓住它的真谛。

(2)极端地"按图索骥"。陈其人认为,在80年代之前,研究列宁的《帝国主义是资本主义的最高阶段》出现了一种僵化倾向,"就是将列宁所论述的帝国主义五大经济特征看成是一个固定的格式,拿着它去套当代帝国主义经济中的问题,或者反过来说,将垄断资本主义的经济现象,嵌进这个格式中,因此有必要谈一谈这个问题。"[1]

(3)极端地武断否定。在改革开放之后,理论自由的气息给许多知识带来了欢呼雀跃的鼓舞,表现在《帝国主义是资本主义的最高阶段》上,就是出现了另外一个极端现象:武断否定《帝国主义是资本主义的最高阶段》。认为其中的许多观点,这也过时,那也过时,这也不合时宜,那也不合时宜。这些否定《帝国主义是资本主义的最高阶段》的学者,大部分人的理论依据是当今帝国主义出现的新变化,与列宁时代大大不同了,列宁帝国主义理论的结论与当今时代不对接了。对于这种现象,不少学者指出,这是一个不加分析就下结论的不良研究倾向。

---

[1] 陈其人:《帝国主义理论研究》,上海:上海人民出版社1984年版,第161页。

2. 四种研究类型

在 20 世纪 80 年代之前，国内外关于《帝国主义是资本主义的最高阶段》的研究大致有四种类型。陈其人认为，对《帝国主义是资本主义的最高阶段》的研究著作很多，综合看来主要有四种类型："第一，把列宁的《帝国主义是资本主义的最高阶段》的主要内容和斯大林提出的资本主义总危机理论结合起来，即从帝国主义的经济特征、帝国主义的历史地位和资本主义总危机三部分，来概括帝国主义研究的全部内容。这以四十年代末、五十年代初在苏联流传很广的那套政治经济学教材（共十六个分册）为代表，其后在苏联经济研究所主编的《政治经济学教科书》中定型化。我国同一类书，深受其影响。第二，实质上是按照上述三部分来写，但在次序和形式上有变化，并且对垄断资本统治下的各物质生产部门、财政信用制度以及对国家垄断资本主义加强分析。这以苏联伊诸泽姆采夫主编的《现代垄断资本主义政治经济学》为代表。第三，分别着重研究上述第一和第三部分。前者以苏联德拉基辽夫、鲁登科的《垄断资本主义》为代表，这本书的副题就叫《帝国主义基本特征概论》；后者以苏联瓦尔加的《帝国主义经济与政治基本问题》（出过两版）为代表，它着重叙述帝国主义灭亡的历史过程。瓦尔加的《二十世纪的资本主义》，着重研究的也是这个历史过程。第四，不仅研究垄断资本主义，而且在这基础上扩大到研究某些国际经济关系，如国际贸易和国际金融，等等。这以罗马尼亚的阿波斯托尔主编的《当代资本主义》为代表。"①

（二）研究展望

斗转星移，世事变迁。当前我国学界对《帝国主义是资本主义的最高阶段》的研究，几成下降趋势。这不但体现在论文论著发表数量的减少上，也体现在国家哲学社会科学基金、教育部相关科研基金的支持上

---

① 陈其人：《帝国主义理论研究》，上海：上海人民出版社 1984 年版，第 160 页。

的减弱。当然，这不是说，研究《帝国主义是资本主义的最高阶段》没有意义。

而在现实生活中，的确有不少人认为《帝国主义是资本主义的最高阶段》中关于"垂死的"、"寄生的"、"腐朽的"资本主义的论述过时了。那么，对于列宁帝国主义的理论分析是否过时呢？又如何看待经典作家及其著作呢？邓小平曾经指出："绝不能要求马克思为解决他去世之后上百年、几百年所产生的问题提供现成答案。列宁同样也不能承担为他去世以后五十年、一百年所产生的问题提供现成答案的任务。真正的马克思列宁主义者必须根据现在的情况，认识、继承和发展马克思列宁主义。"① 邓小平的这段话对于我们正确认识和对待经典著作具有重要的意义。

首先，要将经典著作放置到该著作的时代背景下去考虑。既要知其然，也要知其所以然。章汉夫在其所著《〈帝国主义论〉读本》的"小序"中介绍说，了解什么是帝国主义，就是要做到"知己知彼"："在全民族一致努力抗敌救亡运动的时候，大家当然要'知己知彼'。就是要了解敌人，要知道为什么它是敌人？敌人为什么和怎么样侵略我国？我国为什么只有抗敌才能生存，而没有和敌人妥协的余地？在现在全民族集中力量反对'日本'帝国主义的时候，每个人更会感觉到深刻了解'帝国主义是什么'的急要。不仅是为了'知彼'，为了抗敌救亡，我们要了解'帝国主义是什么'，就是要了解现世界的一切政治和经济问题和国际间的错综复杂关系，也非了解'帝国主义是什么'不可。"② 如果不联系当时经典著作产生的世情、国情、党情、民情等客观现实，就文本解读文本，就会出现解读错误

其次，要系统地研究经典著作的相关资料，不能就经典研究经典。比如，研究《帝国主义论》就应当将《关于帝国主义的笔记》、《哲学笔记》、《反潮流》文集等列宁的相关论述结合起来。如果"头疼医头，

---

① 《邓小平文选》第3卷，北京：人民出版社1993年版，第291页。
② 章汉夫：《〈帝国主义论〉读本》，上海：一般书店1937年版，"小序"，第1页。

脚疼医脚",有"选择性"地阅读经典著作,就会出现治标不治本的结果。比如,列宁在论述帝国主义是垂死的资本主义的时候,始终是将这种垂死性与过渡性、长期性、曲折性结合在一起的。但是,列宁逝世后,一些人却断章取义,仅仅将垂死性作夸大性的理论发挥,将过渡性、长期性和曲折性视而不见。1924年,斯大林发表了《论列宁主义基础》一书,在该书第一节"列宁主义的历史根源"中说"列宁把帝国主义叫做'垂死的资本主义'。为什么呢?因为帝国主义使资本主义的矛盾达到极端,达到顶点,接着就是革命的开始。"这实际上是没有把握列宁关于帝国主义垂死性论断的实质,或者是有意的"选择性"解读。

最后,要结合时代发展的新变化,结合国家发展的新变化,结合理论发展的新变化,既继承经典著作的精髓,也要将经典著作中的一些观点进一步地创新和发展。就《帝国主义是资本主义的最高阶段》来说,陈其人认为,列宁的帝国主义理论主要包括最重要的三部分,每一部都需要进一步地发展和创新。首先,坚持帝国主义是一个历史阶段的论点,要解决的几个理论问题包括:垄断的资本主义是促进还是阻碍生产力的发展;垄断阶段的帝国主义的基本经济规律是什么,这个规律又是通过什么形式发生作用或表现出来的。其次,坚持帝国主义是一种世界体系的观点,要解决的几个理论问题包括:垄断资本主义以剥削其他经济成分为生存的条件,是否意味着一种生产方式或者一种经济成分,要以另一种生产方式或经济成分为其存在和发展的条件,从历史唯物主义的观点看,这个观点是否正确。最后,坚持国家垄断资本主义是社会主义入口的观点,要解决的几个理论问题包括:关于国家垄断资本主义的本质问题;关于国家垄断资本主义是国民经济的一种特殊形式的问题;关于垄断资本主义阶段的经济和社会主义经济之间的关系问题。等等。①

---

① 参见陈其人:《帝国主义理论研究》,上海:上海人民出版社1984年版,第164—178页。

第六章 国外研究状况

自列宁《帝国主义是资本主义的最高阶段》诞生以来，就引起了苏联及其他国家许多人的关注。在这些人中，既有专门的政客，也有学力深厚的理论大家。这些人从各自的立场和不同的角度出发，都对列宁《帝国主义是资本主义的最高阶段》展开了多方论述。他们的研究，从政治立场看，基本上可以分成两类：一类是站在无产阶级政治立场上，对《帝国主义是资本主义的最高阶段》的褒奖；另一类站在资产阶级政治立场上，对《帝国主义是资本主义的最高阶段》的攻评。而从学术研究的角度看，大致也可以分成两类：一类深入《帝国主义是资本主义的最高阶段》的理论肌理，挖掘《帝国主义是资本主义的最高阶段》成为"经典著作"的、具有永恒魅力的理论之根；二是漂浮在《帝国主义是资本主义的最高阶段》的文字表面上，不深入分析就对《帝国主义是资本主义的最高阶段》武断下结论。从当前研究现状看，国外学者基本上是围绕如下问题研究《帝国主义是资本主义的最高阶段》的。

一 国外研究现状

（一）《帝国主义是资本主义的最高阶段》与罗莎·卢森堡、布哈林等人的关系问题

列宁在创作《帝国主义是资本主义的最高阶段》的过程中，对罗莎·卢森堡的帝国主义思想，尤其是其《资本积累论》作了较多的阐

述，其中既有对卢森堡帝国主义思想的部分肯定，也有对其中错误思想的批驳。列宁的《帝国主义论》吸收了卢森堡帝国主义思想中的合理成分。所以，列宁《帝国主义是资本主义的最高阶段》与卢森堡之间的关系，就成为国外学者研究的一个重要论点。在两者的关系上，国外学者大致持这样几种观点。

其一，"拼凑说"。认为列宁的《帝国主义是资本主义的最高阶段》是卢森堡等人理论的混合物，没有创新之处。1968年，纽约出版了美国历史学家B.D.沃尔夫的英文版《马克思主义理论的一百年》一书，B.D.沃尔夫在书中认为，列宁的帝国主义理论毫无建树，只是一种理论的大杂烩。该书认为，列宁的帝国主义理论根本是不存在的，列宁"为了说明使本国政府在帝国主义战争中失败这个口号的理由时，便把霍布森、希法亭和卢森堡的理论结论凑在一起"①。

也有人认为，列宁的帝国主义理论的基本原理没有原创性的成分，多是从希法亭、霍布森等人的著作中"借来"的观点学说。②

其二，"浅显说"。认为卢森堡的帝国主义思想比列宁《帝国主义是资本主义的最高阶段》要深刻得多，《帝国主义是资本主义的最高阶段》没有深刻性。1966年，伦敦出版了英国历史学家G.P.内特尔的英文版两卷集的《罗莎·卢森堡》一书。G.P.内特尔在书中指出，卢森堡关于帝国主义阶段的资本主义的分析，比列宁的分析更富有生命力，列宁关于帝国主义的学说"不过是一定政治战役中必要的政治

---

① 〔苏〕B.D.沃尔夫：《马克思主义理论的一百年》，纽约1968年版，第299页。转引自〔苏〕E.M.耐焦诺娃：《列宁在帝国主义问题上提供罗莎·卢森堡的论战对批判当代资产阶级观点的意义》，见〔苏〕H.A.查戈洛夫主编：《列宁的帝国主义理论与当代政治经济学的发展》，复旦世经系世经教研室译，上海：复旦大学出版社1987年版，第290—291页。

② 见马萨拉特：《资本主义世界经济的主要发展阶段：关于一国和国际范围内引导土地关系向资本主义关系过渡的尝试——对某些帝国主义理论的批判》，亚琛巴赫1976年版，第113页；《东欧经济》1960年5月，第84页。转引自〔苏〕E.Γ.瓦西里耶夫斯基：《列宁的帝国主义理论的形成》，见〔苏〕H.A.查戈洛夫主编：《列宁的帝国主义理论与当代政治经济学的发展》，复旦世经系世经教研室译，上海：复旦大学出版社1987年版，第262页。

步骤而已"①。

其三,"专制说"。认为列宁《帝国主义是资本主义的最高阶段》是"专制马克思主义",而卢森堡的帝国主义思想是"民主马克思主义"。我们知道,卢森堡的帝国主义理论及其资本积累理论的错误观点,在20世纪20年代就受到苏联经济学家的严厉批评。但是,在共产国际第四次代表大会上,德国代表塔尔盖默率先企图用卢森堡的理论取代列宁的帝国主义理论。英国历史学家P.L.卡斯坦在1962年出版的《自由和革命:罗莎·卢森堡》一书中把卢森堡当作西方"民主马克思主义"思想的代表,相反却把列宁看作是"专制马克思主义"思想的代表。②

其四,"偷换概念"。20世纪70年代,有人用卢森堡对帝国主义的分析偷换列宁的帝国主义理论。1972年出版《帝国主义的经济原因》一书的美国学者B.沃尔夫就持有这一观点。他不但认为列宁的帝国主义论的出发点是利润率下降趋势的学说,而且他把列宁的帝国主义理论称为"霍布森—列宁模式"。B.科恩和其他一些人的观点也比较接近于这一立场。③

其五,"直接来源说"。这一观点认为,列宁《帝国主义是资本主义的最高阶段》不是独立创作的学术著作,而是吸收众人思想的结果,而最直接的理论来源是布哈林的帝国主义思想。英国著名学者戴维·麦

---

① G.P.内特尔:《罗莎·卢森堡》,伦敦1966年版第2卷,第521页。转引〔苏〕自E.M.耐焦诺娃:《列宁在帝国主义问题上提供罗莎·卢森堡的论战对批判当代资产阶级观点的意义》,见〔苏〕H.A.查戈洛夫主编:《列宁的帝国主义理论与当代政治经济学的发展》,复旦世经系世经教研室译,上海:复旦大学出版社1987年版,第290页。

② P.L.卡斯坦:《自由和革命:罗莎·卢森堡》,《马克思主义思想史的分析》文集,伦敦,1962年版。转引自〔苏〕E.M.耐焦诺娃:《列宁在帝国主义问题上提供罗莎·卢森堡的论战对批判当代资产阶级观点的意义》,见〔苏〕H.A.查戈洛夫主编:《列宁的帝国主义理论与当代政治经济学的发展》,复旦世经系世经教研室译,上海:复旦大学出版社1987年版,第290页。

③ 参见本杰明·L.科恩:《帝国主义问题——关于支配和依附的政治经济学》,伦敦1974年版。转引自〔苏〕E.M.耐焦诺娃:《列宁在帝国主义问题上提供罗莎·卢森堡的论战对批判当代资产阶级观点的意义》,见〔苏〕H.A.查戈洛夫主编:《列宁的帝国主义理论与当代政治经济学的发展》,复旦世经系世经教研室译,上海:复旦大学出版社1987年版,第290—291页。

克莱伦认为:"列宁这本小册子的副标题是'通俗的论述',从而并未自称是一部高度独创性的著作。列宁具体参考了英国自由派霍布森(他曾主张,殖民扩张应归咎于缺乏国内的投资机会)和希法亭,但他最直接的来源却是布哈林的《帝国主义和世界经济》,该书在列宁这小册子的前几个月写成。"①

其六,"关系不大说"。这一观点认为,列宁的帝国主义思想与卢森堡的关系不大。英国学者戴维·麦克莱伦就持有这一观点。他认为:"列宁从卢森堡那里却很少有所借鉴,原因是她的见解侧重于过多地强调不发达国家,而且包含了一种不给政治以活动余地的'帝国主义的经济主义'"。②

(二)《帝国主义是资本主义的最高阶段》与统计学的关系问题

苏联有不少学者将列宁《帝国主义是资本主义的最高阶段》与现代经济统计学问题结合来考察,认为《帝国主义是资本主义的最高阶段》充分运用了现代统计学的方法,是马克思主义统计学的科学运用与充分体现。

苏联学者莎拉波夫和瓦列茨基认为,列宁阅读和借用了大量的统计资料用以支撑《帝国主义是资本主义的最高阶段》一书。他们在合著的《列宁是怎样阅读书报杂志的》一书中指出:"列宁研究了1912年在华盛顿出版的统计学汇编《美国统计学概论》。他在自己的著作(如《帝国主义是资本主义的最高阶段》和《关于农业中资本主义发展规律的新材料》中广泛地利用了汇编中的材料。)"③

---

① 〔英〕戴维·麦克莱伦:《马克思以后的马克思主义》,林春、徐贤珍等译,蔡声宁校,北京:东方出版社1986年版,第121—122页。
② 同上书,第122页。
③ 〔苏〕莎拉波夫、瓦列茨基:《列宁是怎样阅读书报杂志的》,黎鉴堂、戴松成译,北京:书目文献出版社1984年版,第26页。

莎拉波夫和瓦列茨基进一步认为，列宁撰写的许多经典著作，都与《马克思恩格斯1844—1883年来往书信摘要》有关。"列宁多年来一直没有离开过《马克思恩格斯1844—1883年来往书信摘要》。要点是他撰写许多著作的资料来源，如《卡尔·马克思》、《论民族自决权》、《帝国主义是资本主义的最高阶段》、《帝国主义和社会主义运动中的分裂》、《共产主义运动中的'左派'幼稚病》以及其他著作。熟悉这个要点有助于更深刻地理解弗拉基米尔·伊里奇的著作，并能说明他是如何全面而又有创造性地研究马克思主义的。"①

苏联著名的统计学家T.B.里亚布什金则直接认为：列宁在创作《帝国主义是资本主义的最高阶段》一书时，使用了大量的统计材料。这些统计材料具有很高的统计学意义。他在《列宁著作与统计学》一书中认为："在1933—1938年出版的《列宁文稿》第22卷、第27卷、第28卷和第29卷中曾经发表《关于帝国主义的笔记》。该书于1939年曾以单行本出版发行，后来，这些笔记被收入1962年出版的《列宁全集》。在《关于帝国主义的笔记》一书中，收集了非常丰富的统计材料，其中绝大部分以经过整理的综合材料形式被收入《帝国主义是资本主义的最高阶段》一书中。"②里亚布什金同时指出："在十月革命前的时期内，《帝国主义是资本主义的最高阶段》（1916年）一书在列宁的政治经济著作中占有中心的地位。在这一著作中，他采用统计指标体系的方法对现代资本主义的深化过程进行了分析。实际上的有效性，是列宁的著作、也是他这一时期著作的明显特征。列宁利用自己的科学的经济研究和经济统计研究，为处于战争的复杂条件下的革命工人政党制定战略和策略，揭露和粉碎与革命运动为敌的、反马克思主义的沙文主义

---

① 〔苏〕莎拉波夫、瓦列茨基：《列宁是怎样阅读书报杂志的》，黎鉴堂、戴松成译，北京：书目文献出版社1984年版，第54页。
② 〔苏〕T.B.里亚布什金：《列宁著作与统计学》，王毓贤等译，北京：中国统计出版社1991年版，第3页。

观点。"① 在论述统计学与政治经济学的关系时，里亚布什金指出："列宁为他的理论著作《帝国主义是资本主义的最高阶段》一书规定的主要任务，就是根据不容争辩的资产阶级统计的综合材料来说明全世界资本主义经济的总的情况。"②

（三）《帝国主义是资本主义的最高阶段》与《资本论》的关系问题

在这个问题上，首先是苏联官方认为，《帝国主义是资本主义的最高阶段》是《资本论》的直接继续，苏联官方的几个俄文版《列宁全集》的题注中，就直接表明了这一观点。随着俄文版《列宁全集》在世界范围的广泛传播，苏联官方的这一观点被当时许多社会主义国家所接受。此外，其他一些国家的学者在具体分析这一问题时，观点上出现了一些细微的变化。

其一，"直接基础说"。苏联学者依·斯·佐托夫认为："列宁关于帝国主义的著作是立足于马克思在《资本论》中所奠定的、磐石般的基础上的。列宁根据马克思恩格斯所发现的资本主义发生、发展和灭亡的规律，揭示了帝国主义的基本特征，指出了这些特征之间的联系和相互关系。"③

苏联学者得佛尔根认为："列宁的著作《帝国主义是资本主义的最高阶段》乃是《资本论》的直接继续与发展。"④ 苏联学者列昂节夫也认为："'列宁'将其帝国主义的分析，建筑在'马克思'在《资本论》中所作的资本主义分析的坚固基础上。列宁关于帝国主义的著作，

---

① 〔苏〕T.B.里亚布什金：《列宁著作与统计学》，王毓贤等译，北京：中国统计出版社1991年版，第47页。

② 同上书，第103页。

③ 〔苏〕依·斯·佐托夫：《垄断资本主义——帝国主义讲义》（手稿），吴振坤、王世范、傅美文、吕文镜合译，北京：高等教育出版社1956年版，第6页。

④ 〔苏〕得佛尔根：《论列宁的〈帝国主义是资本主义的最高阶段〉》，李少甫译，北京：中华书局1949年版，第1页。

是马克思主要著作的直接继续。"①

与这一观点相似的还有苏联学者罗森塔尔,他在《列宁帝国主义理论中的辩证法》一书中认为,列宁把矛盾问题作为辩证法的核心,"列宁把自己对辩证法的这一理解和辩证法关于矛盾是发展的内在动力的学说,化为整个研究运动的具体形式。这里,他在考察处于最高发展阶段上的资产阶级社会的矛盾时,与在其他一切问题上一样,也继承和发展了《资本论》的逻辑"②。

其二,"创新发展说"。认为《帝国主义是资本主义的最高阶段》不是《资本论》的简单直接继续,而是马克思主义政治经济学发展的新阶段和新阶梯。苏联著名学者 H. A. 查戈洛夫认为:"列宁的帝国主义学说是他对十九世纪末和二十世纪初资本主义的种种现象进行深入研究的结果。从这个意义上讲,列宁的理论就是马克思和恩格斯学说的直接继续。但是,这种看法只有在垄断资本主义就是**资本主义**这一前提下才是正确的。既然资本主义是**垄断**资本主义,那么列宁的垄断资本主义学说就不是《资本论》简单的直接继续。列宁的垄断资本主义学说是马克思政治经济学发展中的**新**阶梯、新阶段。无论从列宁帝国主义论所反映的实际材料的内容、从构成这一理论的规律的实质,还是从揭示垄断资本主义运动规律所必须的方法论来看,都没有理由把列宁的学说仅仅看作是马克思政治经济学的继续。"③

季诺维也夫认为:"列宁关于帝国主义的学说是以马克思发现的基本规律为依据的,同时也是资本主义垄断阶段的新规律的发现。列宁的研究是马克思的《资本论》和科学共产主义奠基人的思想的直接继续

---

① 〔苏〕列昂节夫:《怎样研读列宁的帝国主义论》,申谷译,上海:书报杂志联合发行所1950年版,第12页。
② 〔苏〕马·莫·罗森塔尔:《列宁帝国主义理论中的辩证法》,周秀凤、赵国顺等译,张启荣校,郑州:河南人民出版社1992年版,第212页。
③ 〔苏〕H. A. 查戈洛夫:《马克思列宁主义政治经济学发展的新阶段》,见〔苏〕H. A. 查戈洛夫主编:《列宁的帝国主义理论与当代政治经济学的发展》,复旦世经系世经教研室译,上海:复旦大学出版社1987年版,第6页。

和发展。"①

与上述观点相似的，还有日本学者中川信义。1985年，日本著名的经济学杂志发表了日本大阪市立大学教授中川信义的文章《〈帝国主义论〉是把握现代世界经济的基本理论观点》。在这篇文章中，中川信义分三个部分来介绍《帝国主义是资本主义的最高阶段》的现当代价值，分别是：马克思的经济学和《帝国主义论》；帝国主义是资本主义的最高阶段；关于跨国企业和资本输出的理论问题。在这篇文章中，中川信义认为，列宁的《帝国主义论》不是在某一方面发展了《资本论》，而是在许多的方面继承和发扬了马克思主义的政治经济批判体系，用这篇文章的原话说，就是："《帝国主义论》不单纯是对上述计划某一个项目的'资本'部分或'资本一般'篇的具体发展，而且是把包括世界市场在内的整个马克思的'政治经济学批判体系'具体化，并应用到垄断阶段。"② 在文章的最后，中川信义指出，虽然《帝国主义论》这部著作的水平远远超出了同时代其他同类著作的水平，但是，我们也不能无视现当代资本主义出现的新情况和新问题，就必须结合世界经济形势的新变化来科学地认识《帝国主义论》的时代价值。"我们应该象列宁对待先驱者马克思那样，正确地理解列宁的《帝国主义论》，在现实中应用它，并创造性地发展它。"③

（四）《帝国主义是资本主义的最高阶段》中的方法论问题

《帝国主义是资本主义的最高阶段》是唯物辩证法的典型，这部小册子里到处闪耀着辩证法的光辉。列宁对帝国主义问题的分析，决不是建立在个人主观臆测和逻辑推演的基础上，而是将所有的论证都紧紧依靠唯物辩证法的力量。所以，即便今天《帝国主义是资本主义的最高阶

---

① 〔苏〕卡拉达也夫、雷金娜：《经济学说史讲义（从马克思主义产生到伟大十月革命）》下册，翟松年、黄道南等译，北京：人民出版社1983年版，第755页。
② 〔日〕中川信义：《〈帝国主义论〉是把握现代世界经济的基本理论观点》，见《马列主义研究资料》1985年第6辑，总第42辑，李成鼎译，北京：人民出版社1986年版，第8页。
③ 同上书，第17页。

段》的个别结论稍显"过时",但这本小册子里的唯物辩证法思想,永远不会过时。有学者认为,《帝国主义是资本主义的最高阶段》体现的方法论具有十分重要的意义。"把帝国主义看作是资本主义的**特殊**历史**阶段**,无论从理论角度还是首先从方法论角度上看,都是一种新的创见。列宁驳斥了考茨基把帝国主义看作是政策的观点。他指出,帝国主义不仅是上层建筑领域的现象,而首先是基础领域的现象。列宁这一分析具有非常重大的理论、方法论和政治意义。他认为帝国主义是资本主义经济体系的特定状态,而不仅仅是资本主义的政策。从方法论上讲,把帝国主义看作是资本主义的一个阶段,是反对和平主义幻想斗争的坚实基础。因为,这种和平幻想以为,帝国主义政策有可能自行消灭,取而代之的将是另外的、非帝国主义政策。"① 国外学者也注意到了这一个问题。但是,在具体论证《帝国主义是资本主义的最高阶段》与唯物辩证法的关系时,观点呈现了多样化。基本情况如下:

  其一认为,《帝国主义是资本主义的最高阶段》运用的是"批判的方法"。持这一观点的人,以法国的马克思主义批判学派为代表。法学著名的"马克思主义批评学派"代表人物拉比卡认为,列宁"批判那些编造教科书以便再'定义'上进行烦琐阐述的学院派做法,列宁在阐述什么是帝国主义和专制制度时,运用的正是批判的方法。"② 这里的"批判的方法",拉比卡认为,就是马克思当年对资本主义社会政治经济制度进行批判时所使用的方法。它不是单纯的否定性批判,而是革命的批判,是抛弃旧理论上没有出路的观点同时建构新理论辩证结合的方法,这就是拉比卡所谓的马克思主义的"批判的方法"。

  与这种观点相似的还有 Д.Я.卡尔宁等人。Д.Я.卡尔宁认为,列宁的《帝国主义是资本主义的最高阶段》对批判 20 世纪 80 年代之前的资产

---

 ① 〔苏〕H. A. 查戈洛夫:《马克思列宁主义政治经济学发展的新阶段》,见〔苏〕H. A. 查戈洛夫主编:《列宁的帝国主义理论与当代政治经济学的发展》,复旦世经系世经教研室译,上海:复旦大学出版社 1987 年版,第 6 页。
 ② 转引自陈学明编:《苏联东欧剧变后国外马克思主义趋向》,北京:中国人民大学出版社 2000 年版,第 317 页。

阶级流派依然有着重要的意义，比如对30年代英国资产阶级经济学凯恩斯主义、对50年代的"技术派"（认为科技革命是使资本主义复活的钥匙）以及对"趋同论"（认为资本主义与社会主义的相互融合或相互趋同）等流派的批判，列宁的帝国主义理论都依然发挥着不可替代的作用。①

也有学者认为，列宁在论述帝国主义问题时，所持有的批判性马克思主义方法论，对当代现实问题具有重要意义。"列宁对国际机会主义的'社会主义'的批判和他在批判反马克思主义的帝国主义理论时所采用的马克思列宁主义方法论，对于当代现实具有重要的意义。"②

其二认为，《帝国主义是资本主义的最高阶段》最突出的贡献就是它所运用和呈现的"方法"。苏联有学者认为，列宁这本书的方法论特点十分突出。"列宁对帝国主义的研究始终具有现实意义的另一同样重要的方面，是他研究帝国主义的方法论；他对世界发展、各种社会现象和进程进行分析，在批判有关这些问题的各种观点上所持有的列宁主义立场，以及作为这种立场的基础的、使人们不仅了解现在，而且能预见未来的那种革命的辩证法。"③ 那么，这些所谓的革命的辩证法都包括哪些呢？伊诺泽姆采夫等人指出：最根本的方法论是坚持历史唯物主义的方法，同时坚持对具体情况作具体分析以及考虑到历史环境的特点等方法。④

---

① 见〔苏〕Д. Я. 卡尔宁：《列宁的〈帝国主义是资本主义的最高阶段〉和对当代资产阶级与改良主义关于帝国主义历史地位的观点的批判》，见〔苏〕Н. А. 查戈洛夫主编：《列宁的帝国主义理论与当代政治经济学的发展》，复旦世经系世经教研室译，上海：复旦大学出版社1987年版，第292—294页。

② 〔苏〕Г. Д. 恰努克瓦泽：《列宁的帝国主义理论是反对德国社会民主党"民主社会主义"改良主义理论的思想武器》，见〔苏〕Н. А. 查戈洛夫主编：《列宁的帝国主义理论与当代政治经济学的发展》，复旦世经系世经教研室译，上海：复旦大学出版社1987年版，第285页。

③ 〔苏〕Н. Н. 伊诺泽姆采夫主编：《列宁的帝国主义论和当代现实》，张承辉等译，北京：中国社会科学出版社1980年版，第1页。

④ 参见同上书，第6—25页。

还有学者进一步认为，列宁帝国主义学说的最突出的价值就是提出了研究帝国主义的方法论。"列宁学说的特殊价值，就是对作用于国际关系的一切主要杠杆给予了最扼要的说明。这些杠杆同新的垄断阶段以及垄断组织所运用的主要方法是相联系的，而垄断组织不论在何时何地，只要有可能就会运用这些方法来操纵和控制市场和资源供应的。只要它们仍然是主要的杠杆，这个事实就可以说明为什么列宁的学说仍然是适用的。但是当这些因素在某种具体情况下起作用并且变成同新的情况相适应时，那么对这种具体情况就必须继续进行进一步的考察。"①

其三认为，《帝国主义是资本主义的最高阶段》并非唯物辩证法的运用，而是各种观点方法的"杂烩"。有人认为，列宁的帝国主义理论的基本原理没有原创性的成分，多是从希法亭、霍布森等人的著作中"借来"的观点学说。②

其四认为，《帝国主义是资本主义的最高阶段》是唯物辩证法运用的典型，不是各种观点方法的"杂烩"。与上述观点相反的是，苏联和中国等社会主义国家的许多学者认为，列宁的帝国主义理论具有许多原创性的理论创新，并且早在霍布森和希法亭之前，列宁就已经开始接触和研究帝国主义问题。Е.Г.瓦西里耶夫斯基认为，列宁研究帝国主义问题可以分成三个阶段："（1）十九世纪九十年代；（2）1900—1914年（从二十世纪初到第一次世界大战爆发）；（3）第一次世界大战初期（1914—1915 年），即列宁着手撰写《帝国主义是资本主义的最高阶段》

---

① 〔美〕哈里·马格多夫：《帝国主义时代》，伍彻译，北京：商务印书馆 1975 年版，第 22 页。
② 见马萨拉特：《资本主义世界经济的主要发展阶段：关于一国和国际范围内引渡土地关系向资本主义关系过渡的尝试——对某些帝国主义理论的批判》，亚琛巴赫 1976 年版，第 113 页；《东欧经济》1960 年 5 月，第 84 页。转引自〔苏〕Е.Г.瓦西里耶夫斯基：《列宁的帝国主义理论的形成》，见〔苏〕Н.А.查戈洛夫主编：《列宁的帝国主义理论与当代政治经济学的发展》，复旦世经系世经教研室译，上海：复旦大学出版社 1987 年版，第 262 页。

一书之前的时期。"① Е. Г. 瓦西里耶夫斯基进一步指出，在十九世纪九十年代，列宁研究帝国主义的问题时，将研究的重心集中到"生产集中"这个问题上，"列宁的《俄国资本主义的发展》（1896—1899年）一书可以表明，列宁在这一时期已特别注意到生产集中的过程。"② Е. Г. 瓦西里耶夫斯基认为，列宁在第一次世界大战前，对金融资本的看法与希法亭有着很重要的区别。"列宁的著作、特别是第一次世界大战以前历年来的著作，反映出一个日益明显的重要倾向，这就是列宁对资本主义生产领域发生的各种现象抱有越来越浓厚的兴趣。上文所述表明，这并非出于偶然。列宁搜集和研究了表明俄国和其他资本主义国家最新经济发展特点的统计材料，仔细地分析了有关大生产进一步发展、最大企业的生产集中和股份企业发展的种种事实。必须指出列宁经常强调的一个看法：资本主义经济垄断化过程的进一步发展是生产集中过程所造成的。列宁十分注意资本主义生产领域的生产集中和垄断发展过程的各种变化。他认为分析这一时期的最新资本主义是特别重要的。这一点与希法亭的观点不同。众所周知，希法亭在《金融资本》（1910年）一书中对资本主义生产领域新现象的意义估计不足。"③

季诺维也夫认为，列宁十分重视对辩证法的研究，也精于将辩证法的精髓运用于俄国的实际："列宁主义在辩证法的运用上达到了前所未有的**水平**，使我们对**帝国主义**时代的根本矛盾及基本规律有了清晰完整的理解，解决了整个新时代的特点所提出的一系列有首要意义的问题。这就是为什么在我们的时代要成为革命的马克思主义，就**无论如何**必须成为列宁主义者的缘故。"④

---

① 〔苏〕Е. Г. 瓦西里耶夫斯基：《列宁的帝国主义理论的形成》，见〔苏〕Н. А. 查戈洛夫主编：《列宁的帝国主义理论与当代政治经济学的发展》，复旦世经系世经教研室译，上海：复旦大学出版社1987年版，第263页。
② 同上书，第264页。
③ 同上书，第267页。
④ 〔苏〕格·季诺维也夫：《列宁主义》，郑异凡、郑桥译，北京：东方出版社1989年版，第6页。

虽然同样都是认为《帝国主义是资本主义的最高阶段》运用了唯物辩证法思想，但在列宁如何运用辩证法的问题上，学者们的研究还是出现了一些细微差别。有的侧重于从总体上对《帝国主义是资本主义的最高阶段》作评价性总结，比如苏联学者得佛尔根认为，"列宁关于帝国主义的著作，也如马克思的《资本论》一样，辉煌而精确的运用了辩证法。"①

而有的学者则更加具体地指出了列宁是如何运用辩证法的，从理论细节上详细地介绍《帝国主义是资本主义的最高阶段》运用唯物辩证法的情况。在这个问题上，还可以将他们的观点再作细分。

1. 认为《帝国主义是资本主义的最高阶段》的方法论的重点在于两个字——过渡。"垄断资本主义是复杂的资本主义形式。自由竞争资本主义是复杂的、最高的商品生产形式，但不是过渡形式。垄断资本主义不仅是复杂商品生产的形式，而且也是过渡形式。从方法论上讲，政治经济学在这里得到了一种新的划分方法：既有一般的有机的复杂形式，也有过渡的复杂形式。"② "《帝国主义是资本主义的最高阶段》一书贯穿着关于帝国主义阶段资本主义过渡性的论述。"③

2. 认为《帝国主义是资本主义的最高阶段》运用了科学抽象的方法。比如，有学者认为，列宁"运用科学抽象方法，于1916—1917年在《帝国主义是资本主义的最高阶段》一书中提出了帝国主义的五大经济特征"④。

---

① 〔苏〕得佛尔根：《论列宁的〈帝国主义是资本主义的最高阶段〉》，李少甫译，北京：中华书局1949年版，第2页。
② 〔苏〕H. A. 查戈洛夫：《马克思列宁主义政治经济学发展的新阶段》，见〔苏〕H. A. 查戈洛夫主编：《列宁的帝国主义理论与当代政治经济学的发展》，复旦世经系世经教研室译，上海：复旦大学出版社1987年版，第15页。
③ 〔苏〕K. Г. 科兹洛夫：《列宁的〈帝国主义是资本主义的最高阶段〉一书对分析过渡生产关系的方法论意义》，见〔苏〕H. A. 查戈洛夫主编：《列宁的帝国主义理论与当代政治经济学的发展》，复旦世经系世经教研室译，上海：复旦大学出版社1987年版，第238页。
④ 〔苏〕A. Г. 米列伊科夫斯基：《列宁的帝国主义理论在马克思主义经济学说发展中的作用》，见〔苏〕H. A. 查戈洛夫主编：《列宁的帝国主义理论与当代政治经济学的发展》，复旦世经系世经教研室译，上海：复旦大学出版社1987年版，第32页。

3. 认为《帝国主义是资本主义的最高阶段》运用了逻辑与历史相统一的方法。比如查戈洛夫认为，"列宁关于帝国主义（垄断资本主义）既是历史阶段又是逻辑阶段的双重论述，是政治经济学中运用历史方法和逻辑方法上既统一又区别的具体范例。"①

4. 认为《帝国主义是资本主义的最高阶段》运用了典型的矛盾分析法。苏联哲学家罗森塔尔就是这一观点的典型代表，他认为：列宁"总是把具体矛盾同上述中心矛盾联系起来，把具体矛盾看作是中心矛盾的表现。可以说，他一刻也未曾忽视这个作为整个发展的基本'动力'的矛盾。他正是通过这个主要焦点，通过这个基本棱镜来观察单个矛盾的，他从一般与个别、本质与现象、实体与'形式'之间的辩证法的相互关系的角度来对它们进行考察"②。为了具体说明这个问题，罗森塔尔具体指出了《帝国主义是资本主义的最高阶段》中矛盾分析法的表现：垄断与竞争的统一和斗争；国家垄断调节的矛盾；生产力发展的矛盾，资本主义条件下科学技术革命的对抗性质。

也有人提出："列宁分析帝国主义、分析帝国主义的经济和政治实质、矛盾和规律的方法论，是研究当代资本主义特点的有效理论武器。"③

总之，国外的主流观点基本上认为，"列宁的帝国主义学说不仅是资本主义理论的新阶段，而且也是研究政治经济学某些方法论问题发展中的新阶段。"④

---

① 〔苏〕H. A. 查戈洛夫：《马克思列宁主义政治经济学发展的新阶段》，见〔苏〕H. A. 查戈洛夫主编：《列宁的帝国主义理论与当代政治经济学的发展》，复旦世经系世经教研室译，上海：复旦大学出版社1987年版，第27—28页。

② 〔苏〕马·莫·罗森塔尔：《列宁帝国主义理论中的辩证法》，周秀凤、赵国顺等译，张启荣校，郑州：河南人民出版社1992年版，第235页。

③ 〔苏〕С. И. 秋列帕诺夫：《列宁研究帝国主义的原则和当代国家垄断资本主义》，见〔苏〕H. A. 查戈洛夫主编：《列宁的帝国主义理论与当代政治经济学的发展》，复旦世经系世经教研室译，上海：复旦大学出版社1987年版，第127页。

④ 〔苏〕H. A. 查戈洛夫：《马克思列宁主义政治经济学发展的新阶段》，见〔苏〕H. A. 查戈洛夫主编：《列宁的帝国主义理论与当代政治经济学的发展》，复旦世经系世经教研室译，上海：复旦大学出版社1987年版，第30页。

（五）《帝国主义是资本主义的最高阶段》与《俄国资本主义的发展》的关系问题

同样作为《资本论》直接继续的《俄国资本主义的发展》，它与《帝国主义是资本主义的最高阶段》有一个什么样的关系呢？在这个问题上，出现了两种观点。

其一，"关系密切说"。认为《帝国主义是资本主义的最高阶段》与《俄国资本主义的发展》，两者都是《资本论》的直接继续，但是两者在论述的具体范围上是不同的，认为《帝国主义是资本主义的最高阶段》是《资本论》观点的国际运用，而《俄国资本主义的发展》则是《资本论》在国内的运用。苏联学者莎拉波夫和瓦列茨基在《列宁是怎样阅读书报杂志的》一书中认为，《俄国资本主义的发展》是列宁将研究资本主义的视野集中于俄国国内的理论结晶，但是"再过15年，列宁的活动范围就会大大扩大了，这种活动范围将成为真正世界性的。1914—1918年大战前夕的世界——帝国主义世界都出现在他的眼下。弗拉基米尔·伊里奇将在《帝国主义是资本主义的最高阶段》这一著作中，对这个世界作深刻的分析"[①]。

也有学者认为，马克思恩格斯没有明确提出"世界经济"这个概念，世界经济理论的基础是列宁建立起来的，并指出列宁在《俄国资本主义的发展》中论述了世界经济的开放性和不断扩张性，而在《帝国主义是资本主义的最高阶段》一书中，则更加充分地论述了世界经济的殖民性和侵略性。[②] 在 И. П. 法明斯基看来，《帝国主义是资本主义的最高阶段》中关于世界经济的扩张性是对《俄国资本主义的发展》中关于同一问题的深化和拓展。

[①]〔苏〕莎拉波夫、瓦列茨基：《列宁是怎样阅读书报杂志的》，黎鉴堂、戴松成译，北京：书目文献出版社1984年版，第121页。

[②] 见〔苏〕И. П. 法明斯基：《资本主义世界经济及其危机》，见〔苏〕Н. А. 查戈洛夫主编：《列宁的帝国主义理论与当代政治经济学的发展》，复旦世经系世经教研室译，上海：复旦大学出版社1987年版，第168页。

E.Γ. 瓦西里耶夫斯基认为，在 19 世纪 90 年代，列宁研究帝国主义的问题时，将研究的重心集中到"生产集中"这个问题上，"列宁的《俄国资本主义的发展》（1896—1899 年）一书可以表明，列宁在这一时期已特别注意到生产集中的过程。"①

其二，"毫无关系说"。也有学者认为，两者之间并没有什么关系。比如，苏联学者查戈洛夫认为："列宁在分析帝国主义是资本主义特殊阶段这一问题时，并不是继承关于资本主义阶段的学说，也就是说，既不是继承马克思在《资本论》中分析相对剩余价值生产时提出的观点，也不是发展他本人在《俄国资本主义的发展》一书中的论述。"②

他进一步指出了《帝国主义是资本主义的最高阶段》为什么与《俄国资本主义的发展》没有关系。他讲到："列宁在研究帝国主义过程中提出的资本主义发展阶段的问题，同马克思《资本论》第一卷和他本人在《俄国资本主义的发展》中提出的阶段问题没有任何逻辑联系。列宁关于垄断资本主义是特殊阶段的学说完全是从不同的逻辑观点来论述资本主义阶段问题的，所依据的标准也是完全不同的。列宁认为，资本主义的垄断阶段并不是大家知道的那个阶段链条中的新环节。大家知道，过去划分资本主义阶段的依据是：资本主义是商品生产的最高形式，它要求以充分的自由竞争为前提。列宁在论述资本主义特殊历史阶段帝国主义的特殊性的三个方面时认为，上述特殊性的每一个方面都排斥自由竞争的统治。因此，资本主义丧失发挥职能的一个根本条件——自由竞争，正是划分资本主义**特殊**阶段的标准。**自由竞争**资本主义为垄断资本主义所代替。自由竞争曾是资本主义各个发展阶段的必要前提，但在资本主义发展的新阶段上，已不再以此为前提。自由竞争正

---

① 〔苏〕E.Γ. 瓦西里耶夫斯基：《列宁的帝国主义理论的形成》，见〔苏〕H. A. 查戈洛夫主编：《列宁的帝国主义理论与当代政治经济学的发展》，复旦世经系世经教研室译，上海：复旦大学出版社 1987 年版，第 264 页。

② 〔苏〕H. A. 查戈洛夫：《马克思列宁主义政治经济学发展的新阶段》，见〔苏〕H. A. 查戈洛夫主编：《列宁的帝国主义理论与当代政治经济学的发展》，复旦世经系世经教研室译，上海：复旦大学出版社 1987 年版，第 7 页。

在为自己的直接对立物——垄断所代替。……这里就出现一个关于列宁的帝国主义理论的主要基础是什么的问题。我们的回答是：这个基础就是列宁的垄断资本主义学说。"①

（六）《帝国主义是资本主义的最高阶段》是否"过时"的问题

在这个问题上，出现了许多值得思考的理论倾向。一是认为已经过时。但是，在哪些方面过时了，学者们的观点并不一致。二是认为没有过时，但在哪些方面没有过时，学者们的观点也不一样。有时候会出现这样的情况，即同一学者既认为《帝国主义是资本主义的最高阶段》在某些方面没有过时，但同时又认为这部著作在一些方面已经过时了，认为该书"瑕瑜互见"。可以说，在"是否过时"的问题上，争论不休。

日本研究马克思主义经济学的一派，从二战后50年代初就结合本国资本主义发展的实际，展开了关于国家垄断资本主义问题的讨论。但在一些具体观点上，一些学者并不完全相同，甚至截然相反。比如一些学者强调要根据马克思、列宁有关国家垄断资本主义的论述进行研究。"第二次世界大战后，日本学者围绕《帝国主义论》展开了争论。争论的主要问题是，《帝国主义论》这部经典著作作为分析现代资本主义的方法究竟在多大程度上有效？《帝国主义论》和全面危机理论究竟有什么关系？列宁的资本输出理论对分析今天的跨国企业和对外直接投资究竟是否有用，等等。"②

其一，"过时论"。有人认为列宁的帝国主义理论饱受争议，因为其中的一些重要观点在列宁之前就已经出现了。言外之意，列宁的帝国

---

① 〔苏〕H. A. 查戈洛夫：《马克思列宁主义政治经济学发展的新阶段》，见〔苏〕H. A. 查戈洛夫主编：《列宁的帝国主义理论与当代政治经济学的发展》，复旦世经系世经教研室译，上海：复旦大学出版社1987年版，第7—8页。

② 〔日〕中川信义：《〈帝国主义论〉是把握现代世界经济的基本理论观点》，见《马列主义研究资料》1985年第6辑，总第42辑，李成鼎译，北京：人民出版社1986年版，第14页。

主义理论过时了。比如，美国进步经济学者哈里·马格多夫认为："列宁的帝国主义学说的焦点，就是把将近十九世纪末出现的帝国主义划为资本主义发展的一个特殊阶段。给帝国主义赋予这样一个有特定历史意义的时期，向来是一个有争论的课题。主要的反对意见是，那些被认为是帝国主义特有的许多特征，在资本主义历史发展的全部过程中早就被发现了。这些特征是：极力发展一个世界市场，力图控制国外原料资源，争夺殖民地以及资本日益集中的倾向。"①

这里有个学术活动的插曲，2012年8月14日，在中央编译局做访问学者的日本学者明石博行（日本驹泽大学经营学部教授，日本"马克思恩格斯研究者会"的负责人，主要研究方向是政治经济学和经济社会学）作了一场名为"交往关系'Verkehr'再考"的学术沙龙讲座。在讨论交流环节，我问了这样一个问题：当前日本学术界对列宁经济思想研究的状况如何呢？

明石博行作了如下回答：80年代后，日本学术界对列宁的评价比较低下了，也基本上不再使用马克思列宁主义的说法了，研究者的人数不断减少，但不是说列宁不再是理论家和革命家。虽然尊敬列宁是个理论家和革命家，但他的理论落后了，对列宁的研究不如对马克思的研究更具有意义。从他的回答可以看出，明石博行基本认定《帝国主义是资本主义的最高阶段》在日本没有了学术市场。

其二，没有过时。国外有些学者也认为，列宁的帝国主义理论并没有过时。比如英刊《国际社会主义》2004年春季刊登的朱迪·考克斯（Judy Cox）的《帝国主义：我们正在经历的一个阶段？——英国学者评〈新帝国主义〉等四本书》认为，列宁的帝国主义理论的基本思想仍然是解释新帝国主义的基础，这些理论还没有过时。②

---

① 〔美〕哈里·马格多夫：《帝国主义时代》，伍彻译，北京：商务印书馆1975年版，第22页。

② 〔英〕朱迪·考克斯：《帝国主义：我们正在经历的一个阶段？——英国学者评〈新帝国主义〉等四本书》，王占宇摘译，载《国外理论动态》2004年第11期。

苏联学者科索拉波夫教授认为，列宁的帝国主义理论现在比以往任何时候都显得更有价值。列宁的一些论断仍然不容置疑并为实践广泛证实。①

在20世纪50年代，日本许多经济学家既反对井汲等人的"新生产关系论"，又反对把国家垄断资本主义看作是为了应付战争和危机而采取的暂时性的政策；主张根据马克思、列宁的论断，从资本主义的固有矛盾出发，研究国家垄断资本主义问题。例如，岛恭彦（京都大学教授）强调列宁《帝国主义论》的指导意义。他说，《帝国主义论》为国家垄断资本主义准备了理论基础，这表现在下述三个方面：第一，"《帝国主义论》就是关于资本主义危机的理论"，而"危机是国家垄断资本主义形成的主要时机"，所以必须以《帝国主义论》作为国家垄断资本主义的理论基础；第二，《帝国主义论》是从生产集中和垄断开始到金融寡头制全面论述帝国主义的理论，因此，"必须是国家垄断资本主义理论的核心"；第三，《帝国主义论》批判工人贵族和改良主义部分，"对于形成国家垄断资本主义理论具有重要意义"。②

在日本，还有人主张以《帝国主义是资本主义的最高阶段》为基础，使国家垄断资本主义理论成为一个体系。虽然如此，但在展开论述时，却各执一词，众说纷纭，形不成中心。③

3. "瑕瑜互见论"。即认为《帝国主义是资本主义的最高阶段》有些观点已经过时，有些观点还没过时。比如，在20世纪60年代，日本京都大学经济学会研究员静田均在京都大学学报《经济论丛》第85卷第5号上，发表了《关于列宁对超帝国主义论的批判等问题的再思考》

---

① 熊乐兰、詹真荣：《国外学者关于列宁帝国主义理论的研究综述》，载《杭州师范学院学报》2006年第6期。

② 《马克思主义经济学讲座》第3卷，载《国家垄断资本主义论》1963年日文第1版，第9页。

③ 周铁山：《日本经济学界关于国家垄断资本主义问题的争论》，见《马列主义研究资料》1982年第3辑，总第21辑，北京：人民出版社1982年版，第238页。该辑初版印数为1—5900册，版权页和封底印有"只限国内发行"字样。

一文。在这篇文章中，静田均在不评论考茨基超帝国主义论正确与否的前提下，对列宁批判考茨基超帝国主义论进行了评述。静田均认为，列宁对考茨基超帝国主义理论的批判在一定程度上来说是正确的，也击中了考茨基的要害。但是，静田均同时指出，列宁在《帝国主义是资本主义的最高阶段》中一些漏洞也十分明显，比如关于第一次世界大战后欧洲各国工人阶级的收入情况的描述，就存在一些与事实不完全契合的情况。为此，静田均还专门引用了施特恩堡的话来证明列宁在这个问题上的缺陷。施特恩堡认为："列宁在他的论述帝国主义的书中尽管发表了许多统计数字，但是却省略了世界大战前这一时期欧洲大工业国工业工人的实际工资变动的统计资料，这一点十分明显，而指出这一点是非常有意义的。"他又说："的确，在帝国主义时期，资本主义的帝国主义各国的社会对立并不像列宁想象的那样激化了，而是后退了，正是这一事实成了改良主义（列宁把改良主义称为社会的排外的好战主义）不仅受到所谓工人贵族，而且还受到绝大多数工人阶级支持的理由。结果，向列宁及其追随者证明了，无论是在战争期间还是在战争以后，绝大多数工人绝对不可能同他们的领导人相脱离。"① 通过对一系列的分析论述，静田均认为，"自从《帝国主义是资本主义的最高阶段》一书问世以来，已经过去了几十年的岁月。人们在今天是否应当重新反省这一时期的历史，就理论和实践两个方面进行某种程度的批判以丰富自己的精神呢？"②

（七）对《帝国主义是资本主义的最高阶段》具体内容的研究

1. 关于"两种趋势"问题。洪文达认为，在相当的一个时期，国

---

① F.施特恩堡：《资本主义和社会主义在世界法庭之前》，1951 年版，第 201 页。转引自〔日〕静田均：《关于列宁对超帝国主义论的批判等问题的再思考》，载《马列主义研究资料》1989 年第 1 辑，总第 55 辑，刘焱摘译，北京：人民出版社 1989 年版，第 64 页。

② 〔日〕静田均：《关于列宁对超帝国主义论的批判等问题的再思考》，见《马列主义研究资料》1989 年第 1 辑，总第 55 辑，刘焱摘译，北京：人民出版社 1989 年版，第 65 页。

内外对列宁的关于垄断"必然要引起停滞和腐朽的趋向"存在错误的理解,就是把这种趋势理解为垄断资本主义时期生产和技术不再可能迅速发展了。在 50 年代初,这个错误理解开始流行,这与斯大林 1952 年写的《苏联社会主义经济问题》有关。斯大林在这部著作中认为,列宁关于资本主义虽然腐朽,但"整个说来,资本主义的发展比从前要快得多"① 的论点已经失效。并且斯大林进一步认为,主要资本主义国家"生产的增长将在缩小的基础上进行,因为这些国家的生产量将要减缩下去"②。

斯大林的这本著作出版后,影响很大,此后很多经济学著作都根据他的上述观点进行阐述。这就改变了苏联 30—40 年代经济学界关于列宁这一思想解读的正确趋势,苏联在这一问题上走向了错车道。这种否定列宁论断的错误做法,在我国也曾广泛流行,一些专著、教科书、高等学校讲义中都曾出现过。有的著作甚至走向极端,比如 20 世纪 50 年代中期,我国使用的一本米·费·斯比利顿诺夫编著的《政治经济学讲义(手稿)》就认为,在垄断资本主义条件下"技术的进步已与资本主义不能并存了"③。当时一些教科书,为了佐证这样的认识,还有意避免提到列宁关于资本主义发展比过去快得多的论断。如 1974 年出版的一本很流行的《帝国主义是资本主义的最高阶段》的提要书中,在第八章提要中,列举了列宁的许多重要观点,但作为"提要"却恰恰不提列宁关于"资本主义发展比以前要快得多"的要点,可见这种影响是深远的。④

---

① 斯大林:《苏联社会主义经济问题》,北京:人民出版社 1961 年版,第 25 页。所引列宁的话见《列宁选集》第 2 卷,北京:人民出版社 1972 年版,第 842 页。
② 同上书,第 44 页。
③ 米·费·斯比利顿诺夫:《政治经济学讲义(手稿)》上册,北京:高等教育出版社 1954 年版,第 290 页。
④ 洪文达:《论帝国主义的腐朽性和垂死性》,见《论当代帝国主义》,上海:上海人民出版社 1984 年版,第 47—50 页。

当然，在研究这一问题的时候，往往涉及列宁的帝国主义不平衡理论，苏联学者 C. E. 杨琴柯认为："《帝国主义是资本主义的最高阶段》一书虽然没有专章揭示帝国主义时代资本主义经济和政治发展不平衡的规律，但是对这一规律作用的阐述却贯穿列宁全部著作的始终。列宁是在分析资本主义最高和最后阶段的基本特征时揭示这一规律的。"①

但笔者认为，《帝国主义是资本主义的最高阶段》确确实实论述了帝国主义政治经济发展不平衡的问题，并不是 C. E. 杨琴柯所说的没有论述这一问题。

2. 关于"过渡"问题。有人认为，《帝国主义是资本主义的最高阶段》实际上论述的重点就是"过渡"问题。查戈洛夫指出："《帝国主义是资本主义的最高阶段》这部作为我们直接研究对象并为我们阐明当代发展的迫切问题提供必要的方法论和理论基础的著作，其论述所及，实际上也是**过渡**形式的问题。列宁的这部著作专门论述了资本主义向另一更高的社会生产方式过渡的经济形式已经出现并占主导地位的发展阶段的问题。"②

俄罗斯科学院罗·雅·叶夫泽罗夫认为，列宁关于"过渡的资本主义"的论断十分正确，并已经为后来的社会发展所证实。③

（八）《帝国主义是资本主义的最高阶段》和马克思主义的关系

1. 认为《帝国主义是资本主义的最高阶段》是在马克思主义的基础上，提出了许多新观点。比如，季诺维也夫就持有这一观点。他认

---

① 〔苏〕C. E. 杨琴柯：《社会主义经济和政治前提成熟的不平衡是列宁帝国主义理论最重要的结论》，见〔苏〕H. A. 查戈洛夫主编：《列宁的帝国主义理论与当代政治经济学的发展》，复旦世经系世经教研室译，上海：复旦大学出版社1987年版，第248页。

② 〔苏〕H. A. 查戈洛夫：《马克思列宁主义政治经济学发展的新阶段》，见〔苏〕H. A. 查戈洛夫主编：《列宁的帝国主义理论与当代政治经济学的发展》，复旦世经系世经教研室译，上海：复旦大学出版社1987年版，第5页。

③ 刘淑春：《俄罗斯学者对列宁帝国主义理论的新评说》，载《马克思主义与现实》1996年第1期。

为,"无论是在理论研究中,还是在实践活动中,列宁都是完全以马克思的唯物主义历史观和经济学说为出发点的。列宁在制定帝国主义时代无产阶级阶级斗争的战略和策略时全盘接收和运用了马克思主义。"①

季诺维也夫同时认为,列宁在许多方面对马克思主义理论的丰富发展做出了重要贡献,但排在第一位的是列宁的帝国主义理论。"决不能把列宁主义同马克思主义对立起来。列宁是马克思的最杰出的学生。离开马克思主义就没有列宁主义。但是,列宁主义首先以三次俄国革命的经验丰富了马克思主义,同时也以从20世纪初直至目前阶段的其他许多革命运动的经验丰富了马克思主义。列宁主义首先在下列问题的研究上丰富了马克思主义的整个学说:(1)关于帝国主义的理论;(2)关于实现无产阶级专政的条件和机制,关于无产阶级在帝国主义战争和世界革命时代的策略;(3)关于无产阶级革命**以前**、无产阶级革命**中间**和无产阶级革命**以后**无产阶级和农民的相互关系;(4)关于民族问题的意义,特别是殖民地和半殖民地国家的民族运动对世界革命的意义;(5)关于党的作用;(6)关于过渡时期无产阶级国家的作用;(7)关于作为这一时期无产阶级国家的具体形式的苏维埃制度。"②

季诺维也夫进一步认为:"列宁主义是帝国主义(也就是在垄断基础上的垂死的、'腐朽的'资本主义)和已经开始的社会主义革命时代的马克思主义的理论和实践。列宁分析了帝国主义时代的全部矛盾,同时也描绘了无产阶级革命发展的整个图景,指出了从资本主义向社会主义过渡的**动力**,列宁制定了世界无产阶级革命的理论和策略。他之所以能做到这一点,是因为他在解释资本主义的**帝国主义新**时代所提出的根本问题方面提出了马克思主义的新观点。"③

---

① 〔苏〕格·季诺维也夫:《列宁主义》,郑异凡、郑桥译,北京:东方出版社1989年版,第5页。
② 同上书,第3页。
③ 同上。

也有苏联学者认为，列宁的帝国主义学说不仅仅是马克思主义经济学说的直接继续，"同时，列宁的帝国主义论又是马克思主义的最近成就。列宁帝国主义论的创立，把马克思主义政治经济学提高到了崭新的阶段，成了制定关于革命，关于两个社会政治体系共存和斗争，关于战争与和平的当代学说的基础。今天如果不考虑帝国主义学说的巨大创造性贡献，就谈不上马克思主义，谈不上马克思主义的任何一个组成部分。"

2. "分水岭说"。有学者把列宁的帝国主义理论视为至高无上的判断标准，作为划分马克思主义与机会主义的分水岭。"帝国主义是资本主义的最高、也是最后阶段即社会主义革命的前夜（和开始）这一论断，决定了列宁的帝国主义理论在马列主义思想武库中的地位。同过去一样，承认不承认这一看法，是分析 70 年代资本主义发展规律和特点的出发点，也是马克思主义同任何资产阶级和社会民主主义机会主义理论的分水岭。"①

3. "列宁阶段说"。认为列宁的帝国主义思想是马克思主义发展到列宁阶段的标志。在许多学者看来，列宁的帝国主义主义理论是他运用马克思主义立场、观点和方法的结果，是马克思思想的直接继承和发展。但是，如果详细分析列宁与马克思在帝国主义问题上关系，有人提出了更为细致的论断。在这方面，苏联学者梅茹耶夫的观点值得关注和重视，"在梅茹耶夫看来，经典马克思主义并没有提出关于俄国问题的主要答案，这是马克思主义理论本身的不完善。列宁对于马克思主义的贡献在于，要求在 19 世纪马克思主义中消除'总体观点'的缺陷，而研究俄国革命的特殊道路，从而形成了'列宁帝国主义理论'或'列宁的党的理论'。"②

---

① 〔苏〕С.И. 秋列帕诺夫：《列宁研究帝国主义的原则和当代国家垄断资本主义》，见〔苏〕Н.А. 查戈洛夫主编：《列宁的帝国主义理论与当代政治经济学的发展》，复旦世经系世经教研室译，上海：复旦大学出版社 1987 年版，第 127 页。

② 李尚德、卢晓坤、张静：《俄罗斯》，见俞吾金主编、汪行福执行主编：《国外马克思主义研究报告（2010）》，北京：人民出版社 2010 年版，第 168 页。

(九)《帝国主义是资本主义的最高阶段》的实践意义

许多学者认为,列宁《帝国主义是资本主义的最高阶段》具有重要的现实意义。1967年,伦敦出版了英文版《俄国革命的影响(1917—1969年)——布尔什维主义对俄国外部世界的影响》一书,该书由英国学家H.马金内斯所著。H.马金内斯在谈到列宁的帝国主义理论时,高度赞扬其是"二十世纪最有影响的思想"[①]。

1. 认为《帝国主义是资本主义的最高阶段》是苏联共产党的纲领基础。苏联共产党认为,列宁的帝国主义理论是苏联共产党关于资本主义总危机的表现形式和深化特点的纲领性观点的基础:"越来越多的国家脱离资本主义;帝国主义在同社会主义的经济竞赛中阵地削弱;帝国主义的殖民体系瓦解;随着国家垄断资本主义和军国主义发展而出现的帝国主义的矛盾尖锐化;表现为资本主义日益无法充分利用生产力(生产发展的低速度、周期性危机、生产设备经常开工不足、经常性失业)的资本主义经济内部不稳定性和腐朽的加强;劳动和资本之间的斗争加剧;世界资本主义经济的各种矛盾急剧尖锐化;各个方面的政治反动空前加强,对资产阶级自由的摒弃,一系列国家中法西斯暴政的建立;资产阶级的政治和意识形态的深刻危机——这一切就是**资本主义总危机**的表现。"[②]

2. 认为《帝国主义是资本主义的最高阶段》是世界无产阶级革命斗争的指南。有学者认为,列宁的帝国主义理论不但对苏联有着重大的意义,而且"这一理论是为在各人民民主国家,中国、朝鲜、越南消灭

---

① 〔英〕H.马金内斯:《俄国革命的影响(1917—1969年)——布尔什维主义对俄国外部世界的影响》,伦敦1967年版,第89页,转引自〔苏〕Е.Г.瓦西里耶夫斯基:《列宁的帝国主义理论的形成》,见〔苏〕H.A.查戈洛夫主编:《列宁的帝国主义理论与当代政治经济学的发展》,复旦世经系世经教研室译,上海:复旦大学出版社1987年版,第262页。

② 〔苏〕N.C.斯图普尼茨基:《列宁制定的帝国主义理论及其对研究当代资本主义总危机过程的意义》,见〔苏〕H.A.查戈洛夫主编:《列宁的帝国主义理论与当代政治经济学的发展》,复旦世经系世经教研室译,上海:复旦大学出版社1987年版,第252—253页。

资本主义的利益服务的，它是一切资本主义国家劳动人民进行革命斗争的行的指南。"①

苏联学者得佛尔根认为："自从列宁的著作写出以后，已经过了三十多年，这些年代充满了具有全世界历史意义的事情。这几十年的事变辉煌地证明了列宁关于帝国主义及其规律与矛盾的分析的真理。列宁的天才著作，乃是工人阶级在其为消灭资本主义而进行的斗争中强大的思想武器。"②

二 国外研究《帝国主义是资本主义的最高阶段》的特点分析

可以看出，列宁的经典著作在英语世界里依然占有一席之地，无论是喜欢列宁的还是不喜欢的，都对列宁和他的思想着迷，那些与列宁有直接会晤的一些西方学者，也会由衷地提到列宁的经典著作，比如《俄国资本主义的发展》、《唯物主义和经验批判主义》、《帝国主义是资本主义的最高阶段》、《国家与革命》、《共产主义运动中的"左派"幼稚病》等著作。所以，我们在认识西方学者有关研究列宁的作品时，要始终坚持马克思主义的立场、观点和方法，才能洞察秋毫、明辨是非，不至于被他们华丽的辞藻和表面的说教所蒙蔽和鼓动。西方学者对列宁《帝国主义是资本主义的最高阶段》一书的研究，大致呈现了这样几个特点：

（一）以意识形态为依托的研究逐步转向学术性研究

政治性研究的需求在下降，学术性研究的需求在上升。在苏联学者

---

① 〔苏〕依·普·尤弗利雅科夫：《论列宁的〈帝国主义是资本主义的最高阶段〉》，北京：中共中央高级党校1957年版，第45页。
② 〔苏〕得佛尔根：《论列宁的〈帝国主义是资本主义的最高阶段〉》，李少甫译，北京：中华书局1949年版，第3页。

那里，研究《帝国主义是资本主义的最高阶段》充满了强烈的意识形态色彩，同样在西方"列宁学"那里，也充满了贬损列宁的意识形态色彩。这固然与当时的冷战氛围有关，但也说明《帝国主义是资本主义的最高阶段》本身的政治性。随着冷战结束，苏联学者已经更多地从思想性、学术性的视野重新认识《帝国主义是资本主义的最高阶段》，而对于西方"列宁学"的学者来说，原先充满阶级战斗性质的研究视野也开始逐渐转向学术性要求，虽然他们的研究仍然存有对《帝国主义是资本主义的最高阶段》的若干误解，但较之于以前，意识形态氛围大大地淡化了。

(二) 从文本解读性研究逐步转向了与现实相结合的研究

原先的经院式学究式研究在逐渐弱化，而如何解读当前资本国家出现的新情况则占据了研究制高点。早先的研究特点之一，就是注重对《帝国主义是资本主义的最高阶段》文本问题的解读，对《帝国主义是资本主义的最高阶段》中具体观点的研究。比如《帝国主义是资本主义的最高阶段》中的"过渡"问题、"两个趋势"问题，等等。这些研究，有利于进一步弄清《帝国主义是资本主义的最高阶段》的基本观点。但是，随着实践的发展，更多的学者将研究重点转向了将《帝国主义是资本主义的最高阶段》与现实问题结合在一起。

比如，1949 年，福斯特[①]出版的《世界资本主义的末日》一书，他在书中将列宁帝国主义理论具体运用，集中探讨了资本主义不可克服的危机以及社会主义的前景，他在现实的工人运动中阐释和普及列宁的帝国主义理论。福斯特基本上遵从了列宁和斯大林对马克思主义的经典解释，阐述他对马克思主义的看法，传播马克思主义基本原

---

① 福斯特（Foster W. Z, 1881—1961），国际共产主义运动著名的活动家，美国工人运动杰出的领导人，美国共产党的创始人和卓越领袖。主要著作有《三个国际的历史》、《福斯特同志给毛泽东同志的信》、《世界工会运动史纲》、《世界社会主义的历史性进展》、《白劳德修正主义批判》，等等。

理。福斯特很重视马克思主义理论发展中的连续性,反对割裂马克思主义发展史的做法。福斯特指出,列宁的伟大著作《帝国主义是资本主义的最高阶段》一书,是列宁对马克思主义科学最卓越的贡献,它使马克思主义有可能认识到帝国主义发展后所产生的国际无产阶级的特殊问题。①

但是,有些国外学者在研究现实问题的时候,往往用资本主义出现的现实问题来"套"《帝国主义是资本主义的最高阶段》中的某些结论,或者用《帝国主义是资本主义的最高阶段》中的某些结论来"套"资本主义的新问题,这样得出的结论往往与《帝国主义是资本主义的最高阶段》中的观点大相径庭。

(三)从以往的单学科、单视野的研究逐步转向了跨学科和多视野的研究

单纯从某一学科角度解读和评析《帝国主义是资本主义的最高阶段》的研究,正逐渐被多角度研究视野所代替,当然这有一个研究过程和研究耗时的问题。从以往的研究情况看,哲学家往往从哲学角度研究《帝国主义是资本主义的最高阶段》,将它视为列宁哲学思想的一个重要著作。政治学家往往从政治学角度研究《帝国主义是资本主义的最高阶段》,将它视为列宁科学社会主义思想的一个重要著作。经济学家往往从经济学的角度研究《帝国主义是资本主义的最高阶段》,将它视为列宁经济学思想的一个重要著作。这些专门专学科的研究,有助于人们从某个学科深化和熟悉《帝国主义是资本主义的最高阶段》。但是,列宁的《帝国主义是资本主义的最高阶段》包含了丰富的哲学思想、政治学思想、经济学思想,但从某一学科研究它,给人以"划区域"研究或者"碎片化"研究的印象。一些国外学者为了某种学术需要或者社会需要,仅仅抓住列宁著作中的某些论断,将它们进行解读或者放大

---

① 参见福斯特:《三个国际的历史——一八四八至一九五五年的国际社会主义和共产主义运动》,李潞等译,北京:生活·读书·新知三联书店1961年版,第287页。

由于失去了从整体上认识列宁的客观性，使得当前对列宁思想的解读与列宁著作之间形成了极大的时空距离感。

（四）基本上忽视了著作中所包含的丰富的辩证法思想

不得不承认，西方学者当前对列宁《帝国主义是资本主义的最高阶段》的研究，的确存在这样的缺陷。苏联学者罗森塔尔的《列宁帝国主义理论中的辩证法》一书，对推动《帝国主义是资本主义的最高阶段》与辩证法之间关系的研究起到了重要作用。但是，这毕竟是上个世纪的事情。当前西方学者在研究《帝国主义是资本主义的最高阶段》时，已经很少能够深入这本著作所蕴含的辩证法内部，往往选取《帝国主义是资本主义的最高阶段》的表面的某些结论作为研究对象。即便研究辩证法思想的西方学者，在涉及列宁思想时，往往提及和评述《唯物主义和经验批判主义》这本哲学著作，却很少提及包含丰富辩证法思想的《帝国主义是资本主义的最高阶段》，即便提及，也往往是蜻蜓点水。比如，西方马克思主义的代表人物之一梅洛-庞蒂，在《辩证法的历险》一书中，大篇幅论述"《真理报》"、"行动中的辩证法"、"萨特与极端布尔什维克主义"，较少顾及《帝国主义是资本主义的最高阶段》。

（五）西方学者常用"观念秀"的形式博取众人眼球

西方学者的"观念秀"（Show of Ideas），看似他们创造的概念迭出，实际是概念快餐、"繁华落寞"，失之深刻。一个有趣的例子似乎可以说明这类问题。2008年夏天，在伦敦大学任职的齐泽克同巴迪欧商议，准备在2009年春天在伦敦大学召开一次从哲学上澄清共产主义观念的国际学术会议。巧合的是，在该会议如期举行的时候，从美国爆发的金融危机正席卷全球，这使得该会议的召开似乎有先见之明，也契合了人们声讨资本主义和寻找替代方案的需求，它甚至吸引了英国主流媒体BBC和《金融时报》的关注，这也是为何会议虽然门票昂贵却吸引近千名听众的原因。由于人数众多,会议主办方不得不两次更换会议地址。本次会议每张门票 100 欧元,学生票 60 欧元,后来因为遭到学生会的强烈抗议,主办方不得不在可以容纳近千人的洛根大厅旁边的另一个教室里进行现场直播,学生可以免费进入。有人因此讽刺齐泽克等人是在"贩卖"共产主义。在会议结束之际,齐泽克突发奇想,号召全体与会者齐唱《国际歌》。本来在一次共产主义会议上合唱此歌似乎并无不妥(尤其对齐泽克这位有着东方社会主义阵营生活经验的人来说),但这毕竟是一次学术会议而非一次政治集会,正起身准备离场的听众对此毫无准备,即使有心响应,大部分人也不记歌词了,结果只有某个角落的几位听众哼唱起来,满场的吵嚷声很快湮没了他们的歌声。大会于是便在这样一种尴尬的场景下闭幕了。①

(六)国外学者有贬损列宁帝国主义思想的倾向

这种趋势已经凸显。比如作为西方英语世界最为著名的列宁传记类作品《列宁的一生》就是如此。这部列宁传记是美国著名的学者路易斯·费希尔花费 40 年时间写成的。为了研究列宁,他先后两次访问苏联并在苏联居住长达 14 年之久。定居期间,他不但与列宁直接会见,而且潜心研究列宁思想。由于得益于第一手资料和长期的钻研,这部《列宁的一生》是他所有作品中最为成功的一部。此书出版,立即震惊美国文坛,震动西方世界,因而获得了美国国家图书奖。英文原版的简介中说:"几乎没有人比路易斯·费希尔更有资格来写苏维埃制度之父的生平。他第一次访问俄国是在 1922 年,当时他曾会见过列宁,并留心观察那个正在进行革命斗争的国家。从那时起,他一直不知疲倦地研究苏维埃事务,研究列宁。"② 虽然费希尔煞费苦心地研究列宁,但由

---

① 王金林:《幽灵重现——伦敦共产主义大会述评》,载俞吾金主编、汪行福执行主编:《国外马克思主义研究报告》(2010),北京:人民出版社 2010 年版,第 257、269 页。
② 〔美〕路易斯·费希尔:《列宁的一生》,彭卓吾译,北京:北京图书馆出版社 2002 年版,"译者的话",第 2 页。

于他所处的资产阶级知识分子的立场,决定了他在褒奖列宁的同时,还不忘时不时地攻击和否定列宁的经典著作。比如,《帝国主义是资本主义的最高阶段》、《国家与革命》、《共产主义运动中的"左派"幼稚病》这三本著作,是世界无产阶级的必读之物,在国际共产主义运动中发挥了重要作用,在马克思主义发展史中也占有重要地位。但是,费希尔在《列宁的一生》中,对这三本书中的观点进行了全盘否定,这显然是我们所不能接受的,也体现了他的资产阶级本性。

再比如,布兰科·拉齐奇和米洛拉德·德拉奇科维奇通过将列宁主义说成是落后俄国的"产物"进而曲解他同马克思的关系:"列宁的大多数理论虽然来自于马克思恩格斯,甚至是来自于考茨基和普列汉诺夫,但是就列宁的策略和组织理论来说,则完全是来自于他自己,同两个国际的任何西方马克思主义者都没有关系。"① 迈克尔·摩根则进一步地曲解为:"列宁已经无条件地接受了马克思的各种论断。……首先的和基本的原因是他像马克思一样是个黑格尔主义者。……其次是因为俄国在经济、社会和政治上的落后性。"②

(七)国际上对列宁的研究依旧"暗花飘香"

当前国际上对列宁思想的研究正在进入缓慢发展或低估发展的时期,这从20世纪80年代以来国际上举办的有关马克思主义的学术大会的会议主题上就可以看出来,但研究列宁思想的这股国际热情并没有被低谷中的"冷雨"所浇灭,国际上列宁研究的这股潜流依然在"暗花飘香"。比如,2010年5月4—5日,古巴哲学研究所主办的"马克思著作与21世纪的挑战"第五届国际研讨会。为了这次会议,2009年进行了会议的筹办工作,会议组织者指出:2010年2月22

---

① 布兰科·拉齐奇、米洛拉德·德拉奇科维奇:《列宁和共产国际》第1卷,美国斯坦福1972年版,第321页。

② 迈克尔·摩根:《列宁传》第23页,转引自叶卫平:《西方"马克思学"研究》,北京:北京出版社1995年版,第270页。

日,是列宁诞生 100 周年,古巴领导人卡斯特罗将列宁视为是马克思的"天才信徒"。筹备会决定将这次会议的内容确定为"21 世纪的古巴:社会主义、政治与经济"。从会议组织者所发会议通知和宣传材料中,可以看出古巴政府、学术界对马克思主义、列宁主义、当前社会主义建设等重要理论和现实问题的解读和主要观点。①

---

① 转引自袁振东:《拉丁美洲》,见俞吾金主编、汪行福执行主编:《国外马克思主义研究报告》(2010),北京:人民出版社 2010 年版,第 203 页。

第三部分　　当代解读

第七章 《帝国主义是资本主义的最高阶段》结构与内容

《帝国主义是资本主义的最高阶段》一书是列宁论述帝国主义基本经济特点的联系和相互关系的著作。全书由 10 个部分和 2 个序言构成。其中 10 个部分分别是：（一）生产集中和垄断；（二）银行和银行的新作用；（三）金融资本和金融寡头；（四）资本输出；（五）资本家同瓜分世界；（六）大国瓜分世界；（七）帝国主义是资本主义的特殊阶段；（八）资本主义的寄生性和腐朽；（九）对帝国主义的批评；（十）帝国主义的历史地位。我们先来谈谈这 10 个部分的基本内容。

一 生产集中和垄断

列宁在这一部分引用了当时工业发展的例子说明了资本主义生产发展已经到了集中和垄断的阶段。

列宁引用了德国、美国和英国的大量工业企业发展的数据表明，"资本主义最典型的特点之一就是工业蓬勃发展，生产集中于越来越大的企业的过程进行得非常迅速。"① 在德国不到 1% 的企业，竟然占有了总数四分之三以上的蒸汽力和电力。在美国，生产集中发展的更加迅猛。美国所有企业的全部产值差不多有一半掌握在仅占企业总数 1% 的企业主手里。列宁认为，"集中发展到一定阶段，可以说是自然而然地

---

① 《帝国主义是资本主义的最高阶段》，北京：人民出版社 2014 年版，第 13 页。

走到垄断。因为几十个大型企业彼此之间容易达成协议；另一方面，正是企业的规模巨大造成了竞争的困难，产生垄断的趋势。这种从竞争到垄断的转变，不说是最新资本主义经济中最重要的现象，也是最重要的现象之一。"①

列宁同时指出，"资本主义发展到了最高阶段，有一个极重要的特点，就是所谓联合制，即把不同的工业部门联合在一个企业中。"② 这里说的主要是同行业和跨行业的联合企业的出现。为了整合资源、降低成本、提高利润、改进技术、垄断价格、应付危机与萧条，等等，巨型企业可能实现跨行业经营，如"钢铁辛迪加"与"煤业辛迪加"之间可能实现"强强联合"，同时还拥有自己的铁路和港口。这种大型企业在当时是德国钢铁工业的典型代表，背后有柏林的大型银行做靠山和指挥者。德国的高额保护关税政策更加速了这种跨行业的集中，加速了企业家垄断同盟卡特尔、辛迪加等的形成。所谓卡特尔，是英文 Cartel 的音译，主要是指同业联盟，即由一系列生产类似产品的企业组成的联盟，通过某些协议或规定来控制该产品的产量和价格。而所谓辛迪加，是法语 Syndicat "组合"的意思，是比卡特尔发展程度高且较稳定的资本主义垄断组织形式。在列宁的时代，不仅卡特尔已经不是暂时的现象，已经成了全部经济生活的基础之一，而且出现了跨行业的集中和垄断。

英国的情况也是如此，"集中同样导致垄断"。尽管英国政府采取了保护关税政策，但是，正如列宁所说，"生产集中产生垄断，则是现阶段资本主义发展的一般的和基本的规律。"③

列宁对于垄断组织的历史作了如下三个方面的总结和概括："（1）19世纪 60 年代和 70 年代是自由竞争发展的顶点即最高阶段。这时垄断组织还只是一种不明显的萌芽。（2）1873 年危机之后，卡特尔有一段很

---

① 《帝国主义是资本主义的最高阶段》，北京：人民出版社 2014 年版，第 14 页。
② 同上书，第 15 页。
③ 同上书，第 17 页。

长的发展时期,但卡特尔在当时还是一种例外,还不稳固,还是一种暂时现象。(3)19世纪末的高涨和1900—1903年的危机。这时卡特尔成了全部经济生活的基础之一。资本主义转化为帝国主义。"①

二 银行和银行的新作用

银行本来是一个普通的金融中介服务机构,但是,随着银行业的发展和集中于少数机构,银行就"由一个中介人的普通角色发展成为势力极大的垄断者,它们支配着所有资本家和小业主的几乎全部的货币资本,以及本国和许多国家的大部分生产资料和原料产地"。列宁认为,"为数众多的普通中介人成为极少数垄断者的这种转变,是资本主义发展成为帝国主义的基本过程之一。"②

数据统计显示,德国的银行业中小银行受到大银行的排挤,9家大银行差不多集中了德国所有存款的一半,还不包括那些实际上是大银行的分行的小银行的存款数额。1909年的数据显示,德国柏林9家大银行及其附属银行支配着113亿马克,约占德国银行资本总额的83%。大银行通过收购和参与的方式吞并小银行、小企业,而且通过参与他们的资本、购买或交换股票,通过债务关系等等来联合和征服他们,吸收他们加入自己的康采恩。所谓康采恩是德语Konzern的音译,原意为多种企业集团。这是一种规模庞大而复杂的资本主义垄断组织形式。由不同经济部门的许多企业联合组成,是金融寡头实现其经济上的统治的最高组织形式。金融寡头通过大银行或大工业企业,采用参与制掌握股票控制额,使其他参与者从属于自己,从而得以控制比其本身资本大几倍甚至几十倍的资本以加强垄断统治,攫取高额垄断利润。

列宁在书中引用了当时德国、法国和英国大银行的一些具体数据证明了当时资本主义国家通过银行对于企业的集中控制,而且发展迅速。

---

① 《帝国主义是资本主义的最高阶段》,北京:人民出版社2014年版,第19页。
② 同上书,第27页。

如德国柏林的 6 家大银行从 1895 年到 1911 年的 6 年时间里，其机构总数从 42 个发展为 450 个，在德国的分行从 16 家发展到 104 家，其扩张的速度非常之快。列宁写道："我们看到，银行渠道的密网扩展得多么迅速，它布满全国，集中所有的资本和货币收入，把成千上万分散的经济变成一个统一的全国性的资本主义经济，并进而变成世界性的资本主义经济。"①

巴黎大银行里昂信贷银行的账户数 1875 年是 28535 个，而到了 1912 年，则增加到 633539 个，增长了 20 多倍。列宁认为，这些数据清楚地表明，随着资本的集中和银行周转额的增加，银行的作用从根本上改变了。"分散的资本家合成了一个集体的资本家"，极少数垄断者控制了整个资本主义社会的工商业业务，进而控制整个资本家和控制整个社会。

列宁在这一章的末尾总结说，"总之，20 世纪是从旧资本主义到新资本主义，从一般资本统治到金融资本统治的转折点。"②

三 金融资本和金融寡头

鲁道夫·希法亭③ 1910 年发表《金融资本》一书，所谓"金融资本"用希法亭的话说，就是"由银行支配而由工业家运用的资本"。希法亭认为"愈来愈多的工业资本不再属于工业的资本家了。工业家只有通过银行才能取得对资本的支配权，对于工业家来说，银行代表这种资本的所有者。另一方面，银行也必须把自己愈来愈多的资本固定在工业上。因此，银行愈来愈变成工业资本家。通过这种方式实际上变成了工业资本家的资本，即货币形式的资本，我把它叫做金融资本。"④ 列宁

---

① 《帝国主义是资本主义的最高阶段》，北京：人民出版社 2014 年版，第 30 页。
② 同上书，第 43 页。
③ 希法亭（Rudolf Hilferding, 1877—1941），奥地利社会民主党、德国社会民主党和第二国际机会主义重要人物之一，奥地利马克思主义的重要代表人物之一。
④ 《帝国主义是资本主义的最高阶段》，北京：人民出版社 2014 年版，第 44 页。

总结希法亭的话说,生产的集中和集中生产出来的垄断出现了银行和工业的融合,"这就是金融资本产生的历史和这一概念的内容"①。

实现金融寡头控制的是一种"参与制"。即领导人控制总公司或母公司,统治着依赖于它的公司或"女儿公司",女儿公司又统治着"孙女公司",这样,拥有不太多的资本就可以控制巨大的生产部门。股票的发行更加加强了这种"参与制"的统治和权力效应,更加缩小了控股公司的控股比例,加大了金融寡头对于生产部门的统治。在列宁的时代,只要占有40%的股票就能操纵一个股份公司的业务,因为总有一部分分散的小股东实际上根本没有可能参加股东大会(今天这个比例有的已经更小了)。列宁指出,"参与制"不仅使垄断者的权力大大增加,而且还使他们可以不受惩罚地、为所欲为地干一些见不得人的勾当,甚至盘剥公众,而不必负法律责任,因为母公司的领导人在形式上对女儿公司不负担法律责任,女儿公司算是"独立的",不过一切事情都可以通过女儿公司去"实施"。列宁在这里举了德国和俄国的例子来说明这种参与制所造成的寡头统治情况,特别指出,"由于资本主义垄断组织的形成而造成的银行资本和工业资本的融合,在俄国也有了长足的进展"②。

列宁举了大量的事例证明:"集中在少数人手里并且享有实际垄断权的金融资本,由于创办企业、发行有价证券、办理公债等等而获得大量的、愈来愈多的利润,巩固了金融寡头的统治,替垄断者向整个社会征收贡赋。"③金融资本在市场竞争中具有绝对的优势,在工业高涨时,金融资本凭借对企业的控制获得巨额利润,而在市场衰落时,小企业和不稳定的企业纷纷倒闭,大银行就"参与"低价收购这些企业,或者通过参与改组获利。

列宁总结说,资本主义的一个一般特性,就是资本的占有同资本在

---

① 《帝国主义是资本主义的最高阶段》,北京:人民出版社2014年版,第44页。
② 同上书,第50页。
③ 同上。

生产中的运用相分离，货币资本同工业资本或生产资本相分离，靠货币资本的收入为生的企业家及其直接参与运用资本的人相分离。"帝国主义，或者说金融资本的统治，是资本主义的最高阶段，这时候，这种分离达到了极大的程度。金融资本对其他一切形式的资本的优势，意味着食利者和金融寡头占统治地位，意味着少数拥有金融'实力'的国家处于和其余一切国家不同的特殊地位。"①

四 资本输出

在垄断占统治地位的资本主义时期，资本输出取代商品输出成为主要的国际交换方式。

工业的发展和资本的集中使得先进国家里出现了大量的"剩余资本"。这里列宁把过剩余资本加了引号，因为对于本国人民来说，这些资本并不是过剩的资本。列宁说："因为发展的不平衡和民众的半饥半饱的生活水平，是这种生产方式的根本的、必然的条件和前提。只要资本主义是资本主义，过剩的资本就不会用来提高本国民众的生活水平（因为这样会降低资本家的利润），而会输出国外，输出到落后的国家去，以提高利润。"② 资本输出主要是为了赚取高额利润，列宁认为，"这就是帝国主义压迫和剥削世界上大多数民族和国家的坚实基础，这就是极少数最富国家的资本主义寄生性的坚实基础！"③

当时各国的国外投资情况有所不同。英国主要投向它的殖民地国家。法国则主要投向欧洲，首先是俄国，而且多半是以借贷的方式，而不是直接对工业企业的投资。因此，列宁说，"法国帝国主义与英国殖民主义不同，可以叫做高利贷帝国主义。"④ 与英法国家不同，德国因

---

① 《帝国主义是资本主义的最高阶段》，北京：人民出版社2014年版，第56页。
② 同上书，第60页。
③ 同上书，第61页。
④ 同上书，第61—62页。

为殖民地不多,所以它的国外投资主要在欧美两洲之间平均分布。列宁认为,资本输出会大大加速输入国家的经济发展,但会导致输出国的经济一定程度的停滞。不过他说:"如果说资本输出会在某种程度上引起输出国发展上的一些停滞,那也一定会有扩大和加深资本主义在全世界的进一步发展为补偿的。"①

当然,输出资本的国家总是有可能获得一定的利益,这是金融资本和垄断组织时代的特征。金融资本造成了垄断组织的时代,而垄断组织则到处实行垄断的原则:利用"联系"来订立有利的契约,以代替开放的市场上的竞争。最常见的是规定用一部分贷款购买债权国的产品作为贷款的条件。例如,巴西修筑铁路,大部分用的是法国、比利时、英国和德国的贷款,这些国家在办理有关修筑铁路的金融业务时规定由他们提供铁路建筑材料。这就使得资本输出成了鼓励商品输出的手段。

另外,金融资本的输出使得输出国的银行网络布满了各殖民地国家,从而成了支配这些国家金融和贸易的手段。

五 资本家同盟瓜分世界

资本家的垄断同盟卡特尔、辛迪加、托拉斯首先瓜分国内市场,把本国的生产和销售渠道差不多完全掌握在自己手里。同时,在资本主义制度下,国内市场与国际市场是相互联系的。因此,随着资本输出的增加,大型企业集团开始瓜分世界市场,形成国际卡特尔。这是世界性资本和生产集中的一个新的阶段,形成了超级垄断。列宁在这里用了大量的数据和实例说明资本瓜分世界市场的情况。

列宁认为,资本瓜分世界市场是一种获利的方式,而且他们是"按资本"、"按实力"来瓜分世界市场的。这种按实力的瓜分会随着资本实力的变化而发生变化的。列宁在这里同时批判了考茨基在这个问题上

---

① 《帝国主义是资本主义的最高阶段》,北京:人民出版社 2014 年版,第 62 页。

的错误观点。考茨基认为,"国际卡特尔作为资本国际化的最突出的表现之一,给人们带来了在资本主义制度下各民族间实现和平的希望。"列宁批判说,"这种意见在理论上是完全荒谬的,在实践上是一种诡辩,是用欺骗的手段为最恶劣的机会主义辩护。"

六 大国瓜分世界

列宁在这一章开头引用了地理学家亚·苏潘1906年写的《欧洲殖民地的扩展》一书中的数据,即包括美国在内的欧洲殖民大国于1876年在非洲和波利尼西亚占有土地面积分别为10.8%和56.8%,而到了1900年则发展为90.4%和98.9%。苏潘得出结论说:"可见,这个时期的特点是瓜分非洲和波利尼西亚。"列宁据此得出结论说:"因为在亚洲和美洲,无主的土地,即不属于任何国家的土地已经没有了,所以应当扩大苏潘的结论,应当说,我们所考察的这个时期的特点是世界瓜分完毕。"①列宁接着说,当然,所谓瓜分完毕,并不是说不可能重新瓜分了。相反地,重新瓜分是可能的,而且是不可避免的,这只是说,在资本主义各国的殖民政策下,我们这个行星上无主的土地都被霸占完了。世界已经第一次被瓜分完毕,所以以后只能是重新瓜分。

列宁接着引用了美国作家莫里斯《殖民史》一书的资料证明,帝国主义瓜分世界的行为是与金融资本的发展密切相关的。列宁说:"毫无疑问,资本主义向垄断资本主义阶段的过渡,即向金融资本的过渡,是同瓜分世界的斗争的尖锐化联系着的。"② 列宁意在指出,当时的帝国主义是与早期的帝国主义不同的,是与金融资本的发展相联系的。所以他指出:"最新资本主义的基本特点是最大企业家的垄断同盟的统治,当这种垄断组织独自霸占了所有原料产地的时候,它们就巩固无比了。我们已经看到,资本家国际同盟怎样拼命地致力于剥削对方竞争的一切

---

① 《帝国主义是资本主义的最高阶段》,北京:人民出版社2014年版,第74页。
② 同上书,第76页。

可能,收买譬如蕴藏铁矿的土地或石油资源等等。只有占领殖民地,才能充分保证垄断组织自如地应付同竞争者的斗争中的各种意外事件,包括对方打算用国家垄断法来实行自卫这样的意外事件。资本主义愈发达,原料愈感缺乏,竞争和追逐全世界原料产地的斗争愈尖锐,抢占殖民地的斗争也就愈激烈。"①

在区分了新旧帝国主义之后,列宁批判资产阶级改良主义,尤其是考茨基主义,"总是企图贬低这种事实的意义,说不用'代价很大而且很危险的'殖民政策就'可以'在自由市场上取得原料,说'简单地'改善一下一般农业的条件就'可以'大大增加原料的供应"。列宁批判他这是在"替帝国主义辩护","替帝国主义涂脂抹粉"。因为他忘记了这个最新资本主义的垄断特点。这正如希法亭所说:"金融资本要的不是自由,而是统治。"②

列宁进而指出:"金融资本和同它相适应的国际政策,归根到底是大国为了在经济上和政治上瓜分世界而斗争的国际政策,造成了许多过渡的国家依赖形式。这个时代的典型的国家形式不仅有两大类国家,即殖民地占有国和殖民地,而且有各种形式的附属国,它们在政治上、形式上是独立的,实际上却被金融和外交方面的依附关系的罗网缠绕着。上面我们已经说过一种形式——半殖民地。而阿根廷这样的国家则是另一种形式的典型。"③ 这就是列宁关于殖民地和半殖民地及其国际政策的理论。

七 帝国主义是资本主义的特殊阶段

列宁在这一章对前几章进行了总结。总体而言,从资本主义到帝国主义有一个经济上的基本事实,即资本主义的自由竞争被资本主义的垄

---

① 《帝国主义是资本主义的最高阶段》,北京:人民出版社 2014 年版,第 80 页。
② 同上书,第 82 页。
③ 同上书,第 83 页。

断所代替。所以列宁给帝国主义下了一个定义，即"帝国主义是资本主义的垄断阶段"。因而它有五个特征：（1）生产和资本的集中发展到这样的程度，以致造成了在经济生活中起决定作用的垄断组织；（2）银行资本和工业资本已经融合起来，在这个"金融资本的"基础上形成了金融寡头；（3）和商品输出不同的资本输出具有特别重要的意义；（4）瓜分世界的资本家国际垄断同盟已经形成；（5）最大资本主义大国已把世界上的领土瓜分完毕。在论述了这五个特征之后，列宁进一步给出的定义是："帝国主义是发展到垄断组织和金融资本的统治已经确立、资本输出具有突出意义、国际托拉斯开始瓜分世界、一些最大的资本主义国家已把世界全部瓜分完毕这一阶段的资本主义。"①

列宁对比了考茨基的帝国主义定义。考茨基的定义是："帝国主义是高度发达的工业资本主义的产物。帝国主义就是每个工业资本主义民族力图吞并或征服愈来愈多的**农业**[黑体字是考茨基用的]区域，而不管那里居住的是什么民族。"②列宁认为，这个定义是根本要不得的，因为它片面地任意地单单强调了一个民族问题，任意地和错误地把这个问题单单同兼并其他民族的那些国家的工业资本联系起来，又同样任意地和错误地突出了对农业地区的兼并。列宁认为，考茨基认为帝国主义就是力图兼并，这是对的，但是，这非常不全面，因为在政治方面它是要"使用暴力和实行反动"。列宁指出，帝国主义的特点恰好不是工业资本，而是金融资本，正是金融资本的发展导致了兼并。而且不只是兼并农业地区，而是力图兼并工业极其发达的地区。因为，第一，世界已经瓜分完了，在重新瓜分的时候，就不得不把手伸向任何一块土地；第二，帝国主义的重要特点，是几个大国争夺霸权，即争夺领土，其目的与其说是直接为了自己，不如说是为了削弱对方，破坏对方的霸权。列宁得出结论说，"考茨基的定义不仅是错误的和非马克思主义的，而且

---

① 《帝国主义是资本主义的最高阶段》，北京：人民出版社2014年版，第87页。
② 同上书，第88—89页。

还成了全面背离马克思主义理论和马克思主义实践的那一整套观点的基础。"①

列宁在这里还批判了考茨基的"超帝国主义论"。考茨基写道:"从纯粹经济的观点看来,资本主义不是不可能再经历一个新的阶段,即把卡特尔政策应用到对外政策上的超帝国主义的阶段",也就是说,世界上各帝国主义国家彼此联合而不是互相斗争,在资本主义制度下停止战争的阶段,"实行国际联合的金融资本共同剥削世界"的阶段。列宁认为,考茨基的理论背弃马克思主义已经到了"何等彻底而无可挽回的地步"。

八 资本主义的寄生性和腐朽

垄断必然产生停滞和腐朽,对价格的垄断甚至使垄断企业阻碍技术的应用。这是列宁说的帝国主义停滞和腐朽的一个方面。

另一方面,垄断使得大量货币资本聚集于少数个人和少数国家,从而产生食利者阶级和食利者国家。列宁根据霍布森的研究得出结论说:"在世界上'贸易'最发达的国家,食利者的收入竟比对外贸易的收入高4倍!这就是帝国主义和帝国主义寄生性的实质。"②

列宁认为,"食利国"与"高利贷国"是同一个概念。高利贷国家使用武力保护自己的国外投资和贷款。列宁引用舒尔采-格弗尼兹的话说:"在国外投资中占第一位的,是对政治上附属的或结盟的国家的投资:英国贷款给埃及、日本、中国和南美。在必要时,英国的海军就充当法警。英国的政治力量保护着英国,防止债务人造反。"③

投在国外的货币资本的收益远胜于工业资本的收益。列宁接着引用舒尔采-格弗尼兹的话说:"英国逐渐由工业国变成债权国。虽然工业

---

① 《帝国主义是资本主义的最高阶段》,北京:人民出版社2014年版,第90页。
② 同上书,第99页。
③ 同上。

生产和工业品出口有了绝对的增加，但是，利息、股息和发行证券、担任中介、进行投机等方面的收入，在整个国民经济中的相对意义愈来愈大了。依我看来，这个事实正是帝国主义繁荣的经济基础。债权人和债务人之间的关系，要比卖主和买主之间的关系更巩固些。"① 列宁为此得出结论说："食利国是寄生腐朽的资本主义的国家"。

列宁在这一章的最后指出了帝国主义分裂工人，加强工人中间的机会主义，造成工人运动在一段时期内腐化的趋势。正如马克思和恩格斯早就指出的工人阶级资产阶级化的情况一样，列宁指出：由于这个国家（指英国）剥削全世界，它在世界市场上占有垄断地位，拥有殖民地垄断权，因此，"英国一部分无产阶级已经资产阶级化了"；"英国一部分无产阶级受那些被资产阶级收买或至少领取资产阶级报酬的人的领导"。②

九　对帝国主义的批评

列宁在这一章里集中批判了考茨基的和平发展理论与他的超帝国主义理论。列宁总结说："考茨基对帝国主义的理论分析，以及他在经济上和政治上对帝国主义的批评，都始终贯穿着一种同马克思主义绝对不相容的、掩盖和缓和最根本矛盾的精神，一种尽力把欧洲工人运动中同机会主义的正在破裂的统一保持下去的意图。"③

这里所说的对帝国主义的批评不是作者本人对帝国主义的批评，而是指当时社会各阶级根据自己的一般意识形态对帝国主义政策所采取的态度。

集中在少数人手里的金融资本建立了非常广泛而细密的关系和联系网，从而不仅控制了大批中小资本家，而且控制了大批最小的资本家和

---

① 《帝国主义是资本主义的最高阶段》，北京：人民出版社 2014 年版，第 99 页。
② 同上书，第 105 页。
③ 同上书，第 120 页。

小业主，从而使所有的有产阶级全都转到帝国主义的立场上去了。他们迷恋于帝国主义的前途，疯狂地捍卫帝国主义，千方百计地美化帝国主义，这是当时整个资产阶级的阶级立场。不仅如此，这种帝国主义的意识形态也渗透到工人阶级内部。甚至德国"社会民主"党的领袖也成了帝国主义者，他们口头上是社会主义者，实际上是帝国主义者。

此外，列宁在这里批评资产阶级的学者和政论家替帝国主义辩护，他们"通常都是采用比较隐蔽的方式，掩盖帝国主义的完全统治和帝国主义的深刻根源，竭力把局部的东西和次要的细节放在主要的地位，拼命用一些根本无关紧要的'改良'计划，诸如由警察监督托拉斯或银行等等，来转移人们对实质问题的注意。至于那些肆无忌惮的露骨的帝国主义者的言论却比较少见，这些人倒敢于承认改良帝国主义的基本特性的想法是荒谬的。"列宁在这里集中批判了考茨基。

十　帝国主义的历史地位

列宁在这一章首先提出了垄断资本主义的四种表现或这个时代垄断的四种主要形式，即：

第一，垄断是从发展到很高阶段的生产集中生长起来的。

第二，垄断导致加紧抢占最重要的原材料产地。

第三，垄断是从银行中生长起来的。

第四，垄断是从殖民政策中生长起来的。

列宁总结说："垄断，寡头统治，统治趋向代替了自由趋向，极少数最富强的国家剥削越来越多的弱小国家——这一切产生了帝国主义的这样一些特点，这些特点使人必须说帝国主义是寄生的或腐朽的资本主义。帝国主义的趋势之一，即形成为'食利国'、高利贷国的越来越显著，这种国家的资产阶级愈来愈依靠输出资本和'剪息票为生'。"[①]

---

① 《帝国主义是资本主义的最高阶段》，北京：人民出版社2014年版，第122—123页。

不过，列宁认为，尽管帝国主义具有这种寄生性和腐朽性，但是，这并不影响资本主义的发展。相反地，"整个说来，资本主义的发展比从前要快得多，但是，这种发展不仅一般地更不平衡了，而且这种不平衡还特别表现在某些资本最雄厚的国家（英国）的腐朽上面。"①

列宁接着再次提到了帝国主义国家收买工人，"把他们全心全意拉到该部门或该国家方面去反对其他一切部门或国家。帝国主义国家因瓜分世界而加剧的对抗，更加强了这种趋势。"② 列宁以此得出结论说："根据以上对帝国主义的经济实质的全部论述得出一个结论，即应当说帝国主义是过渡的资本主义，或者更确切地说，是垂死的资本主义。"③

列宁在本章最后用马克思的历史唯物主义理论表述了他后来讲的"帝国主义是社会主义的前夜"的思想。生产的社会化已经成了这个时代的必然选择，因为"私有经济关系和私有制关系已经变成与内容不相适应的外壳了，如果人为地拖延消灭这个外壳的日子，那就必然要腐烂，——它可能在腐烂状态中保持一个比较长的时期（……），但终究不可避免地要被消灭。"④ 他用圣西门的话说："现在生产的无政府状态是同经济关系的发展缺乏统一的调节这个事实相适应的，这种状态应当被有组织的生产所代替。"⑤

十一 关于列宁写的两个序言

除了上述十章之外，列宁在这本书的前面还写了两个序言。第一个序言写于 1917 年 4 月 26 日俄文版出版之前，主要介绍该书的写作和引述资料的情况，特别是讲述了当时由于沙皇政府的书报检查制度在写作时进行了必要的技术处理。"我不但要极严格地限制自己只作理论上的、

---

① 《帝国主义是资本主义的最高阶段》，北京：人民出版社 2014 年版，第 123 页。
② 同上书，第 123—124 页。
③ 同上书，第 124 页。
④ 同上书，第 125 页。
⑤ 同上书，第 125—126 页。

特别是经济上的分析,而且在表述关于政治方面的几点必要的意见时,不得不极其谨慎,不得不用暗示的方法,用沙皇政府迫使一切革命者提笔写作'合法'著作时不得不采用的伊索式的——可恶的伊索式的——语言"①。列宁特别提到,书的有些地方讲的"吞吞吐吐,好像被铁钳子钳住了似的"。他特别提到讲到"帝国主义是社会主义革命的前夜"这个理论时"不得不用一种'奴隶的'语言",等等。列宁在该序言最后告诉读者,希望"这本小册子能有助于理解帝国主义的经济事实这个基本经济问题,不研究这个问题,就根本不会懂得如何去认识现在的战争和现在的政治"②。

第二个序言是列宁1920年7月6日为该书的法文版和德文版写的。列宁在这里对于这个在书报检查制度下写的书作了"一些最必要的补充"。

首先,列宁指出:1914—1918年的战争从双方来说都是帝国主义的战争,都是为了瓜分世界,为了瓜分和重新瓜分殖民地、金融资本的"势力范围"等等而进行的战争。只要生产资料私有制还存在,帝国主义的战争是绝对不可避免的。

其次,帝国主义的战争造成了大规模的人员死亡和经济破坏,列宁指出:"在战争造成的全世界经济破坏的基础上,世界革命危机日益发展,这个危机不管经过了多么长久而艰苦的周折,最后必将以无产阶级革命和这一革命的胜利而告终"③。关于帝国主义战争与无产阶级革命的关系,1912年11月24日的《巴塞尔宣言》中写进了列宁的基本观点,即帝国主义战争一旦暴发,社会党人就应该利用战争所造成的经济危机和政治危机,来加速资本主义的崩溃,进行社会主义革命。列宁在出版《帝国主义是资本主义的最高阶段》法文版和俄文版时把这个《宣言》收在该书的附录里,并在这里作了说明,再次批判第二国际考

---

① 《帝国主义是资本主义的最高阶段》,北京:人民出版社2014年版,第3页。
② 同上书,第4页。
③ 同上书,第7页。

茨基等人"总是想方设法避开"帝国主义战争与无产阶级革命的关系。

再次,列宁在序言中批判了考茨基等人的和平主义和一般"民主主义",强调"无产阶级的政党必须同这些思潮作斗争,把受资产阶级愚弄的小业主和程度不同地处在小资产阶级生活条件下的千百万劳动者从资产阶级那里争取过来"①。

最后,列宁对该书第8章"资本主义的寄生性和腐朽"进行了补充。他特别指出,帝国主义国家利用从国内外工人身上榨取的超额剩余利润千方百计地收买工人领袖和工人贵族。"这个资产阶级化了的工人阶层即'工人贵族'阶层,这个按生活方式、工人数额和整个世界观说来已经完全小市民化的工人阶层,是第二国际的主要支柱,现在则是资产阶级的主要社会支柱",是"资产阶级在工人运动中的真正代理人,是资本家阶级的工人帮办,是改良主义的沙文主义的真正传播者。在无产阶级同资产阶级的国内战争中,他们有不少人必然会站在资产阶级方面。"②

列宁最后写出了他的著名结论:"帝国主义是无产阶级社会革命的前夜。从1917年起,这已经在全世界范围内得到了证实。"③

---

① 《帝国主义是资本主义的最高阶段》,北京:人民出版社2014年版,第9页。
② 同上书,第10页。
③ 同上。

第八章 《帝国主义是资本主义的最高阶段》的文本比较

一 文本比较的原则

一般而言，比较事物之间的异同，最基本前提就是"可比性"。但是，现在我们是比较同一事物在不同时期的演变情况，而不是不同事物之间的比较。所以，这自然就减少了比较的工作难度。所以，如果时间和精力允许的话，应该将《帝国主义是资本主义的最高阶段》的所有版本和译本进行一番比较，才能从整体上全面认识该著作中关键术语的演变情况。但是，由于时间有限、精力有限、资料有限，笔者只能从众多版本和译本中，选择个别版本进行比较。这样一来，如何确定比较的版本和译本就十分必要。为此，我将遵照以下原则。

（一）典型原则

这里的典型原则包括三个方面，一是这个版本应当是某一时期具有很大影响的版本。无论是发行量还是翻译的质量，都体现了当时的翻译水平。二是这个版本应当具有相对的完整性，首先就是体现在它的译文内容的完整性，比如中文单行本或者收入完整的合译本等等。三是较早的摘译或节译的文本。由于各种原因，早期的列宁著作的中译本，也会出现摘译、节译等情况。这些摘译和节译的文本，由于时间比较长久，更能体现当时中国人对列宁著作的理解情况和理解水平,所以它们更是优先选择的重点。

(二) 时间维度原则

时间维度原则,就是比较的版本中,应当包括《帝国主义是资本主义的最高阶段》一书在新民主主义革命时期、社会主义建设时期和改革开放时期的不同版本。通过不同时期的文本比较,既可以增加本研究的历史感,也可以从中发现不同时期的翻译特色。所以,《帝国主义是资本主义的最高阶段》一书的最早中文版本和当前的最新版本,显然是必须选择的对象。在这两者之间,还有一些代表性的版本或者译本需要挑选出来。一是在最早版本和新中国成立之间的影响较大的版本。二是新中国成立之后至2014年的单行本之间影响较大的版本。

需要指出的是,在中文版的版本中,有一个特殊的版本,虽然具有代表性,但并不在本研究的文本比较的范围内容。这个就是解放社1949年10月翻印出版的《干部必读:帝国主义是资本主义的最高阶段、国家与革命、共产主义运动中的"左派"幼稚病、论列宁主义基础》。因为这一版的《帝国主义是资本主义的最高阶段》是根据苏联外国文书籍出版局1947年所出中文版翻印的,并且在解放社1949年的翻印本中明确指出由"唯真译校"。① 但是,其中苏联外国文书籍出版局声明指出:"本版《帝国主义是资本主义的最高阶段》一书,是根据莫斯科马恩列学院一九四六年刊印《列宁文选》两卷本第一卷所载原文

---

① 但是,在1958年6月人民出版社出版的中文第一版《列宁全集》第22卷的"译后记"中,编者者明确指出,《帝国主义是资本主义的最高阶段》一书有多个版本,"先有1929年上海启智书局的刘垫平的译本和1930年春潮书局章一元的译本,继有1931年莫斯科外国工人出版社《列宁选集》第8卷的译文(唯真译校),这个译本以后于1939年又由生活书店出版过。其次,还有1937年新知书店吴清友的译本,以后又有1947年莫斯科外国文书籍出版局《列宁文选》两卷集第1卷的译文(唯真、李明、苍木共同译校)。"参见《列宁全集》第22卷,北京:人民出版社1958年版,第377页。

译出。"① 由于这一版本是苏联人翻译的中文版,从一定意义上说,它并不能代表中国人翻译《帝国主义是资本主义的最高阶段》的水平和认识情况。所以,这一版本虽然具有代表性,但并不在本研究的考察范围之内。

(三) 两种比较的文本

在选择文本比较的对象时,笔者选择了四个文本作为研究基础。一是刘垡平的版本;二是吴清友的译本。三是 1962 年 9 月人民出版社出版的单行本。这一单行本选自《列宁全集》中文第一版第 22 卷,但是在排印的时候,由中央编译局根据原文和可靠的材料改正了第一版的错误。这里所说的第一版,就是 1958 年 6 月出版的《列宁全集》中文第一版第 22 卷。因为这一版本是新中国成立后,由中央编译局代表国家组织翻译出版的第一版,并且是作为向共和国成立 10 周年的献礼著作,代表了新中国成立后关于列宁研究的国家水平。但是,从新中国成立到 1959 年,要在这短短的十年之内保质保量地出齐《列宁全集》,的确困难重重。所以,其中有些专有术语的翻译存在不确切、甚至翻译错误的地方。因此,1964 年 9 月经过校订后的第二版单行本,也具有代表性。四是 2014 年人民出版社出版的单行本。这个版本是目前最新的版本,收入人民出版社"马列主义经典作家文库"。在"编者引言"中,编者强调了该版本是"采用《列宁选集》第三版修订版的译文"②。

需要说明的是,由于新中国成立以来,这部著作由中央编译局重新翻译,收入 1958 年 6 月出版的《列宁全集》中文第一版第 22 卷。但是,随着时间的发展,后来中央编译局又重新修订了译文,并收入 1990 年出版的《列宁全集》中文第二版第 27 卷和 2012 年出版的《列

---

① 《干部必读:帝国主义是资本主义的最高阶段、国家与革命、共产主义运动中的"左派"幼稚病、论列宁主义基础》,解放社 1949 年版,"出版局声明"。
② 《帝国主义是资本主义的最高阶段》,北京:人民出版社 2014 年版,"编者引言",第 4 页。

宁选集》第三版修订版第2卷。所以，本报告选用的2014年的单行本，实际上与1990年的《列宁全集》和2012年修订版的《列宁选集》中的相应的部分，除了个别文字有变动外，比如将"象"字修订为"像"外，可以说是完全一致的。

二 《帝国主义是资本主义的最高阶段》的文本比较情况

《帝国主义是资本主义的最高阶段》在中国得到了广泛传播，期间的版本、译本等不断变化，翻译质量也在逐步提高。但该著作中的一些关键术语，在不同版本和译本中有着不同的表述，这在早期的翻译实践中是常见的事情。即便到了20世纪末21世纪初，学术界仍然对最新译本中的关键词语的翻译准确性问题，不断商榷。

为了全面认识《帝国主义是资本主义的最高阶段》中关键术语的前后演变情况，本节打算从文本比较的视角，进行梳理和分析。经过比较，我发现《帝国主义是资本主义的最高阶段》中关键术语的译文变化十分明显。

仅以人民出版社在1964年和2014年出版的单行本作比较，就发现其中的完善、补充、删除、调整、合并、压缩、修改等方面的改动，可以说是数不胜数。笔者逐词逐句地对照了这两个有代表性的单行本，发现几乎每一段都有修改，更不用说每一页、每一节、每一章了。从整体看，两个文本中的关键术语几乎没有什么变化，修改的地方主要是句式的调整、定语的转化、标点符号的更改、形容词的置换、阿拉伯数字的替换等等。当然也有对一些翻译错误的矫正。

我原本以为两个文本的前后比较，一定会有一些修改完善之处，但没有想到修改数量之多远远超出我的预料，以至于当我翻看已经做满修改标记的2014年单行本时，竟不能找到一页甚至一段是还保留有原始"容颜"的。这些具体的修改，笔者会有选择、有典型地给大家介绍。

毕竟修改数量太多,不能一一列举。①

(一) 核心术语的比较

核心术语是支撑《帝国主义是资本主义的最高阶段》的核心词汇,如果缺少了它们,我们就无法理解和掌握列宁的帝国主义思想。笔者着重选择其中以下关键术语作为文本比较的重点:

帝国主义、银行资本、产业资本、金融资本、列强、瓜分世界、垄断、垄断同盟、垄断资本主义、国家垄断资本主义、宗主国、最高阶段、不平衡、商品输出、资本输出、寡头、寡头垄断、食利国、食利阶层、剪息票、无产阶级革命的前夜、生产社会化、垂死的资本主义、过渡性的资本主义、私有制,等等。

特别说明:

第一,以上这些词语或者短句在《帝国主义是资本主义的最高阶段》一文中,很多都是反复出现,它们之间的前后位置也并不总是与上述的位置相一致。但从该词或短句出现的时间上的逻辑考虑,它们的位置也尽可能保持了上述排列次序。

第二,为什么要选择上述这些词语或者短句?这些最基本的词语或者短句,可以说是《帝国主义是资本主义的最高阶段》一书中最核心的词语或者短句。比如"银行资本"、"产业资本"和"瓜分世界"三个词。列宁在给帝国主义下定义的时候,就明确指出:"如果必须给帝国主义下一个尽量简短的定义,那就应当说,帝国主义是资本主义的垄断阶段。"② 列宁认为这个定义最主要有两点:一是银行资本与产业资本混合生长的金融资本的垄断;二是"瓜分世界"。再比如"垄断"、"垄断资本主义"、"国家垄断资本"等,恰好是列宁在该著作中论证帝国主义的关键词。另外,像"资本输出"、"宗主国"、"垄断同盟"等,

---

① 由于《帝国主义是资本主义的最高阶段》一书内容丰富,加上笔者一个人囿于资料的极度匮乏,只好以人民出版社1964年9月、2014年12月的单行本作为文本比较的基础。
② 《帝国主义是资本主义的最高阶段》,北京:人民出版社2014年版,第86页。

都是列宁在阐述帝国主义"五大特征"的时候使用的关键词语。总之，以上关键词语或者关键术语的选择，是依照怎样说明和如何表现该著作的基本思想而确定的，而不是根据笔者自己的喜好或者为了减少文本比较的工作量而确定的。

比较结果：1."瓜分世界"这个词语中的"瓜分"一词在1964年的版本中是"分割"，而后在2014年的版本中被译改为"瓜分"。①

2. 1964年版本中的"列强"一词，在2014年版本中都被统一修改为"大国"，甚至第六章的标题"列强分割世界"也被修改为"大国瓜分世界"。

3. 以上术语，除了"瓜分"和"列强"两个词的更改之外，其他术语几乎没有什么变化。

（二）行文逻辑的比较

第一段话："从前交易所是流通中必要的中介人，当时银行还不能把发行的大部分有价证券推销到自己的顾客中间去，而现在交易所早已不是这样的中介人了。"②

这段话出现在第二章"银行和银行的新作用"中，是列宁引用《银行》杂志中的一段话，列宁的主要目的是为了说明银行（交易所）的职能从普通的中介人变为万能的垄断者。这段话中两次出现了"中介人"一词，第一次是说交易所是"必要的中介人"，第二次是说交易所"不是这样的中介人"，读起来不太顺畅。

于是，2014年单行本将其更改为："交易所早已不再是必要的流通中介人了，它过去曾经是，因为过去银行还不能把发行的大部分有价证券推销到自己的顾客中间去。"③ 这一修改，尤其是将"当时"一词引

---

① 需要指出的是，在1964年单行本中，"分割"一词并非一直使用，有时候也使用"瓜分"。
② 《帝国主义是资本主义的最高阶段》，北京：人民出版社1964年版，第33页。
③ 《帝国主义是资本主义的最高阶段》，北京：人民出版社2014年版，第35页。

申拓展为"它过去曾经是",就在前后两句话中间起到了语气缓冲作用,使人读起来前后衔接,逻辑更清楚。

第二段话:"交易所从前有一种为全部经济和有价证券流通所绝对必需的性能,它当时不仅是它所汇集的那些经济运动的一种最准确的尺度,而且几乎是那些经济运动的一个自然的调节者,而现在这种性能已经逐渐消失了。"①

这段话出现在第二章"银行和银行的新作用"中,是列宁引用里塞尔的一段话,用来说明交易所(银行)的职能在社会经济活动中的两个基本表现:一是测量经济运行情况,起到晴雨表的作用;二是调节经济运行,起到调节器的作用。所以,测量和调节应当是这段话的核心意思。但是,上述这段话并没有很好地反映出这两个核心意思,并且"尺度"一词,还能引起歧义,因为它既可以表示"标准"也可以表示"测量"。那么,"尺度"到底代表了哪种意思,还需要读者自己去揣摩,这就陡然增加了阅读障碍和阅读负担,不利于读者理解列宁的帝国主义思想。

于是,2014年单行本将其更改为:"交易所正在愈来愈失去为整个经济和有价证券流通所绝对必需的性能,即不仅作为汇集到它那里的各种经济运动的最准确的测量器,而且作为对这些经济运动几乎自动起作用的调节器。"② 很显然,修正后的"测量器"和"调节器"不但工整对仗,而且准确表达了列宁的原意,逻辑清晰、语句顺畅。

第三段话:"这个部分下面又分八个科:一科专门收集工业企业情报,另一科研究一般统计,第三科研究铁路和轮船公司,第四科研究证券,第五科研究财务报告等等。"③

这段话出现在第二章"银行和银行的新作用"中,是讲在金融垄断语境下的银行越来越专业、越来越细致的业务。列宁指出,随着银行

---

① 《帝国主义是资本主义的最高阶段》,北京:人民出版社1964年版,第34页。
② 《帝国主义是资本主义的最高阶段》,北京:人民出版社2014年版,第36页。
③ 《帝国主义是资本主义的最高阶段》,北京:人民出版社1964年版,第38页。

业务的扩大和业务种类的增多，银行管理层之间的分工也更加细密了。所以，上述这段话中出现了几个相互递进的"序数词"。

本来"序数词"是表明事物之间的前后次序，给人以逻辑清晰之感。但是，上述这段话中的"序数词"反而让人困惑。因为"一科"、"另一科"显然与"第三科"、"第四科"、"第五科"是不对应的，而"第三科"、"第四科"、"第五科"却是与"第一科"、"第二科"相对应的。

于是，2014年单行本将其更改为："它下面又分8个科：有的科专门收集工业企业情报，有的研究一般统计，有的研究铁路和轮船公司，有的研究证券，有的研究财务报告等等。"① 这一更改，使语句更为顺畅，也更符合中国人的思维特点。

第四段话："自由竞争占完全统治地位的旧资本主义的特征是**商品**输出。垄断占统治地位的最新资本主义的特征是**资本**输出。"②

这段话是第四章"资本输出"的开篇话。列宁在这一章主要是想突出资本输出在帝国主义阶段的作用，突出垄断资本主义的特征。所以，开篇第一句话就点出了这一章的核心观点。从翻译结果看，1964年单行本没有什么错误，前后两句比较对仗，是直译。但阅读起来让人感觉十分平淡，并且在"商品输出"和"资本输出"前面有好几个连续的定语，读起来也很费力气。这两段话虽然比较对仗，但没有将重点放在"垄断资本主义"这个问题上。

于是，2014年单行本将其更改为："对自由竞争占完全统治地位的旧资本主义来说，典型的是**商品**输出。对垄断占统治地位的最新资本主义来说，典型的则是**资本**输出。"③ 这一更改，减少了"商品输出"和"资本输出"的多重定语的连续排列，读起来不那么费劲，而且第二句话中的转折连词"则"字，显然是将两句话的重点放在了"资本输出"

---

① 《帝国主义是资本主义的最高阶段》，北京：人民出版社2014年版，第40页。
② 《帝国主义是资本主义的最高阶段》，北京：人民出版社1964年版，第55页。
③ 《帝国主义是资本主义的最高阶段》，北京：人民出版社2014年版，第59页。

这个问题上。所以,这种更改使逻辑更加通顺。

第五段话:"后来法国也加入了,它在第一、第二、第三年中所获得的份额在总数100%以外占有4.8%、5.8%、6.4%,即在104.8%、105.8%、106.4%的总数中占有4.8%、5.8%、6.4%。"①

这段话出现在第五章"资本家同盟瓜分世界"中,列宁计算出法国在国际钢轨卡特尔中所占的比例。上述的翻译十分繁杂,不好理解,除非有专门的数学知识,否则普通读者是理解不透的。

于是,2014年单行本将其浓缩为:"后来法国也加入了,它在第一、第二、第三年中所占份额分别为4.8%、5.8%、6.4%,这是在100%以外,即以104.8%等等为基数的。"② 这一更改虽然比较简洁明了,但从大众化的角度看,这一段话的翻译还是不能达到翻译界中所谓"信达雅"的最高境界。因为这句话的后面一部分,也挺让人费解。

(三)翻译错误的比较

第一段话。这段话是对1964年版第14—15页中的一段话的页下注。这段话是:"德国资产阶级经济学家海曼写了一部描述德国钢铁工业'混合'(即联合)企业的专著……德国采矿工业已经成熟到可以被剥夺的地步了。"这个页下注是:"见汉斯·吉德翁·海曼所著《德国大钢铁工业中的混合企业》(Hans Gideon Heymann:《Die gemischten Werke in deutschen Grosseisengewerbe》1904年斯图加特版第256、278页。)"③

上述这个注释,在2014年单行本中更改为:"汉斯·吉德翁·海曼《德国大钢铁工业中的混合企业》1904年斯图加特版第256、278—279页。"④ 显然,两者的差别在于:前者标明引自"第1024页",后者则

---

① 《帝国主义是资本主义的最高阶段》,北京:人民出版社1964年版,第66页。
② 《帝国主义是资本主义的最高阶段》,北京:人民出版社2014年版,第71页。
③ 《帝国主义是资本主义的最高阶段》,北京:人民出版社1964年版,第15页。
④ 《帝国主义是资本主义的最高阶段》,北京:人民出版社2014年版,第16页。

标明引自"第 1024—1025 页"。

第二段话。这段话是对 1964 年版第 32 页中一段话的注释。这段话是："下面是美国一个委员会收集的比较银行和储金局存款增加情形的统计材料。"注释的内容是："美国全国委员会（National Monetary Commission）的材料，见《银行》杂志（《Die Bank》）1910 年第 1 期第 1200 页。"

上述这个注释，在 2014 年单行本中更改为："美国全国金融委员会的材料，见《银行》杂志 1910 年第 2 期第 1200 页。"① 显然，两者的差别在于：前者标明引自"第 1 期"，后者则标明引自"第 2 期"。

第三段话。这段话是对 1964 年版第 58 页中列宁引用《银行》杂志 1913 年 10 月的一段话的注释，这段话是"在国际的资本市场上……定购大炮。"注释内容是："见《银行》杂志 1913 年第 2 期第 1024 页。"②

上述这个注释，在 2014 年单行本中更改为："1913 年《银行》杂志第 2 期第 1024—1025 页。"③ 显然，两者的差别在于：前者标明引自"第 1024 页"，后者则标明引自"第 1024—1025 页"。

第四段话。这段话是对 1964 年版第 63 页一段话的注释。这段话是"世界的煤油市场现在还是被美国洛克菲勒的'煤油托拉斯'……它们的垄断地位一直受到五大敌人的威胁。"注释的内容是："见厄伊得尔斯所著前书第 193 页。"④

上述这个注释，在 2014 年单行本中更改为："耶德尔斯的著作第 192—193 页。"⑤ 显然，两者的差别在于：前者标明引自"第 193 页"，后者则标明引自"第 192—193 页"。

第五段话。这段话是对 1964 年版第 63 页一段话的注释。这段话是："这些为了拥有'自己的'据点而有计划地独自发展煤油工业……

---

① 《帝国主义是资本主义的最高阶段》，北京：人民出版社 2014 年版，第 34 页。
② 《帝国主义是资本主义的最高阶段》，北京：人民出版社 1964 年版，第 58 页。
③ 《帝国主义是资本主义的最高阶段》，北京：人民出版社 2014 年版，第 62 页。
④ 《帝国主义是资本主义的最高阶段》，北京：人民出版社 1964 年版，第 63 页。
⑤ 《帝国主义是资本主义的最高阶段》，北京：人民出版社 2014 年版，第 68 页。

其中德国资本占 7400 万。"注释的内容是:"见迪乌里奇所著前书第 245 页。"①

上述这个注释,在 2014 年单行本中更改为:"迪乌里奇的著作第 245—246 页。"② 显然,两者的差别在于:前者标明引自"第 245 页",后者则标明引自"第 245—246 页"。

第六段话。这段话是对 1964 年版第 65 页的一段话的注释。这段话是:"电力垄断只有在生产者需要的时候才会实现……它仅仅是为了用国家的钱来振兴快要破产的私营工业罢了。"注释的内容是:"见《银行》杂志 1912 年第 1 期第 1036 页;1912 年第 2 期第 629 页;1913 年第 1 期第 388 页。"

上述这个注释,在 2014 年单行本中更改为:"1912 年《银行》杂志第 2 期第 629、1036 页;1913 年第 1 期第 388 页。"③

第七段话。这段话是对 1964 年版第 79 页一段话的注释。这段话是:"在这种分割世界的情况下……一定还会日甚一日地改变这个局面。"注释的内容是:"见德里奥所著《政治问题和社会问题》(J. E. Driault:《Problèmes Politiques et sociaux》)1907 年巴黎版第 299 页。"

上述这个注释,在 2014 年单行本中更改为:"J. 爱·德里奥《政治问题和社会问题》1900 年巴黎版第 299 页。"④ 显然,两者的差别在于:前者标明引自"1907 年巴黎版",后者则标明引自"1900 年巴黎版"。

第八段话。这段话是对 1964 年版第 90 页一段话的注释。这段话是:"在 1893 年,不列颠在国外投资,约占联合王国财富总数的 15%。"注释的内容是:"见霍布森所著前书第 59 页和第 60 页。"⑤

---

① 《帝国主义是资本主义的最高阶段》,北京:人民出版社 1964 年版,第 63 页。
② 《帝国主义是资本主义的最高阶段》,北京:人民出版社 2014 年版,第 68 页。
③ 同上书,第 70 页。
④ 同上书,第 85 页。
⑤ 《帝国主义是资本主义的最高阶段》,北京:人民出版社 1964 年版,第 91 页。

上述这个注释，在2014年单行本中更改为："霍布森的书第59、62页。"① 显然，两者的差别在于：前者标明引自"第59页和第60页"，后者则标明引自"第59、62页"。

第九段话。这段话是"因为私有制是神圣的，谁也不能禁止股票的买卖、交换和典押等等。"②

在这句话中，"私有制"是关键词语。我们知道，"私有制"是对人类生产关系的一种书面称呼，一般它与"公有制"相对应。在西方国家的价值观中，"私有财产神圣不可侵犯"是他们宪法的核心和灵魂，而不是"私有制神圣不可侵犯"。所以，这里的"私有制"实际上是翻译错误，应译成"私有财产"。

于是，2014年单行本将其更改为"因为私有财产是神圣的，谁也不能禁止股票的买卖、交换和典押等等。"③

（四）用词不当的比较

第一段话："官方学者曾经企图用缄默这种阴谋手段来埋葬马克思的著作，因为马克思对资本主义作了理论上和历史上的分析，证明自由竞争引起生产集中，而生产集中发展到一定阶段，就会引起垄断。"④

这段话出现在第一章"生产集中和垄断"中，是用来说明自由竞争——生产集中——垄断之间的先后逻辑关系。"企图"多是表示一种主观愿望的想法，但这句话指出了资产阶级已经付出了实际行动，所以"企图"不如"力图"恰当，因为"力图"隐含了一种竭力要达到某种目的的意思。"埋葬"一般与有形物体连用，而"马克思的著作"实际上是指"马克思的思想"，所以"埋葬"不如"扼杀"恰当，因为"扼杀"常和无形事物用在一起。

---

① 《帝国主义是资本主义的最高阶段》，北京：人民出版社2014年版，第98页。
② 《帝国主义是资本主义的最高阶段》，北京：人民出版社1964年版，第45页。
③ 《帝国主义是资本主义的最高阶段》，北京：人民出版社2014年版，第48页。
④ 《帝国主义是资本主义的最高阶段》，北京：人民出版社1964年版，第15—16页。

此外，我们知道，自由竞争是生产集中的一种起因，但不是唯一的起因，但是生产集中发展到一定程度，一定会出现垄断。所以，"引起垄断"不如用"导致垄断"恰当，因为"导致"一词隐含有产生某种结果的必然性。

于是，2014年单行本将其修改为："官方学者曾经力图用缄默这种阴谋手段来扼杀马克思的著作，因为马克思对资本主义所作的理论和历史的分析，证明自由竞争产生生产集中，而生产集中发展到一定阶段就导致垄断。"① 经过这一修改，原句更通顺了，用词更确切了，也更能表达列宁的原意。

第二段话："这个资产阶级化了的工人阶层即'工人贵族'阶层，这个按生活方式、工资数额和整个世界观来说已经完全市侩化的工人阶层，是第二国际的主要支柱，现在则是**资产阶级**的主要**社会支柱**（不是军事支柱）。"②

这段话出现在"法文版和德文版序言"中，主要意思是说已经变质的工人阶层是第二国际的社会支柱，而这个变质的工人阶层是什么样的工人阶层呢？1964年版的译本使用了"市侩"一词。"市侩"旧指买卖的中间人，现泛指唯利是图的人，一般是和唯利是图、投机取巧的商人相联系使用。所以，"市侩"一词，更多地倾向于经济方面。而列宁所要表述的意思，除了说明这些变质的工人阶层的经济逐利之外，还要说明他们政治上的动摇和变节。因此，"市侩"一词不甚恰当。

于是，2014年单行本将其修改为："这个资产阶级化了的工人阶层即'工人贵族'阶层，这个按生活方式、工资数额和整个世界观来说已经完全小市民化的工人阶层，是第二国际的主要支柱，现在则是**资产阶级**的主要**社会支柱**（不是军事支柱）。"③ "小市民"这一概念指包括

---

① 《帝国主义是资本主义的最高阶段》，北京：人民出版社2014年版，第17页。
② 同上书，"法文版和德文版序言"，第9—10页。
③ 同上书，"法文版和德文版序言"，第10页。在这里，"市侩"被修改成了"小市民"。

小商人、小官吏、手工业者、一般城市居民等在内的社会阶层，同时也指这个社会阶层所拥有的道德原则与思想意识，通常表现为政治上动摇变节，思想上自私自利，作风上明哲保身。

所以，"小市民"一词更能说明列宁的原意。因此，在随后的行文中，凡是涉及与此的地方，2014年版单行本都将"市侩"更改为了"小市民"。

第三段话："在资本主义经济社会化方面，储金局和邮政机关也开始同银行竞争。"①

这段话出现在第二章"银行和银行的新作用"中，主要意思是说储金局和邮政单位已经与银行展开了竞争。但是，"机关"一词原指整个机械的关键部分，后引申为周密的计谋，现代社会中经常用机关一词代指政府职能部门。所以，"机关"一词更多地强调的是它所表示的政党职能和政权职能。因此，"机关"一词用在这里似有不妥，因为列宁想要表达的是一个在经济领域竞争的概念。

于是，2014年单行本将其修改为："在资本主义经济社会化方面，储金局和邮政机构开始同银行竞争"②，在这句话里，将原来的"机关"改成了"机构"。因为"机构"是指一般的工作部门，可以是一家公司、慈善团体又或是社区中心。所以，"机构"一词更能表达经济领域的竞争概念。在随后的行文中，凡涉及与此的地方，2014年版单行本都将"机关"改成了"机构"。

第四段话："我在那里听到了充满'面包，面包！'的呼声的粗野的发言。"③

这段话出现在第六章"大国瓜分世界"中，是列宁引用罗得斯的话，用来说明帝国主义瓜分世界的事实。但是，"呼声"与"发言"放在一起使用，不很恰当。

---

① 《帝国主义是资本主义的最高阶段》，北京：人民出版社1964年版，第32页。
② 《帝国主义是资本主义的最高阶段》，北京：人民出版社2014年版，第34页。
③ 《帝国主义是资本主义的最高阶段》，北京：人民出版社1964年版，第71页。

于是，2014年单行本将其修改为："我在那里听到了一片狂叫'面包，面包！'的喊声。"① 但笔者认为，从阅读习惯上看，这里的"一片"如果改为"一阵"的话，这句话就更加顺畅了，即"我在那里听到了一阵狂叫'面包，面包！'的喊声。"

（五）固定词语的比较

《帝国主义是资本主义的最高阶段》一书中的固定词语，比如人名、地名、杂志名等，在2014年的单行本中，都得到进一步的更改，使得这些固定词语更为规范、统一。（见下表）

序号	1964年9月单行本中的人名、地名等	2014年12月单行本中的人名、地名等
1	厄伊得尔斯	耶德尔斯（人名）
2	里谢尔	里塞尔（人名）
3	南非	南部非洲
4	路·厄什韦葛	路·埃施韦格（人名）
5	里季斯	利西斯（人名）
6	施提利希	施蒂利希（人名）
7	《拜占庭主义的经济意义》	《曲意逢迎的经济影响》（文章名）
8	培廉街	贝伦街（街道名称）
9	保·阿伦特	保·阿恩特（人名）
10	乔治·派施	乔治·佩什（人名）
11	《统计学家》	《统计学家报》（周报）
12	赛米尔公司	塞谬尔公司（公司名称）
13	冯·格文涅尔	冯·格温纳（人名）
14	什塔乌斯	施陶斯（人名）

---

① 《帝国主义是资本主义的最高阶段》，北京：人民出版社2014年版，第77页。

(续表)

序号	1964年9月单行本中的人名、地名等	2014年12月单行本中的人名、地名等
15	弗格尔施坦	福格尔施坦因（人名）
16	昂利·留西耶	昂利·吕西埃（人名）
17	《世界经济入门》	《世界经济导论》（书名）
18	里符耶腊	里夫耶拉（地名）
19	格尔哈特·希尔德布兰德	格尔哈德·希尔德布兰德（人名）
20	阿格维纳尔多	阿奎纳多（人名）
21	约·帕图叶	约·帕土叶（人名）
22	斯彼克塔托尔	斯佩克塔尔（人名）
23	中亚细亚一带	中亚
24	汽力	蒸汽力
25	海尔曼·列维	赫尔曼·莱维（人名）
26	弗里茨·克斯特涅尔	弗里茨·克斯特纳（人名）
27	《强迫加入组织。卡特尔与局外企业斗争情形的研究》	《强迫加入组织。卡特尔与局外人斗争情况的研究》（书名）
28	格丁根	哥丁根（地名）
29	杜宾根	蒂宾根（地名）
30	让·列斯居尔	让·莱斯居尔（人名）
31	《货币与银行业》	《货币银行业》（书名）

特别需要说明的是：1964年的版本中的"南非"在2014年版本中被统一修改成了"南部非洲"。因为1964年单行本的母本是1958年中文第一版的《列宁全集》第22卷，而1958年《列宁全集》第22卷出版的时候，"南非"还不是一个具有法律意义上的国家，当时在中国人眼里，"南非"通常就是"南部非洲"的简称。但是，到了1961年5

月 31 日，南非退出英联邦，成立了南非共和国，简称"南非"，这时的"南非"，实际上就是指"南非共和国"而不是"南部非洲"。但是，这个细节在 1964 年单行本中，并没有更改过来。2014 年的单行本及其中文第二版《列宁全集》第 27 卷（1990 年）、中文《列宁选集》第三版（1995 年）、《列宁专题文集》（2009 年）、第三版修订版（2013 年）中，都已经将这个容易引起歧义的词语，统一更改为了"南部非洲"，而这才是《帝国主义是资本主义的最高阶段》里的原意。

（六）其他方面的比较

两种版本除了上述的不同之外，还有一些不同之处。

一是 1964 年单行本的页下注中，凡涉及引用的书籍、报刊、杂志等资料的外文解释，在 2014 年单行本中都删除了。

二是在 1964 年版本中的"三分之一"等分数的文字表述，统一修改为 1/3 等其他阿拉伯数字形式。

三是在 1964 年版的第 14 页中，第三自然段的"德国资产阶级经济学家海曼写了一部描述德国钢铁工业'混合'（即联合）企业的专著……德国采矿工业已经成熟到可以被剥夺的地步了。"是单独一段，而在 2014 年版的第 15 页中，这一段从"结果是："开始被新列一段。这是两个版本中，唯一出现段落不同的地方。

四是 2014 年单行本比 1964 年单行本还增加了如下内容：

1. 编辑说明。

2. 编者引言。

3. 93 个人名索引。

4. 两幅彩色插图。一幅是"1917 年列宁《帝国主义是资本主义的最高阶段》一书封面"，另一幅是"1925—1949 年我国出版的列宁《帝国主义是资本主义的最高阶段》一书的部分中译本"。

5. 38 个注释。1964 年单行本只有 13 个注释，2014 年单行本则有 51 个之多。

三　对文本比较结果的分析和总结

（一）《帝国主义是资本主义的最高阶段》的翻译质量仍需提高

从目前版本看，人民出版社 2014 年的单行本是当前装帧最漂亮、翻译质量最好、翻译水平最高的版本。但这是否说明该版本的翻译质量就完璧无瑕、无可挑剔了呢？

笔者在进行不同文本比较的时候，发现在 2014 年的单行本中，有些地方的翻译还可以再进一步的完善。现列举一二，就教于同仁。

第一段话："同时，银行同最大的工商业企业之间的所谓人事结合也发展起来，双方通过占有股票，通过银行和工商业企业的经理互认对方的监事（或懂事），而日益融合起来。"①

这段话出现在第二章"银行和银行的新作用"中。这一章主要是讲银行业与工业企业之间的融合，进一步形成了金融垄断，银行的角色从原先普通的金融"中介者"变成了万能的金融垄断者。列宁指出，银行与工业资本之间的融合，有许多的方式，其中双方互认董事或者互相占有对方的股票等等，都是很重要的方式。因此：

笔者认为，上述这段话中，将"占有"一词更改为"互占"更为贴切，也能准确表达列宁的原意。假如仍然用"占有"一词的话，那么"双方通过占有股票"这句话，宜翻译成"双方通过占有彼此股票"或"双方通过占有对方股票"。

第二段话："资本输出在那些输入资本的国家中对资本主义的发展发生影响，大大加速这种发展。"②

这段话出现在第四章"资本输出"中，意思是讲资本输出大大影响了资本输入国的资本主义发展。本来这段话已经对 1964 年版本进行

---

① 《帝国主义是资本主义的最高阶段》，北京：人民出版社 2014 年版，第 38 页。
② 同上书，第 62 页。

了修改，1964年版本是这样表述的："资本输入总要影响到输入资本的国家的资本主义发展，大大加速那里的资本主义发展。"①

从2014年版的翻译来看，这段话应该说是有语病的。主语是"资本输出"，谓语是"发生"，宾语是"影响"，补语是"大大加速这种发展。"但是，如果从补语的功能上来说，后半句应该是"大大加速了这种影响"，而不是"大大加速了这种发展。"

综合考虑，笔者认为，这句话是否可以这样翻译："资本输出影响并加速影响了资本输入国的资本主义的发展。"

(二)《帝国主义是资本主义的最高阶段》的翻译特点

《帝国主义是资本主义的最高阶段》一书的翻译，体现了如下特点：

第一，中国人的知识产权意识逐步提高。

从《帝国主义是资本主义的最高阶段》的早期出版翻译情况看，新中国成立之前，中国人的知识产权意识很淡薄。一是著者、译者不知道保护自己的知识产权，或者说想保护但不知道如何去保护。二是一些书商、出版社的知识产权意识也很淡薄，出现盗版情况很普遍。从一些版本的考证情况看，的确如此。一些版本的著作权页缺少必要的、完整的著作权信息。比如，缺少译者信息，或者出版社不清，这就陡然增加了考证的难度。但新中国成立后，随着我国法律法规的不断完善，人们的知识产权意识逐步提高，《帝国主义是资本主义的最高阶段》的著作权信息基本上都是完备与合规的。

造成这种现象的原因，笔者揣测，除了当时中国人的知识产权意识淡薄以外，还与当时的舆论环境有关。在新民主主义革命时期，因为共产主义与国民党的"三民主义"不是同一个主义，共产党的信仰与国民党的信仰不是同一个信仰，共产党与国民党不是同一个政党，共产党的军队与国民党的军队不是同一个军队，共产党的领袖与国民党的领袖不是同一个领袖，这就违背了国民党独裁统治鼓吹的"一个信仰、一个

---

① 《帝国主义是资本主义的最高阶段》，北京：人民出版社1964年版，第58页。

领袖和一个政府"。① 这就直接造成了国民党对共产主义书籍的查禁，为了躲避国民党严格的书报检查制度，一些马列著作的译本中缺少译者的情况也很正常，甚至有时候一些马列主义的书籍还伪装成一些文学、医学、宗教、体育等书籍。②

---

① 《中国国民党历次代表大会及中央全会资料》（下），北京：光明日报出版社1985年版，第488页。

② 根据有关资料，早在1932年11月，国民党中央就颁布了《宣传品审查标准》，规定凡宣传共产主义者皆为"反动"，并且重点列出了《国家与革命》、《列宁主义概论》、《反杜林论》、《费尔巴哈与德国古典哲学的总结》、《共产党宣言》、《资本论》等672种查禁书目，涉及经济、政治、文化、艺术等多种学科，并规定凡查出后，对犯者严加惩罚。据不完全统计，从1929年到1936年的7年间，国民党中央宣传部查禁所谓"普罗文艺"书籍就达到309种。（张静庐主编：《中国近代出版史料·丙编》，北京：中华书局1956年版，第145、164—172页）而从1927年国共分裂的4月到1937年7月"卢沟桥事变"，这10年时间里，被国民党各检查机构查禁的社会科学书刊达到1028种，进步文艺书刊458种。（许焕隆：《中国现代新闻史简编》，郑州：河南人民出版社1988年版，第479页）为了能够彻底禁绝共产主义书籍的传播，早在第二次国内革命战争时期，为了钳制进步思想，国民党先后颁布了《检查新闻条规》（1928年）、《宣传品审查条例》（1929年1月）、《取缔销售共产书籍办法》（1929年6月）、《出版法》（1930年12月）、《宣传品审查标准》（1932年11月）、《党报及与党有关报纸审查标准》、《查禁反动刊物令》、《新闻检查标准》（1933年1月）、《新闻禁载标准》（1933年10月）及《图书审查办法》（1934年10月）等一系列法律法规，严禁共产主义思想以及一切非三民主义理论的传播。抗战时期，国民党颁布了名目繁多的图书杂志审查与新闻检查的法律法规，这些法令主要有：《修正出版法》（1937年7月8日）、《修正出版法施行细则》（1937年7月28日）、《检查书店发售违禁出版品办法》（1937年8月12日）、《抗战期间图书杂志审查标准》（1938年7月）、《修正抗战期间图书杂志审查标准》（1938年7月21日）、《确立战时新闻政策的决议》（1938年11月2日）、《战时图书杂志原稿审查办法》（1938年12月22日）、《修正新闻检查标准》、《战时新闻检查办法》（1939年5月26日）、《印刷所承印未送审图书杂志原稿取缔办法》（1939年6月14日）、《图书杂志查禁解禁暂行办法》（1939年10月24日）、《调整出版品查禁手续令》（1939年10月24日）、《战时新闻禁载标准》（1939年12月9日）、《剧本出版及演出审查监督办法》（1942年2月16日）、《图书送审须知》（1942年）、《审查处理已出版书刊细则》（1942年3月7日）、《统一书刊审检办法》（1942年4月23日）、《杂志送审须知》（1942年4月23日）、《演出剧本审查办法》（1942年6月20日）、《修正战时新闻禁载标准》（1943年10月4日）、《战时新闻违禁惩罚办法》（1943年10月4日）、《战时书刊送审规则》（1944年6月20日）、《战时出版品审查办法及禁载标准》（1944年6月20日）等，通过制定严格的查禁办法，加强其在出版领域的专制统治。在这些法律法规中，尤其以《修正抗战期间图书杂志审查标准》、《战时图书杂志原稿审查办法》及《战时出版品审查办法及查禁标准》最为重要，对图书杂志从创作、送审、印刷、发行到销售等各个环节都做出详细规定。其中，1938年12月22日颁布的《战时图书杂志原稿审查办法》规定，国民政府对图书杂志的审查由原来的出版后审查变为更严厉的出版前原稿审查。此外，对图书杂志的审查机构，包括中央与地方审查机构的构成做了详细的规定。送审的图书杂志原稿，"其言论完全谬误者，停止印行。一部分谬误者，应遵照指示之点修改或删削后，方准出版。"（刘哲民：《近现代出版新闻法规汇编》，北京：学林出版社1992年版，第246—250页）

第二，翻译内容、翻译质量有一个逐步提高的过程。

从翻译内容看，有一个从节译、摘译到全译的过程。该书最早是被节译至中国，随后才出现了全译本。从上述考证中，可以很容易地得此结论。另外，从翻译水平看，有一个逐步提高的过程。早期因缺少专业翻译工具和书籍，翻译质量存在缺陷。德国汉语语言学与中国现代史学家李博曾认为，大致在20世纪20年代中期，大量的马克思主义术语和马克思主义概念在中国才固定下来。① 甚至对列宁名字的翻译，也经历了从规范到不规范的过程。② 到了后期，随着中国共产党有组织力量的加入，同时随着翻译工具的增加，翻译水平大大提高。

为了能够准确翻译列宁著作中一些专有名词或成语典故，既需要翻译者具有丰富的翻译经验，也需要译者对苏联文化有着较深的理解，更需要译者具有中国传统文化的底蕴，三者缺一不可。虽然明白流畅是翻译的标准之一，但是脱离列宁著作原文擅自增加的中国式俗语、俚语等做法也会适得其反，不但不能达到理论大众化的效果，还可能曲译列宁原意。在这一点上，中央编译局列宁著作编译室资料处的同志，曾经在《列宁著作中的译名问题》一文中指出，"为了准确译出列宁引述的典故和文学形象，纠正第一版译文中的意译、揣译、不恰当地套用我国现成的成语，或擅加阐说以求'通俗易懂'的译法，以及同一典故、形象译法不一的现象，编著了《列宁著作典故》一书。"③

第三，从翻译力量看，有一个从分散到集中的发展过程。最早是马克思主义研究者出于爱好或者中共党员出于革命需要，依靠个人力量来翻译的。到了抗日战争时期，尤其是延安时期，中国共产党有组织地集

---

① 〔德〕李博（Wolfgang Lippert）：《汉语中的马克思主义术语的起源与作用》，赵倩、王草、葛平竹译，北京：中国社会科学出版社2003年版，"前言"，第2页。

② 笔者搜寻考察了列宁著作在中国早期的传播情况，考证了早期对列宁名字的翻译多达13个，分别是：李宁、李林、李年、黎宁、黎林、蓝宁、年林、蓝丁、尼奇拉斯烈根、里林、利宁、雷宁、勤灵等。从列宁名字被多样化翻译的情况可以推知马克思主义在中国传播的曲折性和复杂性。

③ 中央编译局列宁著作编译室资料处：《列宁著作中的译名问题》，载《中国翻译》1993年第2期，第20—21页。

体翻译有了新的进展。为提高翻译质量，1943年5月27日，中央做出了《关于一九四三年翻译工作的决定》，这反映了党对马列著作翻译准确性的重视和提供了组织上的保证。除了中央出台专门文件加以规定之外，地方党委和地方领导人也高度重视。比如，中共广西第一个地委——梧州地委的首任书记谭寿林不仅自己带头办报刊，并派出党员在梧州办报刊，他把宣传出版工作形象地比喻说："我们就是要象朱砂那样，把人世间的水染红。"①

第四，从以翻译为主到以学术研究为主逐步过渡。在20世纪20—50年代，该著作主要以翻译出版为主。新中国成立之后，思想学术界对该著作的关注逐步转移到学术研究，一些关涉与此的经济学著作和列宁经济思想的研究成果不断涌现，学术性研究逐渐增强，并且研究成果具有了多层次、宽领域、多视角的特点。这从前面的研究综述中，不难得出此结论。

第五，与中国社会实际紧密结合。深入分析可知，《帝国主义是资本主义的最高阶段》之所以能得到广泛传播，其原因是：该书主旨和政治倾向性的结论，与中国半殖民地半封建社会的历史任务有着相似的天然契合性。该书的研究对象与旧中国的社会现实十分近似。政治革命的需要，拉近了该书在中国传播的政治亲切感。该著作能在中国广泛传播，得益于它与中国革命、建设和改革的实际始终结合在一起。它始终与中国共产党承担的历史任务相联系，与中国社会的主要矛盾相联系。②

---

① 《中共广西党史人物传》第1辑，南京：广西人民出版社1992年版，第193页。
② 在国民党统治区内，进步书刊是禁止发行的。但是，为了能够使马克思主义理论和党的基本精神在广大群众中广泛传播，一些共产党领导的书店采用多种斗争措施，争取这些进步书刊的发行。比如，1938年下半年的一天，一批恶棍闯入了共产党领导的融水县七七书店，把书架、书台上的书搜查一遍，抽出了一批书刊，封存在一个柜内，恶狠狠地说："这是禁书，不准出售。"该店将计就计，在书柜上写了"柜内禁书"的字样。来了进步书刊、都放入此柜内。对熟悉的读者，仍然出售，了解情况的读者，多数到该柜台选买这些书，"禁书柜"倒变成了"进步书刊专柜"，"柜内禁书"变成了畅销书，卖得很快。参见《书店工作史料》第4辑，第119页。

第四部分 经典著作选编

列　宁

帝国主义是资本主义的最高阶段[*]

（通俗的论述）

（1916年1—6月）

序　言

现在献给读者的这本小册子，是1916年春天我在苏黎世写成的。在那里的工作条件下，我自然感到法文和英文的参考书有些不足，俄文参考书尤其缺乏。但是，论述帝国主义的一本主要英文著作，即约·阿·霍布森的书，我还是利用了的，而且我认为是给了它应得的重视。

---

[*] 这是列宁系统阐述关于帝国主义的理论的重要著作。在这部著作中，列宁根据马克思主义基本原理，总结了《资本论》问世半个世纪以来世界资本主义的新变化，指出资本主义已经发展到一个新的阶段——帝国主义阶段。列宁运用历史和逻辑统一的方法考察了资本主义垄断形成和发展的过程，把资本主义的新变化概括为五个基本特征，并在此基础上给帝国主义下了科学的定义：帝国主义是发展到垄断组织和金融资本的统治已经确立、资本输出具有突出意义、国际托拉斯开始瓜分世界、一些最大的资本主义国家已经把世界全部领土瓜分完毕这一阶段的资本主义。列宁指出，帝国主义最深厚的经济基础是垄断，但这种垄断不是纯粹的垄断，而是同竞争混合和并存的垄断，在垄断条件下竞争会更激烈、更残酷。在帝国主义阶段，资本主义表现出特有的寄生性和腐朽性，但是，如果以为这种腐朽趋势排除了资本主义的迅速发展，那就错了。实际上，资本主义的发展在这一阶段比从前要快得多，只是发展更加不平衡。帝国主义发展存在两种趋势：迅速发展的趋势和停滞腐朽的趋势。通过对帝国主义经济特征和历史地位的分析，列宁揭示了帝国主义时代资本主义经济和政治发展不平衡的规律，指出帝国主义是无产阶级社会主义革命的前夜。

列宁《帝国主义是资本主义的最高阶段》研究读本

我写这本小册子的时候,是考虑到沙皇政府的书报检查的。因此,我不但要极严格地限制自己只作理论上的、特别是经济上的分析,而且在表述关于政治方面的几点必要的意见时,不得不极其谨慎,不得不用暗示的方法,用沙皇政府迫使一切革命者提笔写作"合法"著作时不得不采用的那种伊索式的——可恶的伊索式的——语言。

在目前这种自由的日子里,重读小册子里这些因顾虑沙皇政府的书报检查而说得走了样的、吞吞吐吐的、好像被铁钳子钳住了似的地方,真是感到十分难受。在谈到帝国主义是社会主义革命的前夜,谈到社会沙文主义(口头上的社会主义,实际上的沙文主义)完全背叛了社会主义、完全转到资产阶级方面,谈到工人运动的这种分裂是同帝国主义的客观条件相联系的等等问题时,我不得不用一种"奴隶的"语言,现在,只好请关心这类问题的读者去看我那些即将重新刊印的1914—1917年间在国外写的论文。这里要特别指出的是第119—120页[①]上的一段文字。当时为了用书报检查通得过的形式向读者说明,资本家以及转到资本家方面的社会沙文主义者(考茨基同他们进行的斗争是很不彻底的)怎样无耻地在兼并问题上撒谎,怎样无耻地掩饰自己的资本家的兼并政策,我不得不拿……日本做例子!细心的读者不难把日本换成俄国,把朝鲜换成芬兰、波兰、库尔兰、乌克兰、希瓦、布哈拉、爱斯兰和其它非大俄罗斯人居住的地区。

我希望我这本小册子能有助于理解帝国主义的经济实质这个基本经济问题,不研究这个问题,就根本不会懂得如何去认识现在的战争和现在的政治。

作　者

1917年4月26日于彼得格勒

[①] 见本书第378—379页。——编者注

法文版和德文版序言

一

我在俄文版序言里说过，1916年写这本小册子的时候，是考虑到沙皇政府的书报检查的。现在我不可能把全文改写一遍，而且改写也未必适当，因为本书的主要任务，无论过去或现在，都是根据无可争辩的资产阶级统计的综合材料和各国资产阶级学者的自白，来说明20世纪初期，即第一次世界帝国主义大战前夜，全世界资本主义经济在其国际相互关系上的**总的情况**。

不改写对于先进资本主义国家的许多共产党人来说，在某种程度上甚至不无益处，因为他们根据这本**被沙皇书报检查机关认为合法的**书的例子可以看到，甚至像在目前的美国或在法国，在不久以前几乎所有的共产党人都被逮捕之后，还是有可能和有必要利用共产党人还保有的一点点合法机会，来揭露社会和平主义观点和"世界民主"幻想的极端虚伪性。而在这篇序言中，我只想对这本经过检查的书作一些最必要的补充。

二

本书证明，1914—1918年的战争，从双方来说，都是帝国主义的（即侵略的、掠夺的、强盗的）战争，都是为了瓜分世界，为了瓜分和重新瓜分殖民地、金融资本的"势力范围"等等而进行的战争。

要知道，能够证明战争的真实社会性质，确切些说，证明战争的真实阶级性质的，自然不是战争的外交史，而是对**所有**交战大国统治**阶级**的**客观**情况的分析。为了说明这种客观情况，应当利用的，不是一些例子和个别的材料（社会生活现象极其复杂，随时都可以找到任何数量的例子或个别的材料来证实任何一个论点），而必须是关于**所有**交战大国和**全**世界的经济生活**基础**的材料的**总和**。

我在说明 1876 年和 1914 年**瓜分世界**的情况（第 6 章）以及说明 1890 年和 1913 年瓜分世界**铁路**的情况（第 7 章）时所引用的，正是这样一些驳不倒的综合材料。铁路是资本主义工业最主要的部门即煤炭工业和钢铁工业的结果，是世界贸易和资产阶级民主文明发展的结果和最显著的标志。本书前几章说明了铁路是怎样同大生产，同垄断组织，同辛迪加、卡特尔、托拉斯、银行，同金融寡头联系在一起的。铁路网的分布，这种分布的不平衡，铁路网发展的不平衡，是全世界现代资本主义即垄断资本主义造成的结果。这种结果表明，只要生产数据私有制还存在，在上述**这样的**经济基础上，帝国主义战争是绝对不可避免的。

建筑铁路似乎是一种普通的、自然的、民主的、文化的、传播文明的事业。在那些由于粉饰资本主义奴隶制而得到报酬的资产阶级教授看来，在小资产阶级庸人看来，建筑铁路就是这么一回事。实际上，资本主义的线索像千丝万缕的密网，把这种事业同整个生产资料私有制连结在一起，把这种建筑事业变成对 10 亿人（殖民地加半殖民地），即占世界人口半数以上的附属国人民，以及对"文明"国家资本的雇佣奴隶进行压迫的工具。

以小业主的劳动为基础的私有制，自由竞争，民主，——所有这些被资本家及其报刊用来欺骗工农的口号，都早已成为过去的东西。资本主义已成为极少数"先进"国对世界上绝大多数居民实行殖民压迫和金融扼杀的世界体系。瓜分这种"赃物"的是两三个世界上最强大的全身武装的强盗（美、英、日），他们把全世界卷入**他们**为瓜分**自己**的赃物而进行的战争。

三

君主制的德国强迫签订的布雷斯特—里托夫斯克和约,以及后来美、法这些"民主的"共和国和"自由的"英国强迫签订的更残暴得多、卑鄙得多的凡尔赛和约,给人类做了一件天大的好事,它们把帝国主义雇用的文丐,把那些虽然自称为和平主义者和社会主义者,但是却歌颂"威尔逊主义",硬说在帝国主义条件下可能得到和平和改良的反动小市民,全都揭穿了。

英德两个金融强盗集团争夺赃物的战争留下的几千万尸体和残废者,以及上述这两个"和约",空前迅速地唤醒了千百万受资产阶级压迫、蹂躏、欺骗、愚弄的民众。于是,在战争造成的全世界的经济破坏的基础上,世界革命危机日益发展,这个危机不管会经过多么长久而艰苦的周折,最后必将以无产阶级革命和这一革命的胜利而告终。

第二国际的巴塞尔宣言在1912年所估计的正是1914年爆发的这样的战争,而不是一般战争(有各种各样的战争,也有革命的战争),——这个宣言现在仍是一个历史见证,它彻底揭露了第二国际英雄们的可耻破产和叛变行为。

因此,我现在把这篇宣言转载在本版的附录里,并且再次请读者注意:这篇宣言中确切、明白、直接地谈到这场即将到来的战争和无产阶级革命之间的联系的那些地方,第二国际的英雄们总是想方设法避开,就像小偷躲避他偷过东西的地方一样。

四

本书特别注意批判"考茨基主义"这一国际思潮,在世界各国代表这一思潮的是第二国际的"最有名的理论家"和领袖(在奥地利是奥托·鲍威尔及其一伙,在英国是拉姆赛·麦克唐纳等人,在法国是阿尔伯·托马等等,等等),以及一大批社会党人、改良主义者、和平主义者、资产阶级民主派和神父。

这个思潮,一方面是第二国际瓦解、腐烂的结果,另一方面是由于整个生活环境而被资产阶级偏见和民主偏见所俘虏的小资产者的意识形态的必然产物。

考茨基及其同伙的这类观点,正好完全背弃了这位著作家在几十年里,特别是在同社会主义运动中的机会主义(伯恩施坦、米勒兰、海德门、龚帕斯等人的机会主义)作斗争时所捍卫的那些马克思主义的革命原理。因此,现在"考茨基派"在全世界都同极端机会主义者(通过第二国际即黄色国际)和资产阶级政府(通过有社会党人参加的资产阶级联合政府)在政治实践上联合起来,这并不是偶然的。

在全世界日益发展的一般无产阶级革命运动,特别是共产主义运动,不能不分析和揭露"考茨基主义"的理论错误。所以要这样做,尤其是因为和平主义和一般"民主主义"在全世界还十分流行,这些思潮虽然丝毫不想冒充马克思主义,但是完全同考茨基及其一伙一样,也在掩饰帝国主义矛盾的深刻性和帝国主义产生革命危机的必然性。所以,无产阶级的政党必须同这些思潮作斗争,把受资产阶级愚弄的小业主和程度不同地处在小资产阶级生活条件下的千百万劳动者从资产阶级那里争取过来。

Н. ЛЕНИНЪ (ВЛ. ИЛЬИНЪ).

ИМПЕРIАЛИЗМЪ,
КАКЪ НОВѢЙШIЙ ЭТАПЪ
КАПИТАЛИЗМА.

(Популярный очеркъ).

СКЛАДЪ ИЗДАНIЯ:
Книжный складъ и магазинъ „Жизнь и Знанiе"
Петроградъ, Поварской пер., 2, кв. 9 и 10. Тел. 227—42.
1917 г.

1917 年列宁《帝国主义是资本主义的最高阶段》一书封面

(按原版缩小)

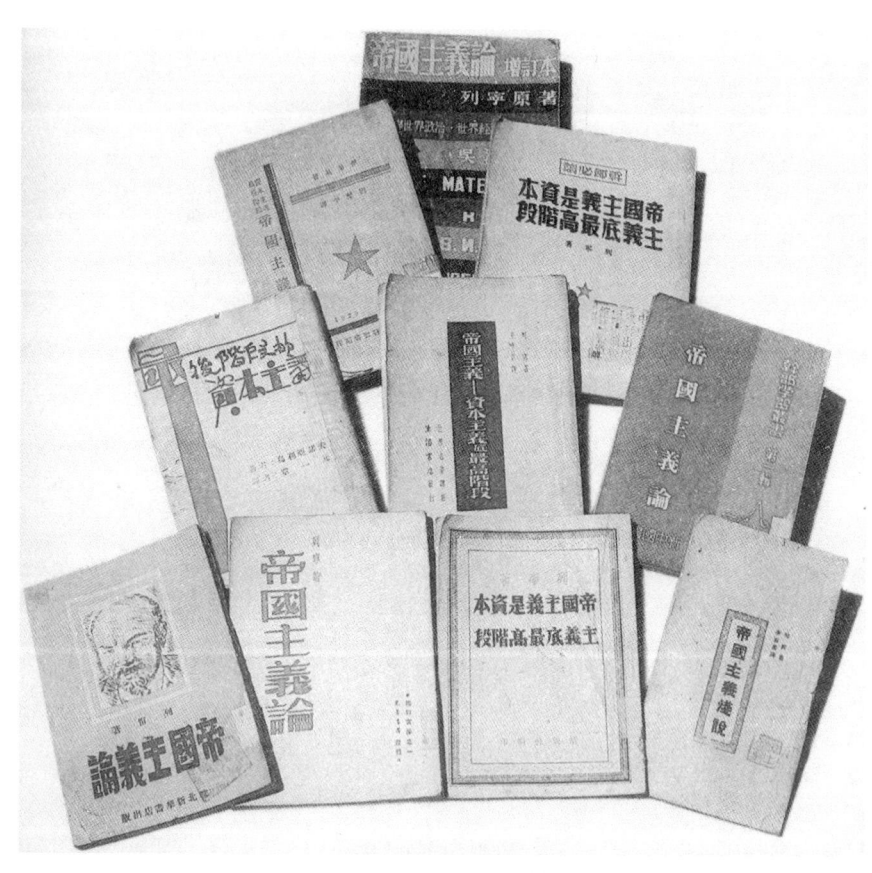

**1925—1949 年我国出版的
列宁《帝国主义是资本主义的最高阶段》一书的部分中译本**

1916年列宁《帝国主义是资本主义的最高阶段》一书手稿第 1 页

(按原版缩小)

五

关于第八章——《资本主义的寄生性和腐朽》，有必要说几句话。在本书正文中已经指出：过去是"马克思主义者"、现在是考茨基的战友和"德国独立社会民主党"的资产阶级改良主义政策主要代表人之一的希法亭，在这个问题上，**比露骨**的和平主义者和改良主义者英国人霍布森还后退了一步。现在，整个工人运动的国际性的分裂已经完全暴露出来了（第二国际和第三国际）。这两派之间的武装斗争和国内战争的事实也同样暴露出来了：在俄国，孟什维克和"社会革命党人"支持高尔察克和邓尼金，反对布尔什维克；在德国，谢德曼分子和诺斯克及其一伙同资产阶级一起反对斯巴达克派；在芬兰、波兰以及匈牙利等国也是如此。这个有世界历史意义的现象的经济基础是什么呢？

就是资本主义的寄生性和腐朽，而这是资本主义的最高历史阶段即帝国主义所特有的。正如本书所证明的，资本主义现在已经划分出**极少数**特别富强的国家（其人口不到世界人口的 1/10，即使按最"慷慨"和最夸大的计算，也不到 1/5），它们专靠"剪息票"来掠夺全世界。根据战前的价格和战前资产阶级的统计，资本输出的收入每年有 80—100 亿法郎。现在当然更多得多了。

很明显，这种大量的**超额利润**（因为它是在资本家从"自己"国家工人身上榨取的利润之外得来的）**可以**用来**收买**工人领袖和工人贵族这个上层。那些"先进"国家的资本家也确实在收买他们，用直接的和间接的、公开的和隐蔽的办法千方百计地收买他们。

这个资产阶级化了的工人阶层即"工人贵族"阶层，这个按生活方式、工资数额和整个世界观说来已经完全小市民化的工人阶层，是第二国际的主要支柱，现在则是**资产阶级的**主要**社会支柱**（不是军事支柱）。因为这是**资产阶级在工人**运动**中**的真正**代理人**，是资本家阶级的工人帮办（labor lieutenants of the capitalist class），是改良主义和沙文主义的真正传播者。在无产阶级同资产阶级的国内战争中，他们有不少人必然会站在资产阶级方面，站在"凡尔赛派"方面来反对"公社战士"。

如果不懂得这个现象的经济根源，如果不充分认识这个现象的政治意义和社会意义，那么，在解决共产主义运动和即将到来的社会革命的实践任务方面，就会一步也不能前进。

帝国主义是无产阶级社会革命的前夜。从1917年起，这已经在全世界范围内得到了证实。

尼·列宁
1920年7月6日

在最近15—20年中，特别是在美西战争（1898年）和英布战争（1899—1902年）之后，新旧两大陆出版的经济学著作以及政治学著作，愈来愈多地用"帝国主义"这个概念来说明我们所处时代的特征了。1902年，在伦敦和纽约出版了英国经济学家约·阿·霍布森的《帝国主义》一书。作者所持的是资产阶级社会改良主义与和平主义的观点，这同过去的马克思主义者卡·考茨基今天的立场实质上是一样的，但是，他对帝国主义的基本经济特点和政治特点作了一个很好很详尽的说明。1910年，在维也纳出版了奥地利马克思主义者鲁道夫·希法亭的《金融资本》一书（俄译本1912年在莫斯科出版）。虽然作者在货币理论问题上有错误，并且书中有某种把马克思主义同机会主义调和起来的倾向，但是这本书对"资本主义发展的最新阶段"（希法亭这本书的副标题）作了一个极有价值的理论分析。实质上，近年来关于帝国主义问题的论述，特别是报刊上有关这个问题的大量文章中所谈的，以及各种决议，如1912年秋的开姆尼茨和巴塞尔两次代表大会的决议中所谈的，恐怕都没有超出这两位作者所阐述的，确切些说，所总结的那些思想的范围……

下面，我们准备对帝国主义的**基本**经济特点的联系和相互关系，作一个简要的、尽量通俗的阐述。至于非经济方面的问题，我们就不谈了，尽管这还是值得一谈的。所引数据的出处及其它注释并不是所有的读者都感兴趣的，所以放在本书的最后。①

一　生产集中和垄断

资本主义最典型的特点之一，就是工业蓬勃发展，生产集中于愈来愈大的企业的过程进行得非常迅速。现代工业调查提供了说明这一过程的最完备最确切的材料。

例如在德国，每 1000 个工业企业中，雇用工人 50 人以上的大企业，1882 年有 3 个，1895 年有 6 个，1907 年有 9 个。每 100 个工人中，这些企业的工人分别占 22 人、30 人、37 人。但是生产集中的程度要比工人集中的程度大得多，因为在大企业中劳动的生产率要高得多。蒸汽机和电动机的材料可以说明这一点。拿德国所谓广义的工业（包括商业和交通运输业等在内）来说，情况如下：在 3265623 个企业中，大企业有 30588 个，只占 0.9%。在 1440 万工人中，它们的工人占 570 万，即占 39.4%；在 880 万蒸汽马力中，它们占有 660 万马力，即占 75.3%；在 150 万千瓦电力中，它们占有 120 万千瓦，即占 77.2%。

不到 1% 的企业，竟占有总数 3/4 **以上**的蒸汽力和电力！而 297 万个小企业（雇佣工人不超过 5 人的），即占总数 91% 的企业，却只占有 7% 的蒸汽力和电力！几万个最大的企业就是一切，数百万个小企业算不了什么。

德国在 1907 年雇用工人 1000 人和 1000 人以上的企业，有 5861 个。它们的工人几乎占总数的 1/10（138 万），它们的蒸汽力和电力**几乎**占总数的 1/3（32%）。② 下面我们可以看到，货币资本和银行使极少

---

① 在本书中，这些已分别移至当页正文下面作为脚注。——编者注
② 数字是根据 1911 年《德意志帝国年鉴》察恩的文章综合的。

数最大企业的这种优势变成更强大的而且是名副其实的压倒优势，就是说，几百万中小"业主"，甚至一部分大"业主"，实际上完全受几百个金融富豪的奴役。

在另一个现代资本主义先进国家北美合众国，生产集中发展得更加迅猛。美国统计把狭义的工业单独列出，并且按全年产值的多少把这种企业分成几类。1904年，产值在100万美元和100万美元以上的最大的企业有1900个（占企业总数216180个的0.9%），它们有140万工人（占工人总数550万的25.6%），产值为56亿美元（占总产值148亿美元的38%）。5年之后，即1909年，相应的数字如下：3060个企业（占企业总数268491个的1.1%），有200万工人（占工人总数660万的30.5%），产值为90亿美元（占总产值207亿美元的43.8%）。①

美国所有企业的全部产值，差不多有一半掌握在仅占企业总数**百分之一**的企业手里！而这3000个大型企业包括258个工业部门。由此可见，集中发展到一定阶段，可以说就自然而然地走到垄断。因为几十个大型企业彼此之间容易达成协议；另一方面，正是企业的规模巨大造成了竞争的困难，产生了垄断的趋势。这种从竞争到垄断的转变，不说是最新资本主义经济中最重要的现象，也是最重要的现象之一，所以我们必须比较详细地谈一下。但是，我们首先应当消除一个可能产生的误会。

美国的统计材料说：在250个工业部门中有3000个大型企业。似乎每个部门只有12个规模最大的企业。

但事实上并非如此。并不是每个工业部门都有大企业；另一方面，资本主义发展到了最高阶段，有一个极重要的特点，就是所谓**联合制**，即把不同的工业部门联合在一个企业中，这些部门或者是依次对原料进行加工（如把矿石炼成生铁，把生铁炼成钢，可能还用钢制造各种成

---

① 《美国统计汇编（1912年）》第202页。

品），或者是一个部门对另一个部门起辅助作用（如加工下脚料或副产品，生产包装用品，等等）。

希法亭写道：从而保证联合企业有更"联合制把各种行情拉平，稳定的利润率。第二，联合制导致贸易的消除。第三，联合制使技术改进有可能实现，因而与'单纯'企业〈即没有联合的企业〉相比，能够得到更多的利润。第四，联合制使联合企业的地位比'单纯'企业巩固，使它在原料跌价赶不上成品跌价的严重萧条〈营业呆滞，危机〉时期的竞争中得到加强。"①

德国资产阶级经济学家海曼写了一部描述德国钢铁工业中"混合"（即联合）企业的专著，他说："单纯企业由于原料价格高、他说：成品价格低而纷纷倒闭"。结果是：

"一方面剩下几个采煤量达几百万吨的大煤业公司，它们紧密地组成一个煤业辛迪加；其次，是同它们有密切联系的、组成钢铁辛迪加的一些大铸钢厂。这些大型企业每年生产40万吨〈一吨等于60普特〉钢，采掘大量的矿石和煤炭，生产钢制品，有1万个住在工厂区集体宿舍中的工人，有的还有自己专用的铁路和港口。这种大型企业是德国钢铁工业的典型代表。而且集中还在不断地发展。某些企业愈来愈大；同一工业部门或不同工业部门的企业结合为大型企业的愈来愈多，而且有柏林的6家大银行做它们的靠山和指挥者。德国采矿工业确切地证实了卡尔·马克思关于集中的学说是正确的；诚然，这里指的是用保护性的关税和运费率来保护采矿工业的国家。德国采矿工业已经成熟到可以被剥夺的地步了。"②

这就是一个诚实的（这是一个例外）资产阶级经济学家势必得出的结论。必须指出，他把德国似乎看得很特殊，因为德国工业受到高额保护关税的保护。但是这种情况只能加速集中，加速企业家垄断同盟卡

―――――――
① 《金融资本》俄译本第286—287页。
② 汉斯·基德翁·海曼《德国大钢铁工业中的混合企业》1904年斯图加特版第256、278—279页。

特尔、辛迪加等等的形成。特别重要的是，在自由贸易的国家英国，集中同样导致垄断，尽管时间稍晚，形式也许有所不同。请看赫尔曼·莱维教授根据大不列颠经济发展材料写的专著《垄断组织——卡特尔和托拉斯》中的一段话：

"在大不列颠，正是企业的巨大规模和高度技术水准包含着垄断的趋势。一方面，由于集中的结果，对每一企业必须投入大量资本，因此，新企业在必要资本额方面面临着愈来愈高的要求，这就使新企业难以出现。另一方面（我们认为这一点更重要），每个新企业要想同集中所造成的那些大型企业并驾齐驱，就必须生产大量的过剩产品，而这些产品只有在需求异常增加的时候才能有力地销售出去，否则这种产品过剩就会使价格跌到无论对新工厂或各垄断同盟都不利的程度。"英国和那些有保护关税促进卡特尔化的国家不同，在这里，企业家垄断同盟卡特尔和托拉斯，多半是在互相竞争的主要企业的数目缩减到"一两打"的时候才产生的。"集中对产生大工业垄断组织的影响，在这里表现得十分明显。"① 在半个世纪以前马克思写《资本论》的时候，绝大多数经济学家都认为自由竞争是一种"自然规律"。官方学者曾经力图用缄默这种阴谋手段来扼杀马克思的著作，因为马克思对资本主义所作的理论和历史的分析，证明了自由竞争产生生产集中，而生产集中发展到一定阶段就导致垄断。现在，垄断已经成了事实。经济学家们正在写大堆大堆的著作，叙述垄断的某些表现，"马克思同时却继续齐声宣告：主义被驳倒了。"但是，英国有句谚语说得好：事实是顽强的东西，不管你愿意不愿意，你都得重视事实。事实证明：某些资本主义国家之间的差别，例如实行保护主义还是实行自由贸易，只能在垄断组织的形式上或产生的时间上引起一些非本质的差别，而生产集中产生垄断，则是现阶段资本主义发展的一般的和基本的规律。

---

① 赫尔曼·莱维《垄断组织——卡特尔和托拉斯》，1909 年耶拿版第 286、290、298 页。

对于欧洲，可以相当精确地确定新资本主义**最终**代替旧资本主义的时间是20世纪初。在最近出版的一本关于"垄断组织的形成"的历史的综合性著作中，我们看到有下面几段话：

"我们可以从1860年以前的时代里举出资本主义垄断组织的个别例子；从这些例子可以看出现在极常见的那些形式的萌芽；但是这一切无疑还是卡特尔的史前时期。现代垄断组织的真正开始，最早也不过是19世纪60年代的事。垄断组织的第一个大发展时期，是从19世纪70年代国际性的工业萧条开始，一直延续到19世纪90年代初期。""如果从欧洲范围来看，60年代和70年代是自由竞争发展的顶点。当时，英国建成了它的那种旧式资本主义组织。在德国，这种组织同手工业和家庭工业展开了坚决的斗争，开始建立自己的存在形式。"

"大转变是从1873年的崩溃时期，确切些说，是从崩溃后的萧条时期开始的；这次萧条在欧洲经济史上持续了22年，只是在80年代初稍有间断，并在1889年左右出现过异常猛烈然而为时甚短的高涨。"人们大力组织卡特尔来利"在1889—1890年短促的高涨期间，用行情。轻率的政策使价格比没有卡特尔时提高得更快更厉害，结果所有这些卡特尔差不多全都不光彩地埋葬在'崩溃这座坟墓'里了。后来又经过了5年不景气和价格低落的时期，但是这时笼罩在工业界的已经不是从前那种情绪了。人们已经不把萧条看成什么当然的事情，而认为它不过是有利的新行情到来之前的一种间歇。"

于是卡特尔运动进入了第二个时期。卡特尔已经不是暂时的现象，而成了全部经济生活的基础之一。它占领一个又一个的工业部门，而首先是占领原料加工部门。早在19世纪90年代初，在组织焦炭辛迪加（后来的煤业辛迪加就是仿照它建立的）时，卡特尔就创造了后来基本上再没有发展的组织卡特尔的技术。19世纪末的巨大高涨和1900—1903年的危机，至少在采矿和钢铁工业方面，都是第一次完全在卡特尔的标志下发生的。当时人们还觉得这是一种新现象，而现在社会上则普遍认为，经济生活的重大方面通常不受自由竞争的支配，是一种不言而喻的事情了。"①

综上所述,对垄断组织的历史可以作如下的概括:(1) 19 世纪 60 年代和 70 年代是自由竞争发展的顶点即最高阶段。这时垄断组织还只是一种不明显的萌芽。(2) 1873 年危机之后,卡特尔有一段很长的发展时期,但卡特尔在当时还是一种例外,还不稳固,还是一种暂时现象。(3) 19 世纪末的高涨和 1900—1903 年的危机。这时卡特尔成了全部经济生活的基础之一。资本主义转化为帝国主义。

卡特尔彼此商定销售条件和支付期限等等。它们彼此划分销售地区。它们规定所生产的产品的数量。它们确定价格。它们在各个企业之间分配利润,等等。

德国的卡特尔在 1896 年约有 250 个,在 1905 年有 385 个,参加卡特尔的企业约有 12000 个②。但是,大家都承认,这是缩小了的数字。从上面引用的 1907 年的德国工业统计材料可以看出,单是这 12000 个最大的企业,就集中了大约占总数一半以上的蒸汽力和电力。北美合众国的托拉斯在 1900 年是 185 个,在 1907 年是 250 个。美国的统计把所有的工业企业分为属于个人的和属于合伙商行、公司的。后者在 1904 年占企业总数的 23.6%,在 1909 年占 25.9%,即 1/4 以上。这些企业的工人,在 1904 年占工人总数的 70.6%,在 1909 年占 75.6%,即 3/4;产值分别是 109 亿美元和 163 亿美元,即占总产值的 73.7% 和 79%。

一个工业部门的生产总量,往往有十分之七八集中在卡特尔和托拉斯手中。莱茵—威斯特伐利亚煤业辛迪加在 1893 年成立时,集中了该地区总采煤量的 86.7%,到 1910 年则已经达到 95.4%③。这样造成的

---

① 泰·福格尔施泰因《资本主义工业的金融组织和垄断组织的形成》,见《社会经济概论》,1914 年蒂宾根版第 6 部分。参看同一作者所著《英美钢铁工业和纺织工业的组织形式》,1910 年莱比锡版第 1 卷。

② 里塞尔博士《德国大银行及其随着德国整个经济发展而来的集中》,1912 年第 4 版第 149 页;罗·利夫曼《卡特尔与托拉斯以及国民经济组织今后的发展》,1910 年第 2 版第 25 页。

③ 弗里茨·克斯特纳博士《强迫加入组织。卡特尔与局外人斗争情况的研究》,1912 年柏林版第 11 页。

垄断，保证获得巨额的收入，并导致组成规模极大的技术生产单位。美国著名的煤油托拉斯，"它（美孚油公司）是1900年成立的。的资本是15000万美元。当时发行了1亿美元的普通股票和10600万美元的优先股票。1900—1907年，每年支付的优先股票的股息分别为：48%、48%、45%、44%、36%、40%、40%、40%，共计36700万美元。1882—1907年的纯利为88900万美元，其中60600万付股息，其余的作为后备资本。"① "钢铁托拉斯（美国钢铁公司）所有企业的职工，在1907年达210180人。德国采矿工业中最大的企业盖尔森基兴矿业公司（Gelsenkirchener Bergwerksgesellschaft）在1908年有46048名职工。"② 钢铁托拉斯在1902年就生产了900万吨钢③。它的钢产量在1901年占美国全部钢产量的66.3%，在1908年占56.1%④。它的矿石开采量，在1901年占43.9%，在1908年占46.3%。

美国政府专门委员会关于托拉斯的报告中说："它比竞争者优越，是因为它的企业规模大，技术装备优良。烟草托拉斯从创办的时候起，就竭力在各方面大规模地采用机器来代替手工劳动。为此目的，它收买了与烟草加工多少有关的一切发明专利权，在这方面花费了巨额款项。有许多发明起初是不适用的，必须经过在托拉斯供职的工程师的改进。在1906年年底设立了两个分公司，专门收买发明专利权。为了同一目的，托拉斯又设立了自己的铸造厂、机器厂和修理厂。设在布鲁克莱恩的一个这样的工厂有大约300名工人；这个厂对有关生产纸烟、小雪茄、鼻烟、包装用的锡纸和烟盒等等的发明进行试验，在这里还对各种发明进行改进。"⑤ "其它托拉斯也雇有所谓技术开发

---

① 罗·利夫曼《参与和投资公司。对现代资本主义和有价证券业的研究》，1909年耶拿第1版，第212页。
② 同上书，第218页。
③ 齐·契尔施基博士《卡特尔与托拉斯》1903年格丁根版第13页。
④ 泰·福格尔施泰因《组织形式》第275页。
⑤ 《专门委员会委员关于烟草工业联合公司的报告》1909年华盛顿版第266页。——引自保尔·塔弗尔博士《北美托拉斯及其对技术进步的影响》一书，1913年斯图加特版第48页。

工程师（developping engineers），他们的任务就是发明新的生产方法，进行技术改良的试验。钢铁托拉斯给那些在提高技术或减少费用方面有发明创造的工程师和工人以高额奖金。"①

德国的大工业，例如近几十年来获得巨大发展的化学工业，也是这样组织技术改良工作的。到1908年，生产集中的过程已经在这个工业中造成了两大"集团"，它们也都按自己的方式逐步走向垄断。起初，这两个集团都是由两对大工厂组成的"双边联盟"，各有资本2000—2100万马克：一对是美因河畔赫希斯特的前行东……颜料厂和美因河畔法兰克福的卡塞拉公司；另一对是路德维希港苯胺苏打厂和爱北斐特的前拜尔公司。后来，一个集团在1905年，另一个集团在1908年，又各同另一个大工厂达成了协定。结果构成了两个"三边联盟"，各有资本4000—5000万马克，而且这两个"联盟"已经开始"接近"，"商定"价格等等。②

竞争转化为垄断。生产的社会化有了巨大的进展。就连技术发明和技术改进的过程也社会化了。

从前是各个业主自由竞争，他们是分散的，彼此毫不了解，他们进行生产都是为了在情况不明的市场上去销售，现在则完全不同了。集中已经达到了这样的程度，可以对本国的，甚至像下面所说的，对许多国家以至全世界所有的原料来源（例如蕴藏铁矿的土地）作出大致的估计。现在不但进行这样的估计，而且这些来源完全操纵在一些大垄断同盟的手里。这些同盟对市场的容量也进行大致的估计，并且根据协议"瓜分"这些市场。它们垄断熟练的劳动力，雇用最好的工程师，霸占交通线路和交通工具，如美国的铁路、欧美的轮船公司。帝国主义阶段的资本主义紧紧接近最全面的生产社会化，它不顾资本家的愿望与意

---

① 《专门委员会委员关于烟草工业联合公司的报告》1909年华盛顿版第266页。——引自保尔·塔弗尔博士《北美托拉斯及其对技术进步的影响》一书，1913年斯图加特版第48—49页。

② 里塞尔的上述著作第3版第547页及以下各页。据报纸报导（1916年6月），新近又成立了一个把德国整个化学工业联合起来的大型托拉斯。

识，可以说是把他们拖进一种从完全的竞争自由向完全的社会化过渡的新的社会秩序。

生产社会化了，但是占有仍然是私人的。社会化的生产资料仍旧是少数人的私有财产。在形式上被承认的自由竞争的一般架子依然存在，而少数垄断者对其余居民的压迫却更加百倍地沉重、显著和令人难以忍受了。

德国经济学家克斯特纳写了一本专论"卡特尔与局外人斗争情况"的著作，所谓"局外人"，就是未加入卡特尔的企业家。他给这本著作取名为《强迫加入组织》，其实，如果不粉饰资本主义，就应当说是强迫服从垄断者同盟。单是看看垄断者同盟为了这种"组织"而采取的种种现代的、最新的、文明的斗争手段，也是大有教益的。这些手段有：（1）剥夺原料"……强迫加入卡特尔的主要手段之一"；（2）用"同盟"方法剥夺劳动力（即资本家和工会订立合同，使工会只接受卡特尔化企业的工作）；（3）剥夺运输；（4）剥夺销路；（5）同买主订立合同，使他们只同卡特尔发生买卖关系；（6）有计划地压低价格（为了使"局外人"即不服从垄断者的企业破产，不惜耗费巨资，在一段时间内按低于成本的价格出售商品。在汽油工业中就有过这样的例子：把价格从40马克压到22马克，差不多压低了一半！）；（7）剥夺信贷；（8）宣布抵制。

现在已经不是小企业同大企业、技术落后的企业同技术先进的企业进行竞争。现在已经是垄断者在扼杀那些不屈服于<u>垄断</u>、不屈服于<u>垄断</u>的压迫和摆布的企业了。下面就是这一过程在一位资产阶级经济学家意识中的反映。

克斯特纳写道：也在发生某种转"甚至在纯粹经济的活动方面，变，原先意义上的商业活动转变为投机组织者的活动。获得最大成就的，不是最善于根据自己的技术和商业经验来判断购买者需要，找到并且可以说是'开发'潜在需求的商人，而是那些善于预先估计到，或者哪怕只是嗅到组织上的发展，嗅到某些企业与银行可能发生某种联系的投机天才〈?!〉……"

译成普通人的语言,这就是说:资本主义已经发展到这样的程度,商品生产虽然依旧"占统治地位",依旧被看做全部经济的基础,但实际上已经被破坏了,大部分利润都被那些干金融勾当的"天才"拿去了。这种金融勾当和欺骗行为的基础是生产社会化,人类历尽艰辛所达到的生产社会化这一巨大进步,却造福于……投机者。下面我们会看到,那些对资本帝国主义作小市民式的反动批评的人,怎样"根据这一点"而梦想**开倒车**,恢复"自由的"、"和平的"、"诚实的"竞争。

克斯特纳说:至今还只"由卡特尔的组成引起的价格长期上涨,出现在最重要的生产资料方面,特别是煤、铁和钾碱等方面,而在成品方面则从来没有过。随之而来的收益的增加,同样也只限于生产生产数据的工业。对此还要作一点补充:原料(而不是半成品)加工工业不仅因组成卡特尔而获得高额利润,使那些进一步加工半成品的工业受到损失,而且它还取得了对这一工业的一定的**统治关系**,这是自由竞争时代所没有的。"①

我们作了着重标记的几个字,说明了问题的实质,这个实质是资产阶级经济学家很不愿意而且很少承认的,也是以卡·考茨基为首的当代的机会主义辩护士所竭力支吾搪塞、避而不谈的。统治关系和由此产生的强制,正是"资本主义发展的最新阶段"的典型现象,正是势力极大的经济垄断组织的形成所必然引起而且已经引起的结果。

我们再举一个说明卡特尔如何经营的例子。凡是可以把全部或主要的原料产地抓在手里的地方,卡特尔的产生和垄断组织的形成就特别容易。但是,如果以为在无法霸占原料产地的其它工业部门中不会产生垄断组织,那就错了。水泥工业的原料是到处都有的。但是在德国,就连这个工业也高度卡特尔化了。水泥厂联合成了区域性的辛迪加,如南德辛迪加、莱茵—威斯特伐利亚辛迪加等等。规定了垄断价格:成本为

---

① 克斯特纳的上述著作第254页。

180马克的一车皮水泥，售价竟达230—280马克！企业支付12%—16%的股息，而且不要忘记，现代的投机"天才"除分得股息之外，还能使大量的利润滚进自己的腰包。为了从如此盈利的工业部门中排除竞争，垄断者甚至使用各种诡计：散布谣言，说水泥工业情况很坏；在报上登匿名广告说，当心，"资本家们！别在水泥业投资！"；最后是收买没有参加辛迪加的"局外人"的企业，付给他们6万、8万至15万马克的"出让费"①。垄断组织在一切地方用一切办法为自己开辟道路，从偿付"微薄的"出让费起，直到像美国那样"使用"炸药对付竞争者为止。

用卡特尔消除危机是拼命为资本主义涂脂抹粉的资产阶级经济学家的无稽之谈。相反，在**几个**工业部门中形成的垄断，使**整个**资本主义生产所特有的混乱现象更加厉害，更加严重。作为一般资本主义特点的农业和工业发展不相适应的现象，变得更加严重了。卡特尔化程度最高的所谓**重**工业，尤其是煤铁工业的特权地位，使其余工业部门"更加严重地缺乏计划性"，正如论述"德国大银行与工业的关系"的最佳著作之一的作者耶德尔斯所承认的那样②。

资本主义的无耻的辩护士利夫曼说：就愈是"国民经济愈发展，转向更带冒险性的企业或国外的企业，转向需要长时间才能发展的企业，或者转向那些只有地方意义的企业。"③冒险性的增大，归根到底是同资本的大量增加有关，资本可以说是漫溢出来而流向国外，如此等等。同时，技术的加速发展，又使国民经济各部门不相适应的因素、混乱和危机的因素日益增加。"大概同一个利夫曼不得不承认说：在不久的将来，人类又会碰到技术方面的一些也会影响到国民经济组织的大变革"……如电力、航空……"在发生这种根本性的经济变动的

---

① 路·埃施韦格《水泥》，见1909年《银行》杂志第1期第115页及以下各页。

② 耶德尔斯《德国大银行与工业的关系，特别是与冶金工业的关系》1905年莱比锡版第271页。

③ 利夫曼《参与和投资公司》第434页。

时候，通常而且照例会有很厉害的投机事业发展起来……"①

危机（各种各样的危机，最常见的是经济危机，但不是只有经济危机）又大大加强了集中和垄断的趋势。我们知道，1900年的危机，是现代垄断组织史上的转折点。关于这次危机的意义，耶德尔斯有一段非常值得注意的论断：

"遭到1900年危机的，除了各主要工业部门的大型企业以外，还有许多在今天说来结构上已经过时了的'单纯'企业〈即没有联合起来的企业〉，它们是乘着工业高涨的浪头浮上来的。价格的跌落，需求的减少，使这些'单纯'企业陷于灾难的境地，这种情况，大型的联合企业或者根本没有遇到过，或者仅仅在极短的时期内碰到过。因此，1900年的危机引起的工业集中，其程度远远超过了1873年的危机。1873年的危机虽然也起了一种淘汰作用，使一些较好的企业保存下来，但是在当时的技术水准下，这种淘汰并没有能够使那些顺利地渡过危机的企业获得垄断地位。长期地占据这种垄断地位的，是现在的钢铁工业和电力工业中的大型企业（因为它们的技术复杂，组织分布很广，资本雄厚），而且垄断程度很高；其次是机器制造业以及冶金工业、交通运输业等某些部门的企业，不过垄断程度较低。"②

垄断正是"资本主义发展的最新阶段"的最新成就。但是，如果我们不注意到银行的作用，那我们对于现代垄断组织的实际力量和意义的认识，就会是极不充分、极不完全和极其不足的。

---

① 利夫曼《参与和投资公司》第465—466页。
② 耶德尔斯的著作第108页。

二 银行和银行的新作用

银行基本的和原来的业务是在支付中起中介作用。这样,银行就把不活动的货币资本变为活动的即生利的资本,把各种各样的货币收入汇集起来交给资本家阶级支配。

随着银行业的发展及其集中于少数机构,银行就由中介人的普通角色发展成为势力极大的垄断者,它们支配着所有资本家和小业主的几乎全部的货币资本,以及本国和许多国家的大部分生产数据和原料产地。为数众多的普通中介人成为极少数垄断者的这种转变,是资本主义发展成为资本帝国主义的基本过程之一,因此,我们应当首先来谈一谈银行业的集中。

在1907—1908年度,德国所有资本在100万马克以上的股份银行,共有存款70亿马克;到1912—1913年度,已达98亿马克。5年中增加了40%,而且这新增加的28亿马克中,有275000万马克属于57家资本在1000万马克以上的银行。存款在大小银行中的分配情形如下①:

在存款总额中所占的百分比

	柏林9家大银行	其余48家资本在1000万马克以上的银行	115家资本在100—1000万马克的银行	资本不到100万马克的小银行
1907—8年度……	47	32.5	16.5	4
1912—3年度……	49	36	12	3

小银行被大银行排挤,大银行当中仅仅9家银行就差不多集中了所有存款的一半。但是,这里还有许多情况没有考虑进去,例如有许多小

---

① 阿尔弗勒德·兰斯堡《五年来的德国银行业》,见1913年《银行》杂志第8期第728页。

银行实际上成了大银行的分行，等等。关于这些下面就要讲到。

据舒尔采-格弗尼茨计算，1913年底，存款总额约为100亿马克，而柏林9家大银行就占了51亿马克。这位作者不仅注意到存款，而且注意到全部银行资本，他写道：柏林9家大银行**及其附属银行**，"1909年年底，支配着113亿马克，即约占德国银行资本总额的83%。德意志银行（Deutsche Bank）**及其附属银行**支配着约30亿马克，与普鲁士国有铁路管理局同为旧大陆上资本聚集最多、而且分权程度很高的企业。"①

我们在提到"附属"银行的地方用了着重标记，因为这是最新资本主义集中的最重要的特点之一。大企业，尤其是大银行，不仅直接吞并小企业，而且通过"参与"它们的资本、购买或交换股票，通过债务关系体系等等来"联合"它们，征服它们，吸收它们加入"自己的"集团，用术语说，就是加入自己的康采恩。利夫曼教授写了一本500页的大"著作"，描述现代的参与和投资公司②，可惜，这本书里给那些往往未经消化的原始材料加上了十分低劣的"理论"推断。关于这种"参与"制在集中方面造成的结果怎样，说得最清楚的是银行"活动家"里塞尔那本论德国大银行的著作。但是，在引用他的材料之前，我们先举一个"参与"制的具体例子。

德意志银行集团，在所有大银行集团当中，不说是最大的集团，也是最大的集团之一。要弄清楚把这一集团所有的银行联系在一起的主要线索，应当区分第一级、第二级和第三级的"参与"，或者说是第一级、第二级和第三级的依附（比较小的银行对德意志银行的依附）。具体情况如下③：

---

① 舒尔采-格弗尼茨《德国信用银行》，见《社会经济概论》1915年蒂宾根版第12页和137页。

② 罗·利夫曼《参与和投资公司。对现代资本主义和有价证券业的研究》1909年耶拿第1版第212页。

③ 阿尔弗勒德·兰斯堡《德国银行业中的参与制》，见1910年《银行》杂志第1期第500页。

德意志银行		第一级依附：	第二级依附：	第三级依附：
	始终参与…………	17家银行；	其中有9家又参与34家银行；	其中有4家又参与7家银行
	不定期参与………	5家银行；		
	间或参与…………	8家银行；	其中有5家又参与14家银行；	其中有2家又参与2家银行
	共　计…………	30家银行；	其中有14家又参与48家银行；	其中有6家又参与9家银行

在"间或"隶属于德意志银行的8家"第一级依附"的银行中，有3家国外银行：一家是奥地利的（维也纳的联营银行——Bankverein），两家是俄国的（西伯利亚商业银行和俄国对外贸易银行）。直接和间接地、全部和局部地加入德意志银行集团的，共有87家银行，这个集团所支配的资本，包括自己的和他人的，共有20—30亿马克。

一家银行既然领导着这样一个集团，并且同其它6家稍小一点的银行达成协议，来办理公债之类的特别巨大、特别有利的金融业务，那么很明显，这家银行已经不仅仅扮演"中介人"的角色，而成了极少数垄断者的同盟。

从下面我们简略地摘引的里塞尔的统计材料可以看出，正是在19世纪末和20世纪初，德国银行业的集中发展得多么迅速：

柏林6家大银行拥有的机构

年份	在德国的分行	存款部和兑换所	始终参与的德国股份银行	机构总数
1895……	16	14	1	42
1900……	21	40	8	80
1911……	104	276	63	450

我们看到，银行管道的密网扩展得多么迅速，它布满全国，集中所有的资本和货币收入，把成千上万分散的经济变成一个统一的全国性的

资本主义经济,并进而变成世界性的资本主义经济。舒尔采-格弗尼茨在上面那段引文中代表现代资产阶级政治经济学所说的那个"分权",实际上却是愈来愈多的从前比较"独立的"、确切些说是地方性的同外界隔绝的经济单位,隶属于一个统一的中心。其实,这是**集权**,是垄断巨头的作用、意义和实力的加强。

在比较老的资本主义国家中,这种"银行网"更密。英国,包括爱尔兰,1910年所有银行的分行共有7 151个。其中4家大银行各有400个以上的分行(447个至689个),另外还有4家大银行各有200多个分行,11家银行各有100多个分行。

法国**三家**最大的银行里昂信贷银行、国民贴现银行和总公司的业务和分行网发展的情形如下①:

	分行和部所数目			资本额（单位：百万法郎）	
	在地方上	在巴黎	共计	自有的	他人的
1870年……	47	17	64	200	427
1890年……	192	66	258	265	1245
1909年……	1033	196	1229	887	4363

为了说明现代大银行"联系"的特点,里塞尔引用了德国和全世界最大的银行之一贴现公司(Disconto—Gesellschaft)(它的资本在1914年已经达到3亿马克)收发信件的统计数字:

	信件数目	
	收到的	发出的
1852年…………	6135	6292
1870年…………	85800	87513
1900年…………	533102	626043

---

① 欧根·考夫曼《法国银行业》1911年蒂宾根版第356页和362页。

巴黎大银行里昂信贷银行的账户数目：在 1875 年是 28535 个，而在 1912 年就增加到 633539 个。①

这些简单的数字，也许比长篇大论更能清楚地表明：随着资本的集中和银行周转额的增加，银行的作用根本改变了。分散的资本家合成了一个集体的资本家。银行为某些资本家办理往来账，似乎是在从事一种纯粹技术性的、完全辅助性的业务。而当这种业务的范围扩展到很大的时候，极少数垄断者就控制整个资本主义社会的工商业业务，就能通过银行的联系，通过往来账及其它金融业务，首先**确切地了解**各个资本家的业务状况，然后加以**监督**，用扩大或减少、便利或阻难信贷的办法来影响他们，以至最后**完全决定**他们的命运，决定他们的收入，夺去他们的资本，或者使他们有可能迅速而大量地增加资本等等。

我们刚才谈到柏林的贴现公司有 3 亿马克的资本。贴现公司资本增加的经过，是柏林两家最大的银行——德意志银行和贴现公司争夺霸权斗争中的一幕。在 1870 年，德意志银行还是一家新银行，资本只有 1500 万马克，贴现公司有 3000 万马克。在 1908 年，前者有资本 2 亿，后者有资本 17000 万。到 1914 年，前者的资本增加到 25000 万，后者因为同另一家第一流的大银行沙夫豪森联合银行合并，资本就增加到了 3 亿。当然，在进行这种争夺霸权的斗争的同时，这两家银行也订立愈来愈频繁、愈来愈巩固的"协议"。这种发展的进程，使得那些在观察经济问题时决不越出最温和、最谨慎的资产阶级改良主义范围的银行专家，也不得不作出如下的结论。

德国的《银行》杂志就贴现公司资本增加到 3 亿马克这一点写道：现在在经济上统治着德国"其它银行也会跟着走上这条道路的，的 300 人，将会逐渐减到 50 人、25 人甚至更少一些。不要以为最新的集中运动将仅限于银行业。各个银行间的紧密联系，自然会使这些银行所保护的工业家的辛迪加也接近起来……会有一天，我们一觉醒来，将惊奇地

---

① 让·莱斯居尔《法国储蓄业》1914 年巴黎版第 52 页。

发现我们面前尽是托拉斯，到那时我们必须以国家垄断来代替私人垄断。然而，除了听凭事情自由发展、让股票稍稍加速这种发展以外，我们实在是没有什么别的可以责备自己的。"①

这段话是资产阶级政论界束手无策的典型表现，而资产阶级学术界不同的地方，就在于后者不那么坦率，力图掩饰事情的本质，让看见集中的后果而感觉，人只见树木，不见森林。"惊奇"，"责备"资本主义德国的政府或资本主义的"社会"（"我们"），害怕采用股票会"加速"集中，例如德国的一个"卡特尔问题"专家契尔施基就害怕美国托拉斯，"宁愿"要德国的卡特尔，因为德国的卡特尔似乎"不会像托拉斯那样过分地加速技术和经济的进步"②，——这难道不是束手无策的表现吗？

但是，事实终归是事实。德国没有托拉斯，"只"有卡特尔，但统治德国的，不超过300个资本巨头。而且这些巨头的人数还在不断地减少。在任何情况下，在一切资本主义国家，不管有什么样不同的银行法，银行总是大大地加强并加速资本集中和垄断组织形成的过程。

半个世纪以前马克思就在《资本论》里写过："银行制度造成了社会范围的公共簿记和生产数据的公共的分配的形式，但只是形式而已。"（俄译本第3卷下册第144页③）我们所引用的关于银行资本的增长、关于最大银行的分支机构数目及其账户数目的增加等材料，都具体地让我们看到了**整个**资本家阶级的这种"公共簿记"，而且不仅是资本家阶级的"公共簿记"，因为银行所收集的（即使是暂时收集的），是各种各样的货币收入，其中也有小业主的，也有职员的，也有极少数上层工人的。是从现代"生产资料的公共的分配"从形式上看来，银行中**生长出来的**；这种最大的银行在法国不过3家到6家，在德国有6家到8家，它们支配着几十亿几十亿的款额。但是，生产数据的这种分配，就

---

① 阿·兰斯堡《一家有3亿资本的银行》，见1914年《银行》杂志第1期第426页。
② 齐·契尔施基的上述著作第128页。
③ 见《马克思恩格斯全集》第1版第25卷第686页。——编者注

其**内容**来说，决不是"公共的"，而是私人的，也就是说，是符合大资本（首先是最大的、垄断的资本）的利益的，因为大资本正是在民众挨饿，农业的整个发展无可救药地落后于工业的发展，工业中"重工业"向其它一切工业部门收取贡赋的条件下活动的。

在资本主义经济社会化方面，储金局和邮政机构开始同银行竞争，它们是更加"分权"的，也就是说，它们把更多的地区、更多的偏僻地方和更广大的居民群众纳入自己的势力范围。下面是美国的一个委员会收集的对比银行和储金局存款增加情况的统计材料①：

存款（单位十亿马克）

	英 国		法 国		德 国		
	银行存款	储金局存款	银行存款	储金局存款	银行存款	信贷协会存款	储金局存款
1880 年	8.4	1.6	?	0.9	0.5	0.4	2.6
1888 年	12.4	2.0	1.5	2.1	1.1	0.4	4.5
1908 年	23.2	4.2	3.7	4.2	7.1	2.2	13.9

储金局为了支付4%和4.25%的存款利息，就必须给自己的资本找到"有利的"投资场所，如从事票据、抵押等业务。银行和储金局之间的界限"日益消失"。例如波鸿和爱尔福特的商会，就要求"禁止"储金局经营票据贴现之类的"纯"银行业务，要求限制邮政机构经营"银行"业务②。银行大王好像是在担心国家垄断会不会从意料不到的地方悄悄地钻到他们身旁。不过，这种担心当然没有超出可以说是一个办事处的两个科长之间的竞争。因为储金局的几十亿资本，实际上归根到底是由**同一些**银行资本巨头们支配的，这是一方面；另一方面，在资本主义社会里，国家的垄断不过是提高和保证某个工业部门快要破产的百万富翁的收入的一种手段罢了。

自由竞争占统治地位的旧资本主义，被垄断占统治地位的新资本主

---

① 美国全国金融委员会的材料，见1910年《银行》杂志第2期第1200页。
② 美国全国金融委员会的材料，见1913年《银行》杂志第811、1022页；1914年第713页。

义所替代,还表现在交易所作用的降低上面。杂志写道:银行》"交易所早已不再是必要的流通中介人了,它过去曾经是,因为过去银行还不能把发行的大部分有价证券推销到自己的顾客中间去。"①

"'任何银行都是交易所',——这是一句现代的名言。银行愈大,银行业的集中愈有进展,这句名言所包含的真理也愈多。"② "从前,在70年代,像年轻人那样放荡的交易所〈这是对1873年交易所的崩溃,对滥设投机公司的丑事等等所作的一种'微妙的'暗示〉,开辟了德国的工业化时代,而现在银行和工业已经能'独立应付'了。我国大银行对交易所的统治……正表明德国是一个十分有组织的工业国。如果说这样就缩小了自动起作用的经济规律的作用范围,而大大扩大了通过银行进行有意识的调节的范围,那么少数领导人在国民经济方面所负的责任也就因此而大大加重了。"③ ——德国教授舒尔采-格弗尼茨就是这样写的,这位教授是德国帝国主义的辩护士,是各国帝国主义者眼中的权威,他力图抹杀一件"小事情",即这种通过

银行进行的"有意识的调节",就是由极少数"十分有组织的"垄断者对大众的掠夺。资产阶级教授的任务不是暴露全部内幕,不是揭穿银行垄断者的种种勾当,而是加以粉饰。

一位更有威望的经济学家和银行"活动家"里塞尔也完全一样,他用一些言之无物的空话来回避无可否认的事实:"交易所正在愈来愈失去为整个经济和有价证券流通所绝对必需的性能,即不仅作为汇集到它那里的各种经济运动的最准确的测量器,而且作为对这些经济运动几乎自动起作用的调节器。"④

换句话说,旧的资本主义,即绝对需要交易所作为自己的调节器的自由竞争的资本主义,正在成为过去。代替它的是新的资本主义,这种

---

① 1914年《银行》杂志第1期第316页。
② 奥斯卡尔·施蒂利希博士《货币银行业》1907年柏林版第169页。
③ 舒尔采-格弗尼茨《德国信用银行》,见《社会经济概论》1915年蒂宾根版第101页。
④ 里塞尔的上述著作第4版第629页。

新的资本主义带有某种过渡性事物、某种自由竞争和垄断混合物的鲜明特征。人们自然要问，这种最新的资本主义是在向哪里"过渡"呢？但这个问题资产阶级学者是不敢提出的。

"在30年前，不属于'工人'体力劳动范围以内的经济工作，9/10都是由自由竞争的企业家来做的。现在，这种经济上的脑力工作9/10都是由**职员们**来担任了。在这一发展中处于领先地位的是银行业。"①

舒尔采-格弗尼茨的这种供认，使人们又再次触及这样一个问题：最新的资本主义，即帝国主义阶段的资本主义，究竟是向哪里去的过渡呢？——

在少数几个经过集中过程而仍然在整个资本主义经济中处于领先地位的银行中间，达成垄断协议、组织**银行托拉斯**的倾向自然愈来愈明显，愈来愈强烈。美国现在已经不是9家，而是2家最大的银行，即亿万富翁洛克菲勒和摩根的银行，控制着110亿马克的资本②。在德国，我们上面指出的贴现公司吞并沙夫豪森联合银行的事实，引起了代表交易所利益的《法兰克福报》如下的一段评论：

"随着银行的日益集中，只能向愈来愈少的机构请求贷款了，这就使大工业更加依赖于少数几个银行集团。在工业同金融界联系密切的情况下，需要银行资本的那些工业公司活动的自由受到了限制。因此，大工业带着错综复杂的感情看待银行的日益托拉斯化〈联合成或转变为托拉斯〉；的确，我们已经多次看到各大银行康采恩之间开始达成某种限制竞争的协议。"③

银行业发展的最新成就还是垄断。

说到银行和工业的密切联系，那么，正是在这一方面，银行的新作用恐怕表现得最明显。银行给某个企业主贴现票据，给他开立往来账户

---

① 舒尔采-格弗尼茨《德国信用银行》，见《社会经济概论》1915年蒂宾根版第151页。
② 1912年《银行》杂志第1期第435页。
③ 转引自舒尔采-格弗尼茨的著作，见《社会经济概论》第155页。

等等，这些业务单独地来看，一点也没有减少这个企业主的独立性，银行也没有越出普通的中介人作用的范围。可是，如果这些业务愈来愈频繁、愈来愈加强，如果银行把大量资本"收集"在自己手里，如果办理某个企业的往来账使银行能够愈来愈详细和充分地了解它的顾客的经济状况（事实上也确实如此），那么，结果就是工业资本家愈来愈完全依赖于银行。

同时，银行同最大的工商业企业之间的所谓人事结合也发展起来，双方通过占有股票，通过银行和工商业企业的经理互任对方的监事（或董事），而日益融合起来。德国经济学家耶德尔斯搜集了关于这种形式的资本集中和企业集中的极为详细的材料。柏林 6 家最大的银行由经理做代表，参加了 344 个工业公司，又由董事做代表，参加了 407 个公司，一共参加了 751 个公司。它们在 289 个公司中各有两个监事，或者占据了监事长的位置。在这些工商业公司中，有各种各样的行业，如保险业、交通运输业、饭馆、戏院、工艺美术业等等。另一方面，在这 6 家银行的监事会中（在 1910 年）有 51 个最大的工业家，其中有克虏伯公司的经理、大轮船公司汉堡—美洲包裹投递股份公司（Hamburg—Amerika）的经理等等。在 1895—1910 年间，这 6 家银行中的每一家银行都参加了替数百个（281 个至 419 个）工业公司发行股票和债券的工作①。

除银行同工业的"人事结合"以外，还有这些或那些公司同政府的"人事结合"耶德尔斯写道："它们自愿把监事职位让给有声望的人物和过去的政府官吏，这些人可以使公司在同当局打交道的时候得到不少方便〈!!〉……""在大银行的监事会里，常有国会议员或柏林市议会的议员。"

可见，所谓大资本主义垄断组织正在通过一切"自然的"和"超自然的"途径十分迅速地创立和发展起来。现代资本主义社会中几百个

---

① 耶德尔斯的上述著作和里塞尔的上述著作。

金融大王之间的某种分工正在有步骤地形成：

"除了某些大工业家活动范围的这种扩大〈如加入银行董事会等等〉以及地方银行经理分别专管某一工业区以外，大银行领导人的专业化也有所加强。这样的专业化，只有在整个银行企业的规模很大，尤其是在银行同工业的联系很广的时候，才能设想。这种分工是在两个方面进行的：一方面，把联系整个工业界的事情交给一个经理去做，作为他的专职；另一方面，每个经理都负责监督几个企业或几组在行业上、利益上彼此相近的企业〈资本主义已经发展到可以有组织地**监督**各个企业的程度了〉。某个经理专门管德国工业，甚至专门管德国西部的工业〈德国西部是德国工业最发达的区域〉，另一些经理则专门负责同外国和外国工业联系，了解工业家等等的个人的情况，掌管交易所业务等等。此外，银行的每个经理又往往专管某个地方或某个工业部门：有的主要是在电力公司监事会里工作，有的是在化学工厂、啤酒厂或制糖厂里工作，有的是在少数几个孤立的企业中工作，同时又参加保险公司监事会……总而言之，在大银行里，随着银行业务的扩大和业务种类的增多，领导人的分工无疑也就更加细密，其目的（和结果）是使他们稍微超出纯银行业务的范围，使他们对工业的一般问题以及各个工业部门的特殊问题更有判断力，更加懂行，培养他们在银行势力所及的工业部门中进行活动的能力。除了这一套办法以外，银行还竭力挑选熟悉工业的人物，挑选企业家、过去的官吏、特别是在铁路和采矿部门中工作过的官吏，来参加本银行的监事会"等等。①

在法国银行业里，也有这一类的机构，不过形式稍微有点不同。例如，法国三家最大的银行之一里昂信贷银行，设立了一个专门的金融情报收集部（service des études financières）。在那里工作的经常有 50 多个工程师、统计学家、经济学家和法学家等等。这个机构每年耗资 60—70 万法郎。它下面又分 8 个科：有的科专门收集工业企业情报，有的

---

① 耶德尔斯的上述著作第 156—157 页。

研究一般统计，有的研究铁路和轮船公司，有的研究证券，有的研究财务报告等等。①

这样，一方面是银行资本和工业资本日益融合，或者用尼·伊·布哈林的很恰当的说法，日益长合在一起，另一方面是银行发展成为具有真正"包罗一切的性质"的机构。我们认为有必要引用在这方面最有研究的作家耶德尔斯对这个问题的准确的说法：

"我们考察了全部工业联系，结果发现那些为工业工作的金融机构具有**包罗一切的性质**。大银行同其它形式的银行相反，同某些著作中提出的银行应当专门从事某一方面业务或某一工业部门工作，以免丧失立脚点这样的要求相反，力求在尽可能不同的地区和行业同工业企业发生联系，力求消除各个地方或各个工业部门因各个企业历史情况不同而形成的资本分配不均现象。""一种趋势是使银行同工业的联系成为普遍的现象，另一种趋势是使这种联系更加巩固和加强；这两种趋势在六大银行中虽然没有完全实现，但是已经在同样程度上大规模地实现了。"

在工商界经常听到有人抱怨银行的"恐怖主义"。既然大银行像下面的例子所表明的那样"发号施令"，那么听到这样的抱怨也就不奇怪了。1901年11月19日，柏林所谓D字银行（4家最大银行的名称都是以字母D开头的）之一，给西北德—中德水泥辛迪加管理处写了这样一封信："兹阅贵处本月18日在某报上登载的通知，我们不得不考虑到贵辛迪加定于本月30日召开的全体大会，可能通过一些改革贵企业而为敝行所不能接受的决议。因此我们深感遗憾，不得不停发贵辛迪加所享有的贷款……但如此次大会不通过敝行不能接受的决议，并向敝行提出将来也不通过这种决议的相应保证，敝行仍愿就给予贵辛迪加以新的贷款问题举行谈判。"②

其实，这也是小资本对大资本的压迫发出的抱怨，不过这里列入

---

① 欧·考夫曼关于法国银行的文章，见1909年《银行》杂志第2期第851页及以下各页。

② 奥斯卡尔·施蒂利希博士《货币银行业》1907年柏林版第147页。

"小"资本的是整整一个辛迪加罢了!大小资本之间过去的那种斗争,又在一个新的、高得多的发展阶段上重演了。当然,拥有亿万巨资的大银行企业,也能用从前远不能相比的办法来推动技术的进步。例如,银行设立了各种专门的技术研究会,研究成果当然只能由"友好的"工业企业来享用。这一类机构有电气铁路问题研究会、中央科学技术研究所等等。

大银行的领导人自己不会看不到,国民经济中正在出现一些新的情况,但是他们在这些情况面前束手无策。

耶德尔斯写道:"凡是近几年来注意大银行经理和监事人选变更情形的人,都不会不觉察到,权力逐渐转到了一些认为积极干预工业的总的发展是大银行必要的、愈来愈迫切的任务的人物手中,于是这些人和老的银行经理在业务方面,往往也在个人方面意见愈来愈分歧。实质的问题是:银行这种信贷机构会不会因为干预工业生产过程而受到损失,会不会因为从事这种同信贷中介作用毫不相干的业务,从事这种会使它比从前更受工业行情的盲目支配的业务,而牺牲掉自己的稳固的原则和可靠的利润。许多老的银行领导人都说会这样。但是,大部分年轻的领导人却认为积极干预工业问题是必然的,正像随着现代大工业的出现必然会产生大银行和最新的工业银行业一样。双方的意见只有一点相同,就是大家都认为大银行的新业务还没有什么固定的原则和具体的目的。"①

旧资本主义已经过时了。新资本主义是向某方面的过渡。想找到什么"固定的原则和具体的目的"来"调和"垄断和自由竞争,当然是办不到的事情。实践家的自白,听起来和舒尔采-格弗尼茨、利夫曼之流的"理论家"的颂扬完全不同,这些资本主义的辩护士是在用官场口吻颂扬"有组织的"资本主义的美妙。

大银行的"新业务"究竟是什么时候完全确立起来的,——对于

---

① 耶德尔斯的上述著作第 183—184 页。

这个重要问题,我们可以从耶德尔斯那里找到相当确切的答案:

"工业企业间的联系及其新的内容、新的形式、新的机构即既集权又分权的大银行,成为国民经济的有代表性的现象,大概不会早于19世纪90年代;在某种意义上,甚至可以把这个起点推到1897年,当时许多企业实行了大'合并',从而根据银行的工业政策第一次采用了分权组织的新形式。也许还可以把这个起点推到更晚一些的时候,因为只有1900年的危机才大大加速了工业和银行业的集中过程,巩固了这个过程,第一次把同工业的关系变成大银行的真正垄断,并大大地密切了和加强了这种关系。"①

总之,20世纪是从旧资本主义到新资本主义,从一般资本统治到金融资本统治的转折点。

三 金融资本和金融寡头

希法亭写道:"愈来愈多的工业资本不属于使用这种资本的工业家了。工业家只有通过银行才能取得对资本的支配权,对于工业家来说,银行代表这种资本的所有者。另一方面,银行也必须把自己愈来愈多的资本固定在工业上。因此,银行愈来愈变成工业资本家。通过这种方式实际上变成了工业资本的银行资本,即货币形式的资本,我把它叫做金融资本。""金融资本就是由银行支配而由工业家运用的资本。"②

这个定义不完全的地方,就在于它没有指出最重要的因素之一,即生产和资本的集中发展到了会导致而且已经导致垄断的高度。但是,在希法亭的整个叙述中,尤其是在我摘引这个定义的这一章的前两章里,着重指出了**资本主义垄断组织**的作用。

生产的集中;从集中生长起来的垄断;银行和工业日益融合或者说长合在一起,——这就是金融资本产生的历史和这一概念的内容。

---

① 耶德尔斯的上述著作第181页。
② 鲁·希法亭《金融资本》1912年莫斯科版第338—339页。

现在我们应当来叙述一下，在商品生产和私有制的一般环境里，资本主义垄断组织的"经营"怎样必然变为金融寡头的统治。应当指出，德国（而且不只是德国）资产阶级学术界的代表人物，如里塞尔、舒尔采-格弗尼茨、利夫曼等人，完全是帝国主义和金融资本的辩护士。对于寡头形成的"内幕"，寡头所采用的手段，寡头所获得的"正当和不正当"收入的数量，寡头和议会的联系等等，他们不是去揭露，而是加以掩盖和粉饰。他们避开这些"棘手的问题"，只讲一些堂皇而含糊的词句，号召银行经理们拿出"责任心"，赞扬普鲁士官员们的"尽职精神"，煞有介事地分析那些根本无关紧要的"监督"法案、"管理"法案的细枝末节，玩弄无谓的理论游戏，例如利夫曼教授居然写出了这样一个"科学的"定义："……**商业是收集财富、保管财富、把财富供人支配的一种经营活动**"①（着重号和黑体是该教授著作中原有的）……这样说来，商业在不知交换为何物的原始人那里就已经有了，而且在社会主义社会也将存在下去！

但是，有关金融寡头骇人听闻的统治的骇人听闻的事实是太触目惊心了，所以在一切资本主义国家，无论是美国、法国或德国，都出现了这样一些著作，这些著作虽然抱着**资产阶级的**观点，但毕竟还是对金融寡头作了近乎真实的描述和批评，当然是小市民式的批评。

应当作为主要之点提出来的是前面已经简略谈到的"参与制"。德国经济学家海曼大概是第一个注意到了这一点，请看他是怎样描述问题的实质的：

"领导人控制着总公司〈直译是'母亲公司'〉，总公司统治着依赖于它的公司〈'女儿公司'〉，后者又统治着'孙女公司'，如此等等。这样，拥有不太多的资本，就可以统治巨大的生产部门。事实上，拥有50%的资本，往往就能控制整个股份公司，所以，一个领导人只要拥有100万资本，就能控制各孙女公司的800万资本。如果这样'交

---

① 罗·利夫曼的上述著作第476页。

织'下去,那么拥有 100 万资本就能控制 1600 万、3200 万以至更多的资本。"①

其实经验证明,只要占有 40% 的股票就能操纵一个股份公司的业务②,因为总有一部分分散的小股东实际上根本没有可能参加股东大会等等。虽然资产阶级的诡辩家和机会主义的"也是社会民主党人"都期望(或者要别人相信他们期望)股票占有的"民主化"会造成"资本的民主化",会加强小生产的作用和意义等等,可是实际上它不过是加强金融寡头实力的一种手段而已。因此,在比较先进的或比较老、比较"有经验的"资本主义国家里,法律准许发行票额较小的股票。德国法律不准许发行 1000 马克以下的股票,所以德国金融巨头看见英国法律准许发行一英镑(等于 20 马克,约合 10 卢布)的股票,就很羡慕。1900 年 6 月 7 日,德国最大的工业家和"金融大王"之一西门子,在帝国国会中声称:"一英镑的股票是不列颠帝国主义的基础。"③ 这个商人对于什么是帝国主义这一问题的理解,同那位被认为是俄国马克思主义创始人的不光彩的作家比起来,显然要深刻得多,"马克思主义"得多,那位作家竟把帝国主义看成是某个民族的劣根性……

但是,"参与制"不仅使垄断者的权力大大增加,而且还使他们可以不受惩罚地、为所欲为地干一些见不得人的龌龊勾当,可以盘剥公众,因为母亲公司的领导人在形式上,在法律上对女儿公司是不担负责任的,女儿公司算是"独立的",但是**一切事情**都可以**通过**女儿公司去"实施"。下面是我们从 1914 年德国《银行》杂志 5 月号抄下来的一个例子:

"卡塞尔的弹簧钢股份公司在几年以前算是德国最赚钱的企业之一。后来因为管理得很糟糕,股息从 15% 跌到 0%。原来,董事会没有通知

---

① 汉斯·基德翁·海曼《德国大钢铁工业中的混合企业》1904 年斯图加特版第 268—269 页。
② 利夫曼《参与和投资公司》第 1 版第 258 页。
③ 舒尔采-格弗尼茨的话,见《社会经济概论》第 5 部分第 2 册第 110 页。

股东就出借了 600 万马克给自己的一个女儿公司哈西亚，而哈西亚的名义资本只有几十万马克。这笔几乎比母亲公司的股份资本大两倍的借款，根本没有记入母亲公司的资产负债表；在法律上，这样的隐瞒是完全合法的，而且可以隐瞒整整两年，因为这样做并不违反任何一条商业法。以负责人的资格在这种虚假的资产负债表上签字的监事长，至今仍旧是卡塞尔商会的会长。这笔借款被发现是个错误〈错误这两个字，作者应当加上引号〉，知道底细的人开始把'弹簧钢'的股票脱手而使股票价格几乎下跌了 100%，在这以后很久，股东们才知道有借款给哈西亚公司这回事……

这个在股份公司里极常见的、在资产负债表上玩弄平衡把戏的典型例子，向我们说明为什么股份公司董事会干起冒险勾当来，心里要比私人企业家轻松得多。编制资产负债表的最新技术，不但使董事会能够把所干的冒险勾当瞒过普通的股东，而且使主要的当事人在冒险失败的时候，能够用及时出卖股票的办法来推卸责任，而私人企业家却要用自己的性命来为自己所做的一切事情负责……

许多股份公司的资产负债表，就跟中世纪一种有名的隐迹稿本一样，要先把上面写的字迹擦掉，才能发现下面的字迹，看出原稿的真实内容。"（隐迹稿本是涂掉原来的字迹、写上别的内容的一种羊皮稿本。）

"最简单、因而也是最常用的一种把资产负债表弄得令人捉摸不透的办法，是成立女儿公司或合并女儿公司，把一个统一的企业分成几部分。从各种合法的或非法的目的看来，这种办法的好处是十分明显的，所以现在不采用这种办法的大公司简直是一种例外。"①

作者举出了著名的电气总公司（即 A.E.G.，这个公司我们以后还要讲到），作为极广泛地采用这种办法的最大垄断公司的例子。据 1912 年的计算，这个公司参与了 175—200 个公司，自然也就统治了这些公

---

① 路·埃施韦格《女儿公司》，见 1914 年《银行》杂志第 1 期第 545 页。

司，总共掌握了大约 15 **亿马克**的资本。①

好心的——即怀有维护和粉饰资本主义的好心的——教授和官员们用来吸引公众注意的种种有关监督、公布资产负债表、规定一定的资产负债表格式、设立监察机构等等的条例，在这里根本不能起什么作用。因为私有财产是神圣的，谁也不能禁止股票的买卖、交换和典押等等。

"参与制"在俄国大银行里发展到怎样的程度，可以根据欧·阿加德提供的材料作出判断。阿加德曾在俄华银行任职 15 年，他在 1914 年 5 月出版了一本书，书名不十分贴切，叫做《大银行与世界市场》②。作者把俄国大银行分为两大类：（a）"参与制"下的银行，（b）"独立的"银行，然而他把"独立"任意地解释为不依附于**国外**银行。作者又把第一类分为三小类：（1）德国参与的，（2）英国参与的，（3）法国参与的，即指分别属于这三个国家的最大的国外银行的"参与"和统治。作者把银行资本分为"生产性"的投资（投入工商业的）和"投机性"的投资（投入交易所业务和金融业务的），他抱着他那种小资产阶级改良主义的观点，认为在保存资本主义的条件下，似乎可以把第一种投资和第二种投资分开，并且消除第二种投资。

作者提供的材料如下：

---

① 库尔特·海尼希《电力托拉斯之路》，见 1912 年《新时代》杂志第 30 年卷第 2 册第 484 页。

② 欧·阿加德《大银行与世界市场。从大银行对俄国国民经济和德俄两国关系的影响来看大银行在世界市场上的经济作用和政治作用》1914 年柏林版。

各银行的资产（根据 1913 年 10—11 月的表报）（单位：百万卢布）

俄 国 银 行 种 类	所投的资本		
	生产性的	投机性的	共　计
(a 1) 4 家银行：西伯利亚商业银行、俄罗斯银行、国际银行、贴现银行…………	413.7	859.1	1 272.8
(a 2) 2 家银行：工商银行、俄英银行………	239.3	169.1	408.4
(a 3) 5 家银行：俄亚银行、圣彼得堡私人银行、亚速海—顿河银行、莫斯科联合银行、俄法商业银行……………………	711.8	661.2	1 373.0
（11 家银行）总　计……(a) =	1 364.8	1 689.4	3 054.2
(b) 8 家银行：莫斯科商人银行、伏尔加—卡马银行、容克服份银行、圣彼得堡商业银行（前瓦韦尔贝尔格银行）、莫斯科银行（前里亚布申斯基银行）、莫斯科贴现银行、莫斯科商业银行、莫斯科私人银行……	504.2	391.1	895.3
（19 家银行）总　计…………	1 869.0	2 080.5	3 949.5

　　从这些材料看来，在近 40 亿卢布的大银行"活动"资本当中，有 3/4 以上，即 30 多亿卢布属于实际上是作为国外银行的女儿公司的那些银行；它们主要是巴黎的银行（著名的三大银行：巴黎联合银行、巴黎荷兰银行、总公司）和柏林的银行（特别是德意志银行和贴现公司）。俄国两家最大的银行俄罗斯银行（俄国对外贸易银行）和国际银行（圣彼得堡国际商业银行），在 1906—1912 年间，把资本由 4400 万卢布增加到 9800 万卢布，把准备金由 1500 万卢布增加到 3900 万卢布，"其中有 3/4 是德国的资本"；前一家银行属于柏林德意志银行的康采恩，后一家银行属于柏林贴现公司的康采恩。善良的阿加德对于柏林的银行握有大部分股票而使俄国股东软弱无力，感到十分愤慨。自然，输出资本的国家总是捞到油水，例如柏林的德意志银行，在柏林发行西伯利亚商业银行的股票，把这些股票压存了一年，然后以 193% 的行情，即几乎高一倍的行情售出，"赚了"约 600 万卢布的利润，这就是希法

亭所说的"创业利润"。

据该书作者计算，彼得堡各最大银行的全部"实力"为823500万卢布，即将近82.5亿；同时作者又把各个国外银行的"参与"，确切些说，各个国外银行的统治，划分如下：法国银行占55％，英国银行占10％，德国银行占35％。据作者计算，在这823500万职能资本当中，有368700万，即40％以上用于各辛迪加，即煤业公司、五金公司、石油工业辛迪加、冶金工业辛迪加、水泥工业辛迪加。可见，由于资本主义垄断组织的形成而造成的银行资本和工业资本的融合，在俄国也有了长足的进展。

集中在少数人手里并且享有实际垄断权的金融资本，由于创办企业、发行有价证券、办理公债等等而获得大量的、愈来愈多的利润，巩固了金融寡头的统治，替垄断者向整个社会征收贡赋。下面是希法亭从美国托拉斯"经营"的无数实例中举出的一个例子：1887年哈夫迈耶把15个小公司合并起来，成立了一个糖业托拉斯。这些小公司的资本总额为650万美元，而这个托拉斯的资本，按美国的说法，是"掺了水"的，竟估定为5000万美元。这种"过度资本化"是预计到了将来的垄断利润的，正像美国的钢铁托拉斯预计到将来的垄断利润，就购买愈来愈多的蕴藏铁矿的土地一样。果然，这个糖业托拉斯规定了垄断价格，获得了巨额的收入，竟能为"掺水"7倍的资本支付10％的股息，也就是**为创办托拉斯时实际投入的资本支付将近70％的股息**！到1909年，这个托拉斯的资本为9000万美元。在22年内，资本增加了十倍以上。

法国的"金融寡头"的统治（《反对法国金融寡头》——利西斯一本名著的标题，1908年出了第5版），只是在形式上稍有不同。4家最大的银行在发行有价证券方面享有不是相对的垄断权，而是"绝对的垄断权"。事实上这是"大银行托拉斯"。垄断保证它们从发行证券获得垄断利润。在借债时，债务国所得到的通常不超过总额的90％；10％被银行和其它中介人拿去了。银行从4亿法郎的中俄债券中得到8％的利润，从8亿法郎的俄国债券（1904年）中得到10%的利润，从6250万法郎的摩洛哥债券（1904年）中得到18.75%的利润。资本主义的发展是从小规模的高利贷资本开始，而以大规模的高利贷资本结束。利西斯说："法国人是欧洲的高利贷者。"全部经济生活条件都由于资本主义的这种蜕化而发生深刻的变化。在人口、工商业和海运都发生停滞的情况下，"国家"却可以靠放高利贷发财。"代表800万法郎资本的50个人，能够支配4家银行的20亿法郎。"我们谈过的"参与"制度，也造成同样的结果：最大银行之一的总公司（Sociéte Générale）为女儿公司埃及精糖厂发行了64000张债券。发行的行情是150%，就是说，银行在每一个卢布上赚了50个戈比。后来发现这个女儿公司的股息是虚拟的，这样就使"公众"损失了9000万至1亿法郎；"总公司有一个经理是精糖厂的董事"。难怪这位作者不得不作出结论说："法兰西共和国是金融君主国"；"金融寡头统治一切，既控制着报刊，又控制着政府"。①

作为金融资本主要业务之一的有价证券发行业，赢利极大，对于金融寡头的发展和巩固起着重大的作用。德国的《银行》杂志写道："在发行外国债券的时候担任中介人，能够获得很高的利润，国内没有任何一种生意能够获得哪怕是同它相近的利润。"②

"没有任何一种银行业务能够获得像发行业务那么高的利润。"根据《德国经济学家》杂志的材料，发行工业企业证券的利润每年平均如下：

    1895年——38.6%   1898年——67.7%
    1896年——36.1%   1899年——66.9%
    1897年——66.7%   1900年——55.2%

"在1891—1900年的10年间，仅靠发行德国工业证券'赚到'的

---

① 利西斯《反对法国金融寡头》1908年巴黎第5版第11、12、26、39、40、48页。
② 1913年《银行》杂志第7期第630页。

钱就有 10 亿以上。"①

在工业高涨时期，金融资本获得巨额利润，而在衰落时期，小企业和不稳固的企业纷纷倒闭，大银行就"参与"贱价收买这些企业，或者"参与"有利可图的"整理"和"改组"。在"整理"亏本的企业时，"把股份资本降低，也就是按照比较小的资本额来分配收入，以后就按照这个资本额来计算收入。如果收入降低到零，就吸收新的资本，这种新资本同收入比较少的旧资本结合起来，就能获得相当多的收入。"希法亭又补充道："而且，所有这些整理和改组，对于银行有双重的意义：第一，这是有利可图的业务；第二，这是使经济拮据的公司依附于自己的好机会。"②

请看下面的例子。多特蒙德的联合矿业股份公司，是在 1872 年创办的。发行的股份资本将近 4000 万马克，而在第一个年度获得 12% 的股息时，股票行情就涨到 170%。金融资本捞到了油水，稍稍地赚了那么 2800 万马克。在创办这个公司的时候，起主要作用的就是那个把资本很顺利地增加到 3 亿马克的德国最大的银行贴现公司。后来联合公司的股息降到了零。股东们只好同意"冲销"资本，也就是损失一部分资本，以免全部资本损失。经过多次"整理"，在 30 年中，联合公司的账簿上消失了 7300 多万马克。"现在，这个公司原先的股东们手里的股票价值，只有票面价值的 5% 了"③，而银行在每一次"整理"中却总是"赚钱"。

拿发展得很快的大城市近郊的土地来做投机生意，也是金融资本的一种特别盈利的业务。在这方面，银行的垄断同地租的垄断、也同交通运输业的垄断结合起来了，因为地价的上涨，以及土地能不能有利地分块出售等等，首先取决于同市中心的交通是否方便，而掌握交通运输业的，是通过参与制和分配经理职务同这些银行联系起来的大公司。结果

---

① 施蒂利希的上述著作第 143 页和威·桑巴特《19 世纪的德国国民经济》1909 年第 2 版第 526 页，附录 8。
② 《金融资本》第 172 页。
③ 施蒂利希的上述著作第 138 页和利夫曼的上述著作第 51 页。

就形成了《银行》杂志的撰稿人、专门研究土地买卖和抵押等业务的德国作家路·埃施韦格称做"泥潭"的局面：买卖城郊土地的狂热投机，建筑公司的倒闭（如柏林的波斯瓦—克诺尔公司的倒闭，这个公司靠了"最大最可靠的"德意志银行（Deutsche Bank）的帮助，弄到了1亿马克的巨款，而这家银行当然是通过"参与"制暗地里在背后进行了活动，结果银行"总共"损失了1200万马克就脱身了），以及从空头的建筑公司那里一无所得的小业主和工人们的破产，同"廉洁的"柏林警察局和行政当局勾结起来把持颁发土地证和市议会建筑许可证的勾当，等等。①

欧洲的教授和善良的资产者一向装腔作势地对之表示痛心疾首的"美国风气"，在金融资本时代简直成了各国各大城市流行的风气。

1914年初，在柏林传说要组织一个"运输业托拉斯"，即由柏林的城市电气铁路公司、有轨电车公司和公共汽车公司这三个运输企业组成一个"利益共同体"。《银行》杂志写道："当公共汽车公司的大部分股票转到其它两个运输公司手里的消息传出时，我们就知道有这种打算了。……完全可以相信，抱着这种目的的人希望通过统一调整运输业来节省一些费用，最终能使公众从中得到些好处。但是这个问题复杂化了，因为站在这个正在创建的运输业托拉斯背后的是这样一些银行，它们可以任意使自己所垄断的交通运输业服从自己的土地买卖的利益。只要回想一下下面这件事情，就会相信这种推测是十分自然的：在创办城市电气铁路公司的时候，鼓励创办该公司的那家大银行的利益就已经渗透进来了。就是说，这个运输企业的利益和土地买卖的利益交织在一起了。因为这条铁路的东线要经过银行的土地，当该路的建设已经有保证时，银行就把这些土地卖出去，使自己和几个合伙人获得了巨额的利润……"②

---

① 路·埃施韦格《泥潭》，见1913年《银行》杂志第952页；同上，1912年第1期第223页及以下各页。

② 《运输业托拉斯》，见1914年《银行》杂志第1期第89页。

垄断既然已经形成，而且操纵着几十亿资本，它就绝对不可避免地要渗透到社会生活的**各个**方面去，而不管政治制度或其它任何"细节"如何。在德国经济著作中，通常是阿谀地赞美普鲁士官员的廉洁，而影射法国的巴拿马案件或美国政界的贿赂风气。但是事实是，**甚至**专论德国银行业务的资产阶级书刊，也不得不经常谈到远远越出纯银行业务范围的事情，例如，针对官员们愈来愈多地转到银行去服务这件事，谈到了"钻进银行的欲望"："暗地里想在贝伦街〈柏林街名，德意志银行的所在地〉钻营一个肥缺的官员，他们的廉洁情况究竟怎样呢？"① 《银行》杂志出版人阿尔弗勒德·兰斯堡在1909年写了《曲意逢迎的经济影响》一文，其中谈到威廉二世的巴勒斯坦之行，以及"此行的直接结果，即巴格达铁路的建筑，这一不幸的'德意志进取精神的大事件'，对于德国受'包围'一事应负的责任，比我们所犯的一切政治错误应负的责任还要大"（所谓"包围"是指爱德华七世力图孤立德国、用帝国主义的反德同盟圈来包围德国的政策）②。我们已经提过的这个杂志的撰稿人埃施韦格，在1911年写了一篇《财阀和官吏》的文章，揭露了一位德国官员弗尔克尔的事情。弗尔克尔当过卡特尔问题委员会的委员，并且很卖力气，不久以后他却在最大的卡特尔——钢铁辛迪加中得到了一个肥缺。这类决非偶然的事情，迫使这位资产阶级作家不得不承认说，在经济生活的"德国宪法所保证的经济自由，许多方面，已经成了失去内容的空话"在现有的财阀统治下，"即使有最广泛的政治自由，也不能使我们免于变成非自由民的民族"③。

说到俄国，我们只举一个例子：几年以前，所有的报纸都登载过一个消息，说信用局局长达维多夫辞去了政府的职务，到一家大银行任职去了，按照合同，他在几年里所得的薪俸将超过100万卢布。信用局是个"统一全国所有信用机关业务"的机关，它给了首都各银行总数达

---

① 《钻进银行的欲望》，见1909年《银行》杂志第1期第79页。
② 《钻进银行的欲望》，见1909年《银行》杂志第1期第301页。
③ 1911年《银行》杂志第2期第825页；1913年第2期第962页。

8—10亿卢布的津贴。①————

资本主义的一般特性，就是资本的占有同资本在生产中的运用相分离，货币资本同工业资本或者说生产资本相分离，全靠货币资本的收入为生的食利者同企业家及一切直接参与运用资本的人相分离。帝国主义，或者说金融资本的统治，是资本主义的最高阶段，这时候，这种分离达到了极大的程度。金融资本对其他一切形式的资本的优势，意味着食利者和金融寡头占统治地位，意味着少数拥有金融"实力"的国家处于和其余一切国家不同的特殊地位。至于这一过程进行到了怎样的程度，可以根据发行各种有价证券的统计材料来判断。

阿·奈马尔克在《国际统计研究所公报》② 上发表了关于全世界发行证券的最详尽最完备的对照材料，后来这些材料曾屡次被经济学著作分别引用过。现将4个10年中的总计分列如下：

10年证券发行额（单位十亿法郎）

1871—1880年	76.1
1881—1890年	64.5
1891—1900年	100.4
1901—1910年	197.8

在19世纪70年代，全世界证券发行总额增加了，特别是由于普法战争以及德国战后滥设投机公司时期发行债券而增加了。大体说来，在19世纪最后3个10年里，增加的速度比较起来还不算太快，直到20世纪的头10年才大为增加，10年之内差不多增加了一倍。可见，20世纪初，不仅在我们已经说过的垄断组织（卡特尔、辛迪加、托拉斯）的发展方面，而且在金融资本的增长方面，都是一个转折时期。

---

① 欧·阿加德的上述著作第202页。
② 《国际统计研究所公报》1912年海牙版第19卷第2册。第2栏关于各个小国家的材料，大致是按1902年的数目增加20%计算出来的。

据奈马尔克计算，1910 年全世界有价证券的总额大约是 8150 亿法郎。他大致地减去了重复的数字，使这个数额缩小到 5750 亿至 6000 亿法郎。下面是这个数额在各国分布的情形（这里取的总额是 6000 亿）：

1910 年有价证券数额（单位十亿法郎）

国家	数额		国家	数额
英国	142	⎫	荷兰	12.5
美国	132	⎬ 479	比利时	7.5
法国	110	⎪	西班牙	7.5
德国	95	⎭	瑞士	6.25
俄国	31		丹麦	3.75
奥匈帝国	24		瑞典、挪威、罗马尼亚等国	2.5
意大利	14		共　计	600.0
日本	12			

从这些数字一下子就可以看出，4 个最富的资本主义国家是多么突出，它们各有约 1000 亿至 1500 亿法郎的有价证券。在这 4 个国家中有两个是最老的、殖民地最多的（这一点我们以下就要说到）资本主义国家——英国和法国，其余两个是在发展速度上和资本主义垄断组织在生产中的普及程度上领先的资本主义国家——美国和德国。这 4 个国家一共有 4790 亿法郎，约占全世界金融资本的 80%。世界上其它各国，差不多都是这样或那样地成为这 4 个国家、这 4 个国际银行家、这 4 个世界金融资本的"台柱"的债务人和进贡者了。

现在，我们应当特别谈一下，资本输出在形成金融资本的依附和联系的国际网方面所起的作用。

四　资本输出

对自由竞争占完全统治地位的旧资本主义来说，典型的是**商品**输出。对垄断占统治地位的最新资本主义来说，典型的则是**资本**输出。

资本主义是发展到最高阶段的商品生产，这时劳动力也成了商品。国内交换尤其是国际交换的发展，是资本主义的具有代表性的特征。在资本主义制度下，各个企业、各个工业部门和各个国家的发展必然是不平衡的，跳跃式的。起先，英国早于别国成为资本主义国家，到19世纪中叶，英国实行自由贸易，力图成为"世界工厂"，由它供给各国成品，这些国家则供给它原料作为交换。但是英国的**这种**垄断，在19世纪最后的25年已经被打破了，因为当时有许多国家用"保护"关税来自卫，发展成为独立的资本主义国家。临近20世纪时，我们看到已经形成了另一种垄断：第一，所有发达的资本主义国家都有了资本家的垄断同盟；第二，少数积累了巨额资本的最富的国家处于垄断地位。在先进的国家里出现了大量的"过剩资本"。

假如资本主义能发展现在到处都远远落后于工业的农业，假如资本主义能提高在技术获得惊人进步的情况下仍然到处是半饥半饱、乞丐一般的人民大众的生活水平，那当然就不会有什么过剩资本了。用小资产阶级观点批评资本主义的人就常常提出这种"论据"。但是这样一来，资本主义就不成其为资本主义了，因为发展的不平衡和民众半饥半饱的生活水平，是这种生产方式的根本的、必然的条件和前提。只要资本主义还是资本主义，过剩的资本就不会用来提高本国民众的生活水平（因为这样会降低资本家的利润），而会输出国外，输出到落后的国家去，以提高利润。在这些落后国家里，利润通常都是很高的，因为那里资本少，地价比较贱，工资低，原料也便宜。其所以有输出资本的可能，是因为许多落后的国家已经卷入世界资本主义的流转，主要的铁路线已经建成或已经开始兴建，发展工业的起码条件已有保证等等。其所以有输出资本的必要，是因为在少数国家中资本主义"已经过度成熟"，"有利可图的"投资场所已经不够了（在农业不发达和群众贫困的条件下）。

下面是三个主要国家国外投资的大概数目[①]：

国外投资（单位十亿法郎）

年份	英国	法国	德国
1862	3.6	—	—
1872	15	10（1869年）	—
1882	22	15（1880年）	?
1893	42	20（1890年）	?
1902	62	27—37	12.5
1914	75—100	60	44

由此可见，资本输出是在20世纪初期才大大发展起来的。在大战前夜，3个主要国家的国外投资已经达到1750—2000亿法郎。按5%的低利率计算，这笔款额的收入一年可达80—100亿法郎。这就是帝国主义压迫和剥削世界上大多数民族和国家的坚实基础，这就是极少数最富国家的资本主义寄生性的坚实基础！

这种国外投资在各国之间怎样分配，投在**什么地方**，对于这个问题只能作一个大概的回答，不过这个大概的回答也能说明现代帝国主义的某些一般的相互关系和联系：

[①] 霍布森《帝国主义》1902年伦敦版第58页；里塞尔的上述著作第395页和第404页；保·阿恩特的文章，见1916年《世界经济文汇》第7卷第35页；奈马尔克的文章，见公报；希法亭《金融资本》第492页；劳合—乔治1915年5月4日在下院的演说，见1915年5月5日《每日电讯》；伯·哈尔姆斯《世界经济问题》1912年耶拿版第235页及其它各页；齐格蒙德·施尔德尔博士《世界经济发展趋势》1912年柏林版第1卷第150页；乔治·佩什《大不列颠……的投资》，见《皇家统计学会杂志》第74卷（1910—1911）第167页及以下各页；乔治·迪乌里奇《德国银行在国外的扩张及其同德国经济发展的联系》1909年巴黎版第84页。

国外投资在世界各洲分布的大概情况（1910年前后）

	英国	法国	德国	
		（单位十亿马克）		共计
欧洲	4	23	18	45
美洲	37	4	10	51
亚洲、非洲、澳洲	29	8	7	44
总　计	70	35	35	140

在英国，占第一位的是它的殖民地，它在美洲也有广大的殖民地（例如加拿大），在亚洲等地就更不必说了。英国资本的大量输出，同大量的殖民地有最密切的联系。关于殖民地对帝国主义的意义，我们以后还要讲到。法国的情况不同。它的国外投资主要是在欧洲，首先是在俄国（不下100亿法郎），并且多半是**借贷**资本即公债，而不是对工业企业的投资。法国帝国主义与英国殖民帝国主义不同，可以叫做高利贷帝国主义。德国又是另一种情况，它的殖民地不多，它的国外投资在欧美两洲之间分布得最平均。

资本输出在那些输入资本的国家中对资本主义的发展发生影响，大大加速这种发展。因此，如果说资本输出会在某种程度上引起输出国发展上的一些停滞，那也一定会有扩大和加深资本主义在全世界的进一步发展作为补偿的。

输出资本的国家几乎总有可能获得一定的"利益"，这种利益的性质也就说明了金融资本和垄断组织的时代的特性。例如柏林的《银行》杂志在1913年10月写道：

"在国际的资本市场上，近来正在上演一出可以和阿里斯托芬的作品相媲美的喜剧。国外的很多国家，从西班牙到巴尔干，从俄国到阿根廷、巴西和中国，都在公开或秘密地向巨大的货币市场要求贷款，有时还要求得十分急迫。现在货币市场上的情况并不怎么美妙，政治前景也未可乐观。但是没有一个货币市场敢于拒绝贷款，唯恐邻居抢先同意贷款而换得某种报酬。在缔结这种国际契约时,债权人几乎总要占点便宜:获得贸易条约上的让步,开设煤站,建设港口,得到利益丰厚的租让,接受大炮订货。"①

金融资本造成了垄断组织的时代。而垄断组织则到处实行垄断的原则:利用"联系"来订立有利的契约,以代替开放的市场上的竞争。最常见的是,规定拿一部分贷款来购买债权国的产品,尤其是军用品、轮船等等,作为贷款的条件。法国在最近20年中(1890—1910年)常常采用这种手段。资本输出成了鼓励商品输出的手段。在这种情况下,特别大的企业之间订立的契约,按照施尔德尔"婉转的"说法②,往往"接近于收买"。德国的克虏伯、法国的施奈德、英国的阿姆斯特朗,就是同大银行和政府关系密切、在缔结债约时不容易"撇开"的公司的典型。

法国贷款给俄国的时候,在1905年9月16日缔结的贸易条约上"压了"一下俄国,使俄国直到1917年为止作出相当的让步;在1911年8月19日同日本缔结贸易条约时,也是如此。奥地利同塞尔维亚的关税战争从1906年开始,一直继续到1911年,中间只有7个月的休战,这次关税战争部分是由奥地利和法国在供应塞尔维亚军用物资方面的竞争引起的。1912年1月,保尔·德沙内尔在议会里说,法国公司在1908—1911年间供给塞尔维亚的军用物资,价值达4500万法郎。

奥匈帝国驻圣保罗(巴西)领事在报告中说:"巴西修筑铁路,大部分用的是法、比、英、德的资本;这些国家在办理有关修筑铁路的金融业务时已规定由它们供应铁路建筑材料。"

这样,金融资本的密网可以说确实是布满了全世界。在这方面起了很大作用的,是设在殖民地的银行及其分行。德国帝国主义者看到"老的"殖民国家在这方面特别"成功",真是羡慕之至。在1904年,英国有50家殖民地银行和2279个分行(1910年有72家银行和5449个分

---

① 1913年《银行》杂志第2期第1024—1025页。
② 施尔德尔的上述著作第346、350、371页。

行），法国有20家殖民地银行和136个分行，荷兰有16家殖民地银行和68个分行，而德国"总共只有"13家殖民地银行和70个分行。① 美国资本家则羡慕英德两国的资本家，他们在1915年诉苦说："在南美，5家德国银行有40个分行，5家英国银行有70个分行……最近25年来，英德两国在阿根廷、巴西和乌拉圭投资约40亿美元，从而支配了这3个国家全部贸易的46%。"②

输出资本的国家已经把世界瓜分了，那是就瓜分一词的转义而言的。但是，金融资本还导致对世界的**直接的**瓜分。

五　资本家同盟瓜分世界

资本家的垄断同盟卡特尔、辛迪加、托拉斯，首先瓜分国内市场，把本国的生产差不多完全掌握在自己手里。但是在资本主义制度下，国内市场必然是同国外市场相联系的。资本主义早已造成了世界市场。所以随着资本输出的增加，随着最大垄断同盟的国外联系、殖民地联系和"势力范围"的极力扩大，这些垄断同盟就"自然地"走向达成世界性的协议，形成国际卡特尔。

这是全世界资本和生产集中的一个新的、比过去高得多的阶段。我们来看看这种超级垄断是怎样生长起来的。

电力工业是最能代表最新技术成就，代表19世纪末、20世纪初的资本主义的一个工业部门。它在美国和德国这两个最先进的新兴资本主义国家里最发达。在德国，1900年的危机对这个部门集中程度的提高发生了特别巨大的影响。在此之前已经同工业相当紧密地长合在一起的银行，在这个危机时期极大地加速和加深了较小企业的毁灭和它们被大

---

① 里塞尔的上述著作第4版第375页和迪乌里奇的上述著作第283页。
② 1915年5月《美国政治和社会科学学院年刊》第59卷第301页。在这卷第331页上又写着：据著名的统计学家佩什在最近一期的金融周报《统计学家报》上的计算，英、德、法、比、荷5国输出的资本总额是400亿美元，等于2000亿法郎。

企业吞并的过程。耶德尔斯写道:"银行停止援助的正是那些最需要援助的企业,这样就使那些同银行联系不够密切的公司,起初虽有蓬勃的发展,后来却遭到了无法挽救的破产。"①

结果,在1900年以后,集中有了长足的进展。1900年以前,电力工业中有七八个"集团",每个集团都由几个公司组成(总共有28个公司),这些集团背后各有2至11家银行。到1908—1912年时,所有这些集团已合并成两个甚至一个集团了。这个过程如下:

电力工业中的集团

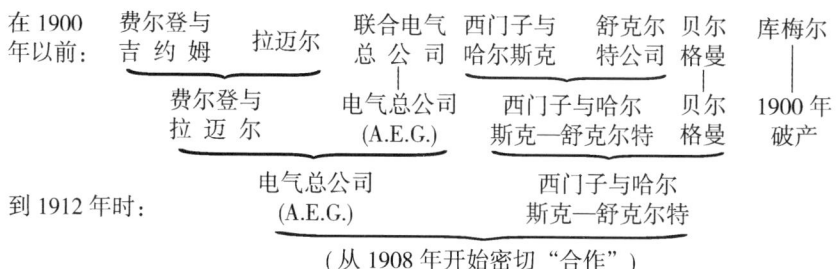

(从1908年开始密切"合作")

这样生长起来的著名的电气总公司(A.E.G.)统治着175—200个公司(通过"参与"制度),总共支配着约15亿马克的资本。单是它在国外的直接代表机构就有34个,其中有12个是股份公司,分设在10多个国家中。早在1904年,德国电力工业在国外的投资就有23300万马克,其中有6200万投在俄国。不言而喻,这个电气总公司是一个大型的"联合"企业,单是它的制造公司就有16个,制造各种各样的产品,从电缆和绝缘体,直到汽车和飞行器为止。

但是,欧洲的集中也就是美国集中过程的一个组成部分。当时的情况如下:

---

① 耶德尔斯的上述著作第232页。

美国	通用电气公司 (General Electric Co)	
	汤普逊—霍斯东公司在欧洲创设了一个公司	爱迪生公司在欧洲创设了法国爱迪生公司，后者又把发明专利权转让给德国公司
德国	联合电气公司	电气总公司 (A.E.G.)
	电气总公司 (A.E.G.)	

于是形成了**两个**电力"大国"。海尼希在他的《电力托拉斯之路》一文中写道："世界上没有一个**完全**不依赖它们的电力公司。"关于这两个"托拉斯"的周转额和企业规模，下列数字可以使我们得到某种（远非完整的）概念：

	商品周转额（单位百万马克）	职员人数	纯利（单位百万马克）
美国的通用电气公司（G.E.C.）………	1907年：252	28000	35.4
	1910年：298	32000	45.6
德国的电气总公司（A.E.G.）………	1907年：216	30700	14.5
	1911年：362	60800	21.7

1907年，美德两国的托拉斯订立了瓜分世界的协议。竞争消除了。通用电气公司（G.E.C.）"获得了"美国和加拿大，电气总公司（A.E.G.）德国、俄国、丹麦、土耳其和巴尔"分得了"奥地利、荷兰、瑞士、干。还就女儿公司渗入新的工业部门和"新的"即尚未正式被瓜分的国家问题，订立了单独的（当然是秘密的）协议。此外还规定要互相交换发明和试验结果。①

这种实际上是统一的世界性托拉斯，支配着几十亿资本，在世界各地有"分支机构"、代表机构、代办处以及种种联系等等，要同这种托拉斯竞争，自然是十分困难的。但是，这两个强大的托拉斯瓜分世界的

---

① 里塞尔的上述著作；迪乌里奇的上述著作第239页；库尔特·海尼希的上述文章。

事实,当然并不排除对世界的**重新瓜分**,如果实力对比由于发展不平衡、战争、崩溃等等而发生变化的话。

煤油工业提供了企图实行这种重新瓜分,为重新瓜分而斗争的一个大有教益的例子。

耶德尔斯在 1905 年写道:"世界的煤油市场直到现在还被两大金融集团分占着:一个是洛克菲勒的美国煤油托拉斯(美孚油公司),一个是俄国巴库油田的老板路特希尔德和诺贝尔。这两个集团彼此有密切的联系,但是几年以来,它们的垄断地位一直受到五大敌人的威胁"①:(1) 美国石油资源的枯竭;(2) 巴库的曼塔舍夫公司的竞争;(3) 奥地利的石油资源;(4) 罗马尼亚的石油资源;(5) 海外的石油资源,特别是荷兰殖民地的石油资源(极富足的塞缪尔公司和壳牌公司,它们同英国资本也有联系)。后面三个地区的企业是同最大的德意志银行为首的那些德国大银行有联系的。这些银行为了拥有"自己的"据点而有计划地独自发展煤油工业,例如在罗马尼亚。在罗马尼亚的煤油工业中,1907 年有外国资本 18500 万法郎,其中德国资本占 7400 万。②

斗争开始了,这个斗争在经济著作中就叫做"瓜分世界"的斗争。一方面,洛克菲勒的煤油托拉斯想夺取**一切**,就在荷兰**本土**办了一个女儿公司,收买荷属印度③的石油资源,想以此来打击自己的主要敌人——英荷壳牌托拉斯。另一方面,德意志银行和其它柏林银行力求把罗马尼亚"保持"在"自己手里",使罗马尼亚同俄国联合起来反对洛克菲勒。洛克菲勒拥有大得多的资本,又拥有运输煤油和供应煤油给消费者的出色的组织。斗争的结果势必是德意志银行完全失败,它果然在 1907 年完全失败了,这时德意志银行只有两条出路:或者是放弃自己的"煤油利益",损失数百万;或者是屈服。结果德意志银行选择了后者,同煤油托拉斯订立了一项对自己很不利的合同。按照这项合同,德

---

① 耶德尔斯的著作第 192—193 页。
② 迪乌里奇的著作第 245—246 页。
③ 即今印度尼西亚。——编者注

意志银行保证"不做任何损害美国利益的事情",但同时又规定,如果德国通过国家煤油垄断法,这项合同即告失效。

于是一出"煤油喜剧"开演了。德国金融大王之一、德意志银行的经理冯·格温纳,通过自己的私人秘书施陶斯发动了一场**主张**煤油垄断的宣传。这家最大的柏林银行的整个庞大机构、一切广泛的"联系"都开动起来了,报刊上一片声嘶力竭的反对美国托拉斯"压制"的"爱国主义"叫喊声。1911年3月15日,帝国国会几乎是一致地通过了请政府制定煤油垄断法案的决议。政府欣然接受了这个"受众人欢迎的"主张。于是,德意志银行旨在欺骗它的美国对手并用国家垄断来振兴自己业务的这场赌博,好像是已经赢了。德国煤油大王已经做着一种获得不亚于俄国糖厂主的大量利润的美梦……但是,第一,德国各大银行在分赃上彼此发生了争吵,贴现公司揭露了德意志银行的自私自利;第二,政府害怕同洛克菲勒斗争,因为德国是否能不通过洛克菲勒而获得煤油,还很成问题(罗马尼亚的生产率不高);第三,1913年,正赶上德国要拨款10亿来准备战争。垄断法案搁下来了。斗争的结果是,洛克菲勒的煤油托拉斯暂时获得了胜利。

柏林的《银行》杂志关于这点写道,德国只有实行电力垄断,用水力发出廉价的电力,才能同煤油托拉斯斗争。这个杂志又说:但是,"电力垄断只有在生产者需要的时候才会实现,也就是说,只有在下一次电力工业大崩溃逼近、各私营电力工业康采恩现在在各处修建的已经从市政府和国家等等方面获得了某些垄断权的那些成本高的大电站不能获利的时候,才会实现。到那时候就只好使用水力;但是用水力发出廉价的电力也不能靠国家出钱来办,还是要交给'受国家监督的私人垄断组织'去经营,因为私营工业已经订立了许多契约……争得了巨额的补偿……以前钾碱的垄断是如此,现在煤油的垄断是如此,将来电力的垄断也是如此。我们那些被美妙的原则迷住了的国家社会主义者,现在总该明白:德国的垄断组织从来没有抱定过这样的目的,也没有达到过这样的结果,即为消费者带来好处或者哪怕是交给国家一部分企业利润,它们仅仅是为了用国家的钱来振兴快要破产的私营工业罢了。"①

德国资产阶级经济学家不得不作出这种宝贵的供认。这里我们清楚地看到,在金融资本时代,私人垄断组织和国家垄断组织是交织在一起的,实际上这两种垄断组织都不过是最大的垄断者之间为瓜分世界而进行的帝国主义斗争中的一些环节而已。

在商轮航运业中,集中的巨大发展也引起了对世界的瓜分。德国形成了两个最大的公司,即汉堡—美洲包裹投递股份公司和北德劳埃德公司,它们各有资本2亿马克(股票和债券),18900万马克的轮船。另一方面,美国在1903年1月1日成立了所谓摩根托拉斯,即国际商轮公司,由美英两国的9个轮船公司合并而成,拥有资本12000万美元(48000万马克)。就在1903年,两家德国大公司和这个美英托拉斯签订了一项为瓜分利润而瓜分世界的合同。德国的公司在英美之间的航线上退出了竞争。合同明确地规定了哪些港口"归"谁"使用",并且设立了一个共同的监察委员会等等。合同期定为20年,同时规定了一个附带条款:一旦发生战争,该合同即告废止。②

国际钢轨卡特尔形成的历史,也是大有教益的。早在1884年工业极为衰落的时候,英国、比利时、德国三国的钢轨制造厂就作过组织这种卡特尔的第一次尝试。它们议定不在缔约各国的国内市场上竞争,国外市场则按下列比例瓜分:英国占66%,德国占27%,比利时占7%。印度完全归英国。对于一个没有参加缔结协议的英国公司,它们就合力进攻,其耗费由出售总额中拿出一部分来补偿。但是到了1886年,有两个英国公司退出了同盟,这个同盟也就瓦解了。值得注意的是,在后来几次工业高涨时期,始终没有达成过协议。

1904年初,德国成立了钢铁辛迪加。1904年11月,国际钢轨卡特尔又按下列比例恢复起来了:英国占53.5%;德国占28.83%;比利时占17.67%。后来法国也加入了,它在第一、第二、第三年中所占份额分别为4.8%、5.8%、6.4%,这是在100%以外,即以104.8%等等为

---

① 1912年《银行》杂志第2期第629、1036页;1913年第1期第388页。
② 里塞尔的上述著作第125页。

基数的。1905年，又有美国的钢铁托拉斯（钢铁公司）加入，随后奥地利和西班牙也加入了。福格尔施泰因在1910年写道："现在，地面已经分完了，于是那些大用户，首先是国营铁路——既然世界已经被瓜分完毕而没有照顾它们的利益——，就可以像诗人一样生活在丘必特的天宫里了。"①

还要提一提1909年成立的国际锌业辛迪加，它把生产量在德、比、法、西、英五国的工厂集团之间作了明确的分配；还有国际火药托拉斯，用利夫曼的话来说，它是"德国所有炸药厂的最新式的紧密同盟，后来这些炸药厂与法美两国用同样的方法组织起来的代那买特炸药工厂一起，可以说是共同瓜分了整个世界"②。

据利夫曼统计，德国所参加的国际卡特尔，在1897年共有将近40个，到1910年就已经接近100个了。

有些资产阶级作家（现在卡·考茨基也加入了他们的行列，他完全背叛了像他在1909年所采取的那种马克思主义的立场）认为，国际卡特尔作为资本国际化的最突出的表现之一，给人们带来了在资本主义制度下各民族间实现和平的希望。这种意见在理论上是十分荒谬的，在实践上则是一种诡辩，是用欺骗的手段为最恶劣的机会主义辩护。国际卡特尔表明了现在资本主义垄断组织已经发展到怎样的程度，资本家同盟是**为了什么**而互相斗争。后面这一点是最重要的，只有它才能向我们说明当前发生的事情的历史经济意义，因为斗争的**形式**由于各种比较局部的和暂时的原因，可能发生变化，而且经常在发生变化，但是，只要阶级存在，斗争的**实质**，斗争的阶级**内容**，是始终**不会**改变的。很明显，掩饰现代经济斗争的**内容**（瓜分世界），而强调这个斗争的这种或那种**形式**，这是符合比如说德国资产阶级的利益的（考茨基在理论见解方面实质上已经转到德国资产阶级那边去了，这点我们以后还要说到）。考茨基也犯了同样的错误。这里所说的当然不是德国资产阶级，而是全世界的资产阶级。资本家瓜分世界，并不是因为他们的心肠特别狠毒，而

---

① 福格尔施泰因《组织形式》第100页。
② 利夫曼《卡特尔与托拉斯》第2版第161页。

是因为集中已经达到这样的阶段，使他们不得不走上这条获取利润的道路；而且他们是"按资本"、"按实力"来瓜分世界的，在商品生产和资本主义制度下也不可能有其它的瓜分方法。实力则是随经济和政治的发展而变化的；要了解当前发生的事情，就必须知道哪些问题要由实力的变化来解决，至于这些变化是"纯粹"经济的变化，还是非经济的（例如军事的）变化，却是次要的问题，丝毫不能改变对于资本主义最新时代的基本观点。拿资本家同盟互相进行斗争和订立契约的形式（今天是和平的，明天是非和平的，后天又是非和平的）问题来偷换斗争和协议的**内容**问题，就等于堕落成诡辩家。

最新资本主义时代向我们表明，资本家同盟之间**在**从经济上瓜分世界的**基础上**形成了一定的关系，而与此同时，与此相联系，各个政治同盟、各个国家之间在从领土上瓜分世界、争夺殖民地、"争夺经济领土"的基础上也形成了一定的关系。

六　大国瓜分世界

地理学家亚·苏潘在他的一本论述"欧洲殖民地的扩展"的书①中，对19世纪末的这种扩展情况，作了如下简短的总结：

属于欧洲殖民大国（包括美国在内）的土地面积所占的百分比

	1876年	1900年	增减数
在非洲…………	10.8%	90.4%	+79.6%
在波利尼西亚……	56.8%	98.9%	+42.1%
在亚洲…………	51.5%	56.6%	+5.1%
在澳洲…………	100.0%	100.0%	—
在美洲…………	27.5%	27.2%	-0.3%

---

① 亚·苏潘《欧洲殖民地的扩展》1906年版第254页。

列宁《帝国主义是资本主义的最高阶段》研究读本

苏潘得出结论说:这个时期的特点是瓜分非洲和波利尼"可见,西亚。"因为在亚洲和美洲,无主的土地,即不属于任何国家的土地已经没有了,所以应当扩大苏潘的结论,应当说,我们所考察的这个时期的特点是世界瓜分完毕。所谓完毕,并不是说不可能**重新瓜分了**——相反,重新瓜分是可能的,并且是不可避免的——,而是说在资本主义各国的殖民政策之下,我们这个行星上无主的土地都被霸占**完了**。世界已第一次被瓜分完毕,所以以后**只能**是重新瓜分,也就是从一个"主人"转归另一个"主人",而不是从无主的变为"有主的"。

可见,我们是处在一个同"资本主义发展的最新阶段"即金融资本密切联系的世界殖民政策的特殊时代。因此,首先必须较详细地研究一下实际材料,以便尽量确切地弄清楚这个时代和先前各个时代有什么不同,现在的情况究竟怎样。这里,首先就产生了两个事实问题:殖民政策的加强,争夺殖民地斗争的尖锐化,是不是恰好在金融资本时代出现的,在这方面,现在世界瓜分的情况究竟怎样。

美国作家莫里斯在他写的一本关于殖民史的著作中[①],对英、法、德三国在19世纪各个时期的殖民地面积的材料作了归纳。现在把他所得出的结果简单列表如下:

殖民地面积

年份	英国		法国		德国	
	面积(单位百万平方英国)	人口(单位百万)	面积(单位百万平方英国)	人口(单位百万)	面积(单位百万平方英国)	人口(单位百万)
1815—1830年	?126.4	0.02	0.5	—	—	
1860年	2.5	145.1	0.2	3.4	—	—
1880年	7.7	267.9	0.7	7.5	—	—
1899年	9.3	309.0	3.7	56.4	1.0	14.7

---

① 亨利·C.莫里斯《殖民史》1900年纽约版第2卷第88页;第1卷第419页;第2卷第304页。

英国特别加紧夺取殖民地是在 1860—1880 年这个时期，而且在 19 世纪最后 20 年还在大量地夺取。法德两国加紧夺取殖民地也正是在这 20 年间。我们在上面已经看到，垄断前的资本主义，即自由竞争占统治的资本主义，发展到顶点的时期是 19 世纪 60 年代和 70 年代。现在我们又看到，**正是在这个时期以后**，开始了夺取殖民地的大"高潮"，瓜分世界领土的斗争达到了极其尖锐的程度。所以，毫无疑问，资本主义向垄断资本主义阶段的过渡，即向金融资本的过渡，**是**同瓜分世界的斗争的尖锐化**联系着的**。

霍布森在论述帝国主义的著作中，把 1884—1900 年这个时期划为欧洲主要国家加紧"扩张"（扩大领土）的时期。据他计算，在这个时期，英国夺得了 370 万平方英里的土地和 5700 万人口，法国 360 万平方英里的土地和 3650 万人口，德国 100 万平方英里的土地和 1470 万人口，比利时 90 万平方英里的土地和 3000 万人口，葡萄牙 80 万平方英里的土地和 900 万人口。在 19 世纪末，特别是自 19 世纪 80 年代以来，各资本主义国家拼命争夺殖民地，已是外交史和对外政策史上众所周知的事实。

在 1840—1860 年英国自由竞争最兴盛的时期，英国居于领导地位的资产阶级政治家是**反对**殖民政策的，他们认为殖民地的解放和完全脱离英国，是一件不可避免而且有益的事情。麦·贝尔在 1898 年发表的一篇论述"现代英国帝国主义"的文章①中指出，在 1852 年的时候，像迪斯累里这样一个一般说来是倾向于帝国主义的英国政治家，尚且说过："殖民地是吊在我们脖子上的磨盘。"而到 19 世纪末，成为英国风云人物的，已经是公开鼓吹帝国主义、肆无忌惮地实行帝国主义政策的塞西尔·罗得斯和约瑟夫·张伯伦了！

值得注意的是，这些居于领导地位的英国资产阶级政治家当时就清楚地看到现代帝国主义的所谓纯粹经济根源和社会政治根源之间的联

---

① 1898 年《新时代》杂志第 16 年卷第 1 册第 302 页。

系。张伯伦鼓吹帝国主义是"正确、明智和经济的政策",他特别举出目前英国在世界市场上遇到的来自德国、美国、比利时的竞争。资本家说,挽救的办法是实行垄断,于是就创办卡特尔、辛迪加、托拉斯。资产阶级的政治领袖随声附和说,挽救的办法是实行垄断,于是就急急忙忙地去夺取世界上尚未瓜分的土地。据塞西尔·罗得斯的密友新闻记者斯特德说,1895年罗得斯曾经同他谈到自己的帝国主义的主张,罗得斯说:"我昨天在伦敦东头〈工人区〉参加了一个失业工人的集会。我在那里听到了一片狂叫'面包,面包!'的喊声。在回家的路上,我反复思考着看到的情景,结果我比以前更相信帝国主义的重要了……我的一个夙愿就是解决社会问题,就是说,为了使联合王国4000万居民免遭流血的内战,我们这些殖民主义政治家应当占领新的土地,来安置过剩的人口,为工厂和矿山生产的商品找到新的销售地区。我常常说,帝国就是吃饭问题。要是你不希望发生内战,你就应当成为帝国主义者。"①

百万富翁、金融大王、英布战争的罪魁塞西尔·罗得斯在1895年就是这样讲的。他对帝国主义的辩护只是比较粗俗,比较肆无忌惮,而实质上和马斯洛夫、休特古姆、波特列索夫、戴维诸先生以及那位俄国马克思主义创始人等等的"理论"并没有什么不同。塞西尔·罗得斯是个比较诚实一点的社会沙文主义者……

为了对世界领土的瓜分情况和近几十年来这方面的变化作一个尽可能确切的描述,我们要利用苏潘在上述那部关于世界各大国殖民地问题的著作中提供的综合材料。苏潘选的是1876年和1900年,我们则选用1876年(这一年选得很恰当,因为正是到这个时候,垄断前阶段的西欧资本主义的发展,整个说来可以算是完成了)和1914年(用许布纳尔的《地理统计表》上的比较新的数字来代替苏潘的数字)。苏潘只列出了殖民地;我们认为,把关于非殖民国家和半殖民地的简略数字补充

---

① 1898年《新时代》杂志第16年卷第1册第304页。

进去，对描绘瓜分世界的全貌是有益的。我们把波斯、中国和土耳其列入半殖民地，其中第一个国家差不多已经完全变成了殖民地，第二个和第三个国家正在变成殖民地。

结果如下：

大国的殖民地

（面积单位百万平方公里，人口单位百万）

	殖民地				宗主国		共计	
	1876		1914		1914年		1914年	
	面积	人口	面积	人口	面积	人口	面积	人口
英国	22.5	251.9	33.5	393.5	0.3	46.5	33.8	440.0
俄国	17.0	15.9	17.4	33.2	5.4	136.2	22.8	169.4
法国	0.9	6.0	10.6	55.5	0.5	39.6	11.1	95.1
德国	—	—	2.9	12.3	0.5	64.9	3.4	77.2
美国	—	—	0.3	9.7	9.4	97.0	9.7	106.7
日本	—	—	0.3	19.2	0.4	53.0	0.7	72.2
6个大国总计	40.4	273.8	65.0	523.4	16.5	437.2	81.5	960.6
其余大国(比利时、荷兰等)的殖民地							9.9	45.3
半殖民地(波斯、中国、土耳其)							14.5	361.2
其余国家							28.0	289.9
全球							133.9	1657.0

我们从这里清楚看到在19世纪和20世纪之交世界被瓜分"完毕"的情况。1876年以后，殖民地有极大的扩张：6个最大的大国的殖民地增加了一半以上，由4000万平方公里增加到6500万平方公里，增加了2500万平方公里，比各宗主国的面积（1650万）多一半。有3个大国在1876年根本没有殖民地，另一个大国法国，当时也差不多没有。到1914年，这4个大国获得的殖民地面积为1410万平方公里，即大致比

345

欧洲面积还大一半，这些殖民地的人口差不多有1亿。殖民地的扩张是非常不平衡的。例如拿面积和人口都相差不远的法、德、日三国来比较，就可以看出，法国的殖民地（按面积来说）几乎比德日两国殖民地的总和多两倍。不过在我们所谈的这个时代的初期，法国金融资本的数量大概也比德日两国的总和多几倍。除纯粹的经济条件而外，地理和其它条件也在这些经济条件的基础上影响到殖民地的大小。近几十年来，在大工业、交换和金融资本的压力下，世界的均等化，即各国经济条件与生活条件的平均化，虽然进展得很快，但差别还是不小的。在上述6个国家中，我们看到，一方面有年轻的进步非常快的资本主义国家（美、德、日），另一方面有近来进步比前面几国慢得多的老的资本主义国家（法、英），另外还有一个经济上最落后的国家（俄国），这个国家的现代资本帝国主义可以说是被前资本主义关系的密网紧紧缠绕着。

除大国的殖民地以外，我们还列进了小国的小块殖民地。这些殖民地可以说是可能发生而且极可能发生的对殖民地的"重新瓜分"的最近目标。这些小国能够保持自己的殖民地，主要是因为大国之间存在着利益上的对立，存在着摩擦等等，妨碍了它们达到分赃的协议。至于"半殖民地"国家，它们是自然界和社会一切领域常见的过渡形式的例子。金融资本是一种存在于一切经济关系和一切国际关系中的巨大力量，可以说是起决定作用的力量，它甚至能够支配而且实际上已经支配着一些政治上完全独立的国家；这种例子我们马上就要讲到。不过，对金融资本最"方便"最有利的当然是使从属的国家和民族丧失政治独立**这样的**支配。半殖民地国家是这方面的"中间"形式的典型。显然，在金融资本时代，当世界上其它地方已经瓜分完毕的时候，争夺这些半附属国的斗争也就必然特别尖锐起来。

殖民政策和帝国主义在资本主义最新阶段以前，甚至在资本主义以前就已经有了。以奴隶制为基础的罗马就推行过殖民政策，实行过帝国主义。但是，"泛泛地"谈论帝国主义而忘记或忽视社会经济形态的根本区别,必然会变成最空洞的废话或吹嘘,就像把"大罗马和大不列颠"相提并论那样①。就是资本主义**过去**各阶段的资本主义殖民政策,同金融资本的殖民政策也是有重大差别的。

最新资本主义的基本特点是最大企业家的垄断同盟的统治。当这种垄断组织独自霸占了**所有**原料产地的时候,它们就巩固无比了。我们已经看到,资本家国际同盟怎样拼命地致力于剥夺对方进行竞争的一切可能,收买譬如蕴藏铁矿的土地或石油资源等等。只有占领殖民地,才能充分保证垄断组织自如地应付同竞争者的斗争中的各种意外事件,包括对方打算用国家垄断法来实行自卫这样的意外事件。资本主义愈发达,原料愈感缺乏,竞争和追逐全世界原料产地的斗争愈尖锐,抢占殖民地的斗争也就愈激烈。

施尔德尔写道:"可以作出一个在某些人看来也许是怪诞不经的论断,就是说,城市人口和工业人口的增长,在较近的将来与其说会遇到食品缺乏的障碍,远不如说会遇到工业原料缺乏的障碍。"例如木材(它变得日益昂贵)、皮革和纺织工业原料,都愈来愈缺乏。"工业家同盟企图在整个世界经济的范围内造成农业和工业的平衡;1904年几个主要工业国家的棉纺业工厂主同盟成立的国际同盟就是一个例子;后来在1910年,欧洲麻纺业厂主同盟也仿照它成立了一个同盟。"②

当然,资产阶级改良主义者,其中尤其是现在的考茨基主义者,总是企图贬低这种事实的意义,说不用"代价很大而且很危险的"殖民政策就"可以"在自由市场上取得原料,说"简单地"改善一下一般农业的条件就"可以"大大增加原料的供应。但是,这样说就成了替帝国主义辩护,替帝国主义涂脂抹粉,因为这样说就是忘记了最新资本主义的主要特点——垄断。自由市场愈来愈成为过去的事情,垄断性的辛迪加和托拉斯一天天地缩小自由市场,而"简单地"改善一下农业

---

① 查·普·卢卡斯《大罗马和大不列颠》1912年牛津版,或克罗美尔伯爵《古代帝国主义和现代帝国主义》1910年伦敦版。

② 施尔德尔的上述著作第38—42页。

条件，就得改善民众的处境，提高工资，减少利润。可是，除了在甜蜜的改良主义者的幻想里，哪里会有能够关心民众的处境而不关心夺取殖民地的托拉斯呢？

对于金融资本来说，不仅已经发现的原料产地，而且可能有原料的地方，都是有意义的，因为当代技术发展异常迅速，今天无用的土地，要是明天找到新的方法（为了这个目的，大银行可以配备工程师和农艺师等等去进行专门的考察），要是投入大量资本，就会变成有用的土地。矿藏的勘探，加工和利用各种原料的新方法等等，也是如此。因此，金融资本必然力图扩大经济领土，甚至一般领土。托拉斯估计到将来"可能获得的"利润，（而不是现有的）估计到将来垄断的结果，把自己的财产按高一两倍的估价资本化；同样，金融资本也估计到可能获得的原料产地，唯恐在争夺世界上尚未瓜分的最后几块土地或重新瓜分已经瓜分了的一些土地的疯狂斗争中落后于他人，总想尽量夺取更多的土地，不管这是一些什么样的土地，不管这些土地在什么地方，也不管采取什么手段。

英国资本家用尽一切办法竭力在**自己的**殖民地埃及发展棉花生产（1904年埃及的230万公顷耕地中，就有60万公顷，即1/4以上用来种植棉花），俄国资本家在**自己的**殖民地土耳其斯坦也这样做，因为这样他们就能较容易地打败外国的竞争者，较容易地垄断原料产地，成立一个实行"联合"生产、包揽棉花种植和加工的**各个**阶段的、更经济更盈利的纺织业托拉斯。

资本输出的利益也同样地在推动人们去夺取殖民地，因为在殖民地市场上，更容易（有时甚至只有在那里才可能）用垄断的手段排除竞争者，保证由自己来供应，巩固相应的"联系"等等。

在金融资本的基础上生长起来的非经济的上层建筑，即金融资本的政策和意识形态，加强了夺取殖民地的趋向。希法亭说得很对："金融资本要的不是自由，而是统治。"有一个法国资产阶级作家好像是在发挥和补充上述塞西尔·罗得斯的思想[1]，他写道，现代殖民政策除经济原因外，还应当加上社会原因："愈来愈艰难的生活不仅压迫着工人群众，而且压迫着中间阶级，因此在一切老的文明国家中都积下了'一种危及社会安定的急躁、愤怒和憎恨的情绪；应当为脱离一定阶级常轨的力量找到应用的场所，应当给它在国外找到出路，以免在国内发生爆炸'。"[2]

既然谈到资本帝国主义时代的殖民政策，那就必须指出，金融资本和同它相适应的国际政策，即归根到底是大国为了在经济上和政治上瓜分世界而斗争的国际政策，造成了许多**过渡的**国家依附形式。这个时代的典型的国家形式不仅有两大类国家，即殖民地占有国和殖民地，而且有各种形式的附属国，它们在政治上、形式上是独立的，实际上却被金融和外交方面的依附关系的罗网缠绕着。上面我们已经说过一种形式——半殖民地。而阿根廷这样的国家则是另一种形式的典型。

舒尔采-格弗尼茨在一本论不列颠帝国主义的著作中写道："南美，特别是阿根廷，在金融上如此依附于伦敦，应当说是几乎成了英国的商业殖民地。"[3] 施尔德尔根据奥匈帝国驻布宜诺斯艾利斯的领事1909年的报告，确定英国在阿根廷的投资有875000万法郎。不难设想，由于这笔投资，英国金融资本及其忠实"友人"英国外交，同阿根廷资产阶级，同阿根廷整个经济政治生活的领导人物有着多么巩固的联系。

葡萄牙的例子向我们表明了政治上独立而金融上和外交上不独立的另一种稍微不同的形式。葡萄牙是个独立的主权国家，但是实际上从西班牙王位继承战争（1701—1714年）起，这200多年来它始终处在英国的保护之下，英国为了加强它在反对自己的敌人西班牙和法国的斗争

---

[1] 见本书第344页。——编者注
[2] 瓦尔《法国在殖民地》，转引自昂利·吕西埃《大洋洲的瓜分》1905年巴黎版第165页。
[3] 舒尔采-格弗尼茨《20世纪初的不列颠帝国主义和英国自由贸易》1906年莱比锡版第318页，以及萨尔托里乌斯·冯·瓦尔特斯豪森《国外投资的国民经济制度》1907年柏林版第46页。

中的地位，保护了葡萄牙及其殖民地。英国以此换得了商业上的利益，换得了向葡萄牙及其殖民地输出商品、尤其是输出资本的优惠条件，换得了使用葡萄牙的港口、岛屿、电缆等等的便利。① 某些大国和小国之间的这种关系过去一向就有，但是在资本帝国主义时代，这种关系成了普遍的制度，成了"瓜分世界"的全部关系中的一部分，成了世界金融资本活动中的环节。

　　为了结束关于瓜分世界问题的讨论，我们还要指出下面一点。不但美西战争以后的美国著作和英布战争以后的英国著作，在19世纪末和20世纪初十分公开而明确地提出了这个问题，不但最"忌妒地"注视着"不列颠帝国主义"的德国著作经常在估计这个事实，而且在法国资产阶级著作中，就资产阶级可以达到的程度来说，问题也提得相当明确而广泛。让我们来引证历史学家德里奥的一段话，他在《19世纪末的政治问题和社会问题》一书中论述"大国与瓜分世界"的一章里写道：除了中国以外，"近年来世界上所有未被占据的地方，都被欧洲和北美的大国占据了。在这个基础上已经发生了某些冲突和势力变动，这一切预示着最近的将来会有更可怕的爆发。因为大家都得急急忙忙地干：凡是没有及时得到一份的国家，就可能永远得不到它的一份，永远不能参加对世界的大规模开拓，而这将是下一世纪即20世纪最重要的事实之一。所以近来全欧洲和美国都充满了殖民扩张和'帝国主义'的狂热，'帝国主义'成了19世纪末最突出的特点。"作者又补充说："在这种瓜分世界的情况下，在这种疯狂追逐地球上的宝藏和巨大市场的角斗中，这个世纪即19世纪建立起来的各个帝国之间的力量对比，是与建立这些帝国的民族在欧洲所占的地位完全不相称的。在欧洲占优势的大国，即欧洲命运的主宰者，并非在全世界也占有同样的优势。因为强大的殖民实力和占有尚未查明的财富的希望，显然会反过来影响欧洲大国的力量对比，所以殖民地问题（也可以说是'帝国主义'）这

---

① 施尔德尔的上述著作第1卷第160—161页。

个已经改变了欧洲本身政治局面的问题,一定还会日甚一日地改变这个局面。"①

七 帝国主义是资本主义的特殊阶段

现在我们应当试作一个总结,把以上关于帝国主义的论述归纳一下。帝国主义是作为一般资本主义基本特性的发展和直接继续而生长起来的。但是,只有在资本主义发展到一定的、很高的阶段,资本主义的某些基本特性开始转化成自己的对立面,从资本主义到更高级的社会经济结构的过渡时代的特点已经全面形成和暴露出来的时候,资本主义才变成了资本帝国主义。在这一过程中,经济上的基本事实,就是资本主义的自由竞争为资本主义的垄断所代替。自由竞争是资本主义和一般商品生产的基本特性;垄断是自由竞争的直接对立面,但是我们眼看着自由竞争开始转化为垄断:自由竞争造成大生产,排挤小生产,又用更大的生产来代替大生产,使生产和资本的集中达到这样的程度,以致从中产生了并且还在产生着垄断,即卡特尔、辛迪加、托拉斯以及同它们相融合的十来家支配着几十亿资金的银行的资本。同时,从自由竞争中生长起来的垄断并不消除自由竞争,而是凌驾于这种竞争之上,与之并存,因而产生许多特别尖锐特别剧烈的矛盾、摩擦和冲突。垄断是从资本主义到更高级的制度的过渡。

如果必须给帝国主义下一个尽量简短的定义,那就应当说,帝国主义是资本主义的垄断阶段。这样的定义能包括最主要之点,因为一方面,金融资本就是和工业家垄断同盟的资本融合起来的少数垄断性的最大银行的银行资本;另一方面,瓜分世界,就是由无阻碍地向未被任何一个资本主义大国占据的地区推行的殖民政策,过渡到垄断地占有已经瓜分完了的世界领土的殖民政策。

---

① J.爱·德里奥《政治问题和社会问题》1900年巴黎版第299页。

过于简短的定义虽然方便（因为它概括了主要之点），但是要从中分别推导出应当下定义的现象的那些最重要的特点，这样的定义毕竟是不够的。因此，如果不忘记所有定义都只有有条件的、相对的意义，永远也不能包括充分发展的现象一切方面的联系，就应当给帝国主义下这样一个定义，其中要包括帝国主义的如下五个基本特征：（1）生产和资本的集中发展到这样高的程度，以致造成了在经济生活中起决定作用的垄断组织；银行资本和工业资本已经融合起来；（2）在这个"金融资本的"基础上形成了金融寡头；（3）和商品输出不同的资本输出具有特别重要的意义；（4）瓜分世界的资本家国际垄断同盟已经形成；（5）最大资本主义大国已把世界上的领土瓜分完毕。帝国主义是发展到垄断组织和金融资本的统治已经确立、资本输出具有突出意义、国际托拉斯开始瓜分世界、一些最大的资本主义国家已把世界全部领土瓜分完毕这一阶段的资本主义。

下面我们还会看到，如果不仅注意到基本的、纯粹经济的概念（上述定义就只限于这些概念），而且注意到现阶段的资本主义同一般资本主义相比所占的历史地位，或者注意到帝国主义同工人运动中两个主要派别的关系，那就可以而且应当给帝国主义另外下一个定义。现在先必须指出，帝国主义，按上述意义来了解，无疑是资本主义发展的一个特殊阶段。为了使读者对于帝国主义有一个有充分根据的了解，我们故意尽量多引用了一些不得不承认最新资本主义经济中十分确凿的事实的**资产阶级**经济学家所发表的意见。为了同一目的，我们又引用了一些详细的统计材料，从中可以看出银行资本等究竟发展到了怎样的程度，看出量转化为质，发达的资本主义转化为帝国主义，究竟表现在什么地方。不用说，自然界和社会里的一切界限当然都是有条件的、变动的，如果去争论帝国主义究竟在哪一年或哪一个 10 年"最终"确立，那是荒唐的。

但是，我们不得不在帝国主义的定义问题上，首先同所谓第二国际时代（1889—1914 年这 25 年间）主要的马克思主义理论家卡·考茨基进行争论。在 1915 年，甚至早在 1914 年 11 月，考茨基就十分坚决地反对我们给帝国主义下的定义所表述的基本思想，他说不应当把帝国主义了解为一个经济上的"时期"或阶段，而应当了解为一种政策，即金融资本"比较爱好的"政策；不应当把帝国主义和"现代资本主义""等同起来"；如果把帝国主义了解为"现代资本主义的一切现象"（卡特尔、保护主义、金融家的统治、殖民政策），那么帝国主义是资本主义所必需的这个问题就成了"最乏味的同义反复"，因为那样的话，"帝国主义就自然是资本主义生存所必需的了"，等等。为了最确切地表述考茨基的思想，我们引用他给帝国主义所下的定义，这个定义是直接反对我们所阐述的那些思想的实质的（因为，考茨基早已知道，多年来贯彻类似思想的德国马克思主义者阵营中所提出的反驳，正是马克思主义的一个派别所提出的反驳）。

考茨基的定义说：

"帝国主义是高度发达的工业资本主义的产物。帝国主义就是每个工业资本主义民族力图吞并或征服愈来愈多的**农业**〈黑体是考茨基用的〉区域，而不管那里居住的是什么民族。"①

这个定义是根本要不得的，因为它片面地，也就是任意地单单强调了一个民族问题（虽然这个问题无论就其本身还是就其对帝国主义的关系来说，都是极其重要的），任意地和**错误地**把这个问题**单单**同兼并其它民族的那些国家的工业资本联系起来，又同样任意地和错误地突出了对农业区域的兼并。

帝国主义就是力图兼并，——考茨基的定义的政治方面归结起来就是这样。这是对的，但是极不完全，因为在政治方面，帝国主义是力图使用暴力和实行反动。不过在这里我们要研究的是考茨基**本人纳入他的**定义中的**经济**方面。考茨基定义的错误是十分明显的。帝国主义的特点，恰好**不是**工业资本**而是**金融资本。在法国，恰好是在工业资本削弱

---

① 1914 年《新时代》杂志第 32 年卷第 2 册（1914 年 9 月 11 日）第 909 页；参看 1915 年第 2 册第 107 页及以下各页。

的情况下**金融**资本特别迅速的发展，从上一世纪 80 年代开始使兼并政策（殖民政策）极度加强起来，这并不是偶然的。帝国主义的特点恰好**不只是**力图兼并农业区域，甚至还力图兼并工业极发达的区域（德国对比利时的野心，法国对洛林的野心），因为第一，世界已经瓜分完了，在**重新瓜分**的时候，就不得不把手伸向**任何**一块土地；第二，帝国主义的重要特点，是几个大国争夺霸权，即争夺领土，其目的与其说是直接为了自己，不如说是为了削弱对方，**破坏对方的霸权**（比利时作为反英据点对德国来说特别重要，巴格达作为反德据点对英国来说也一样重要，如此等等）。

考茨基特地搬出、并且屡次搬出英国人来，似乎英国人确定的帝国主义一词的纯粹政治含义，是和他考茨基的意思相符的。现在就来看看英国人霍布森在他 1902 年出版的《帝国主义》一书中是怎样写的：

"新帝国主义和老帝国主义不同的地方在于：第一，一个日益强盛的帝国的野心，被几个互相竞争的帝国的理论和实践所代替，其中每个帝国都同样渴望政治扩张和贪图商业利益；第二，金融利益或投资利益统治着商业利益。"①

我们看到，考茨基笼统地搬出英国人来，是绝对没有事实根据的（他要搬的话，也只能是搬出那些庸俗的英国帝国主义者或帝国主义的公开辩护士）。我们看到，考茨基标榜自己在继续维护马克思主义，实际上比**社会自由主义者**霍布森还后退了一步，因为霍布森还**比较正确地**估计到现代帝国主义的两个"历史的具体的"（考茨基的定义恰好是对历史的具体性的嘲弄！）特点：（1）**几个帝国主义互相竞争**；（2）金融家比商人占优势。如果主要是工业国兼并农业国的问题，那就把商人抬上首要地位了。

考茨基的定义不仅是错误的和非马克思主义的，而且还成了全面背离马克思主义理论和马克思主义实践的那一整套观点的基础，这一点以

---

① 霍布森《帝国主义》1902 年伦敦版第 324 页。

后还要讲到。考茨基挑起的那种字面上的争论，即资本主义的最新阶段应当叫做帝国主义还是叫做金融资本阶段，是毫无意义的争论。随便你怎样叫都是一样。关键在于考茨基把帝国主义的政治同它的经济割裂开了，把兼并解释为金融资本"比较爱好的"政策，并且拿同一金融资本基础上的另一种似乎可能有的资产阶级政策和它对立。照这样说来，经济上的垄断是可以同政治上的非垄断、非暴力、非掠夺的行动方式兼容的。照这样说来，瓜分世界领土（这种瓜分恰巧是在金融资本时代完成的并成了最大的资本主义国家现在互相竞争的特殊形式的基础）也是可以同非帝国主义的政策兼容的。这样一来，就不是暴露资本主义最新阶段最根本的矛盾的深刻性，而是掩饰、缓和这些矛盾；这样一来，就不是马克思主义，而是资产阶级改良主义。

考茨基同德国的一个帝国主义和兼并政策的辩护士库诺争论过。库诺笨拙而又无耻地推论说：帝国主义是现代资本主义；资本主义的发展是不可避免的和进步的，所以帝国主义也是进步的，所以必须跪在帝国主义面前歌功颂德！这种话就像民粹派在1894—1895年讽刺俄国马克思主义者的时候所说的那些话，说什么如果马克思主义者认为资本主义在俄国是不可避免的和进步的，那么他们就应当开起酒馆来培植资本主义。考茨基反驳库诺说：不对，帝国主义并不是现代资本主义，而只是现代资本主义政策的形式之一，我们可以而且应当同这种政策作斗争，同帝国主义，同兼并等等作斗争。

这种反驳好像很有道理，实际上却等于更巧妙更隐蔽地（因此是更危险地）宣传同帝国主义调和，因为同托拉斯和银行的政策"作斗争"而不触动托拉斯和银行的经济基础，那就不过是资产阶级的改良主义与和平主义，不过是一种善良而天真的愿望而已。不是充分暴露矛盾的深刻性，而是回避存在的矛盾，忘掉其中最重要的矛盾，——这就是考茨基的理论，它同马克思主义毫无共同之点。显然，这种"理论"只能用来维护同库诺之流保持统一的思想！

考茨基写道：资本主义不是不可能再"从纯粹经济的观点看来，经历一个新的阶段,即把卡特尔政策应用到对外政策上的超帝国主义的阶段"①,也就是全世界各帝国主义彼此联合而不是互相斗争的阶段,在资本主义制度下停止战争的阶段,"实行国际联合的金融资本共同剥削世界"的阶段②。

关于这个"超帝国主义论",我们以后还要谈到,以便详细地说明这个理论背弃马克思主义到了何等彻底而无可挽回的地步。现在,按照本书的总的计划,我们要看一看有关这个问题的确切的经济材料。"从纯粹经济的观点看来",这个"超帝国主义"究竟是可能实现的呢,还是超等废话?

如果纯粹经济的观点指的是一种"纯粹的"抽象概念,那么,说到底只能归结为这样一个论点:发展的趋势是走向垄断组织,因而也就是走向一个全世界的垄断组织,走向一个全世界的托拉斯。这是不容争辩的,不过也是毫无内容的,"发展的趋势"就好像说:是走向在实验室里生产食物。在这个意义上,超帝国主义"论"就如同什么"超农业论"一样是荒唐的。

如果谈金融资本时代的"纯粹经济"条件,是指 20 世纪初这个历史的具体时代,那么对于"超帝国主义"这种僵死的抽象概念(它完全是为了一个最反动的目的,就是使人不去注意**现有**矛盾的深刻性)的最好回答,就是拿现代世界经济的具体经济现实同它加以对比。考茨基关于超帝国主义的毫无内容的议论还鼓舞了那种十分错误的、为帝国主义辩护士助长声势的思想,似乎金融资本的统治是在**削弱**世界经济内部的不平衡和矛盾,其实金融资本的统治是在**加剧**这种不平衡和矛盾。

理·卡尔韦尔在他写的《世界经济导论》③ 这本小册子里,对可以具体说明 19 世纪和 20 世纪之交世界经济内部相互关系的最重要的纯粹

---

① 1914 年《新时代》杂志第 32 年卷第 2 册(1914 年 9 月 11 日)第 921 页;参看 1915 年第 2 册第 107 页及以下各页。
② 1915 年《新时代》杂志第 1 册(1915 年 4 月 30 日)第 144 页。
③ 理·卡尔韦尔《世界经济导论》1906 年柏林版。

经济材料，作了归纳的尝试。他把整个世界分为 5 个"主要经济区域"：（1）中欧区（除俄国和英国以外的整个欧洲）；（2）不列颠区；（3）俄国区；（4）东亚区；（5）美洲区。同时他把殖民地列入所属国的"区域"内，而"撇开了"少数没有按上述区域划分的国家，例如亚洲的波斯、阿富汗和阿拉伯，非洲的摩洛哥和阿比西尼亚等等。

现在把他所列出的这些区域的经济材料摘录如下：

世界主要经济区域	面积	人口	交通运输业		贸易	工业		
			铁路	商船	（进出口共计）	煤炭产量	生铁产量	棉纺织业纱锭数目
	（单位百万平方公里）	（单位百万）	（单位千公里）	（单位百万吨）	（单位亿马克）	（单位百万吨）		（单位百万）
（1）中欧区	27.6 (23.6)①	388 (146)①	204	8	41	251	15	26
（2）不列颠区	28.9 (28.6)①	398 (355)①	140	11	25	249	9	51
（3）俄国区	22	131	63	1	3	16	3	7
（4）东亚区	12	389	8	1	2	8	0.02	2
（5）美洲区	30	148	379	6	14	245	14	19

我们看到，有三个区域是资本主义高度发达（交通运输业、贸易和工业都十分发达）的区域，即中欧区、不列颠区和美洲区。其中德、英、美三国是统治着世界的国家。它们相互间的帝国主义竞争和斗争是非常尖锐的，因为德国的地区很小，殖民地又少，而"中欧区"的形成还有待于将来，现时它正在殊死的斗争中逐渐产生。目前整个欧洲的特征是政治上分散。相反，在不列颠区和美洲区，政治上却高度集中，

---

① 括号里是殖民地的面积和人口。

但是它们之间又有极大的差别：前者有广大的殖民地，后者的殖民地却十分少。在殖民地，资本主义刚刚开始发展。争夺南美的斗争愈来愈尖锐。

有两个区域是资本主义不发达的区域，即俄国区和东亚区。前者人口密度极小，后者极大；前者政治上很集中，后者不集中。瓜分中国才刚刚开始，日美等国争夺中国的斗争愈来愈激烈。

请把考茨基关于"和平的"超帝国主义那种愚蠢可笑的胡说，拿来同经济政治条件极不相同、各国发展速度等等极不一致、各帝国主义国家间存在着疯狂斗争的实际情形比较一下吧。难道这不是吓坏了的小市民想逃避可怕的现实的反动企图吗？难道被考茨基当做"超帝国主义"的胚胎的国际卡特尔（正像"可以"把在实验室里生产片剂说成是超农业的胚胎一样），不就是向我们表明瓜分世界和**重新瓜分**世界、由和平瓜分转为非和平瓜分、再由非和平瓜分转为和平瓜分的一个例子吗？难道从前同德国一起（例如在国际钢轨辛迪加或国际商轮航运业托拉斯里）和平地瓜分过整个世界的美国和其它国家的金融资本，现在不是在按照以完全**非**和平的方式改变着的新的实力对比**重新瓜分**世界吗？

金融资本和托拉斯不是削弱而是加强了世界经济各个部分在发展速度上的差异。既然实力对比发生了变化，那么**在资本主义制度下**，除了用**实力**来解决矛盾，还有什么别的办法呢？在铁路的统计中，我们可以看到说明整个世界经济中资本主义和金融资本发展速度不同的非常准确的材料。① 在帝国主义发展的最近几十年中，铁路长度变更的情形如下：

---

① 1915年《德意志帝国统计年鉴》；1892年《铁路业文汇》；关于1890年各国殖民地间铁路分布方面的某些详细情形，只能作一个大致的估计。

铁路长度（单位千公里）

	1890 年	1913 年	增加数
欧洲	224	346	+122
美国	268	411	+143
所有殖民地	82 ⎫ 125	210 ⎫ 347	+128 ⎫ 222
亚美两洲的独立国和半独立国	43 ⎭	137 ⎭	+94 ⎭
共　计	617	1104	

可见，铁路发展得最快的是殖民地和亚美两洲的独立国（以及半独立国）。大家知道，这里是由四五个最大的资本主义国家的金融资本统治着一切，支配着一切。在殖民地及亚美两洲其它国家建筑 20 万公里的新铁路，这意味着在特别有利的条件下，在收入有特别的保证、铸钢厂可以获得厚利订货等等的条件下，新投入 400 多亿马克的资本。

资本主义在殖民地和海外国家发展得最快。在这些国家中出现了**新的帝国主义大国**（如日本）。全世界帝国主义之间的斗争尖锐起来了。金融资本从特别盈利的殖民地企业和海外企业得到的贡款日益增加。在瓜分这种"赃物"的时候，有极大一部分落到了那些在生产力发展的速度上并不是常常占第一位的国家手里。各最大的强国及其殖民地的铁路总长度如下：

（单位千公里）

	1890 年	1913 年	
美国	268	413	+145
不列颠帝国	107	208	+101
俄国	32	78	+46
德国	43	68	+25
法国	41	63	+22
5 个大国共计	491	830	+339

可见，将近80%的铁路集中在5个最大的强国手中，但是这些铁路的**所有权**的集中程度，金融资本的集中程度，还要高得多，例如美、俄及其它国家铁路的大量股票和债券都属于英法两国的百万富翁。

英国靠自己的殖民地，把"自己的"铁路网增加了10万公里，比德国增加的多3倍。但是，谁都知道，这一时期德国生产力的发展，特别是煤炭和钢铁生产的发展，其速度之快是英国无法比拟的，更不必说法国和俄国了。1892年，德国的生铁产量为490万吨，英国为680万吨；但是到1912年，已经是1760万吨比900万吨，也就是说，德国永远地超过英国了！① 试问，**在资本主义基础上**，要消除生产力发展和资本积累同金融资本对殖民地和"势力范围"的瓜分这两者之间不相适应的状况，除了用战争以外，还能有什么其它办法呢？

八 资本主义的寄生性和腐朽

现在我们还要来研究一下帝国主义的另一个非常重要的方面，大多数关于帝国主义的论述，对这个方面往往认识不足。马克思主义者希法亭的缺点之一，就是他在这一点上比非马克思主义者霍布森还后退了一步。我们说的就是帝国主义所特有的寄生性。

我们已经看到，帝国主义最深厚的经济基础就是垄断。这是资本主义的垄断，也就是说，这种垄断是从资本主义生长起来并且处在资本主义、商品生产和竞争的一般环境里，同这种一般环境始终有无法解决的矛盾。尽管如此，这种垄断还是同任何垄断一样，必然产生停滞和腐朽的趋向。在规定了（即使是暂时地）垄断价格的范围内，技术进步因而也是其它一切进步的动因，前进的动因，就在一定程度上消失了；其次**在经济**上也就有可能人为地阻碍技术进步。例如，美国有个姓欧文斯

---

① 参看埃德加·克勒芒德《不列颠帝国同德意志帝国的经济关系》，该文载于1914年7月《皇家统计学会杂志》第777页及以下各页。

的发明了一种能引起制瓶业革命的制瓶机。德国制瓶工厂主的卡特尔收买了欧文斯的发明专利权,可是却把这个发明束之高阁,阻碍它的应用。当然,在资本主义制度下,垄断决不能完全地、长久地排除世界市场上的竞争(这也是超帝国主义论荒谬的原因之一)。用改良技术的办法可能降低生产费用和提高利润,这种可能性当然是促进着各种变化的。但是垄断所固有的停滞和腐朽**趋势**仍旧在发生作用,而且在某些工业部门,在某些国家,在一定的时期,这种趋势还占上风。

垄断地占有特别广大、富饶或地理位置方便的殖民地,也起着同样的作用。

其次,帝国主义就是货币资本大量聚集于少数国家,其数额,如我们看到的,分别达到1000—1500亿法郎(有价证券)。于是,以"剪息票"为生,根本不参与任何企业经营、终日游手好闲的食利者阶级,确切些说,食利者阶层,就大大地增长起来。帝国主义最重要的经济基础之一——资本输出,更加使食利者阶层完完全全脱离了生产,给那种靠剥削几个海外国家和殖民地的劳动为生的整个国家打上了寄生性的烙印。

霍布森写道:"在1893年,不列颠在国外的投资,约占联合王国财富总额的15%。"[①] 我们要指出,到1915年,这种资本又增加了大约一倍半。霍布森又说:"侵略性的帝国主义,要纳税人付出很高代价,对于工商业者来说殊少价值,……然而对于寻找投资场所的资本家〈在英语里,这个概念是用'investor'一词来表示的,意即'投资者',食利者〉,却是大量利润的来源。""据统计学家吉芬计算,1899年大不列颠从全部对外贸易和殖民地贸易(输入和输出)得到的全部年收入是1800万英镑〈约合17000万卢布〉,这是按贸易总额8亿英镑的2.5%推算出来的。"尽管这个数目不小,它却不能说明大不列颠侵略性的帝国主义。能够说明它的是9000—10000万英镑从"投资"得到的收入,

---

① 霍布森的书第59、62页。

也就是食利者阶层的收入。

在世界上"贸易"最发达的国家,食利者的收入竟比对外贸易的收入高 **4 倍**!这就是帝国主义和帝国主义寄生性的实质。

因此,"食利国"(Rentnerstaat)或高利贷国这一概念,就成了论述帝国主义的经济著作中通用的概念。世界分为极少数高利贷国和极大多数债务国。舒尔采-格弗尼茨写道:"在国外投资中占第一位的,是对政治上附属的或结盟的国家的投资:英国贷款给埃及、日本、中国和南美。在必要时,英国的海军就充当法警。英国的政治力量保护着英国,防止债务人造反。"① 萨尔托里乌斯·冯·瓦尔特斯豪森在他所著的《国外投资的国民经济制度》一书中,把荷兰当做"食利国"的典型,并且说现在英国和法国也正在成为这样的国家。② 施尔德尔认为英国、法国、德国、比利时和瑞士这 5 个工业国家,是"明显的债权国"。他没有把荷兰算进去,只是因为荷兰"工业不大发达"③。而美国仅仅是美洲的债权人。

舒尔采-格弗尼茨写道:"英国逐渐由工业国变成债权国。虽然工业生产和工业品出口有了绝对的增加,但是,利息、股息和发行证券、担任中介、进行投机等方面的收入,在整个国民经济中的相对意义愈来愈大了。依我看来,这个事实正是帝国主义繁荣的经济基础。债权人和债务人之间的关系,要比卖主和买主之间的关系更巩固些。"④ 关于德国的情形,柏林的《银行》杂志出版人阿·兰斯堡 1911 年在他的《德国是食利国》一文中写了如下一段话:"德国人喜欢讥笑法国人显露出来的那种渴望变为食利者的倾向。但是他们忘记了,就资产阶级来说,德国的情况同法国是愈来愈相像了。"⑤

食利国是寄生腐朽的资本主义的国家,这不能不影响到这种国家的

---

① 舒尔采-格弗尼茨《不列颠帝国主义》第 320 页及其它各页。
② 萨·冯·瓦尔特斯豪森《国外投资的国民经济制度》1907 年柏林版第 4 册。
③ 施尔德尔的著作第 393 页。
④ 舒尔采-格弗尼茨《不列颠帝国主义》第 122 页。
⑤ 1911 年《银行》杂志第 1 期第 10—11 页。

一切社会政治条件，尤其是影响到工人运动的两个主要派别。为了尽量把这一点说清楚，我们还是引用霍布森的话。他是一个最"可靠的"证人，因为谁也不会疑心他偏袒"马克思主义的正统思想"；另一方面他又是英国人，很了解这个殖民地最广大、金融资本最雄厚、帝国主义经验最丰富的国家的情况。

霍布森在对英布战争的印象很鲜明的情况下，描述了帝国主义同"金融家"利益的联系，以及"金融家"从承包、供应等业务获得的利润增加的情形，他说："资本家是这一明显的寄生性政策的指挥者；但是同一动机对工人中间的特殊阶层也起作用。在很多城市中，最重要的工业部门都要依靠政府的订货；冶金工业和造船工业中心的帝国主义，也在不小的程度上可以归因于这个事实。"这位作者认为，有两种情况削弱了旧帝国的力量：（1）"经济寄生性"；（2）用附属国的人民编成军队。"第一种情况是经济寄生习气，这种习气使得统治国利用占领地、殖民地和附属国来达到本国统治阶级发财致富的目的，来收买本国下层阶级，使他们安分守己。"我们要补充一句：为了在经济上有可能进行这样的收买，不管收买的形式如何，都必须有垄断高额利润。

关于第二种情况，霍布森写道："帝国主义盲目症的最奇怪的症候之一，就是大不列颠、法国等帝国主义国家走上这条道路时所抱的那种漫不经心的态度。在这方面走得最远的是大不列颠。我们征服印度帝国的大部分战斗都是我们用土著人编成的军队进行的；在印度和近来在埃及，庞大的常备军是由英国人担任指挥的；我们征服非洲的各次战争，除了征服南部非洲的以外，几乎都是由土著人替我们进行的。"

瓜分中国的前景，使霍布森作出了这样一种经济上的估计："到那时，西欧大部分地区的面貌和性质，都将同现在有些国家的部分地区，如英格兰南部、里夫耶拉以及意大利和瑞士那些游人最盛、富人最多的地方一样，也会有极少数从远东取得股息和年金的富豪贵族，连同一批人数稍多的家臣和商人，为数更多的家仆以及从事运输和易腐坏产品最后加工的工人。主要的骨干工业部门就会消失，而大批的食品和半成品会作为贡品由亚非两洲源源而来。""西方国家更广泛的同盟，即欧洲大国联邦向我们展示的前途就是，这个联邦不仅不会推进全世界的文明事业，反而有造成西方寄生性的巨大危险：产生出这样一批先进的工业国家，这些国家的上层阶级从亚非两洲获得巨额的贡款，并且利用这种贡款来豢养大批驯服的家臣，他们不再从事大宗的农产品和工业品的生产，而是替个人服务，或者在新的金融贵族监督下从事次要的工业劳动。让那些漠视这种理论〈应当说：前途〉、认为这个理论不值得研究的人，去思考一下已经处于这种状态的目前英格兰南部各区的经济条件和社会条件吧。让他们想一想，一旦中国受这种金融家、及其政治方面和工商业方面的职员'投资者'的经济控制，使他们能从这个世界上所知道的最大的潜在富源汲取利润，以便在欧洲消费，这套方式将会扩展到怎样巨大的程度。当然，情况是极为复杂的，世界上各种力量的变化也难以逆料，所以不能很有把握地对未来作出某种唯一的预测。但是，现在支配着西欧帝国主义的那些势力，是在向着这个方向发展的。如果这些势力不遇到什么抵抗，不被引上另一个方面，它们就确实会朝着完成这一过程的方向努力。"①

作者说得完全对：**如果**帝国主义的力量不遇到抵抗，它就确实会走向这种结局。这里对于目前帝国主义情况下的"欧洲联邦"的意义，作了正确的估计。要补充的只有一点，就是**在**工人运动**内部**，目前在大多数国家暂时获得胜利的机会主义者**也是**经常地一贯地朝着这个方向"努力"的。帝国主义意味着瓜分世界而不只是剥削中国一个国家，意味着极少数最富的国家享有垄断高额利润，所以，它们在经济上就有可能去收买无产阶级的上层，从而培植、形成和巩固机会主义。不过不要把反对帝国主义、特别是反对机会主义的那些力量忘掉，这些力量，社会自由主义者霍布森自然是看不到的。

德国机会主义者格尔哈德·希尔德布兰德过去因为替帝国主义辩护

---

① 霍布森的著作第 103、205、144、335、386 页。

而被开除出党,现在满可以充当德国所谓"社会民主"党的领袖,他给霍布森作了一个很好的补充,鼓吹西欧联邦"(俄国除外),以便"共同"行动……反对非洲黑人、反对"大伊斯兰教运动",以便维持"强大的陆海军",对付"中日联盟"①,等等。

舒尔采-格弗尼茨对"不列颠帝国主义"的描绘,向我们揭示了同样的寄生性特征。从1865年到1898年,英国的国民收入增加了大约1倍,而这一时期"来自国外"的收入却增加了**8倍**。如果说帝国主义的"功劳"是"教育黑人去劳动"(不用强制手段是不行的……),那么帝国主义的"危险"就在于,"欧洲将把体力劳动,起初把农业劳动和矿业劳动,然后把比较笨重的工业劳动,推给有色人种去干,自己则安然地当食利者,也许这样就为有色人种的经济解放以及后来的政治解放作好了准备"。

在英国,愈来愈多的土地不再用于农业生产,而成了专供富人运动作乐的场所。人们谈到苏格兰这个最贵族化的、用做打猎和其它运动的地方时,都说"它是靠自己的过去和卡内基先生〈美国亿万富翁〉生活的"。英国每年单是花在赛马和猎狐上面的费用,就有1400万英镑(约合13000万卢布)。英国食利者的人数约有100万。从事生产的人口的百分比日益下降:

	英国人口	主要工业部门的工人人数 (单位百万)	工人在人口总数 中所占的百分比
1851年……	17.9	4.1	23%
1901年……	32.5	4.9	15%

这位研究"20世纪初的不列颠帝国主义"的资产阶级学者谈到英国工人阶级的时候,不得不经常把工人"**上层**"和"**真正的无产阶级**

---

① 格尔哈德·希尔德布兰德《工业统治地位和工业社会主义的动摇》1910年版第229页及以下各页。

下层"加以区别。上层中间有大批人参加合作社、工会、体育团体和许多教派。选举权是同这个阶层的地位相适应的，这种选举权在英国"**还有相当多的限制，以排除真正的无产阶级下层**"!! 为了粉饰英国工人阶级的状况，人们通常只谈论在无产阶级中占**少数**的这个上层，例如，"失业问题主要是涉及伦敦和无产阶级下层，**这个下层是政治家们很少重视的**……"① 应当说资产阶级政客和"社会党人"机会主义者们很少重视。

从帝国主义国家移往国外的人数逐渐减少，从比较落后的、工资比较低的国家移入帝国主义国家的人数（流入的工人和移民）却逐渐增加，这也是与上面描述的一系列现象有关的帝国主义特点之一。据霍布森说，英国移往国外的人数从 1884 年起开始减少：1884 年有 242000 人，而 1900 年只有 169000 人。德国移往国外的人数，在 1881—1890 年的 10 年中达到了最高峰，有 1453000 人，但是在后来的两个 10 年里，又减少到 544000 人和 341000 人。同时，从奥、意、俄及其它国家移入德国的工人却增加了。根据 1907 年的人口调查，德国有 1342294 个外国人，其中产业工人有 440800 人，农业工人有 257329 人。② 法国的采矿工业工人"很大一部分"是外国人——波兰人、意大利人和西班牙人③。在美国，从东欧和南欧移入的侨民做工资最低的工作，在升为监工和做工资最高的工作的工人中，美国工人所占的百分比最大。④ 帝国主义有一种趋势，就是在工人中间也分化出一些特权阶层，并且使他们脱离广大的无产阶级群众。

必须指出：在英国，帝国主义分裂工人、加强工人中间的机会主义、造成工人运动在一段时间内腐化的这种趋势，在 19 世纪末和 20 世纪初以前很久，就已经表现出来了。因为英国从 19 世纪中叶起，就具

---

① 舒尔采-格弗尼茨《不列颠帝国主义》第 301 页。
② 《德意志帝国统计》第 211 卷。
③ 亨盖尔《法国的投资》1913 年斯图加特版。
④ 古尔维奇《移民与劳动》1913 年纽约版。

备了帝国主义的两大特点：拥有广大的殖民地；在世界市场上占垄断地位。马克思和恩格斯在几十年中一直密切注视着工人运动中的机会主义和英国资本主义的帝国主义特点之间的这种联系。例如，恩格斯在1858年10月7日给马克思的信中说："英国无产阶级实际上日益资产阶级化了，因而这一所有民族中最资产阶级化的民族，看来想把事情最终导致这样的地步，即除了资产阶级，还要有资产阶级化的贵族和资产阶级化的无产阶级。自然，对一个剥削全世界的民族来说，这在某种程度上是有道理的。"过了将近1/4世纪，恩格斯又在1881年8月11日写的信里说到了"被中产阶级收买了的，或至少是领取中产阶级报酬的人所领导的最坏的英国工联"。恩格斯在1882年9月12日给考茨基的信①中又说："您问我：英国工人对殖民政策的想法如何？这和他们对一般政策的想法一样。这里没有工人政党，有的只是保守党和自由激进党，而工人十分安然地 他们共享英国的殖民地垄断权和英国在世界市场上的垄断权。"②（恩格斯在1892年为《英国工人阶级状况》第2版所写的序言中，也叙述了同样的看法。③）

　　这里已经把原因和后果明白地指出来了。原因是：（1）这个国家剥削全世界；（2）它在世界市场上占有垄断地位；（3）它拥有殖民地垄断权。后果是：（1）英国一部分无产阶级已经资产阶级化了；（2）英国一部分无产阶级受那些被资产阶级收买或至少是领取资产阶级报酬的人领导。在20世纪初，帝国主义完成了极少数国家对世界的瓜分，其中每个国家现在都剥削着（指榨取超额利润"全世界"）的一部分，只是比英国在1858年剥削的地方稍小一点；每一个国家都由于托拉斯、卡特尔、金融资本以及债权人对债务人的关系等等而在世界市场

---

① 见《马克思恩格斯全集》第35卷第351—354页。——编者注
② 《马克思恩格斯通信集》第2卷第290页；第4卷第433页（见《马克思恩格斯全集》第29卷第344—345页；第35卷第18页。——编者注）。卡·考茨基《社会主义与殖民政策》1907年柏林版第79页；这本小册子是考茨基在很早很早以前，当他还是马克思主义者的时候写的。
③ 见《马克思恩格斯全集》第22卷第367—383页。——编者注

上占有垄断地位；每个国家都在一定程度上拥有殖民地垄断权（我们已经看到，世界上7500万平方公里的**全部**殖民地中，有6500万平方公里，即86%集中在6个大国手里；有6100万平方公里，即81%集中在3个大国手里）。

现在局势的特点在于形成了以下这些经济政治条件：帝国主义已经从萌芽状态生长为统治的体系，资本主义垄断组织在国民经济和政治中居于首要地位，世界已经瓜分完毕；另一方面我们看到，作为整个20世纪初期特征的已经不是英国独占垄断权，而是少数帝国主义大国为分占垄断权而斗争。这些经济政治条件，不能不使机会主义同工人运动总的根本的利益更加不可调和。现在，机会主义已经不能像在19世纪后半期的英国那样，在一个国家的工人运动里取得完全胜利达几十年之久，但是它在许多国家里已经成熟，已经过度成熟，已经腐烂，并且作为社会沙文主义而同资产阶级的政策完全融合起来了。①

九 对帝国主义的批评

这里所说的对帝国主义的批评是指广义的批评，是指社会各阶级根据自己的一般意识形态对帝国主义政策所采取的态度。

集中在少数人手里的大量金融资本，建立了非常广泛而细密的关系和联系网，从而不仅控制了大批中小资本家，而且控制了大批最小的资本家和小业主，这是一方面；另一方面，同另一些国家的金融家集团为瓜分世界和统治其它国家而进行着尖锐的斗争，——这一切使所有的有产阶级全都转到帝国主义方面去了。"普遍"迷恋于帝国主义的前途，疯狂地捍卫帝国主义，千方百计地美化帝国主义，——这就是当代的标志。帝国主义的意识形态也渗透到工人阶级里面去了。工人阶级和其它

---

① 波特列索夫之流、契恒凯里之流、马斯洛夫之流等等先生们所代表的俄国社会沙文主义，无论是它的公开形式，或是它的隐蔽形式（如齐赫泽、斯柯别列夫、阿克雪里罗得、马尔托夫等先生），都是从机会主义的俄国变种即从取消主义生长起来的。

阶级之间并没有隔着一道万里长城。德国现在的所谓"社会民主"党的领袖，被人们公正地称为"社会帝国主义者"，即口头上的社会主义者，实际上的帝国主义者，而霍布森早在1902年，就已经指出英国存在着属于机会主义"费边社"的"费边帝国主义者"了。

资产阶级的学者和政论家替帝国主义辩护，通常都是采用比较隐蔽的方式，掩盖帝国主义的完全统治和帝国主义的深刻根源，竭力把局部的东西和次要的细节放在主要的地位，拼命用一些根本无关紧要的"改良"计划，诸如由警察监督托拉斯或银行等等，来转移人们对实质问题的注意。至于那些肆无忌惮的露骨的帝国主义者的言论却比较少见，这些人倒敢于承认改良帝国主义的基本特性的想法是荒谬的。

举个例子来说吧。一些德国帝国主义者在《世界经济文汇》这一刊物中，力图考察殖民地的民族解放运动，当然特别是那些非德属殖民地的民族解放运动。他们提到了印度的风潮和抗议运动，纳塔尔（南部非洲）的运动，荷属印度的运动等等。其中有人在评论一家英国刊物有关亚、非、欧三洲受外国统治的各民族代表于1910年6月28—30日举行的从属民族和种族代表会议的报导时，对会议上的演说作了这样的评价，他说：必须同帝国主义作斗争；"据称，统治国应当承认从属民族的独立权；国际法庭应当监督大国同弱小民族订立的条约的履行。除了表示这些天真的愿望以外，代表会议并没有继续前进。我们看不出他们对下面这个真理有丝毫的了解：帝国主义同目前形式的资本主义有不可分割的联系，所以〈!!〉同帝国主义作直接的斗争是没有希望的，除非仅限于反对某些特别可恶的过火现象。"① 因为用改良主义的方法修改帝国主义的基础不过是一种欺骗，是一种"天真的愿望"，因为被压迫民族的资产阶级代表没有"继续"前进，所以压迫民族的资产阶级代表就"继续"**后退**了，后退到在标榜"科学性"的幌子下向帝国主义卑躬屈膝的地步。这也是一种"逻辑"！

---

① 《世界经济文汇》杂志第2卷第193页。

能不能用改良主义的方法改变帝国主义的基础？是前进，去进一步加剧和加深帝国主义所产生的种种矛盾呢，还是后退，去缓和这些矛盾？这些问题是对帝国主义批评的根本问题。帝国主义在政治上的特点，是由金融寡头的压迫和自由竞争的消除引起的全面的反动和民族压迫的加强，所以在20世纪初期，几乎在所有帝国主义国家中都出现了反对帝国主义的小资产阶级民主派反对派。考茨基以及考茨基主义这一广泛的国际思潮背离马克思主义的地方，就在于考茨基不仅没有设法、没有能够使自己同这个经济上根本反动的小资产阶级改良主义反对派对立起来，反而在实践上和它同流合污。

1898年对西班牙的帝国主义战争，在美国引起了"反帝国主义者"，即资产阶级民主派的最后的莫希干人的反对。他们把这次战争叫做"罪恶的"战争，认为兼并别国土地是违背宪法的，认为对菲律宾土著人领袖阿奎纳多的行为是"沙文主义者的欺骗"（先答应阿奎纳多给菲律宾以自由，后来又派美国军队登陆，兼并了菲律宾），并且引用了林肯的话：白人自己治理自己同"白人自己治理自己是自治；时又治理别人，就不是自治而是专制。"① 但是，既然这全部批评都不敢承认帝国主义同托拉斯、也就是同资本主义的基础有不可分割的联系，不敢同大资本主义及其发展所造成的力量站在一起，那么这种批评就始终是一种"天真的愿望"。

霍布森批评帝国主义的时候所采取的基本立场也是如此。霍布森否认"帝国主义的不可避免性"，呼吁必须"提高"居民的"消费能力"（在资本主义制度下！），比考茨基还早。用小资产阶级的观点批评帝国主义，批评银行支配一切，批评金融寡头等等的，还有我们屡次引用过的阿加德、阿·兰斯堡、路·埃施韦格，在法国作家中有《英国与帝国主义》这本肤浅的书（1900年出版）的作者维克多·贝拉尔。所有这

---

① 约·帕图叶《美国帝国主义》1904年第戎版第272页。

些人丝毫不想冒充马克思主义者，他们用自由竞争和民主来反对帝国主义，谴责势必引起冲突和战争的建筑巴格达铁路的计划，表示了维护和平的"天真的愿望"等等。最后还有从事国际证券发行统计的阿·奈马尔克，他在1912年计算出"国际"有价证券数达几千亿法郎的时候，不禁叫了起来："难道可以设想和平会受到破坏吗？……有了这样大的数字，还会去冒险挑起战争吗？"①

资产阶级经济学家这样天真，倒没有什么奇怪，而且他们显得这样天真，"郑重其事地"谈论帝国主义制度下的和平，对他们反而**是有利的**。可是考茨基在1914年、1915年、1916年也采取了这种资产阶级改良主义的观点，硬说在和平问题上，〈帝国主义者、"大家所谓社会党人和社会和平主义者〉意见都是一致的"，试问他还有一点马克思主义的气味吗？这不是分析和揭露帝国主义矛盾的深刻性，而不过是抱着一种改良主义的"天真的愿望"，想撇开这些矛盾，回避这些矛盾。

下面是考茨基从经济上对帝国主义进行批评的典型例子。他举出1872年和1912年英国对埃及进出口的统计材料，看到这方面的进出口额比英国总的进出口额增长得慢。于是考茨基得出结论说："我们没有任何根据认为，不用武力占领埃及而依靠单纯的经济因素的作用，英国同埃及的贸易就会增长得慢些。""资本扩张的意图""不通过帝国主义的暴力方法，而通过和平的民主能够实现得最好"。②

考茨基的这个论断，被他的俄国随从（也是俄国的一个为社会沙文主义者打掩护的人）斯佩克塔托尔先生用各种各样的调子重弹过的论断，是考茨基主义对帝国主义的批评的基础，所以我们必须较详细地谈一谈。我们从引证希法亭的言论开始，因为考茨基曾经多次（包括1915年4月那次在内）声称，希法亭的结论是"所有社会党人理论家一致同意的"。

---

① 《国际统计研究所公报》第19卷第2册第225页。
② 考茨基《民族国家、帝国主义国家和国家联盟》1915年纽伦堡版第72页和第70页。

希法亭写道:"无产阶级不应当用自由贸易时代的和敌视国家的那种已经落后的政策去反对向前发展了的资本主义政策。无产阶级对金融资本的经济政策的回答,对帝国主义的回答,不可能是贸易自由,而只能是社会主义。现在无产阶级政策的目的不可能是恢复自由竞争这样的理想(这种理想现在已经变成反动的理想了),而只能是通过消除资本主义来彻底消灭竞争。"①

考茨基维护对金融资本时代来说是"反动的理想",维护"和平的民主"和"单纯的经济因素的作用",从而背离了马克思主义,因为这个理想**在客观上**是开倒车,是从垄断资本主义倒退到非垄断资本主义,是一种改良主义的骗局。

如果**不用**武力占领,如果没有帝国主义,没有金融资本,那么英国同埃及(或者同其它殖民地或半殖民地)的贸易"就会增长得"快些。这是什么意思?这是不是说,如果自由竞争没有受到任何垄断的限制,没有受到金融资本的"联系"或压迫(这也是垄断)的限制,没有受到某些国家垄断地占有殖民地的限制,那么资本主义就会发展得快些呢?

考茨基的论断不可能有别的意思,而**这个**"意思"却是毫无意思的。就假定**会这样**,如果没有任何垄断,自由竞争**会**使资本主义和贸易发展得更快些。但是,要知道贸易和资本主义发展得愈快,**产生**垄断的生产和资本的集中就愈是加强。况且垄断**已经**产生了,恰好是**从**自由竞争中产生出来的!即使现在垄断开始延缓发展,这也不能成为主张自由竞争的论据,因为在产生垄断以后自由竞争就不可能了。

不管你怎样把考茨基的论断翻来覆去地看,这里面除了反动性和资产阶级改良主义以外,没有任何别的东西。

即使把这种论断修改一下,像斯佩克塔托尔说的那样,现在英属殖民地同英国的贸易,比英属殖民地同其它国家的贸易发展得慢些,——

---

① 《金融资本》第 567 页。

这也挽救不了考茨基。因为打击英国的**也是**垄断，**也是**帝国主义，不过是其它国家的（美国的、德国的）垄断和帝国主义。大家知道，卡特尔导致了一种新型的、独特的保护关税，它所保护的（这一点恩格斯在《资本论》第3卷上就已经指出来了①）恰好是那些可供出口的物品。其次，大家知道，卡特尔和金融资本有一套"按倾销价格输出"的做法，也就是英国人所说的"抛售"的做法：卡特尔在国内按垄断的高价出卖产品，而在国外却按极低廉的价格销售，以便打倒自己的竞争者，把自己的生产扩大到最大限度等等。即使同英属殖民地的贸易，德国比英国发展得快些，那也只能证明德国帝国主义比英国帝国主义更新、更强大、更有组织、水平更高，而决不能证明自由贸易的"优越"，因为这里并不是自由贸易同保护主义或殖民地附属关系作斗争，而是一个帝国主义同另一个帝国主义、一个垄断组织同另一个垄断组织、一个金融资本同另一个金融资本作斗争。德国帝国主义对英国帝国主义的优势，比殖民地疆界的屏障或保护关税的壁垒更厉害。如果由此得出**主张**自由贸易与"和平的民主"的"论据"，那是庸俗的，是忘掉帝国主义的基本特点和特性，是用小市民的改良主义来代替马克思主义。

有趣的是，甚至资产阶级经济学家阿·兰斯堡，虽然也同考茨基一样对帝国主义作了小市民式的批评，但是他对贸易统计材料毕竟作了比较科学的整理。他并不是随便拿一个国家，也不是单拿一个殖民地来同其余国家比较，而是拿一个帝国主义国家的两种输出作比较：第一种是对在金融上依附于它、向它借钱的国家的输出，第二种是对在金融上独立的国家的输出。结果如下：

---

① 见《马克思恩格斯全集》第1版第25卷第137—138页。——编者注

德国的输出（单位百万马克）

		1889年	1908年	增加的百分数
对在金融上附于德国的国家的输出	罗马尼亚	48.2	80.8	+47%
	葡萄牙	19.0	32.8	+73%
	阿根廷	60.7	147.0	+143%
	巴西	48.7	84.5	+73%
	智利	28.3	52.4	+85%
	土耳其	29.9	64.0	+114%
	总计	234.8	451.5	+92%
对在金融上不依附于德国的国家的输出	大不列颠	651.8	997.4	+53%
	法国	210.2	437.9	+108%
	比利时	137.2	322.8	+135%
	瑞士	177.4	401.1	+127%
	澳大利亚	21.2	64.5	+205%
	荷属印度	8.8	40.7	+363%
	总计	1206.6	2264.4	+87%

兰斯堡没有作**总结**，所以他令人奇怪地没有察觉：**如果**这些数字能够证明什么的话，那只能证明他自己**不对**，因为对在金融上不独立的国家的输出，**毕竟**要比对在金融上独立的国家的输出增加得**快些**，虽然快得并不多（我们把"如果"两字加上着重标记，是因为兰斯堡的统计还是很不完全的）。

兰斯堡在考察输出和贷款的关系时写道：

"在1890—91年度，罗马尼亚通过几家德国银行签订了一项债约。其实在前几年，这些德国银行就已经在提供这笔贷款了。这笔贷款主要是用来向德国购买铁路材料的。1891年德国对罗马尼亚的输出是5500万马克。下一年就降到3940万马克；以后断断续续地下降，到1900年一直降到2540万马克。直到最近几年，因为有了两笔新的贷款，才又达到了 1891 年的水平。

德国对葡萄牙的输出，由于 1888—89 年度的贷款而增加到 2110 万马克（1890 年），在以后两年内，又降到 1620 万马克和 740 万马克，直到 1903 年才达到原先的水平。

德国同阿根廷贸易的材料更为明显。由于 1888 年和 1890 年的两次贷款，德国对阿根廷的输出在 1889 年达到了 6070 万马克。两年后，输出只有 1860 万马克，还不到过去的 1/3。直到 1901 年，才达到并超过 1889 年的水平，这是同发行新的国家债券和市政债券，同出资兴建电力厂以及其它信贷业务有关的。

德国对智利的输出，由于 1889 年的贷款，增加到 4520 万马克（1892 年），一年后降到了 2250 万马克。1906 年通过德国几家银行签订了一项新的债约以后，输出又增加到 8470 万马克（1907 年），而到 1908 年又降到了 5240 万马克。"①

兰斯堡从这些事实中得出了一种可笑的小市民说教：同贷款相联系的输出是多么不稳定、不均衡；把资本输出国外而不用来"自然地"、"和谐地"发展本国工业，是多么不好；办理外国债券时，克虏伯要付出几百万的酬金，代价是多么"巨大"，等等。但是事实清楚地说明：输出的增加，**恰好**是同金融资本的骗人勾当相联系的，金融资本并不关心什么资产阶级的说教，它要从一头牛身上剥下两张皮来：第一张皮是从贷款取得的利润，第二张皮是在**同一笔**贷款被用来购买克虏伯的产品或钢铁辛迪加的铁路材料等等时取得的利润。

再说一遍，我们决不认为兰斯堡的统计是完备的，但是必须加以引用，因为它比考茨基和斯佩克塔托尔的统计科学一些，因为兰斯堡提供了对待问题的正确方法。要议论金融资本在输出等等方面的作用，就要善于着重地、专门地说明输出同金融家骗人勾当的联系，同卡特尔产品的销售等等的联系。简单地拿殖民地同非殖民地比较，拿一个帝国主义

---

① 1909 年《银行》杂志第 2 期第 819 页及以下各页。

同另一个帝国主义比较，拿一个半殖民地或殖民地（如埃及）同其余一切国家比较，那就正是回避和掩饰问题的**实质**。

考茨基在理论上对帝国主义进行的批评，其所以同马克思主义毫无共同之点，其所以只能用来鼓吹同机会主义者和社会沙文主义者保持和平和统一，就是因为这种批评恰恰回避和掩饰了帝国主义最深刻、最根本的矛盾：垄断同与之并存的自由竞争的矛盾，金融资本的庞大"业务"（以及巨额利润）同自由市场上"诚实的"买卖的矛盾，卡特尔、托拉斯同没有卡特尔化的工业的矛盾等等。

考茨基胡诌出来的那个臭名昭著的"超帝国主义"论，也具有完全相同的反动性质。请把考茨基在1915年关于这个问题的论断同霍布森在1902年的论断比较一下。

考茨基说："……现在的帝国主义的政策会不会被一种新的超帝国主义的政策所取代，这种新的超帝国主义的政策，将以实行国际联合的金融资本共同剥削世界来代替各国金融资本的相互斗争。不管怎样，资本主义的这样一个新阶段是可以设想的。至于它能否实现，现在还没有足够的前提对此作出判断。"①

霍布森说："基督教在各自占有若干未开化的属地的少数大联邦帝国里已经根深蒂固了，很多人觉得基督教正是现代趋势的最合理的发展，并且是这样一种发展，它最有希望在国际帝国主义的巩固的基础上达到永久的和平。"

被考茨基叫做超帝国主义的东西，也就是霍布森比他早13年叫做国际帝国主义的那个东西。除了用一个拉丁语词头代替另一个词头，编造出一个深奥的新词以外，考茨基的"科学"见解的唯一的进步，就是企图把霍布森所描写的东西，实质上是英国牧师的伪善言词，冒充为马克思主义。在英布战争以后，英国牧师这一高贵等级把主要力量用来**安慰**那些在南部非洲作战丧失了不少生命，并且为保证英国金融家有更

---

① 1915年4月30日《新时代》杂志第144页。

高的利润而交纳了更高捐税的英国小市民和工人，这本来是很自然的。除了说帝国主义并不那么坏，说它很快就要成为能够保障永久和平的国际（或超）帝国主义，还能有什么更好的安慰呢？不管英国的牧师或甜蜜的考茨基抱着什么样的善良意图，考茨基的"理论"的客观即真正的社会意义只有一个，就是拿资本主义制度下可能达到永久和平的希望，对群众进行最反动的安慰，其方法就是使人们不去注意现代的尖锐矛盾和尖锐问题，而去注意某种所谓新的将来的"超帝国主义"的虚假前途。在考茨基的"马克思主义"理论里，除了对群众的欺骗以外，没有任何别的东西。

其实只要同那些人人皆知的不容争辩的事实好好对比一下，就会清楚地知道，考茨基硬要德国工人（和各国工人）相信的那种前途是多么虚假。拿印度、印度支那和中国来说吧。谁都知道，这三个共有6—7亿人口的殖民地和半殖民地的国家，是受英、法、日、美等几个帝国主义大国的金融资本剥削的。假定这些帝国主义国家组成了几个彼此敌对的联盟，以保持或扩大它们在上述亚洲国家中的领地、利益和"势力范围"，这将是一些"国际帝国主义的"或"超帝国主义的"联盟。假定**所有**帝国主义大国组成一个联盟来"和平"瓜分上述亚洲国家，这将是一种"实行国际联合的金融资本"。在20世纪的历史上就有这种联盟的实际例子，如列强共同对付中国就是这样。试问，在保存着资本主义的条件下（考茨基正是以这样的条件为前提的），"可以设想"这些联盟不是暂时的联盟吗？"可以设想"这些联盟会消除各种各样的摩擦、冲突和斗争吗？

只要明确地提出问题，就不能不给以否定的回答。因为在资本主义制度下，瓜分势力范围、利益和殖民地等等，除了以瓜分者的**实力**，也就是以整个经济、金融、军事等等的实力为根据外，**不**可能设想有其它的根据。而这些瓜分者的实力的变化又各不相同，因为在资本主义制度下，各个企业、各个托拉斯、各个工业部门、各个国家的发展不可能是**平衡的**。如果拿半个世纪以前德国的资本主义实力同当时英国的实力相比,那时德国还小得可怜;日本同俄国相比,也是如此。是否"可以设想"一二十年之后,帝国主义大国的实力对比依然**没有**变化呢?绝对不可以。

所以,资本主义现实中的(而不是英国牧师或德国"马克思主义者"考茨基的庸俗的小市民幻想中的)"国际帝国主义的"或"超帝国主义的"联盟,不管形式如何,不管是一个帝国主义联盟去反对另一个帝国主义联盟,还是**所有**帝国主义大国结成一个总联盟,都**不可**避免地只会是两次战争之间的"喘息"。和平的联盟准备着战争,同时它又是从战争中生长出来的,两者互相制约,在世界经济和世界政治的帝国主义联系和相互关系这个**同一**基础上,形成和平斗争形式与非和平斗争形式的彼此交替。聪明绝顶的考茨基为了安定工人,使他们同投到资产阶级方面去的社会沙文主义者调和,就把一条链子上的这一环节同另一环节割开,把今天**所有**大国为了"安定"中国(请回忆一下对义和团起义的镇压)而结成的和平的(而且是超帝国主义的,甚至是超而又超的帝国主义的)联盟,同明天的、非和平的冲突割开,而这种非和平的冲突,又准备着后天"和平的"总联盟来瓜分譬如说土耳其,**如此等等**。考茨基不提帝国主义和平时期同帝国主义战争时期之间的活生生的联系,而把僵死的抽象概念献给工人,是为了使工人同他们那些僵死的领袖调和。

美国人希尔在他的《欧洲国际关系发展中的外交史》一书序言中,把现代外交史分为以下几个时期:(1)革命时代;(2)立宪运动;(3)当今的"商业帝国主义"时代①。另一个作家则把1870年以来的大不列颠"世界政策"史分为四个时期:(1)第一个亚洲时期(反对俄国在中亚朝印度方向扩张);(2)非洲时期(大约在1885—1902年),为了瓜分非洲而同法国斗争(1898年的"法索达"事件,——差一点同法国作战);(3)第二个亚洲时期(与日本缔约反对俄国);(4)"欧洲"

---

① 戴维·杰恩·希尔《欧洲国际关系发展中的外交史》第1卷第X页。

时期,主要是反对德国①。早在 1905 年,银行"活动家"里塞尔就说过:"政治前哨战是在金融的基础上开展起来的。"他指出,法国金融资本在意大利进行活动,为法意两国的政治联盟作了准备;德英两国为了争夺波斯以及所有欧洲国家的资本为了贷款给中国而展开了斗争,等等。这就是"超帝国主义的"和平联盟同普通帝国主义的冲突有不可分割的联系的活生生的现实。

考茨基掩盖帝国主义的最深刻的矛盾,就必然会美化帝国主义,这在他对帝国主义政治特性的批评中也表现出来了。帝国主义是金融资本和垄断组织的时代,金融资本和垄断组织到处都带有统治的趋向而不是自由的趋向。这种趋势的结果,就是在一切政治制度下都发生全面的反动,这方面的矛盾也极端尖锐化。民族压迫、兼并的趋向即破坏民族独立的趋向(因为兼并正是破坏民族自决)也变本加厉了。希法亭很正确地指出了帝国主义和民族压迫加剧之间的联系,他写道:"在新开辟的地区,输入的资本加深了各种矛盾,引起那些有了民族自觉的人民对外来者的愈来愈强烈的反抗;这种反抗很容易发展成为反对外国资本的危险行动。旧的社会关系发生了根本的变革,各'史外民族'千年来的农村闭塞状态日益被破坏,他们正被卷到资本主义的漩涡中去。资本主义本身在逐渐地为被征服者提供解放的手段和方法。于是他们也就提出了欧洲民族曾经认为是至高无上的目标:建立统一的民族国家,作为争取经济自由和文化自由的手段。这种独立运动,使欧洲资本在它那些最有价值的、最有光辉前途的经营地区受到威胁;因此,欧洲资本只有不断地增加自己的兵力,才能维持自己的统治。"②

对此还要补充的是,帝国主义不仅在新开辟的地区,而且在原有地区也实行兼并,加紧民族压迫,因而也使反抗加剧起来。考茨基表示反对帝国主义加强政治上的反动,然而他不去说明在帝国主义时代决不能

---

① 施尔德尔的上述著作第 178 页。
② 《金融资本》第 487 页。

同机会主义者统一这个变得十分迫切的问题。他表示反对兼并，然而采取的却是毫不触犯机会主义者、最容易为机会主义者接受的方式。他是直接对德国听众说话的，然而他恰恰把最重要、最有现实意义的事实，例如德国兼并阿尔萨斯-洛林的事实掩盖起来。为了评价考茨基的这种"思想倾向"，我们来举一个例子。假定日本人指责美国人兼并菲律宾，试问会不会有很多人相信这是因为他根本反对兼并，而不是因为他自己想要兼并菲律宾呢？是不是应当承认，只有日本人起来反对日本兼并朝鲜，要求朝鲜有从日本分离的自由，才能认为这种反对兼并的"斗争"是真挚的，政治上是诚实的呢？

考茨基对帝国主义的理论分析，以及他在经济上和政治上对帝国主义的批评，都**始终**贯穿着一种同马克思主义绝不兼容的、掩饰和缓和最根本矛盾的精神，一种尽力把欧洲工人运动中同机会主义的正在破裂的统一保持下去的意图。

十　帝国主义的历史地位

我们已经看到，帝国主义就其经济实质来说，是垄断资本主义。这就决定了帝国主义的历史地位，因为在自由竞争的基础上、而且正是从自由竞争中生长起来的垄断，是从资本主义社会经济结构向更高级的结构的过渡。必须特别指出能够说明我们研究的这个时代的垄断的四种主要形式，或垄断资本主义的四种主要表现。

第一，垄断是从发展到很高阶段的生产集中生长起来的。这指的是资本家的垄断同盟卡特尔、辛迪加、托拉斯。我们看到，这些垄断同盟在现代经济生活中起着多么大的作用。到 20 世纪初，它们已经在各先进国家取得了完全的优势。如果说，最先走上卡特尔化道路的，是那些实行高额保护关税制的国家（德国和美国），那么实行自由贸易制的英国也同样表明了垄断由生产集中产生这个基本事实，不过稍微迟一点罢了。

第二，垄断导致加紧抢占最重要的原料产地，尤其是资本主义社会的基础工业部门，即卡特尔化程度最高的工业部门，如煤炭工业和钢铁工业所需要的原料产地。垄断地占有最重要的原料产地，大大加强了大资本的权力，加剧了卡特尔化的工业和没有卡特尔化的工业之间的矛盾。

第三，垄断是从银行生长起来的。银行已经由普通的中介企业变成了金融资本的垄断者。在任何一个最先进的资本主义国家中，为数不过三五家的最大银行实行工业资本同银行资本的"人事结合"，集中支配着占全国资本和货币收入很大部分的几十亿几十亿资金。金融寡头给现代资产阶级社会中所有一切经济机构和政治机构罩上了一层依附关系的密网，——这就是这种垄断的最突出的表现。

第四，垄断是从殖民政策生长起来的。在殖民政策的无数"旧的"动机以外，金融资本又增加了争夺原料产地、争夺资本输出、争夺"势力范围"（即进行有利的交易、取得租让、取得垄断利润等等的范围）直到争夺一般经济领土的动机。例如，当欧洲大国在非洲的殖民地占非洲面积十分之一的时候（那还是1876年的情况），殖民政策可以用非垄断的方式，用所谓"自由占领"土地的方式发展。但是，当非洲十分之九的面积已经被占领（到1900年时）、全世界已经瓜分完毕的时候，一个垄断地占有殖民地、因而使瓜分世界和重新瓜分世界的斗争特别尖锐起来的时代就不可避免地到来了。

垄断资本主义使资本主义的一切矛盾尖锐到什么程度，这是大家都知道的。只要指出物价高涨和卡特尔的压迫就够了。这种矛盾的尖锐化，是从全世界金融资本取得最终胜利时开始的过渡历史时期的最强大的动力。

垄断，寡头统治，统治趋向代替了自由趋向，极少数最富强的国家剥削愈来愈多的弱小国家，——这一切产生了帝国主义的这样一些特点，这些特点使人必须说帝国主义是寄生的或腐朽的资本主义。帝国主义的趋势之一,即形成为"食利国"、高利贷国的趋势愈来愈显著,这种国家的资产阶级愈来愈依靠输出资本和"剪息票"为生。如果以为这一腐朽趋势排除了资本主义的迅速发展,那就错了。不,在帝国主义时代,某些工业部门,某些资产阶级阶层,某些国家,不同程度地时而表现出这种趋势,时而又表现出那种趋势。整个说来,资本主义的发展比从前要快得多,但是这种发展不仅一般地更不平衡了,而且这种不平衡还特别表现在某些资本最雄厚的国家(英国)的腐朽上面。

论述德国大银行的那本着作的作者里塞尔谈到德国经济发展的速度时说:"德国前一个时代(1848—1870年)的进步并不太慢,但是同德国现时代(1870—1905年)整个经济特别是银行业发展的速度比起来,就好像拿旧时邮车的速度同现代汽车的速度相比一样;现代汽车行驶之快,对于不小心的行人和坐汽车的人都是很危险的。"这个已经异常迅速地生长起来的金融资本,正因为生长得这样迅速,所以它不反对转向比较"安稳地"占有殖民地,而这些殖民地是要用不单是和平的手段从更富有的国家手里夺取的。美国近几十年来经济的发展比德国还要快,正因为如此,最新的美国资本主义的寄生性特征就表现得特别鲜明。另一方面,就拿共和派的美国资产阶级同君主派的日本或德国的资产阶级作比较,也可以看出:在帝国主义时代,它们之间极大的政治差别大大减弱了,这倒不是因为这种差别根本不重要,而是因为在所有这些场合谈的都是具有明显寄生性特征的资产阶级。

许多工业部门中的某一部门、许多国家中的某一国家的资本家获得了垄断高额利润,在经济上就有可能把工人中的某些部分,一时甚至是工人中数量相当可观的少数收买过去,把他们拉到该部门或该国家的资产阶级方面去反对其它一切部门或国家。帝国主义国家因瓜分世界而加剧的对抗,更加强了这种趋向。于是形成了帝国主义同机会主义的联系,这种联系在英国表现得最早而且最鲜明,因为某些帝国主义发展特点的出现，在英国比在其它国家早得多。有些作家，例如尔·马尔托夫，爱用一种"官场的乐观主义的"（同考茨基、胡斯曼一样）论断，来回避帝国主义同工人运动中的机会主义相联系这个现在特别引人注目的事实，说什么假如正是先进的资本主义会加强机会主义，或者，假如正是待遇最好的工人倾向于机会主义，那么反对资本主义的人们的事业就会没有希望了，等等。不要看错了这种"乐观主义"的意义：这是对机会主义的乐观主义，这是用来掩护机会主义的乐观主义。其实，机会主义特别迅速和特别可恶的发展，决不能保证机会主义取得巩固的胜利，正像健康的身体上的恶性脓疮的迅速发展，只能加速脓疮破口而使身体恢复健康一样。在这方面最危险的是这样一些人，他们不愿意了解：反对帝国主义的斗争，如果不同反对机会主义的斗争密切联系起来，就是空话和谎言。

根据以上对帝国主义的经济实质的全部论述可以得出一个结论，即应当说帝国主义是过渡的资本主义，或者更确切些说，是垂死的资本主义。在这一方面特别耐人寻味的是，资产阶级经济学家在描述最新资本主义时也常用"交织"、"不存在孤立状态"等等这样一些说法；他们也说什么银行"就其任务和发展而言，不是带有单纯私有经济性质的企业，而是日益超出单纯私有经济调节范围的企业"。而就是讲这话的里塞尔，却又非常郑重地宣称，马克思主义者关于"社会化"的"预言""并没有实现"！

"交织"这个说法说明了什么呢？它只抓住了我们眼前发生的这个过程的最引人注目的一点。它表明观察者只看到一棵棵的树木而看不到森林。它盲目地复写表面的、偶然的、紊乱的现象。它暴露出观察者被原始材料压倒了，完全没有认识这些材料的含义和意义。股票的占有，私有者的关系，都是"偶然交织在一起的"。但是隐藏在这种交织现象底下的，构成这种交织现象的基础的，是正在变化的社会生产关系。既然大企业变得十分庞大，并且根据对大量材料的精确估计，有计划地组织原料的供应，其数量达几千万居民所必需的全部原料的2/3甚至3/4，既然运送这些原料到最便利的生产地点（有时彼此相距数百里数千里）是有步骤地进行的，既然原料的依次加工直到制成许多种成品的所有工序是由一个中心指挥的，既然这些产品分配给数千万数万万的消费者是按照一个计划进行的（在美、德两国，煤油都是由美国煤油托拉斯销售的），那就看得很清楚，摆在我们面前的就是生产的社会化，而决不是单纯的"交织"；私有经济关系和私有制关系已经变成与内容不相适应的外壳了，如果人为地拖延消灭这个外壳的日子，那它就必然要腐烂，——它可能在腐烂状态中保持一个比较长的时期（在机会主义的脓疮迟迟不能治好的最坏情况下），但终究不可避免地要被消灭。

德国帝国主义的狂热崇拜者舒尔采-格弗尼茨惊叹道：

"如果领导德国银行的责任归根到底是落在十来个人身上，那么现在他们的活动对于人民福利说来，就比大多数国务大臣的活动还要重要〈在这里，把银行家、大臣、工业家和食利者"交织"的情形忘掉，是更有利的……〉……如果把我们所看到的那些趋势的发展情况彻底想一番，那么结果就会是：一国的货币资本汇集在银行手里；银行又互相联合为卡特尔；一国寻找投资场所的资本都化为有价证券。到那时就会实现圣西门的天才预言：'现在生产的无政府状态是同经济关系的发展缺乏统一的调节这个事实相适应的，这种状态应当被有组织的生产所代替。指挥生产的将不是那些彼此隔离、互不依赖、不知道人们经济要求的企业家；这种事情将由某种社会机构来办理。有可能从更高的角度去观察广阔的社会经济领域的中央管理委员会，将把这种社会经济调节得有利于全社会，把生产数据交给适当的人运用，尤其是将设法使生产和消费经常处于协调的状态。现在有一种机构已经把某种组织经济工作的活动包括在自己的任务以内了，这种机构就是银行。'我们现在还远远没有实现圣西门的这些预言，但是我们已经走在实现这一预言的道路上：这是和马克思本人所设想的马克思主义不同的马克思主义，不过只是形式上不同。"①

这真是对马克思的一个绝妙的"反驳",这样就从马克思的精确科学分析倒退到圣西门的猜测上去了,那虽然是天才的猜测,但终究只是猜测而已。

1917年年中在彼得格勒由生活和知识出版社印成单行本;法文版和德文版序言载于1921年《共产国际》杂志第18期

选自《列宁全集》第2版第27卷第323—439页

节选自《列宁全集》第27卷,北京:人民出版社1990年版,第323—439页。

---

① 《社会经济概论》第146页。

第五部分　附　录

附录 I 研究文献精选

一 〔印度〕普拉卡什·卡拉特：21世纪的马克思主义：对新自由主义和帝国主义的替代①

（一）马克思主义是一种发展中的理论

自苏联解体以来，已过了20个年头。当年资本主义胜利嚣张的气焰，今天业已烟消云散。随着21世纪第一场旷日持久的资本主义危机的爆发，现在人们已经把目光集中在资本主义的未来命运及其所面临的诸多不确定性上。正如一位银行家在《金融时报》中所承认的一样，资本主义正在经历一场"非常马克思主义式的危机"。

马克思主义曾被视为19世纪的哲学而备受鄙视，20世纪末又被诋毁为一种陈旧、落伍的理论。然而，现实的情况再一次证明马克思主义是分析当前资本主义危机的唯一的科学理论。马克思主义仍然是指导人们超越资本主义、建立一个没有阶级剥削和社会压迫的新社会的行动指南。

马克思主义，不管作为一种理论还是一种实践，必须与时俱进。必须总结将理论应用于实践的经验。基于这种判断，马克思主义理论

---

① 选自《当代世界与社会主义》（双月刊）2013年第4期，第153—156页。本文译自印度共产党（马克思主义）官方刊物《马克思主义者》2011年10—11月刊，小标题为译者所加，略有删节。本文作者普拉卡什·卡拉特（Prakash Karat）系印度共产党（马克思主义）中央委员会总书记，党内著名的马克思主义理论家、革命家。禚明亮编译。

需要不断更新和改进。马克思主义必须是一种发展中的理论。它不是一套只能用来参考或诠释的知识库。鉴于20世纪苏联对待马克思主义的传统，我们有必要强调这一点。过去马克思主义被视为一整套马克思、恩格斯、列宁等人的经典文本，要依据这个文本去分析各领域的最新发展成果，并把马克思主义先前的框架套用到这些最新发展成果上。这种做法窒息了马克思主义理论的发展，产生实践中的教条主义或慵懒主义。

21世纪的马克思主义必须与这种理论约束传统相决裂，这是将马克思主义发展成为一种活生生的理论、准确指导实践活动的关键环节。

（二）帝国主义依旧是建立公正、民主、和平的世界秩序所面临的第一障碍

用马克思主义理论分析当今世界，我们发现帝国主义是全球资本主义体系的一个重要组成部分。有观点认为，民族国家在全球化时代变得不再重要了，我们应当摆脱帝国主义概念，因为这一概念是以富裕国家殖民和剥削贫穷国家为研究基础的。这种观点的缺陷在于它没能看清当今世界推动资本主义发展的主要阶级力量是什么，相反，却将帝国主义某些形式和特征的变化误认为是其本质和内容的变更。

列宁在20世纪早期对帝国主义的分析立足于垄断资本主义的发展，这是由产生了金融资本的发达资本主义国家中的资本集中、金融资本与工业资本的媾和而造成的结果。得到民族国家支持，金融资本集团诉诸于帝国主义手段——掌握贫穷国家的资源和市场。由于各个民族国家之间"势力范围"的不断划分和重新分割，产生了帝国主义国家之间的矛盾，进而引发了像世界大战之类的帝国主义战争。

列宁时代结束之后，一个重要的变化是国际金融资本的发展。它虽然发端于发达资本主义国家，但在其形式上已不再是单纯的民族性。如今，跨国公司和金融机构在全球范围内运作，游走于各国市场，以获得

最快的投机回报。国际金融资本在全球范围内流动，不拘泥于特定的产业，也不是将世界市场分割为彼此敌对的集团。它需要的是全球性的统一市场，资本的运转不受任何阻碍，这是推动新自由主义全球化进程的主要力量。

帝国主义国家间的对立最终屈从于国际金融资本的霸权之下，然而，这并不意味着帝国主义的不复存在。相反，在国际金融资本的推动下，帝国主义获得了一种极其恶毒的表现形式。世界主要帝国主义国家在美国的领导下形成一个军事集团，确保清除新自由主义全球化和国际金融资本所面对的任何挑战。在此过程中，美国政府和美国经济发挥了关键性作用。

我们可以参照当代资本主义所发生的事情来看这一问题。本次全球经济危机爆发于2007—2008年间，它是由于金融资本无休止的借贷和投机造成的资产价格泡沫而引发的。危机爆发后，帝国主义国家率先发起成立20国集团，主张通过增加政府开支来恢复经济。但当大公司和金融机构使用纳税人的钱而获救之后，帝国主义国家——尤其是美国、德国、法国和英国——开始主张实行财政紧缩政策、削减公共开支，将经济危机的重担转给广大工人群众，而金融资本则通过牺牲国库的利益来实现自我恢复。如果没有帝国主义国家与金融资本的媾和，这根本是不可能的。

美元霸权是帝国主义体系中一个极为重要的方面。由于美国的霸主地位，目前世界绝大多数金融财富都是以美元的形式存在。这使美国经济能够从全世界吸收资本，并进而主导全球化进程。

冷战结束后，北约所发挥的作用是帝国主义军国主义行径的另一个符号。北约的活动以所谓的"反恐"或"人权干预"的名义，已经延伸至西亚。其目的是摧毁任何主张维护民族主权、保护该地区石油和矿产资源免受西方石油公司掠夺的国家。它所发起的阿富汗战争、伊拉克战争以及最近的利比亚战争都是为了实现这一目的。美国军国主义政策是它维护世界霸权的必然结果。

因此，从马克思主义角度来看，帝国主义依旧是建立公正、民主、和平的世界秩序所面临的第一障碍。反对帝国主义的斗争和努力构成了21世纪人民革命运动的核心内容。

（三）反对帝国主义全球化的斗争需要建立一套替代性的左翼纲领

面对金融危机的阵痛，金融资本对早期资本主义时期所建立的福利型国家制度进行攻击和破坏。反对新自由主义正统理论的斗争需要捍卫工人阶级的权利，保卫20世纪斗争所取得的社会福利成果。

新自由主义政策造成发达资本主义国家不平等加剧、失业人数上涨以及无家可归现象增多。目前的危机和资本主义国家对大公司、大金融机构的救助措施向人们生动地展示了一种邪恶的、不公正的社会秩序的存在。欧美地区爆发了反对公司贪婪和财政紧缩政策的群众运动。但是，这些运动尚未发展成为一种强有力的政治替代运动，只有这种替代运动才能带来实质性的变革。

反对帝国主义全球化的斗争需要建立一套替代性的左翼纲领，将斗争的中心指向反对金融资本的进攻、击毁国际金融资本对国家的胁迫、恢复经济主权和人民主权。这样一种纲领应该强调采取强有力的国家干预来推动生产力的发展，促进就业、缩减收入差距。如果不限制国际金融资本的力量，就无法实现经济政策的进步性变革。因此，第一步必须征收金融交易税、对金融部门进行调控，这是很有必要的。左翼纲领必须把国家接管大公司的金融资产、瓦解大型跨国银行放在优先位置，即使表面上看它们是"力量太大、不可战胜"的。

帝国主义国家试图将危机的重担转移到发展中国家人民的肩上，国际货币基金组织、世界银行和世界贸易组织等国际机构都是这一尝试的工具。因此，必须推动发展中国家反对金融资本和贸易自由化的斗争，尤其是反对有条件的紧缩政策和不公平的自由贸易协定。

应当根据各个国家的具体国情来推进左翼替代纲领的实施和开展相

应的政治运动。虽然国际金融资本的运行是全球性的,但它利用每个具体国家来实施其新自由主义规划。因此,为人民赢得经济主权、人民主权的斗争就变成民族国家内部的一场阶级斗争。帝国主义全球化趋势不会消弭这种阶级斗争的重要性。

(四) 工人阶级仍然是挑战资本主义的核心革命力量

工人阶级仍然是挑战资本主义的核心革命力量。与有些人断言的"后马克思主义"的理论相反,全球范围内工人阶级的数量增多了、力量增强了。去工业化趋势和在发展中国家的海外建厂,导致发达资本主义国家劳动力规模骤减。然而,从全球来看,包括发展中国家在内,无产阶级的数量却增加了。此外,服务部门的受雇佣者也属于被剥削的行列。资本主义国家以"劳动力市场弹性"为名,使雇佣的形式和劳动剥削的形式发生了变化。世界范围内有组织的、正式的行业雇佣逐渐被临时的合同式雇佣所取代。与雇佣和解雇制度化进程同时进行的是,新自由主义制度下经济增长导致泡沫式、非正式经济的发展,其特征是对劳动力日益严重的剥削和劳动力的自我剥削。因此,21 世纪马克思主义者所面临的关键挑战之一是制定将临时劳动力和非正式工人组织起来的新形式,因为他们首当其冲地遭到资本主义的残酷剥削。

当今世界或许最混乱的过程发生在农村,尤其是欠发达地区——拉丁美洲、非洲和亚洲。过去 30 年间,国际金融资本、国内资产阶级和农村精英将所谓的稳定化和结构调整的政策有组织地强加给第三世界国家的工人群众头上。这些政策加剧了农村土地危机、恶化了农民的收入水平和生活状况。如今,关于土地、生计和资源等问题的农民抗争几乎席卷所有发展中国家。因此,将农民和农村劳动者组织起来,建立与城市工人阶级的联盟就成为这些社会所面临的主要挑战。

21 世纪马克思主义的理论与实践也需要将性别问题纳入到对阶级剥削和社会压迫的分析中去。即使是最发达的资本主义国家也没有从实质上解决这个问题,不平等的劳动分工使妇女处于不利地位。相反地,新自由主义制度下，社会就业部门的大量裁员意味着服务经济发展的重担被更多地落到了妇女的肩上。与此同时，对廉价妇女劳动力的剥削仍然是资本主义攫取剩余价值的重要来源之一。

对妇女的歧视，反映在不平等的工资水平、差别对待的劳动分工和劳动力再生产的政治经济学上，表明它是系统地附着在资本主义生产体系上的。新自由主义制度下对妇女劳动成果的无视和贬低，以及占主导地位的家长式生活方式，更加重了对妇女的剥削。左翼替代纲领必须认识到并强调将妇女从家长式管理和阶级剥削中解放出来的重要性。

当今世界正面临着生态环境恶化的问题，已经威胁到人类和其他生物的生存。从马克思主义的理论和实践来看，反对新自由主义和构建左翼替代的一个重要内容是准确地理解环境问题以及保护环境和生物的斗争的重要性。资本主义的掠夺本性是造成世界环境威胁和生态可持续性问题的主要原因。帝国主义全球化更加重了大公司对环境的破坏和对自然资源的掠夺。虽然全球变暖和气候变化是人类所面临的共同威胁，但富裕的工业国家应当承担更多的责任。保护环境的斗争、实现与帝国主义国家公正地讨论环境恶化问题应当列入左翼替代方案的日程中去。

（五）21世纪的社会主义的基本轮廓

苏联解体和资本主义制度在俄罗斯复辟之后，人们主要围绕苏联建设社会主义的实践及其存在的问题进行讨论。世界马克思主义者和工人阶级运动家整个90年代都在讨论这个问题。到了21世纪，人们将讨论的注意力转向社会主义的形态和性质上。

只有对20世纪社会主义实践进行谨慎的分析，我们才能够形成一种属于21世纪的崭新的、更有价值的社会主义概念。这需要发扬推动十月革命爆发的原始动力和取得的有价值的成绩。同时，必须摒弃20世纪现实社会主义建设中所存在的消极因素以及对社会主义的扭曲。

关于21世纪社会主义的讨论方兴未艾，而且尚未见底。之所以如此，是因为21世纪的社会主义不仅仅来源于理论，而且来源于实践。

但是，对于 21 世纪的更新的社会主义的模样，我们现在已经有了一个宽泛的轮廓。在这里，我们只可以说出它的大概。

1. 生产资料社会化是社会主义的基本原则。这要求将资本主义生产资料私人所有制替换为社会所有制。20 世纪的社会主义，以苏联模式为基础，生产资料公有制在很大程度上等同于国家所有制。企业由国家所有和管理为主要形式的制度导致官僚主义的产生，以及在管理经济的过程中采取了某些高压手段。中央集权主义的衍生也应当归因于此。21 世纪的社会主义公有制应当包括多种所有制形式，国家所有制只是诸多形式中的一种。可以包括国家所有制或者公共部门掌握较多的股份，可以是由工人或雇工掌握的集体所有制，也可以是合作制企业。与苏联时期高度集中的体制不同，可以存在多种不同的所有制形式，并且之间可以相互竞争。

2. 商品生产和市场的存在不是对社会主义的否定。与苏联时期小商品生产和零售贸易被国有化不同，社会主义时期应当充分发挥市场的作用。由国家对市场进行管理和调控，防止大资本的发展。

3. 采用计划经济制度是社会主义的另一个基本原则，但计划不应当将所有经济决策都集中到一起。更进一步讲，为了保证人民群众对经济决策和企业管理的广泛参与，这种计划必须是分散式的。

4. 民主是社会主义的生命线。在资本主义体系中，资产阶级和国家利用民主来控制生产资料、限制民主和公民的民主权利，民主实质上成为一种"形式上"的存在。而在社会主义体系中，如果没有各阶层人民群众积极、广泛的参与，民主是无法发展的。这就要求建立各阶层的群众代表团，他们不仅有权参与行政领域，而且有权参与经济领域的决策。社会主义制度下的多党制将防止由于一党长期执政而带来的诸多问题。

5. 国家和执政党的关系必须进行制度化的界定。社会主义国家代表着全国人民的利益，而政党不能成为国家的代理人，因为它只代表着部分工人阶级和劳动人民的利益。同时，21 世纪的社会主义必须建立在资本主义和帝国主义的敌视环境中，这是不可回避的现实。但社会主义民主不仅不能因此而有所削减，相反，应当成为发展社会主义民主意识、动员人民群众捍卫新社会的有力武器。

（六）印度的经验

自 1991 年印度实行新自由主义政策以来，已过了 20 个年头。印度的统治阶级，其中占主导地位的是大资产阶级，停止实行 20 世纪 80 年代初以来的国家管制政策，转而开始信奉新自由主义教条。伴随着较高 GDP 增长率的是日益加剧的不平等和对劳动人民的残酷剥削。他们压榨农民的利益，造成大量土地问题的产生。印度政府扶持和协助大公司和外国资本掠夺本国的自然资源、攫取本国的公共资产。

不过，这些新自由主义政策遭到人民群众的顽强抵抗。正是由于工会和群众组织所采取的抵抗行动，才使得目前印度政府尚没有完全将金融部门自由化，这使印度躲过了这次金融危机最为严重的冲击。保卫公共部门的斗争仍在继续。印度政府正试图逐步削减对主要公共部门的投资，将资本投入私有化中去。

国内经济政策的转移体现在印度与美国建立战略性伙伴关系、放弃独立的外交政策上。左翼力量处在反对新自由主义政策和亲美外交政策的最前线。到目前为止，正是左翼力量和其他民主人士的立场才阻止了印度彻底实施一整套新自由主义方案和对美国战略目标的完全屈从。但是如果没有国内统治阶级和美帝国主义的勾结，我们就无从积累反对新自由主义的斗争经验了。

由于左翼力量在反对新自由主义政策中的重要作用，最终遭到敌对势力的联合绞杀，尤其是在西孟加拉邦，曾在该地区长期执政 34 年的左翼阵线政府在 2011 年 5 月的选举中惨遭失败。由于西孟加拉邦是左翼力量最重要的基地，这次选举的失败是印度左翼运动遭受的一次重大挫折。不过，反对新自由主义的斗争和劳动群众的革命运动必将使左翼力量完全有能力重新获得阵地，即使遭到政府的残酷镇压和破坏。在喀拉拉邦，左翼力量所领导的联盟阵线差一点就赢得选举，几乎可以打破每隔五年政府交替上台的循环模式。左翼政府以往所采取的社会福利政策和激活国营部门企业活力的做法得到人民群众的广泛支持。

左翼政府曾在西孟加拉邦和喀拉拉邦执政过，现在仍将在特里普拉邦继续执政。虽然它带有一个邦政府在自身力量和掌握资源方面的严重局限性，但仍力图保卫从土地革命中所获得的劳动成果、分散国家权力以及保护工人的权利。这些地方左翼政府的存在虽然不能从根本上带来实质性的变化，但是它们的确帮助了工人阶级、农民阶级及其他群众组织去动员、争取自身权利，并试图将左翼的、民主的替代方案推广至全国。

在印度，存在一种叫作种姓制度的社会压迫。由于印度独特的社会和经济构成，阶级剥削（资本主义剥削和半封建性剥削）与各种形式的社会压迫（基于种姓、性别和宗教上的压迫）并存。统治阶级通过阶级剥削来获得剩余价值，然后使用各种形式的社会压迫来维持其霸权地位。因此，反对阶级剥削与反对社会压迫的斗争是同时进行的。

为了反对新自由主义的进攻，去年印度所有中央工会历史上第一次聚集到了一起。他们所制定的共同纲领和统一行动计划激励了工人阶级运动，计划明年初发起一场所有中央工会共同参与的维持一天的大罢工。

印度共产党（马克思主义）正在为在印度实现社会主义的过渡纲领而奋斗。为了实现人民民主这一目标，我们必须建立一个由工人阶级领导的阶级力量联盟。这要求建立一个强大的工农联盟，团结一切被剥削、被压迫的阶级力量。我们将致力于用左翼的、民主的替代方案来取代印度目前的资产阶级—地主秩序。

二 郑彪：重读列宁的《帝国主义论》①

1972年诺贝尔文学奖获得者、享有"当代歌德"美誉的著名德国作家海因里希·伯尔在题为《假如没有马克思》一文中说："一部进步史乃是一部忘恩负义史。后生者只一味地捞取和享用好处，至于曾为好处所付出的代价连想也没去想。掺和在这种忘恩负义之中还有愚蠢、无知以及理论家、知识分子通常所具有的藐视。"文章的题目说马克思，其实无疑包括列宁以及一切工农运动的领袖、思想家和为社会主义奋斗者，他说："没有工人运动，没有社会主义者，没有他们的思想家，他的名字叫卡尔·马克思，当今六分之五的人口依然生活在半奴隶制的阴郁的状态之中；没有斗争，没有起义，没有罢工，这需要发动，需要引导，资本家是连半步也不让的。"② 海因里希的观察深刻，"一部进步史乃是一部忘恩负义史"，这其实是在批判近代引领世界的西方文明。长期以来马克思及其主义被人为地削弱，有一个词叫作被"边缘化"；而列宁及其主义简直就是被妖魔化。事实胜于雄辩，胜过一打教科书。新自由主义全球化带来的灾难，使得东西方不由自主地想起马克思和列宁。

美国著名金融专家迈克尔·赫德森说，要理解美国得多读读列宁和约翰·霍布森（Lohn Hobson）的著作。列宁的《帝国主义是资本主义的最高阶段》写于1906年。俄国十月革命前后的年代是欧洲革命的高潮，也是近代世界历史的一个高点和20世纪世界社会主义革命以及由此引起全球地缘政治格局变革的起点。列宁站在历史的高点，创造性地将马克思主义运用于俄国社会主义革命，以其天才般的政治洞察力和领导力，特别是建立在对帝国主义的基本特征、发展趋势和历史地位的分

---

① 选自郑彪：《中国经济前沿与世界新时代》，北京：中国经济出版社，第二章第二节。
② 〔德〕海因里希·伯尔：《假如没有马克思》，见《伯尔文论》，转引自乌有之乡网2008年9月4日。

析基础上对革命发动时机惊人准确的把握,不仅成功地领导人民群众干成了十月革命,翻转了历史乾坤,而且列宁主义特别是他的"帝国主义论",经过百年历史风云的洗礼,至今仍然闪耀着真理的光辉。至今我们研究世界经济与政治,探索中国特色社会主义道路,解决关于帝国主义、经济危机乃至战争与和平等种种重大理论和实践问题,都还要向列宁请教。30多年来中国的改革开放,勇敢地面对经济全球化包括加入WTO,也就是加入资本主义世界经济贸易体系,勇则勇矣,也不可避免地付出了巨大代价。究其理论原因,在很大程度上是由于不读列宁的书,岂但不读,学术界追随西方思潮,如果说马克思主义仅遭到边缘化,列宁主义则被开除出学术视野。这种情况使得我国改革开放事业的发展受到损失,其实学者本身也是受害者,不少著作表现出作者对帝国主义完全丧失思维能力,实践中各领域发生危及国家安全的倾向,就是明证。历史再次证明,马克思列宁主义运用辩证唯物主义和历史唯物主义方法探索和揭示社会发展内在的、本质的和必然的联系,是一门科学,无论在方法论和内容上都具有西方社会科学包括地缘政治学难以比拟的优势。这里限于篇幅,对"帝国主义论"普遍而重大的现实意义,难以全面深入地展开研究,只能做一点蜻蜓点水的探讨。

(一) 关于帝国主义的基本理论

1. 关于帝国主义的定义和实质

在19世纪末20世纪初,帝国主义的概念充斥西方报刊书籍,含义十分混乱,列宁指出:"如果必须给帝国主义下一个尽量简短的定义,那就应当说,帝国主义是资本主义的垄断阶段。"[①] 列宁认为这个定义最主要有两点:一是银行资本与产业资本混合生长的金融资本的垄断;二是"瓜分世界(领土)"。对于前者,当代金融资本的垄断已经远远超过列宁时代;对于后者,"瓜分世界(领土)"已经发展到今天要

---

① 《帝国主义是资本主义的最高阶段》,北京:人民出版社2001年版,第77页。

"冲突"掉非西方文明体和绝大部分世界人口,由西方极少数人独霸地球。美国从大英帝国解体的教训中发现已经不再需要直接瓜分领土(那样成本太高,很笨),而转向控制(相对垄断)资源。即萨米尔·阿明所指出当代西方霸权在于控制世界五大资源:自然资源、技术资源、金融资源、信息资源、大规模杀伤性武器。为了控制这五大资源,首先要控制人们特别是各国精英的头脑,于是美国将"冷战"发展成为一场通过各种手段进行大规模全球洗脑、收买运动的地缘政治战争,其意识形态是新自由主义。美国金融海啸发生以后,新自由主义已经在全世界崩溃。

2. 关于帝国主义的基本特征及其演变

列宁指出:"这样的定义毕竟是不够的。因此,如果不忘记所有定义都是有条件的、相对的意义,永远也不可能包括充分发展的现象的一切方面的联系,就应当给帝国主义下这样一个定义,其中要包括帝国主义的如下五个基本特征"。① 帝国主义的五大特征,人们曾经耳熟能详,百年以来,这五大特征已经有很大的发展变化。

甲. 垄断组织:"资本家的垄断同盟卡特尔、辛迪加、托拉斯,首先瓜分国把本国的生产差不多完全掌握在自己手里。但是在资本主义制度下,国内市场必然是同国外市场相联系的。资本主义早已造成了世界市场。所以随着资本输出的增加,随着最大垄断同盟的国外联系、殖民地联系和'势力范围'的极力扩大,这些垄断同盟就'自然地'走向达成世界性的协议,形成国际卡特尔。"② 从产业垄断发展到金融垄断,从经济垄断发展到政治垄断和全球五大资源垄断乃至对人们头脑中思想的垄断和话语权垄断,可见当代的垄断已经登峰造极,远远超出百年前。某些西方的跨国公司、跨国银行不仅富可敌国,而且实际上已经成为冲击民族国家的某种国际经济政治实体,例如,美国孟山都、杜邦和瑞士先正达三家公司几乎垄断了世界一半的商业种子市场;嘉吉公司等

---

① 《帝国主义是资本主义的最高阶段》,北京:人民出版社2001年版,第78页。
② 同上书,第58页。

五家公司控制着85%的世界粮食贸易,实际上负有地缘政治使命。资本主义世界经济政治领域的一个基本事实就是金融资本的垄断,世界排名1000家银行中前45家银行占总资产的45%。[①] 列宁认为垄断是社会主义的入口,千真万确;但是离开阶级斗争,入口硬是入不进去。

自由竞争资本主义是企业之间的竞争,技术落后的企业被淘汰;垄断竞争是垄断企业扼杀不服从垄断的企业的竞争;现在是跨国公司(银行)之间的竞争和跨国公司与不服从于垄断组织利益的国际政治主体——民族国家之间的竞争,前者打着经济全球化的旗号,在WTO和国际专利制度的规则下,迫使民族国家,特别是非西方文明的后发国家服从于自己的利益;如不服从,就发动包括贸易战、汇率战和引发金融危机洗劫财富等方式在内的地缘政治战争。如果还不服从,就发动"颜色革命",或者诉诸武力,包括直接轰炸之类。最后再通过各种手段,将这些国家的领导人以违反人权等名义送上国际法庭。

列宁时代是金融资本对生产和流通的垄断,也就是经济垄断,但已经发展到西方国家的政治垄断,政治犯罪化、黑社会化已然公开化、合法化,影响所及,发展中国家也有这种趋势,以致在当今世界政治舞台上有时已经难得听见正义的声音,而"我是流氓,我怕谁"的邪恶叫嚣却不绝于耳。不到一百年,垄断资本就从对物质资源的垄断发展到对思想—文化资源的垄断,即对人的头脑思维的垄断,而且已经在策划推广人体芯片植入的"芯片人计划"。资本吞噬人,物质吞噬精神,久已成为事实,未来是否会发生技术吞噬人类(例如,未来是否会发生机器人、基因人吞噬自然人,"芯片人"还是人吗)?"文明冲突"酿成种族冲突,从工业化导致生物灭绝发展到人类为争夺地球剩余资源而血拼,从种族灭绝,再到人类灭绝,这已经成为当代人类社会日益关注和忧心的重大政治问题。这一切表明,垄断已经走向极致,已经威胁到全人类

---

① 数字引自〔日〕福田康夫:《世界贸易组织:帝国主义的新阶段》,见《世界政治经济学学会第5届论坛——资本主义危机与出路:21世纪社会主义论文集》,2010年5月29—30日,中国苏州。

的生存，就必然遭到全球反对而走向非垄断，面临拆分，或者人类与垄断资本集团同归于尽，这是说存在这样一种可能或历史趋势。

乙．金融资本："帝国主义的特点，恰好不是工业资本而是金融资本。"① 当代帝国主义的特点已经发展为金融资本垄断+五种资源垄断+思想垄断。百年前列宁已经发现"银行发展成为具有真正'包罗一切的性质'的机构"②，工商界已经在抱怨银行的"恐怖主义"性质。③在自由资本主义向垄断过渡阶段，由于银行资本与工业资本混合生长形成金融资本，已经产生金融资本对产业资本利润的巧取豪夺，如德国经济学家克斯特纳所说，"大部分利润都被那些干金融勾当的'天才'拿去了。这种金融勾当和欺骗行为的基础是生产社会化，人类历尽艰辛所达到的生产社会化这一巨大进步，却造福于……投机者。"④ 但是在列宁时代，在第二国际理论家鲁道夫·希法亭那里表述的，金融资本还只是"由银行支配而由工业家运用的资本"⑤，即使发展到垄断，资本输出成为帝国主义的基本特征，也主要是输出到实体经济。经历战后科技革命，实体经济得到空前迅猛的发展。西方国家在滞涨中退出实体经济的巨量货币资本，需要寻找更加有利可图的投资领域；如果没有，就需要创造这些投资领域，需要"创新"投资（生钱）方法，因为需求也创造供给。于是有投资银行这个金融恐龙横空出世，如郎咸平所说："他们不仅仅与产业资本融合，而且与传统的银行资本融合；这种融合已经不是简单的合作，而是通过各种金融工具，控制产业资本和传统的银行资本。不仅如此，他们还充分利用他们的'聪明才智'，发明各种金融产品和杠杆工具，撬动全球全社会的资本，呼风唤雨，为一己私利，牢牢控制全球的经济资源。他们不仅能使某个产业破产，还能做到

---

① 《帝国主义是资本主义的最高阶段》，北京：人民出版社2001年版，第80页。
② 同上书，第36页。
③ 同上。
④ 同上书，第20页。
⑤ 同上书，第39页。

使某个国家破产。"① 产业资本和商业资本流通中暂时闲置的资本,大量转化为金融投机资本,以合乎市场规则的金融掠夺获得的诈骗利润,冒充财富,制造经济泡沫和虚假繁荣。所以当代西方国际金融资本具有特别严重的侵略性和掠夺性。

经过20世纪70—80年代的金融创新,各种金融衍生工具层出不穷,在形形色色连专家都难以看懂的金融产品和有关合同中将各种金融诈骗手段表演得出神入化,掩饰得天衣无缝。斯蒂格利茨指出,这些金融创新,"如同'变化'一样,创新并无任何内在价值,他可能是坏的('骗子'贷款就是一个很好的例子),也有可能是好的。"② 在金融创新浪潮中,西方国家的经济在很大程度上变成了赌场,不仅产业资本被吸引进入赌场,公民个人资产以及社会养老金也被卷入赌场。在发达国家,人们"退休后,他们对金融市场的依赖日益加强。养老金计划中的主要份额已经从养老金固定收益转向为公共和私有养老金账户固定缴款计划。养老基金常和期货交易相连,如谷物或燃料的期货交易。没人能知道他最终会得到多少养老收入。最后,正是赌场经济决定了养老金受益的最终价值。"③ 所谓养老金的"最终价值",包括最终"毫无价值",所以,巴菲特将金融创新称作"大规模杀伤性武器"。如果说"20世纪(初)是从旧资本主义到新资本主义,从一般资本统治到金融资本统治的转折点"④,那么20世纪70年代的滞涨,是金融资本统治发展的另一个转折点。经过20世纪80年代以后新自由主义金融创新浪潮,金融业的许多权力转移到投资银行手中,后者占据了金融业的统治地位。投资银行原本只是资本市场的中介,发展成为金融垄断企业,高

---

① 郎咸平:《帝国主义在中国》,北京:东方出版社2010年版,第2页。
② 〔美〕约瑟夫·斯蒂格利茨:《一群资本主义白痴》,载《国外社会科学》2009年7月号。
③ 〔日〕福田康夫:《世界贸易组织:帝国主义的新阶段》,见《世界政治经济学学会第5届论坛——资本主义危机与出路:21世纪社会主义论文集》,2010年5月29—30日,中国苏州。
④ 《帝国主义是资本主义的最高阶段》,北京:人民出版社2001年版,第38页。

盛这种公司被称为"高盛帝国"。而且它的厉害之处还在于与美国财政部实行"人事捆绑",绑架美国,渗透和企图控制"中美国"。俄罗斯学者说20世纪美国愈来愈表现出其具有黑社会性质,就包括这种"影子政府"控制下的"旋转门"现象。还有一个现象是,以往的金融危机是银行家破产自杀,现在是金融业倒闭风潮中大银行家乐颠颠数钱。美国金融垄断资本呼风唤雨,拿国运作赌注,以极少数私人发财为目的,终于搞出金融海啸,为国际社会千夫所指。美国的国际威望空前跌落,现在主要靠航母和导弹撑着了。

金融业发展到当代经济体系的"恐怖主义"阶段,20世纪90年代美国金融产业的利润总额(包括保险业和不动产业)超过了所有非金融产业的利润总和。① 本质上是虚拟经济脱离实体经济畸形发展的结果,其政治本质是帝国主义腐朽性的表现,包括汇率机制、国际贸易、资本国际化的复杂体系以及国债机制在内,成为在全球范围掠夺各国财富的地缘政治工具。在列宁时代,"在股份公司里常见的、在资产负债表上玩弄平衡把戏的典型例子,向我们说明为什么股份公司董事会干起冒险勾当来,心里要比私人企业家轻松得多。编制资产负债表的最新技术,不但使董事会能够把所干的冒险勾当瞒过普通的股东,而且是主要的当事人在冒险失败的时候,能够用及时出卖股票的办法来推卸责任,而私人企业家却要用自己的性命为自己所做的一切事情负责"。② 这就是金融海啸发生之后,美国中下层百姓和各国受害者听到华尔街及其后台老板在点钞机前发出"天堂里的笑声",极为愤怒的原因所在。美国的当代商业、政治、法律制度"完善"到金融寡头可以为所欲为,只有掠夺自由,而没有破产风险;或者虽有企业破产风险,极少数个人股东或高管却能因"破产"而发财;这些市场上的金融把戏,包括股票

---

① 〔日〕福田康夫:《世界贸易组织:帝国主义的新阶段》,见《世界政治经济学学会第5届论坛——资本主义危机与出路:21世纪社会主义论文集》,2010年5月29—30日,中国苏州。

② 《帝国主义是资本主义的最高阶段》,北京:人民出版社2001年版,第42页。

市场上玩弄资产负债表的把戏,都已经全球化了。

发行股票后溢价出售,所得叫作"创业利润",是希法亭的理论创新,为20世纪80年代以后的金融创新奠基。从列宁所说的"替垄断者向全社会征收贡赋"[①],发展到向全世界征收贡赋;从控制本国政府发展到控制各国政府;从向各国政府强制摊派债券发展到向世界各国征收"炭币";这大概是列宁所说的"帝国主义是资本主义的最高阶段"的最后表现形式。此外,"拿发展得最快的大城市近郊的土地来做投机生意,也是金融资本的一种特别盈利的业务。"[②] 百年前在发达国家这种特别盈利的业务,在近十几年的某些发展中国家发展到登峰造极的程度,被誉为"经营城市"的秘方,其实是百年前西方金融资本赚钱方式在当代的翻版。人们骂房地产商黑心,固然不错,但其实不尽公平,背后是金融资本和权力"资本",包括国际垄断资本。发展中国家的国有银行在通胀走高的条件下,一直维持低利率,加以实行不够公平的税负政策,往往被民间称为杀贫济富,并非完全没有根据。

丙. 资本输出:20世纪70年代以后,帝国主义的特征已经不仅是资本输出,而是"文化帝国主义"(摩根索语)的全球扩张,包括游戏规则输出、新自由主义思想理论和美国商业文化包装的西方价值观输出、全球洗脑运动,以服务于其全球战略。美国的商品资本输出尤其表现为大规模的无孔不入的文化商品,大量的粗鄙低俗的文化商品,利用人性的弱点,煽动人类最原始、最低俗的感情,腐蚀人的精神和心灵,宣扬极端个人主义、历史虚无主义、消费至上主义、去政治化、去本土化、泛娱乐化、男性女性化,诋毁一切高尚、利他、爱国的思想和行为,将任何神圣严肃的事物、人物都普遍地搞笑化、庸俗化,等等,这一切都成为大规模杀伤性武器,有利于削弱发展中国家的软实力和国际垄断资本扫荡全球。无数事实表明,精神垮了,国家必垮;历史被消灭,文化被征服,包括领袖、英雄人物被妖魔化,接下来就是国家和民

---

① 《帝国主义是资本主义的最高阶段》,北京:人民出版社2001年版,第45页。
② 同上书,第48页。

族消亡。当代资本输出和金融统治在发展中国家造就食利者阶层,不劳而获、一夜暴富思潮泛滥,物欲征服精神,使得"高尚成为高尚者的墓志铭,卑鄙成为卑鄙者的通行证",人和社会的精神面貌迅速退化,整个社会日益散发出腐朽的恶臭,人类社会在集体向下沉沦,这是当代美国垄断资本极力推动全球化条件下世界各国的一个普遍的社会特征,这一切包括所谓"亡国灭种"都在为"减少"世界人口开辟道路。

希法亭说:"金融资本要的不是自由,而是统治。"列宁称赞他说的很对。① 过去帝国主义以资本输出为特征,是列强竞相贷款给殖民地国家,因为债权人占便宜:"获得贸易条约上的让步,开设煤站,建设港口,得到利益丰厚的租让,接受大炮订货",等等。② 现在倒过来,是发达国家债台高筑,而发展中国家被迫或自愿以低利率甚至零利率贷款给美国,现在是债务国占便宜,吃债权国,债权国吃亏,吃大亏,而且很可能最后坏账。即便如此,由于复杂的原因,债权国还得报以苦恼人的笑。列宁指出:"金融资本的统治是在加剧这种不平衡和矛盾"③,今天也是如此,是在加剧资本主义金融和经济体系崩溃。

丁. 国际垄断同盟:垄断组织已经从卡特尔、辛迪加,发展到当代多国公司、全球公司,正如郎咸平教授所说:"国际垄断组织已经形成强大的同盟,也就是说,通过产业链高效整合的形式,牢牢控制着某个行业或者产业。"这方面最典型的就是美国孟山都公司的案例,有关资料揭示了他们是如何操控全球农业、推广转基因技术和产品以服务于美国全球战略的。

戊. 世界领土瓜分完毕:列宁时代的帝国主义瓜分世界领土是为了瓜分市场、原料产地和投资场所。列宁指出,以后只能是反复瓜分。现在的超级大国只有一个,已经不是瓜分,而是要独占全球剩余资源,独占地球家园。早在1852年英国政治家迪斯累里已经认识到,"殖民地是

---

① 《帝国主义是资本主义的最高阶段》,北京:人民出版社2001年版,第74页。
② 同上书,第56页。
③ 同上书,第83页。

吊在我们脖子上的磨盘。"① 所以，当代帝国主义找到了对发展中国家进行经济控制和政治支配的新办法，这就是世界贸易组织体制和跨国公司。除此之外，更厉害的还在于垄断资本要控制人类的精神世界、人们的头脑和整个心灵，甚至发展到要向人类身体中植入芯片。郎咸平教授指出："新帝国主义，其帝国主义的本性并没有变。产业资本、金融资本和国家之间配合得更加娴熟和默契。它们利用资本和军事实力，创建所谓的游戏规则，设置圈套，套牢弱势国家和民族。新帝国主义不仅仅是要自然资源，而是要牢牢控制从农业到工业到各种可能牟利的产业，最终实现从思想上控制一个国家和民族，在产业上让你完全依附宗主国。这就是我们现在看到的帝国主义的新本质。"② 过去殖民地进行奴化教育，血雨腥风，人们抗拒；现在进行洗脑，"暖风吹得'游'人醉"，舒舒服服地洗脑，往往乐于接受，也就"傻瓜化"了。所以，斯蒂格利茨称之为"一群资本主义白痴"，大前研一称现在是"低智商时代"。做到这一步，西方就从文化上彻底征服世界和各种非西方文明，也就充分证明了有色人种不行，是"垃圾人口"，理应清除。现在就有人情愿给美国人"当孙子"，或者再当"三百年殖民地"，未来是否会有人自认是劣等民族，甘愿被清除，也未可知。

3. 帝国主义的腐朽性

一个时期以来向往西化美国化的思潮背后，是向往美国的富裕和生活方式。但是，美国生活方式已经被证明不可持续。当代美国的富裕也已经变味，"美国的富裕完全是一种'流入性'的富裕。外国资金、熟练工人和进口商品大量流入美国，而美国只需付出以美元纸币计价的债务。美国获得外国资源是如此之容易，以致其本国境内的生产已越来越少。"③ 过度积累导致资本主义世界体系全球性资本过剩，产能过剩，

---

① 《帝国主义是资本主义的最高阶段》，北京：人民出版社2001年版，第68页。
② 郎咸平：《新帝国主义》，北京：东方出版社2010年版，第3页。
③ 〔美〕迈克尔·赫德森：《金融帝国美国金融霸权的来源和基础》，嵇飞、林小芳等译，北京：中央编译出版社2008年版，第363页。

世界经济从工业化时代进入金融投机时代。这个时代的一个突出特征是倾向于制造资产（股票、房地产等）价格上涨的经济泡沫和投机、寻租牟利，而不是通过创造物质财富致富。新自由主义全球化的目的不是发展经济创造财富，而是掠夺财富，不是走向繁荣，而是走向独霸，也就是走向毁灭。战后发展中国家的处境和展示的前景，证明西方国家的战略是将其推入深渊，确实是为了消灭人口，种族灭绝。这才是"文明冲突"的真义。这是美国的国家战略，也是帝国主义垂死性、腐朽性的极致。

按照列宁的"帝国主义论"，资本的占有与资本在生产领域的运用相分离，货币资本与产业资本相分离，全靠货币资本的收入为生的食利者与其他一切运用资本的人相分离，是一般资本主义的特征。食利者是指靠存款特别是靠持有有价证券取得利息或股息收入为生的剥削者。进入帝国主义阶段，货币资本大量积聚于垄断资本集团手中，食利者阶层人数大大增加，是帝国主义寄生性和腐朽性的表现之一。当代帝国主义条件下的金融业爆炸性发展，使得美国股息占总利润的比例，从1979年的22.8%增长到2008年的44.3%。① 不到30年中股息占总利润的比例几乎翻了一番，不难设想食利者阶层的人数也必然大大增加。与之相联系的美国经济"空心化"，也是帝国主义寄生性和腐朽性的表现。

美国成为世界唯一超级帝国主义、全球最大的剥削者、搭便车者和众矢之的。众所周知，长期以来美国人不储蓄，而是用自己的钱投资基金股票债券不动产来赢利，美国政府通过向外国发行债券为本国赤字和投资融资，"通过使欧洲和亚洲的中央银行接受不限量的美元储备而向他们征税"，美国向世界经济体系无限制地输出美元纸币，并吸收世界各国的商品出口，以此维持国内的高消费水平。美国财政部发行的债券总额大大超过了美国政府的偿还能力，美国也已经公开表示它不会清偿

---

① 〔韩〕金亨基：《大衰退之后的资本主义：新型渐进型发展模式》，见《世界政治经济学学会第5届论坛——资本主义危机与出路：21世纪社会主义论文集》，2010年5月29—30日，中国苏州。

这些债券。① 赫德森指出："过去对帝国主义的研究一直只集中关注公司如何投资于其他国家，榨取利润和利息。这种现象在很大程度上是由私营投资者和出口商来实现的。但当今的新型金融全球帝国主义发生在政府之间，具体而言，发生于美国政府与国际收支盈余国家的央行之间。这些国家的盈余增长得越大，也就有更多的美元被迫转而购买美国财政部的债券。"② 这种美元霸权条件下形成的帝国主义，是美国的帝国主义"创新"，是将帝国主义的寄生性、腐朽性发展到极致的表现。

当代帝国主义的腐朽性表现为高度寄生性，表现为美国经济空洞化而靠负债和进口（外国）推动、美元霸权豢养下的金融资本统治和广义的当代国际食利者阶层（社会中下层甚至失业者也能从全球"财富效应"中食利）。列宁时代的金融帝国的统治，是建立在自有资本和资本输出基础上的；当代帝国主义的寄生性，发展到以外国资本和资本输入基础上支撑本国食利，不仅垄断资本集团，非剥削者也成为变相的全球"食利者阶层"的补充，社会一天不借钱，不输血，不食利，就不能生存，而这主要靠武力威胁来维持美元霸权和全球心理预期。德雷克大学经济学教授侯赛因·扎德（Hossein-Zadeh）说，海外军国主义为美国精英和工人阶级带来了巨额利润，实现了繁荣，提高了生活水平，他称美国为"军事低成本或寄生的帝国主义"。③ 可见帝国主义的腐朽性已经发展到极致。美国还有技术创新能力，但是大量用于发展大规模杀伤性武器上面，即使发展出新兴产业，经济上有所复振，归根结蒂，政治上已经是穷途末路了。自由资本主义的特征是商品输出，垄断资本主义的特征是资本输出，当代帝国主义的特征是规则、文化—意识形态输出（战略欺骗、洗脑），现在已经搞不下去了。

---

① 〔美〕迈克尔·赫德森：《金融帝国美国金融霸权的来源和基础》，嵇飞、林小芳等译，北京：中央编译出版社2008年版。
② 同上。
③ 转引自〔加〕马耀邦：《美国批判：美国主导的全球化混乱》，李冬梅译，北京：当代中国出版社2010年版，第71页。

列宁指出:"资本主义已成为极少数'先进'国对世界上绝大多数居民实行殖民压迫和金融扼杀的世界体系。"①"我希望我这本小册子能有助于理解帝国主义的经济实质这个基本经济问题,不研究这个问题,就根本不会懂得如何去认识现在的战争和现在的政治。"②"这个思潮,一方面是第二国际瓦解、腐烂的结果,另一方面是由于整个生活环境而被资产阶级偏见和民主偏见所俘虏的小资产阶级意识形态的必然产物。"③ 在列宁时代,"资本主义现在已经划分出极少数特别富强的国家(其人口不到世界人口的 10%,即使按最'慷慨'和最夸大的计算,也不到 1/5),他们专靠'剪息票'来掠夺全世界……现在当然更多的多了"。④ 列宁指的剪息票还只是资本输出的收益,每年 80 亿到 100 亿法郎。"这种大量超额利润(因为它是在资本家从'自己'国家工人身上榨取的利润之外得来的)可以用来收买工人领袖和工人贵族这个上层。"⑤ 战后到 20 世纪 70 年代,超额利润太多,可以"收买"本国整个工人阶级,以后更发展到收买发展中国家的精英。这些精英阶层经济地位改变,政治地位有些或许没有改变,但是收入大增,生活方式改变,价值观和世界观随之改变,他们的眼界狭窄,与"整个世界观来说已经完全小市民化的工人阶层"一起,成为全世界范围内的"工人贵族",他们中的一些人(不会很多),成为国际垄断资本可资利用的社会基础,站在发达国家的垄断资产阶级一边,反对自己的国家。在这种背景下,产生了一种"达沃斯人"。

一个时期以来,在新自由主义全球化浪潮推动下,随着世界经济中网络、房地产和金融泡沫泛起的是西方"普世文化"泡沫,或称"达沃斯文化",即所谓精英文化。亨廷顿说,普世文化是指"西方文明中的许多人和其他文明中的一些人目前所持有的假定、价值和主张。这可

---

① 《帝国主义是资本主义的最高阶段》,北京:人民出版社 2001 年版,序言。
② 同上。
③ 同上。
④ 同上书,法文版和德文版序言。
⑤ 同上。

以被称为达沃斯文化。"① 关于普世文化,亨廷顿嘲笑它是一些"深刻而不恰当,恰当但不深刻,以及既不恰当又不深刻的"观点。② 因为"普世主义是西方对付非西方社会的意识形态"。③ "达沃斯文化"语出"达沃斯论坛",也叫"达沃斯世界经济论坛",一年一度在瑞士阿尔卑斯山脚下一座美丽的小城举行。每年都有一千名左右主要来自发达国家的,也有一些发展中国家的世界级的富商巨贾、金融寡头、政府高官、学者名流和媒体人士云集达沃斯。这些人一般具有显赫的地位和学位,有资深的经济政治文化背景,有自由主义的共同理念,受雇于著名跨国公司(银行)、政府机构和学术机构,享有丰厚的经济收入或巨额资产以及较高的社会知名度,操着熟练的英语,在国内国际上层社会拥有广泛的人脉资源,享受一种超高质量也超高度西化的生活方式,拥有社会精英的美誉和心理。他们被称为达沃斯人,自视是一种掌握了"金融炼金术"的"超人";他们的文化也称达沃斯文化。达沃斯人由于掌控了所有国际机构、跨国公司和大量重要的政府职位,因此达沃斯人及其文化的影响力,特别是在 20 世纪 90 年代以来,相当广泛而巨大。但是,随着新自由主义在全球破产和世界金融、经济泡沫的破灭,世界金融机构、金融体制、经济政治秩序的变动和重组,"普世文化—达沃斯精英文化"日益处于尴尬的境地,其文化也正在迅速湮灭。2009 年达沃斯论坛没有邀请经济学家就是一个证明。达沃斯人主要是西方发达国家的富豪、政客和学者,据估计在发展中国家总计不到 500 万人,占世界人口不到 0.1%,占发展中国家人口的比例更是微乎其微。亨廷顿说:"它远不是普遍的文化,而且那些在达沃斯文化方面有共性的领导人不一定在他们自己的社会确保权力控制。"④ 达沃斯人属于新自由主义既得利益集团的上层人士,在发展中国家人数不多,但能呼风唤雨,影响

---

① 〔美〕塞缪尔·亨廷顿:《文明的冲突与世界秩序的重建》,周琪、刘菲等译,北京:新华出版社 2002 年版,第 135 页。
② 同上书,第 44 页。
③ 同上书,第 43 页。
④ 同上书,第 200 页。

很大,在小资产阶级和知识分子中也有大量不明真相的拥趸和追随者,至于他们"不一定在他们自己的社会确保权力控制",这出自亨廷顿敏锐的观察,智利等拉美国家的"芝加哥小子"、印尼的"伯克利匪帮"、俄罗斯的"盖达尔—丘拜斯"集团的覆灭表明,趋势确是如此,但是实际情况,特别是在某些发展中国家的实际情况远比人们想象的要复杂得多。

帝国主义的寄生性和腐朽性是当代世界经济政治类似现象的经济根源,知识分子中分化的现象与之类似,这也是当代帝国主义阶段比较突出的地缘政治现象,以美国为最典型。但是,随着世界形势的变化,这种情况正在改变,社会结构又在重新分化。对此,发达国家和某些发展中国家的先进知识分子和左翼学者,如沃勒斯坦、弗兰克、阿明等人,许多人其实看得很清楚,也有政治自觉,表现为以其研究工作推动世界格局演变,将这一目的表述得最直白的,就是弗兰克的《白银资本》一书。

所谓中产阶级,不是一个科学概念,早期是指资产阶级。当代发达国家的所谓中产阶级,其大部分实际上处于历史上小资产阶级的经济政治地位,无非是指有相对稳定的工作,自备了交通工具(小汽车),部分人有自用的房产,未必有多少资产,甚至于没有存款,如此而已。在中国,许多人早已经实现"小康",但是在社会经济地位和相应的意识形态方面,中国仍然是小资产阶级的汪洋大海,资产阶级倒是形成了,中产阶级既不是一个科学概念,总体上也不是一个稳定的存在,至于在未来中国要培育一个西方那样庞大的中产阶级,那是一个不可能实现的政治幻想,或者是一种麻醉剂。由于战后资本主义经济大周期的繁荣较长,加以有福利制度,社会相对稳定,这种特殊地缘政治条件下产生的社会结构变化使人们产生幻觉,大量滋生小资产阶级意识形态,政治上最容易被蒙蔽。这是东西方政治平衡特定历史条件下的现象,随着两级世界格局倾覆,西方国家的社会结构也随之改变,中产阶级地位大面积塌陷,社会正在觉醒。只是由于全社会长期政治意识退化,理论准备不足,中下层社会的政治发育较差,更缺乏组织。所以社会政治形势尚在发酵之中,需要启蒙,需要联合,需要时间。但是,帝国主义的腐朽性总要在政治上找到出路,这个出路,历史上要么是战争,要么是革命;后来说要么战争引起革命,要么革命制止战争;这个革命,历史上多是暴力革命,在当代条件下,特别是在发达国家,主要可能是非暴力的社会革命;而在发展中国家,情况要更加复杂得多。

(二) 关于对帝国主义的批评

1. 关于第二国际的改良主义

列宁认为,第二国际掩饰资本主义基本矛盾和真相,拒绝生产关系分析,"用改良主义的方法修改帝国主义的基础不过是一种欺骗,是一种'天真的愿望'"[①],是充当新帝国主义的辩护士,"这些资本主义的辩护士是在用官场口吻颂扬'有组织的'资本主义的美妙"。[②] 这种思潮多年来再次流行,版本很多,这里试举一例。

有一种奇谈说,金融海啸发生后,美国人尤其善于利用市场规律和技术,而我们则偏向于关注舆论。大家都在谈论美元贬值、美元信用崩溃、美元债务巨大,"但是从结果和事实看,美元维稳,美元外汇储备的地位在上升,'崩溃论'、'美元危机论'等舆论过于简单和短期,不能轻易作为我们的决策依据。"[③] 按照这种观点,应当把对美国和美元长期看多和"'挺'美",作为我们的决策依据,换言之,还要继续增持包括美国国债在内的美元外汇储备。这种言论出自中国外汇投资研究院院长,在 2010 年 6 月 24 日发表此文,距离美国"两房"宣布退市,中国近 4000 亿美元投资遭难刚刚一周,全国政协委员、香港的刘梦熊先生强烈要求有关方面就此进行调查的正义呼声言犹在耳。之所以会发表这样的观点,除了别的原因以外,恐怕也是因为作者有严重的崇美情

---

① 《帝国主义是资本主义的最高阶段》,北京:人民出版社 2001 年版,第 98 页。
② 同上书,第 38 页。
③ 谭雅玲:《金融危机,美国赚的比赔得多》,载《环球时报》2010 年 6 月 24 日。

结，据该女士说，"美国人很有远见，非常善于利用危机实现自己的长远目的。无论是发生在别的国家、地区的金融危机，还是发生于本国的金融危机，美国都在努力使之成为实现战略目标的契机。"① 这倒也是实话，美国做的一切都服从于其地缘政治战略，确实"很有远见"，可惜美国人的帝国主义远见对中国极为不利，不值得歌颂、崇拜和追随。其实不是美国人有远见，而是美国没有正义，也就没有真正的政治优势，而且对资本主义政治失去信心，对前景不看好，才拼命搞钱：用美元霸权维持军事霸权，用军事霸权维持美元预期。这个连环套玩不下去了，才策划出金融海啸。美国善于金融操纵和操作，这确实是美国的强项。但是这些都属于"术"的层面，属于"近见"。而经济上的技术面玩得再精，终归要受制于基本面，就是政治。无论国内政治，还是国际政治，美国已经玩砸了，按照老套路已经玩不下去，才玩出一个黑人总统当政，也不过是如此水平，无力回天。但是，从根本上说，没有用：技术面要服从于基本面。如果说美国有远见，那是指美国早就有祸乱全球、独霸资源的地缘政治战略，这方面确实利害，而且许多国家深受其害。可是，如果这也值得崇拜，就全无心肝了。世界经济，国际金融，历来都是远远超出经济层面的政治游戏，现在已经提升到"文明冲突"（种族对决的别名）层面，这些都非西式金融专家们所能看懂，其知识结构已经殖民地化；或者能看懂，却自觉追随，这就更成问题了。长期以来，发展中国家流行崇美、恐美思潮，实为一种并非中国特有的地缘政治现象。

当前世界范围内的学者，对资本主义制度和体系的看法基本上是两派，一派看"空"派，主要是基本分析派，既有马克思主义，也有非马克思主义，包括难以数计的西方著名学者，如乔姆斯基、沃勒斯坦、阿明、赫德森，等等；另一派是看"多"派，主要是纯技术分析派，更多的是属于特殊利益集团，如某些达沃斯人。随着新自由主义的破

---

① 谭雅玲：《金融危机，美国赚的比赔得多》，载《环球时报》2010 年 6 月 24 日。

产,后者的观点在西方已经愈来愈缺乏听众,只是在一些发展中国家,还有正在走向衰竭的影响力。

2. 从机会主义到取消主义

这是列宁批判过的错误思潮。取消主义是俄国1905—1907年革命失败后孟什维克中的一个派别主张。这个派别背弃党纲的革命要求和党的革命口号,企图取消秘密的无产阶级政党,主张建立一个在合法范围内活动的"公开的工人党",因而被称为"取消派"。1912年布拉格会议取消派被清除出党。中国近年来有"改旗易帜"的舆论,实为取消派思潮的当代中国版,理所当然地遭到中央拒绝,2009年中共中央总书记胡锦涛同志郑重宣布中共"绝不改旗易帜"。

无论怎样强调金融资本统治,如果将其同帝国主义的本质割裂开来研究当代资本主义,就失去意义。列宁指出:"考茨基挑起的那种字面上的争论,即资本主义的最新阶段应当叫做帝国主义还是叫做金融资本阶段,是毫无意义的争论。随便你怎样叫都是一样。关键在于考茨基把帝国主义的政治同他的经济割裂开了,把兼并解释为金融资本'比较爱好的'政策……这样一来,就不是暴露资本主义最新阶段最根本的矛盾的深刻性,而是掩饰、缓和这些矛盾;这样一来,就不是马克思主义,而是资产阶级改良主义。"[①] 列宁有一双鹰眼,极其锐利,一眼就看穿考茨基的要害在于"把帝国主义的政治同他的经济割裂开了",列宁同考茨基的斗争理论上在于揭露还是回避和掩盖帝国主义的矛盾深刻性,后者实际上主张阶级调和,反对暴力革命;实践上在于要不要"十月革命"。同时又一个帝国主义辩护士、德国人"库诺笨拙而又无耻地推论说:帝国主义是现代资本主义;资本主义的发展是不可避免的和进步的,所以帝国主义也是进步的,所以必须跪在帝国主义面前歌功颂德!这种话就像民粹派在1894—1895年讽刺马克思主义者的时候所说的那些话,说什么如果马克思主义者认为资本主义在俄国是不可避免的和进

---

① 《帝国主义是资本主义的最高阶段》,北京:人民出版社2001年版,第81页。

步的，那么他们就应当开起酒馆来培植资本主义"①。连考茨基当年都反对库诺，人们看到百年前的资产阶级改良主义与和平主义思潮，在20世纪60—70年代又卷土重来，到90年代以来甚嚣尘上，流毒中国。例如，主张"给美国人当孙子"和"三百年殖民地"之类的人，也是"跪在帝国主义面前歌功颂德"的当代中国库诺。现在看起来，在中国社会主义初级阶段，在坚持公有制为主体前提下"开起酒馆来培植资本主义"，有其某种必要性；但是"开起酒馆来培植帝国主义"，则万万使不得，因为会亡国灭种。所以，那种以为中国和平崛起可以"不触动托拉斯和银行的经济基础，那就不过是资产阶级的改良主义与和平主义，不过是一种善良而天真的愿望而已"②。

3. 对帝国主义批评的根本问题

列宁指出："在这方面最危险的是这样一些人，他们不愿意了解：反对帝国主义的斗争，如果不同反对机会主义的斗争密切联系起来，就是空话和谎言。"③ 多年来，反对帝国主义为反对霸权主义和强权政治的提法所代替，这是形势需要，是策略，是正确的。至于机会主义，许多人似乎已经不了解其含义了。问题在于，即使是当代条件下，"用改良主义的方法修改帝国主义的基础（也）不过是一种欺骗，是一种'天真的愿望'"。④ 陈云同志在1989年一再对当时主持中央工作的几位同志强调"帝国主义的本性没有变"，"这个问题到了大呼特呼的时候了"，特别是1984年10月陈云同志在党的十二届三中全会发言后高呼"社会主义万岁！共产主义万岁！"更是很不寻常的，实为一种抵制右倾机会主义思潮和倾向的斗争。既然如此，正如列宁所尖锐地指出的："是前进，去进一步加剧和加深帝国主义所产生的种种矛盾呢，还是后退，去缓和这些矛盾？这些问题（仍）是对帝国主义批评的根本

---

① 《帝国主义是资本主义的最高阶段》，北京：人民出版社2001年版，第82页。
② 同上。
③ 同上书，第113页。
④ 同上书，第98页。

问题。"① "帝国主义在政治上的特点,是由金融寡头的压迫和自由竞争的消除引起的全面的反动和民族压迫的加强,所以在 20 世纪初期,几乎在所有的帝国主义国家中都出现了反对帝国主义的小资产阶级民主派反对派。"② 考茨基的错误源于理论上没有与其划清界限,实践上与其同流合污。布尔什维克的路线在于加剧和加深帝国主义的矛盾,这是前进;缓和其矛盾,是后退。在这个问题上,斯大林逝世以后苏联的理论和实践总体上是后退,先是尝试性的,后来鸦片吸上了瘾,走向政治背叛和战略改变,最后就完蛋了。现在的形势与列宁时代不同,所以策略必须改变,完全正确;但是如果战略改变,就难免重蹈前车之覆了。今天对待帝国主义仍然存在两种思路:是前进还是后退?对这个问题的回答实际上关系到战略、政策和前途命运。

列宁和毛泽东是 20 世纪集伟大的思想家与伟大的政治家、革命家于一身的极为罕见的大师,是西方垄断资产阶级最忌惮也最敬畏的东方革命领袖。学养之于一流的政治家,是一种不可或缺的素质。毛泽东在延安的一次演讲时说:有学问就像站在山顶上,看得远;没学问就像站在山坳里,什么也看不见,会苦煞人的。他还在 1944 年 8 月 12 日修改一篇文章时说:"一切问题的关键在政治,一切政治的关键在民众,不解决要不要民众的问题,什么都无从谈起。"③ 后发国家的发展和改革,遭遇许多挫折甚至曲折,原因很多,读书不够,或轻视读书,迷信经验;或不善于读书,特别是不认真看书学习,没有弄通马克思主义,也就难以坚持马克思主义,容易追随西方理论和经验,导致模糊了自己的政治方向,而忽略了人民群众,这是一个深层原因。这方面,归根结蒂还需要"巩固马克思主义的指导地位"(十七大报告语),当然包括列宁主义,也包括毛泽东思想在内。

---

① 《帝国主义是资本主义的最高阶段》,北京:人民出版社 2001 年版,第 98 页。
② 同上。
③ 陈晋:《读毛泽东札记》,北京:生活・读书・新知三联书店 2009 年版,第 58 页。

一个时期以来的情况是，说坚持马克思主义，无人公开反对，但是暗中抵制；说坚持列宁主义，一定有人反对，因为要"告别革命"；说坚持毛泽东思想，一定有人要跳起来，因为据说中国特色社会主义理论不包括毛泽东思想。这种奇谈怪论流行有年，是将改革开放和邓小平理论与马列主义、毛泽东思想割裂开来，甚至对立起来，这在理论上不通，也陷邓公于不义。2011年7月1日胡锦涛总书记在庆祝建党90周年大会上的讲话中指出，中国特色社会主义理论是对毛泽东思想的继承和发展，明确地回答了这个问题。这是中国共产党理论上更加成熟的表现，而"理论上的成熟是政治上坚定的基础"（胡锦涛语）。其实邓小平同志对列宁主义非常慎重，1991年春他在一次谈话中指出，列宁指出的大时代（指帝国主义和无产阶级革命的时代），不要去动它。① 1992年春，他又在一次谈话中说："世界和平与发展这两大问题，至今一个也没有解决。"② 1989年陈云同志明确地指出："那种认为列宁的帝国主义论已经过时的观点是完全错误的，非常有害的。这个问题已经到了大呼特呼的时候了。"③ 陈云同志"大呼特呼"列宁的时候，相信有些人听不明白，甚至听不进去。现在时间已经过去22年了，与1989年那个在改革开放史上留下重要印记的一年的形势，许多方面既有霄壤之别，竟又何其相似乃尔，重温陈云同志的这段话，不免使人感慨万千。

三 李惠斌：建立全球化时代的新的概念框架

本文试图说明，全球化时代是一个全新的时代，因而产生了一系列全新的概念和范畴，所以我们应当重新解读马克思主义的理论文本，进行马克思主义的理论创新。

---

① 李慎明：《当今资本主义经济危机的成因及应对》，载《红旗文稿》，转引自新华网2009年7月2日。
② 《邓小平文选》第3卷，北京：人民出版社1993年版，第383页。
③ 《陈云文选》第3卷，北京：人民出版社1995年版，第370页。

(一) 全球化时代及其新的特征

在浩若烟海的有关全球化的国内外文献中,全球化概念的时间跨度有被拉得越来越长的趋势。戴维·赫尔德、安东尼·麦克格鲁等人合写的《全球大变革——全球化时代的政治、经济与文化》一书就是这种观点中的一个典型。该书按时间跨度把全球化划分为"前现代的全球化"(大约开始于9000—11000年前)、"现代早期的全球化"(大约在1500—1850年间)、"现代的全球化"(大约在1850—1945年间)、"当代的全球化"(1945年以来)4个阶段。① 这种把全球化的时间跨度一直追溯到史前时期的定义方法,在很大程度上掩盖了全球化这个使得全球"在经济、政治以及文化流动和联系的广度、强度以及速度方面"正在发生着质的变化的特殊时代的新时代特征。② 不过,戴维·赫尔德这里的有关全球联系的"广度、强度和速度"的理论,却为走出他的理论局限,找到全球化时代的独特特征,提供了某种重要的启示。

1. 全球交往的速度在不断加快

随着蒸汽机的发明,人类有了火车和轮船,交往的速度大大加快。1825年9月27日,由英国发明家斯蒂芬孙设计并制造的世界上第一台商用蒸汽机车,牵引30余节车厢(450名旅客乘坐),从达灵顿驶到斯托克顿,铁路运输事业从此诞生。真正意义上的全球交往是随着造船技术的发展和航海业的出现才出现的。1897年,美国的R.富尔顿建成第一艘采用明轮推进的蒸汽机船"克莱蒙脱"号,时速约为8公里/小时。1894年,英国帕森斯制造的汽轮机快艇在泰晤士河上试航成功,时速为60公里/小时。1954年,美国建造的核潜艇航速为33公里/小时。③

---

① 戴维·赫尔德等:《全球大变革:全球化时代的政治、经济与文化》,杨雪冬等译,北京:社会科学文献出版社2001年版。
② 同上书,第598页。
③ 资料来源:《中国大百科全书·机械工程》卷光盘版。

1909年，美国陆军装备了第一架军用飞机，机上装有一台30马力的发动机，最大时速68公里/小时。20世纪20年代，军用飞机在法、德、英等国迅速发展，远远超过了美国。"二战"中后期，歼击机时速已达750公里/小时。美国的SR-71和前苏联的米格—25P高空侦察机速度为3倍音速。①

世纪交替之际的光纤和数码传输技术高速度发展。2000年时，跨越大西洋的光纤电缆传输容量接近每秒1100亿位元，而1993年时大约只有每秒50亿位元。最新一项研究显示，分子电子学是克服在硅晶片上增加密度的物理限制的可能出路，能引导电脑进入比奔腾微处理器快1000亿倍的时代。这项技术在10年之内就可以进入操作阶段。②

这样我们就可以给出一个反映全球交往速度的一览表：

各种洲际交往工具的速度

工具名称	速度	时间
手动船	2—5公里/小时	19世纪前
蒸汽船	50—80公里/小时	19世纪中
飞机	500—1000公里/小时	20世纪中
巡航导弹	7000米/秒	20世纪中
数码传输	1100亿位元/秒	2000年

这就是说，人类的交往速度主要经过了五个阶段：（1）帆船阶段（2—5公里）；（2）汽船与火车阶段（50—80公里/小时）；（3）飞机阶段（500—1000公里/小时）；（4）洲际导弹阶段（25200公里/小时，即7000米/秒）；（5）因特网时代（1100亿位元/秒）。

---

① 资料来源：《中国大百科全书·航空航天》卷光盘版。
② 资料来源：卡斯特：《网络社会的兴起》，北京：社会科学文献出版社2001年版。

2. 全球联系和交往的密度和广度都在发生质的变化

第二次世界大战前的 1939 年，政府间国际组织只有 80 个，而到了 80 年代末已经达到 4000 多个。而非政府国际组织数量则更多，其中绝大多数是 50 年代以后建立的，因此有人称 19 世纪是国际会议的世纪，20 世纪是国际组织的世纪。在数量众多的国际组织中，规模最大的是联合国，其成员包括了世界上所有的国家，各种专门组织绝大多数都拥有 100 多个成员国。联合国与 18 个专门性的政府间组织机构建立了密切的、非隶属的关系，其中 16 个被称为联合国专门机构。联合国还给予 1/6 的非政府国际组织以协商地位，并有 12% 的非政府国际组织与欧洲共同体有密切关系。这样，许多国际组织在信息和业务方面都已有机地联系在一起，形成以联合国为中心的国际组织网络。①

另外全球的经济和贸易往来在进入 80 年代以来更是发生了重大的变化。

据 UNCTAD 的资料显示，1998 年全球受到调查的 53000 家大公司在国外开设了 450000 家分支机构，国外机构是国内机构数量的 8.49 倍。发展中国家对西方的吸引力逐渐增强，而且，发展中国家在国外发展跨国公司的规模也越来越大。80 年代后期，发展中国家自己有 3800 家跨国公司，到 90 年代中期，发展为 7600 家，正好翻了一番。② 在 2001 年 9 月 11 日被恐怖分子袭击的美国世贸大厦中，几乎全球都有商务人员在那里办公，其中仅中国公司就有 14 家。这充分说明了全球联系与交往的密度和强度已经发展到了一个非常高的水平。

3. 全球化时代的新特点

从我们上面的分析可以看出，人类的全球性交往在 20 世纪 50 年代进入了临界点，经过将近半个世纪的高速发展，人类进入了一个全新的时代，我们称这个时代为全球化时代。具体地说，我们把全球化时代的

---

① 资料来源：《中国大百科全书·政治学》卷光盘版。
② 资料来源：戴维·赫尔德等：《全球大变革：全球化时代的政治、经济与文化》，杨雪冬等译，北京：社会科学文献出版社 2001 年版。

时间跨度限定在1989年这个使得全球政治经济结构发生了重大变革的重要年代以降，即冷战结束以后。这是一个在政治、经济、文化等各方面都发生了空前变化的新时代。具体说来，这个时代有着如下的新特点。

第一，知识经济取代资源经济。

知识经济指的是以知识为基础的经济，在很大程度上它指的是与以资源为基础的资源经济相对立的经济形式。我们知道，中国在短短20年改革中，全面地经历了从资源经济向知识经济的过渡。具体地说，前10年完成了资源经济的飞速发展，后10年开启了知识经济的快车道。在中国改革的前10年里，最大限度地利用了中国的资源优势，从而极大地推动了中国经济的发展。但是，进入90年代以来，原来利用资源优势发展起来的地区和城市，一般都进入了经济发展的困难时期。中国进入了艰难的经济结构调整时期。与世界发达国家相比，中国的这一调整过程至少推迟了20到30年。美国50年代以资源经济为特征的传统工业部门从业人数比例开始下降，到70年代降至25%。与此同时，以高科技产业为主要特征的信息产业的从业人数则大幅度上升，到80年代后期占到全部从业人数的50%，基本完成了从资源经济向知识经济的结构调整。

第二，全球市场取代垄断市场。

经济全球化的一个重要标志是跨国公司的全球化经营。但是，跨国公司的出现是一件很早的事情。根据大卫·赫尔德等人的考察，"自中世纪以来，跨国公司就以各种形式在世界经济中发挥作用"[①]。因此，真正打破我们所谓国家垄断时代的是1978年以来美英两国率先实施了金融自由化和放宽了金融市场管制政策，各国货币体系和金融市场从此建立起了日益紧密的联系，从而出现了金融全球化。也正是在这期间，中国政府打开了国门，实行改革开放政策。10年以后，

---

① 资料来源：戴维·赫尔德等：《全球大变革：全球化时代的政治、经济与文化》，杨雪冬等译，北京：社会科学文献出版社2001年版，第326页。

前苏联和东欧解体,世界进入了所谓的后冷战时期,世界两大对抗阵营从此消失。1997年秋,世界贸易组织达成一项国际协议,主张在世界范围内进一步为金融市场和服务业开放各国的边界。几个月后,中国政府将正式加入世贸组织。这标志着一个真正的经济全球化时代正式开始了。

第三,帝国主义和依附时代基本终结。

我们知道,从15世纪到18世纪中叶,英国、法国、荷兰、葡萄牙、和西班牙先后在南美洲、印度和东印度群岛建立了帝国。到了19世纪末20世纪初,整个世界已经差不多被瓜分完毕。列宁在列出了列强的殖民地领土一览表后紧接着指出:我们从这里看得很清楚,在19世纪和20世纪之交,世界是分割"完毕"了。这说明一个帝国主义时代已经走到了它的顶峰。但是,从1945年开始,非殖民化成了日益迅速发展的运动。尤其是号称"日不落帝国"的英国开始衰落。1947年印度和巴基斯坦宣布独立,接着是英国的黑非洲殖民地在1956以后纷纷独立;塞浦路斯和马耳他在60年代也获得自由。1971年英国撤出波斯湾,皇家海军也于同年离开新加坡,结束了英国在远东的军事存在。在这期间,法属印度支那、摩洛哥、突尼斯和阿尔及利亚等都先后争得了独立。比利时、葡萄牙和荷兰均在50年代、60年代和70年代放弃了他们的绝大多数海外属地。

这就是说,由于全球交往速度的加快和密度与广度的增强,传统理论中的所谓帝国主义和依附的时代已经进入了它的终点。从我们的分析来看,帝国主义和依附时代的终结至少有四个必要的条件:一是知识经济取代资源经济。我们知道,帝国主义者的主要目的是掠夺别国的资源,当着资源不再是国民经济发展的主要手段的时候,这种掠夺就显得是多余了。二是世界市场的充分发展。世界市场的充分发展使国家从市场上得到资源的成本远远低于武力掠夺的成本,在这种情况下,这种掠夺也成了不必要的事情。三是全球交往的密度和广度都达到了相当高的程度,国与国之间的交往、交流与合作已经到了所谓"一荣俱荣,一损俱损"的程度。对任何一个单一国家的攻击，同时都会对其他多个国家造成伤害。四是全球交往的速度达到了国际军事力量可以在短时间内完成大规模的集结，从而阻止一个国家对另一个国家的军事进攻。而我们上面的分析可以看出，这里讲的这四个条件几乎都是在20世纪50年代同时完成的。因此，我们有充分的理由说，在这个全球化新时代出现的临界点上，帝国主义和依附的时代已经终结。

第四，合作与对话取代了冷战与对抗。

随着经济全球化、非殖民化和冷战时代的结束，人类进入了一个合作与对话的阶段。在一个全球交往达到相当高水平的时代里，冷战与对抗不符合任何国家的国家利益。因此，合作与对话取代冷战与对抗是历史的必然。

（二）全球化时代的新概念框架与多边相互依赖

根据上面的分析，我们可以得如下一些相互对应的概念范畴。

前全球化时代→全球化时代

现代→后现代

传统工业时代→信息时代

依赖（依附）→相互依赖

垄断市场→全球市场

强权政治→民主政治

单极→多极

对抗→合作

冷战→对话

军事霸权→相互尊重主权和领土完整

文化霸权→文化整合

在以上概念框架中，核心的概念是**相互依赖**。如前所述，由于全球相互联系网络的"广度、强度和速度以及影响"都在大幅度地增加，使得各联结点（国家、地区或组织）对其他联结点的依赖程度越来越大，这种情况发展到一个临界点后，必然使得国际关系发生一种质的变化，从而使人类进入一个全新的时代。在这个新的时代里，各政治行为主体都处在一种对等和相互依赖的复杂关系之中，任何一个链条出现问题，都意味着其他各个链条都要不同程度地受到影响。这是一种如传统的殖民时代和依附时代完全不同的时代特征。因此，不论是强国还是弱国，都不得不承认这种对等关系，调整自己的国内和国际策略，以便降低发展成本。

在这个问题上，戴维·赫尔德、安东尼·麦克格鲁等人的概念分析框架有两个主要的不足：一是如前所述，他们把全球化的时间跨度拉得过长，以至于混淆和模糊了他们所谓"密集全球化"时代所独有的一些重大特征，尤其是忽视了"相互依赖"在全球交往和联系发展到一定程度后对于国际关系所具有的重大意义。二是他们把"相互依赖"概念与当下流行的"普世主义"、"趋同"与"一体化"等概念混为一谈，因而没有看到相互依赖现象在未来国际关系发展中的重要意义。

"相互依赖"是美国杜克大学政治学与政治经济学教授罗伯特·O. 基欧汉与哈佛大学肯尼迪政治学院院长约瑟夫·S. 奈于20世纪后期共同提出的一个重要概念。早在1977年，两人就合写了《权力与相互依赖》一书，认为我们正处在一个"多元依存"的世界，在这个世界上，国家安全和军事防务已经变得不那么重要，国与国之间被多种社会和政治关系联结在一起。1998年9—10月号的美国《外交》杂志又发表了两人合写的《信息时代的权力与相互依赖》一文，文章对1977年的观点作了微妙的修改。例如，作者认为，"我们依然处于信息革命的初期阶段"，因而，"军事力量在国际关系中依然扮演着重要的角色，而且，在危机关头，国家安全在外交政策中依然高于其他事务。"但是，两位作者依然认为，在"二战"以来的半个多世纪里，国际交往中已经"形成了一种建立在多边原则基础上的国际制度，重视信息和市场，不再强调军事敌对。结果使得国家要摆脱这些相互依存模式的成本越来越高"①。我们不想在这里对这两位学者的观点的正确与否进行评论，我们只是要说，从上面提出的概念框架来看，这两位作者可能提出了一个非常重要的概念：这个概念有可能最深刻地揭示我们今天所处的时代的根本特征。

我们习惯于用"帝国主义"、"殖民主义"和"依附"这样一些概念来表述冷战以前几百年来的世界格局。但是，随着全球信息化和市场化时代的到来，使用这些概念的时代可能已经于1989年冷战的结束而终结。回顾整个世界的解殖民化过程，我们不难看出，那种以掠夺资源和小国依附大国、弱国依附强国为特征的殖民主义时代已经过时：第一，传统的资源经济已经被知识经济所取代；第二，传统的掠夺方式是以高额成本为代价的，其成本可能远远高于这些资源的市场成本；第三，国与国之间的多边联系和相互依赖使得大国与小国之间的对等关系变得越来越明显。因此，解殖民化是一个完全自然的世界历史过程。正是从这个意义上，我们说，相互依赖可能对于今天的时代具有十分重要的本质意义。

当然，相互依赖并非没有矛盾，更何况我们还只是处于全球化时代的初始阶段。我们正是需要在全球相互依赖的特征和框架内分析目前存在着的（如上述概念框架中所列）各种矛盾和对抗，并据此对这种状况的未来发展走势进行分析。

我们可以用这个框架来分析大英帝国时代的终结，也可以用这个框架来分析海湾战争和其他战争。使用交易成本理论和资源经济理论来分析大英帝国的终结并不是完全没有道理的；大海和大洋曾经阻隔了陆地之间的人类交往。因此，真正意义上的全球交往是随着造船技术的发展和航海业的出现才出现的。但是，每小时几十海里的航船速度限制了人类在洲际或陆地之间的这种交往。而恰恰是这种限制，造成了一国对别

---

① 罗伯特·O. 基欧汉、约瑟夫·S. 奈：《信息时代的权力与相互依赖》，载《马克思主义与现实》2001年第2期，第71页。

国的侵略和一国对别国的依附。这就是我们说的帝国主义时代。强国对弱国的侵略和弱国对强国的依附，都是历史的必然产物，而且，正如前面所述，它们也必然随着历史的发展而成为历史。

伊拉克对科威特发动的那场战争的战争成本和战争耻辱可能使伊拉克人永世不忘。据新华网日内瓦2001年6月21日专电，联合国赔偿委员会理事会21日在日内瓦宣布说，伊拉克迄今已经因其入侵科威特支付了120亿美元的赔偿，而包括其他国家在内的赔偿则已经达到354亿美元[1]，这个结果还不包括伊拉克受到国际制裁以来所遭受的巨大经济损失。越战的失败对于美国人来说，决不能解释为美国的不够强大，而是美国的决策者们忽视了一个重要的问题，即国与国之间的相互依赖正在取代恃强凌弱的依附时代。

我们的分析还要说明，就今天而言，越是强大的国家，对其他国家的依赖程度可能会越高。以美国经济为例，美国经济对其他国家的依赖程度比任何国家都要高得多，而美国新总统布什近来的对外政策表明，他并没有意识到美国经济对于世界各国经济的依赖程度。20年来，美国为其新经济的到来做好了充分的制度准备，但是美国新政府的一系列有损于别国政府的政策（如在核导条约、环保条约以及其他军事行为等方面表现出来的有损于别国利益的一系列政策）却极大地破坏了美国政府的形象，破坏了美国经济的信誉，增加了人们对美国经济的风险和不信任意识，这可能是造成美国经济持续下滑的具有决定性意义的原因之一。与美国经济形成鲜明对照的是，由于顺应了相互依赖的历史趋

---

[1] 新华网日内瓦2001年6月21日专电联合国赔偿委员会理事会21日在日内瓦宣布说，伊拉克迄今已经因其入侵科威特支付了120亿美元的赔偿。赔偿委员会理事会19日至22日在日内瓦举行第40次会议。会议决定再次向因伊拉克入侵科威特而遭受损失的个人、企业和政府提供8.42亿美元的赔偿。其中沙特阿拉伯、科威特、伊朗、约旦和叙利亚5国政府共将得到2.43亿美元的赔款。至此赔偿委员会决定伊拉克需要支付的赔款总额已达354亿美元，其中120亿美元已经支付兑现。

势①，中国经济却一直保持着快速发展的好势头。总之，从全球经济相互依赖的意义上来解读美国经济和中国经济的现状，或许并非全无道理。

（三）全球化时代如何对待马克思主义的理论文本

1. 重读经典，丰富和发展马克思主义

马克思主义理论具有与时俱进的品格。与前所述，全球化时代是一个在全球政治、经济和文化都发生了重大变化的时代，伴随着现实的发展，人们的思想观念也必然发生重大的变化。因此，许多马克思主义的传统概念和范畴都需要进行重新理解。这就要求我们的马克思主义理论必须与时俱进，否则它就失去了存在的理由。

我们知道，马克思主义是一种社会理论，它的建立和发展是受着特定历史条件限制的。它的生命力正在于它能够随着时间的发展而可以有新的解读。我们以列宁主义为例。列宁主义是帝国主义时代的马克思主义。这就是说。帝国主义时代产生了列宁主义。在各种理论的冲突和争议中，人们选择了列宁主义，这主要是指列宁的"无产阶级专政理论"、"一国胜利论"、"消灭脑力劳动与体力劳动的差别"等一系列理论。这种理论在忽略了马克思主义的其他一些重要的理论（如全球同时胜利论）的同时，也对马克思的原有理论进行了重大的修正。例如，马克思依据巴黎公社的经验提出的著名的无产阶级专政理论，指的是一种没有常备军，没有警察和警察制度，甚至没有专业官员的政治形式，这就是马克思讲的"打碎资产阶级国家机器"的含义。但是，由于特定的时代背景，列宁对无产阶级专政的含义做了完全不同的解释。我们知道，列宁主义意义上的无产阶级专政，不仅建立了常备军、警察制度和大批的专业官员，而且强化了这种镇压功能。如果不去重读马克思的经

---

① 中国政府采取的和平共处五项原则正好顺应了我们所说的全球多边相互依赖这个历史趋势。参见路易·阿尔都塞、艾蒂安·巴里巴尔：《读〈资本论〉》，北京：中央编译出版社2001年版，第21—23页。

典，我们就不可能发现这种重大的差异，甚至还会以为只有列宁的理解才是正确的，而马克思本人的理论，倒是不正确的了。因此，我们说，马克思主义的生命力可能恰恰在于它将随着时代的进步而不断地发展。

从上面的理论和概念框架中我们可以看出一个重要的历史现象，即从某种意义上说，人类可能正在走出传统的所谓帝国主义和依附阶段，从而进入一种多边相互依存的和平发展阶段。也就是说，我们应该在理论上走出传统的列宁主义阶段。这应该是"与时俱进"这个概念的题中应有之意。但是，学术界有不少朋友根本不考虑今天的现实变化，不想从传统的理论和概念中走出来。相反，他们不仅死抱住过去的观点不放，甚至认为只有过去的是对的，今天的理论不是马克思主义，今天的实践也不是马克思主义的。你要是试图用马克思主义的理论来解读今天的现实，或者，如果你试图根据变化了的现实来重新解读马克思的理论和学说，这在有些人看来，都是不能允许的。在这些人看来，马克思主义的理论在中国的改革实践和改革理论中断裂了。这一方面说明有些人在争夺马克思主义的话语权和解释权，他们拒绝承认今天的邓小平理论是当代中国的马克思主义，不承认中国 20 年的改革成就是在马克思主义的正确理论指导下取得的。这是一种很危险的也是非常错误的理论和思潮。

尽管这种方法也一度使得阿尔都塞本人得出了一些错误的结论。这一点我在有关文章中曾经进行过批判。

2. 一种值得重视的阅读方法

在大量有关马克思主义的研究文本中，阿尔都塞的"症侯解读方法"是我们重新阅读马克思主义理论的一个非常值得借鉴的方法——尽管这种方法也一度使得阿尔都塞本人得出了一些错误的结论。这一点我在有关文章中曾进行过批判。当人们试图建立一种新的理论时，就自然会忽略掉另外一些理论要素，而这些理论要素会随着时间的推移而变得重要起来。所以，这就要求我们把一些缺失的东西重新阅读出来。这就是法国哲学家阿尔都塞所谓"症侯解读方法"的一个实质性内容。① 后来的塞缪尔·亨廷顿更加明确地谈到了这个由哲学史上的著名的"肯定—否定"原理演化而来的、许多人都注意到的一个解读困境。他讲到,如果我们想要认真地对世界进行思考,并有效地在其中活动,那么,某种简化现实的图画或某种理论、概念、模式和范式就是必不可少的,但它们同时也"省略了许多事物,歪曲了一些事物,模糊了其他事物。"他接着更明确地写道:

"每一个模式或地图都是一个抽象,而且对于一些目的比另一些目的更有用。一份道路图告诉我们怎样从 A 点驶到 B 点,但如果我们驾驶飞机,它就不是很有用,在这种情况下,我们会想要一份突出飞机场、无线电航空指标、飞行路线和地形的地图。然而,如果没有地图,我们将会迷路。一份地图越详细,就越能充分地反映现实。然而一张过分详细的地图对于许多目的来说并非有用。如果我们想要沿高速公路从一个大城市前往另一个大城市,我们并不需要包括许多与机动运输工具无关的信息地图,因为在这样的地图中,主要的公路被淹没在大量复杂的次要道路中了,我们可能发现这样的地图令人糊涂。另一方面,一份其中只有一条高速公路的地图,可能会排除许多现实,并限制我们发现可供选择的道路的能力,如果这条高速公路被重大的交通事故堵塞的话。"

亨廷顿的这些话,非常生动地表述了任何理论、概念、模式和范式的局限性。按照阿尔都塞的方法,我们应该在必要时把省略掉的事实或标记重新阅读出来。例如,当马克思创立他的剩余价值理论时,他把各种复杂劳动归结为简单劳动,从而提出了"抽象劳动"概念,这就造成了复杂劳动的缺失。甚至我们有一段时间只承认简单劳动,不承认

---

① 见塞缪尔·亨廷顿:《文明的冲突与世界秩序的重建》,北京:新华出版社1998年版,第10—11页。

复杂劳动，大谈什么"高贵者最愚蠢，卑贱者最聪明"，因而极力贬低知识分子的劳动。我们今天应该把这种理论的缺失和省略阅读出来，即承认复杂劳动的重要意义，并使其收入合理化和合法化。再如我们前面所提到的，当列宁或其他马克思主义者论述马克思的无产阶级专政理论时，他们根据时代的变化和要求，省略掉了马克思关于取消常备军、取消警察制度和取消专职官僚队伍的内容。当我们今天重新阅读这些理论时，我们应该把这些省略掉的东西再现出来，以便根据今天的时代变化，提出今天的理论和概念。

当然，就经典理论而言，不仅存在着地图的省略问题，还会出现因道路位置的改变而不得不改变地图本身的问题。马克思恩格斯生前就曾不断地修改他们提出的理论或道路图。目前理论界已经开始正视《共产党宣言》中的七个著名的序言中所反映出来的对他们的理论不断地进行重大修正的范例。不仅如此，如果我们注意一下马克思恩格斯不同时期的著作，我们就会看到，马克思和恩格斯从来没有间断过对他们的理论和著作的修正和修改。这里可以举出一个突出的例子。恩格斯在他的《共产主义原理》这篇篇幅不长的文章中曾经多次简单地提到"消灭私有制"这样的字眼。这些字眼使我们想起数百年前的一些空想社会主义者关于"私有财产是罪恶"、"私有财产是万恶之源"之类的极端提法。我们注意到，马克思恩格斯后来都把关于消灭私有制的观点主要地限定在消灭资本主义的特定劳动关系上面。这同一般地讲消灭私有制是有着本质区别的。只有从这个意义上，我们才能理解马克思和恩格斯为什么后来提出"重建个人所有制"和"社会所有制"的问题。

总之，随着时间的发展和全球化时代的到来，许多以往的概念和范畴都应该进行重新地研究和界定，而不应该把它们现成地拿来作为理论、研究、思考和谈话的出发点和立论前提。

四 刘长军：马克思列宁主义在中国传播的模式分析

百年以来，马克思列宁主义在中国经历了波澜壮阔的传播历史，形成了丰富多彩的传播模式。如果立基于对立价值理论①，马克思列宁主义在中国的传播模式可以从四个象限进行比较分析，它们又分别对应于马克思列宁主义的部落式传播、等级森严制传播、临时体制传播、竞争导向式传播。这使得马克思列宁主义传播的全息图具有了鲜明特征，并内含了不同的传播效率。但是，这样的一种理论探索，在思想学术界尚不多见，笔者愿意尝试于此，提出问题，以就教于同仁。

（一）马克思列宁主义在中国传播的全息图

全息图原来指一种呈现事物真实面貌的三维立体图像，它涵盖了记录事物的尺寸、形状、量度、对比等基本的信息，这比普通的二维图像更能显示事物的本来面目。如果将"全息图"概念用于马克思列宁主义的传播史中，就需要我们至少考虑以下几个宏观因素。

第一，需要分析马克思列宁主义在中国传播的社会历史背景。其中，最重要的就是确定影响马克思列宁主义传播的重大事件。大致来讲，这些事件包括新文化运动、中国共产党成立、1927年大革命失败、中共七大、"三大改造"、"文化大革命"、十一届三中全会等。这些事件的出现，影响了马克思列宁主义在中国的传播模式。

---

① 对立价值理论最初是在组织效率的研究中衍生出来的，后来逐步发展为诊断组织文化的一种分析架构。在该理论的形成发展过程中，约翰·坎贝尔、鲍勃·奎因、约翰·罗尔博、金·S.卡梅隆等做出了贡献。该理论虽不断流变，但基本观点认为：任何一个组织文化都可以从"稳定和控制"以及"灵活性和适应性"出发，分成四个象限并分别对应于部落式组织文化、临时体制式组织文化、等级森严式组织文化、市场为先式组织文化。马克思主义作为具有鲜明特点的组织文化，在其传播过程中，也形成了大致四种传播模式，当然这是一种形象化的修辞。但是，我们毕竟不能从"市场价值"的角度来看待马克思主义。因此，笔者在借用对立价值理论的同时，将对立价值理论中的"市场为先式组织文化"更改为"竞争导向式传播模式"。实际上，马克思列宁主义在中国的传播，也正是在与各种非马克思主义的社会思潮的竞争中胜出的。

第二，需要分析马克思列宁主义在中国传播的不同模式。根据对立价值理论，马克思列宁主义在中国传播模式包括部落式传播、等级森严制传播、临时体制式传播、竞争导向式传播。

第三，需要分析每个传播模式的价值以及该传播模式在马克思列宁主义全息图中的历史地位。受制于重大历史事件的影响，这些不同的传播模式，在不同的历史阶段，其在马克思列宁主义传播史中的地位也会出现变化。四种传播模式的历史地位，不是固定不变的，而是不断发展变化的。

除以上宏观因素外，马克思列宁主义传播全息图包括许多个性化元素。每一个个性元素都反映了马克思列宁主义传播的不同信息。这些独特的传播信息使该元素与其他元素区别开来。（1）马克思列宁主义传播的主导特点，或者说整个全息图像的主导性趋向是什么？（2）渗透整个马克思列宁主义传播过程的方法和风格。（3）个体特征，即"个人"在马克思列宁主义传播过程中所体现出来的作用是什么？（4）凝聚物，即凝聚马克思列宁主义传播的连接机制。（5）战略重点，即马克思列宁主义传播过程中的聚焦点和驱动策略。（6）成功标准，即马克思列宁主义传播效率的评估工具。

在这六个微观因素中，每个构成要素都是强有力的，并且六种要素之间保持一致性的同时，也具有非协调性。这种一致性突出表现在，每一种传播模式都至少是在这六种个性化因素的作用下实现。它们之间的非协调性表现在每个因素在传播模式中的作用是不一样的。

以上这些宏观和微观上的因素从总体上反映了马克思列宁主义传播全息图的主要信息，虽然它们还不全面，但这毕竟提供了考察马克思列宁主义传播的各种模式的充足的支撑资料。

通过反复辨识，我们发现，马克思列宁主义传播的四种模式中，只有三种模式受到了重视，一个模式则不常见。三种模式分别是马克思列宁主义的部落式传播、等级森严制传播和竞争导向式传播。不常见的传播模式则是马克思列宁主义的临时体制传播。

(二) 马克思列宁主义在中国传播的四种模式

上述马克思列宁主义在中国传播的四种模式，它们的基本信息如下。

1. 马克思列宁主义的部落式传播

马克思列宁主义在不同民族、不同领域、不同单位的内部的传播模式。包括马克思列宁主义在少数民族内部的传播、马克思列宁主义在汉族内部的传播图式、马克思列宁主义在不同性质的单位内部的传播，等等。在中国，笔者主要以高校、党校、科研院所为分析对象①。

在高校，马克思列宁主义的传播具有相对的灵活性。不断创新马克思列宁主义传播方式和传播内容，多是高校的特色之一。在党校内，马克思列宁主义的传播受制于诸多的条条框框，约束较多。这里的限制，不是说党校创新理论不努力，而是相对于高校的管理氛围而言的。在科研院所，马克思列宁主义的传播也是比较宽松的。当然，这里的宽松绝对不能理解为肢解马克思列宁主义和反马克思列宁主义。

造成马克思列宁主义部落式传播的主要原因，根源于各个领域的性质和特点。比如，高校的特点就是充满青春活力，充满青春梦想，充满创新氛围。党校则是党的理论主阵地，是所属党委的思想库和党的方针政策宣传的主渠道。所以，马克思列宁主义在党校的主流传播方式就是在提倡创新的同时，更应当做到中规中矩。科研院所相对于高校来讲，青春气息较弱，相对于党校来讲，受制的氛围较弱。所以，马克思列宁主义在科研院所的传播，形成了以带头人为特点的传播导向，带头人在传播马克思列宁主义过程中所表现出来的特质，往往体现了整个科研院所的特质。

部落式传播往往与以下因素紧密地联系在一起：分权、信任、内部成员的平等、高涨的文化氛围、对传播主体的满意度。所有这些因素，

---

① 笔者认为，高校、党校、科研院所等单位恰如个性鲜明的部落，马克思主义在它们内部的传播，犹如在部落中的传播一样，虽然这种比喻有失恰当，但也可以说明一些问题。

都与部落式传播的核心价值观保持相对一致。所以,马克思列宁主义的部落式传播模式,从上到下、从高层到基层、从政府到民间、从党员到群众,都在收集和反馈有关的传播信息,以确保所有的马克思列宁主义意识形态领域的高级领导层,能够获得有益的分析数据,以及为实现更高的传播效率获得相关的协助。

在这种传播模式下,高层的传播施动者往往设计一系列的传播发展规划图,它强调跨部门之间的流动性与协调性,而且对跨功能交流非常有期待。同时,高层的传播施动者也会制定出一个有效的党员和群众的调查计划,该调查计划可以系统地观察调查对象的态度和想法,并指导调查对象针对在调查中确定的变化进行相应的变革。

高层施动者还会创造一个内部的马克思列宁主义知识的"大学",为每个层次的传播施动者提供系统的培训计划。特别需要持续地监控传播施动者中的一线人员,注意他们的信仰问题和意识形态的价值观变化,确保他们的一些物质待遇和精神待遇得到合理的保障。同时,需要充分调动中层的传播施动者的积极性和主动性。最后,加强传播施动者建议制度的效力。以其他类型的意识形态传播中最好的制度作为本意识形态传播行为的参考基准,更新现有的传播体制机制,提高传播效率。

在部落式传播过程中,最好能够使传播施动者参与所有的传播战略策划。推出各种传播计划和传播项目,来增强传播队伍的工作能力和团队建设的技能,增强部落式传播的凝聚力和吸引力。为了更好地跨部门之间的协作、辨别问题和提供建议,意识形态的高级别管理者和不同级别的跨部门之间要经常举行"跨级别"的战略协商会议。这种跨级别的战略协商,有利于意识形态高层准确掌握马克思列宁主义传播中的最直接问题,也有利于提高最前线的传播施动者的传播技能,有助于培养他们的战略思维能力和马克思列宁主义知识水平。

可以看出,马克思列宁主义在中国的部落式传播,在囊括的民意基础、满意度、内部交流等方面表现得尤其突出。它具有如下特征:具有高度的价值观凝聚力、特别的认同感和使命感。但是,部落式传播模式也具有较大的传播惰性,容易满足既有的传播成果,特别是它往往具有较大的自主性、自由性,也往往产生传播的地方主义和部门主义。

2. 马克思列宁主义的等级森严制传播

该传播模式体现在马克思列宁主义在不同阶级阶层内部的传播,尤其是在政党、政府体制内的传播。这种传播模式可能沿着两种不同的传播途径。一是马克思列宁主义与中国实际的离心离德,呈现的是貌合神离的传播状态,主要表现为马克思列宁主义的教条式传播。二是马克思列宁主义与中国实际的同心同德,呈现的是形神合一的传播状态,主要表现为马克思列宁主义的中国化传播。

等级森严制的传播模式,通常是通过一系列的规范性和严肃性的传播术语、理论体系、政治符号、政党理念、政府文化等表现出来。无论是教条式的传播方式还是中国化式的传播方式,都没有脱此窠臼。传播的路径基本上以自上而下为主,但前提必须是已有政党或政府创造了或创造着一整套的可以传播马克思列宁主义的话语体系和制度安排。如果缺少这种前提,这种等级森严制的传播模式,可能会从自上而下的传播方向转为自下而上的传播方向。比如,早期中国共产党在将大量时间和精力用于武装斗争并无暇顾及理论创新的时候,党内大量的知识分子在传播马克思列宁主义的过程中,对中共高层形成科学的马克思列宁主义观做出了重要的贡献。如李达、艾思奇较早地提出了"马克思列宁主义哲学中国化"、张闻天提出了"马克思列宁主义新闻观中国化",等等。这对于毛泽东在1938年形成"马克思列宁主义中国化"的认识,是一个有益的底层促动。

等级森严制的传播模式,大致通过以下几种常见的做法来实现。

(1) 使用流程性方法改进工作,不是仅仅减少传播组织里传播人员的数量,而是更加明确地指出那些需要增加人员的地方。检查现有的马克思列宁主义传播状态是否可以提高到更有效率的水平。调查从传播对象的要求到提供马克思列宁主义精神产品的时间差,重新设计或者更改传播渠道,减少马克思列宁主义传播的在途时间,降低马克思列宁主义传播过程中的传播成本，提高传播效率。甚至同其他意识形态传播的效果相比较，研究和借鉴其他意识形态传播的一些好做法。

（2）建立一个具有强大的"解决问题"的计划。这一计划包括：使马克思列宁主义传播施动者的数量在保持相对稳定的同时，传播的效率却有所增加。加强马克思列宁主义传播的预防工作，维护马克思列宁主义传播的等级权威，防止受到体制外的影响与挑战。要能够有效抵御侵犯现有马克思列宁主义传播的体制机制的各种可能的风险和危险。对可能影响马克思列宁主义传播的破坏情况做出评估，研究可能产生马克思列宁主义传播危机的因素和制定防止出现危机的预案计划。

（3）建立一支能够做及时监督的团队，来执行马克思列宁主义传播中的最大的项目。这个团队可以在马克思列宁主义传播过程中实施即时、突击、不定期、迅速的审查，而不是通常在事后才进行监督。比如，敢于和及时更换那些其行为不能反映该等级体制内信奉的价值观的高级管理者，而不管他们以前做出了怎样的贡献。防止这些具有影响力的人物因为个人的不当行为影响整个传播团队的社会形象和理论形象。

可见，等级森严制的传播模式往往与以下因素紧密相关：礼仪化、稳定、对变化反应的低倾向和低士气。在这种传播模式中，同质性传播是它的显著特点，这就容易造成传播官僚化和传播政治化。好像马克思列宁主义是天生为高层政治服务的，老百姓可望不可得。同时，传播方式的运动化、不可越雷池一步、呆板守旧等成为等级森严制传播模式的致命要害。这种传播模式一方面固化了政党和政府内部的价值理念，可以形成较为强势的核心价值，但也存在离心党群关系的危险与可能性。

总之，等级森严制的传播模式，具有严格的控制欲和追求认同感的效率，是一种被动型为主的传播模式，但它使等级森严制的核心价值观念与这些文化组织特征在很大程度上保持了相对的一致。

3. 马克思列宁主义的竞争导向式传播

这是从宏观角度来考察的，也可以说是马克思列宁主义在全国范围传播的特点之一。众所周知，19世纪末20世纪初，马克思列宁主义仅仅是众多社会思潮中的一种，在与多种社会思潮的竞争中，马克思列宁主义才最终脱颖而出。

竞争导向式的传播模式与以下因素有紧密联系：指示性的领导风格、对峙和冲突、对意识形态外部阵地的占有、实现目标的强调——所有这一切与竞争导向式的传播模式的核心价值观相匹配。所以，这种传播模式十分强调意识形态的渗透性、透明度和马克思列宁主义传播资源的强势占有，具有强烈的攻击性、渗透性、干预性、创新性和开拓战略。

这种竞争导向制的传播方式，根源于意识形态本身的属性。意识形态的渗透性，决定了各个阶级所坚持的指导思想之间的竞争、斗争、摩擦和互相抵牾。那么，哪种意识形态能够在激烈的竞争中取得胜利呢？关键取决于这种意识形态是否能科学解释人类社会、自然界、人的思维的发展规律，取决于这种意识形态是否能科学地认识世界和科学地改造世界。实践早已证明，马克思列宁主义不但能科学地认识世界、解释世界，而且能科学地改造世界。它具有科学性、真理性、实践性、革命性。这是马克思列宁主义在与多种社会思潮的竞争中，能够取得胜利的最根本原因。

这种马克思列宁主义传播模式的工作机制包括：

（1）传播施动者往往会预先制定一个传播图景的战略规划，其中设置一些传播的目的、价值、要达到的目标、所采取的方法措施以及具有竞争力的标准。具体来讲，就是始终强调竞争意识和主流导向，向每一个传播施动者下达有关的传播任务；确立一些仅仅通过传播施动者个人不容易实现、需要依靠组织的力量才能达到的高度的传播目标。同时，将传播施动者的能力与未来的需求相比较，为此制定一个提高传播能力的人才培养计划。

（2）需要执行传播效率最大化的战略联盟。制定一个可以评估马克思列宁主义传播过程中各个职能部门对于传播的整体竞争力所作贡献的方法。具体包括：与最大、最主要、关键传播对象建立合作关系，为他们参与马克思列宁主义的传播提供便利，就像合伙人参与经营管理一样；研究那些接近马克思列宁主义从而希望做出贡献或者寻求支持的外部环境，同时向那些适合竞争导向式价值观的外部组织提供理论支持，并创造互助互利的合作关系；在与竞争对手相比较的前提下，使每一个具体的传播施动者能够了解和掌握其他竞争对手的优秀做法，找出传播对象对马克思列宁主义反映的更有竞争力的方法。

（3）重视传播对象的接受性反应，及时了解传播对象的现实需求，与他们保持紧密的联系，了解他们对马克思列宁主义传播过程中所提供的产品与服务的现有期望值和满意水平。有一个有效的方法，就是不断地增加传播对象在竞争导向式里感受的真诚，努力发展一个传播对象的自组织教育传播系统，来帮助传播对象在面对马克思列宁主义的精神产品和服务的不同类别时做出选择。由于与其他社会思潮的竞争关系，这种传播模式一般都会考虑和照顾特殊的传播对象，找到一条适合特殊群体的传播方法。比如，马克思列宁主义在少数民族中的传播，可以采用特殊的语言和特殊的教材，结合少数民族的风俗习惯，从少数民族的实际需求出发。

总之，无论过去、现在还是将来，马克思列宁主义都始终遭到不同社会思潮的攻讦，它与非马克思列宁主义思潮的竞争和斗争远远没有结束。所以，牢牢树立马克思列宁主义的意识形态权威，在与各种社会思潮的斗争中做到守土有责、守土负责、守土尽责，是任重道远的神圣使命。

4. 马克思列宁主义的临时体制传播

这种传播模式是根据各种需要临时组成的或者应景式的。它具有以下特点：不断努力的改革创新趋势、积极进取的传播态度、不断的向外发展和主动性的外延。所以，这种传播模式往往与以下因素紧密地联系在一起：倾向性变化、具有策略和改进倾向的组织环境——所有这些都与信奉的临时体制的传播模式价值观保持了相对一致。

这种传播模式的主要任务是分析马克思列宁主义传播的关键价值观，鼓励将更多的传播重点放在管理未来的层面上。这种传播模式的主要工作机制包括：

（1）对现行的传播远景进行尖锐的分析。主要是分析当前的传播方式是否提供了价值观的认同和情感的方向？是否激发了马克思列宁主义从业者的创造性和积极性？

（2）找到当前传播中的主要问题，并且运用"一个声音"概念，向发现的每一个问题发起挑战。主要是通过寻找一种科学的方法，研究转换型传播方式和过渡型传播方式的不同，为传播效果奠定探询式前提。将所有的传播资源和传播部门集中到传播新方式和新方法的第一阶段，确保传播声音能在第一时间被传播对象听到。

（3）探寻传播外部的驱动力而非依靠现存内部的功能进行管理，让所有的传播施动者进行创造性思维，使传播的策略性动机在不断变化的传播环境中得到提高。主要是借用现代科学技术和新的传播媒介，特别是资讯科技，以此在更广泛多样的资讯资源基础上，创造更快更好的新的传播选择。通过传播施动者提供马克思列宁主义精神产品和服务来解决传播对象意料之外的问题，从而使他们获得对于马克思列宁主义的惊喜和欣慰。

（三）四种传播模式的比较分析

毋庸置疑，马克思列宁主义的四种传播模式的区别是显而易见的。但我们也发现了一种有趣的传播现象。就是，我们越是深入地认识和了解到马克思列宁主义传播模式的多样性，就越多地发现在不同类型的传播模式中有许多令人惊讶的一致性或者相似性。① 这些相似性绝对不是偶然产生的,它们有着相似的社会基础、文化渊源、实现途径等。

首先,从马克思列宁主义在中国传播的社会基础看,无论传播模式的四种象限中的哪一种模式,都离不开这样几个相似的社会基础。一是半殖民地半封建社会的性质,决定了无论哪个阶级都必须找寻救国救民的真理。因此,马克思列宁主义作为众多救国方案中的一种,在不同阶级之间的传播,是现实的必然需求。但是,由于各个阶级所持的阶级利益和政治立场的不同,马克思列宁主义在他们之间的传播就会出现不同的传播模式,也会产生不同的传播效果。但是,马克思列宁主义毕竟已经开始在不同阶级和不同领域之内进行传播,也必然会呈现传播的相似性。二是中国深厚的传统文化,使得各个阶级在认识和理解马克思列宁主义的过程中,往往以中国的文化传统为标尺,来考量马克思列宁主义在中国的生命力问题。由于各个阶级对中国传统文化理解程度的差异,使得马克思列宁主义在不同阶级之间的传播效果出现差异,但传统文化的参与却是众多传播模式之间的相似性之一。

其次,在实现途径上,四种传播模式都是功能性途径和符号性途径来实现的。功能性途径往往注重客观因素的分析和解读,其关心的核心主线是"马克思列宁主义的传播产生了什么样的影响?"。功能性途径主要是考察马克思列宁主义传播的聚焦点,主要体现为聚焦于中国人的集体行为,侧重于宏观观察和整体变量的考虑。比如,马克思列宁主义传播的社会背景是什么等。与功能性途径不同,马克思列宁主义传播的

---

① 心理学实验表明,多数的个体对周围世界的感觉有一种相似的架构。这个架构被称为"心理原型",它指的是人们在心中组织他们所遇到的信息的类型。比如,伊恩·米特罗夫曾写道:我们越深入地调查世界文化巨大的差异性,就越多的发现,在象征层面上不同的原型之间有令人惊讶的一致性。这都是人们的潜意识中最深层次的思想所产生的。这些相似的传播符号图案我们可以称之为"原型"。参见金·S.K.卡梅隆、罗伯特·E.奎因:《组织文化的诊断与变革》,谢晓龙译,北京:中国人民大学出版社2006年版,第26页。所以,马克思主义的四种不同传播模式,虽然具有鲜明的个性特征,但它们具有相似的前提、基础和传播环境,仍然会散发出一些共性的信息。四种传播模式,无论是哪一种,马克思主义都是通过对一系列共有价值观的坚持来保证其生命力的连续性和一贯性。随着时间的推移,马克思主义传播越发倾向于发展形成一种显性的文化,使自己更好地适应并调整环境中的挑战和变化,并越发强调其核心组织凝聚力。

符号性途径，聚焦点集中于中国人的个体认识，侧重于微观调查和主观变量的考虑，其考虑的核心主线是"马克思列宁主义是以什么样的符号来传播的?"。所以，符号性途径往往注重主观因素的分析，追求创造出一些主观性概念来强调或促动马克思列宁主义的传播，如提出"中国化"的概念等。

虽然四种不同的传播模式大致都是通过功能性途径和符号性途径来实现的。但由于各个传播模式具有不同的个性特征，这使得两种传播途径在四种传播模式中，其产生的效果和发挥的影响也是不相同的。然而，如何进一步深入探究这两种传播途径，却是一个很有意思的课题。

但是，四种传播模式之间的区别也是明显的。马克思列宁主义在中国的传播模式，多数情况下是拥有主导权的传播模式在影响着其他传播模式。实际上，马克思列宁主义传播的不同模式，具有不同的组织策略、决策过程和理论架构。笔者尝试将四种传播模式进行比较分析，用坐标象限的方式表示出来。

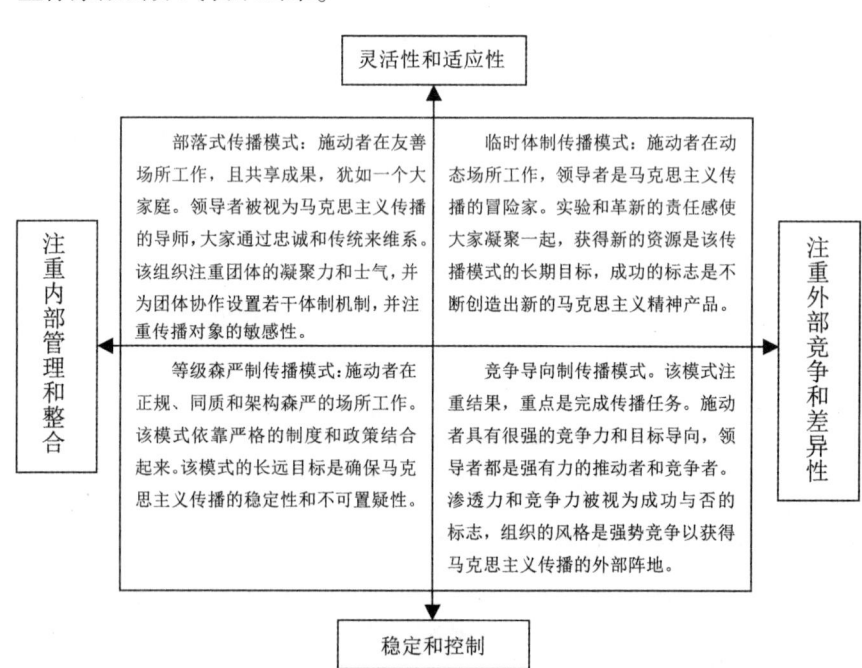

四种马克思列宁主义传播模式的分析比较图

(四) 探讨四种传播模式的传播效率

在分析了四种传播模式的基本内容和它们的相似性之后，深层次的问题随之而来，这就是不同传播模式的传播效率问题。探讨马克思列宁主义在中国传播的效率问题，有这样几个因素不得不考虑。

1. 这种传播模式是否可以代替的问题

一般而言，不可替代的传播模式或者主导性的传播模式，它们的传播效率比较高。相反，替代率较高的传播模式，它们的传播效率就较低。当然，这不是绝对的，具体情况还要考虑该种传播模式所处的历史条件。比如，1921年建党前后，马克思列宁主义在某些地方是以一种隐秘的方式来传播的，但其传播效率并不低。

2. 这种传播模式在传播对象中的占有率多少的问题

即这种传播模式受到传播对象的欢迎程度，一般而言，越是受到传播对象喜爱的传播模式，它的阵地占有率就越高，传播对象讨价还价的余地也就越少，它的传播效率就越高。相反，群众对某种传播模式越不接受，他们对这种传播模式的讨价还价的余地也就越多，传播效率自然就越低。因此，提高马克思列宁主义的传播效率，必须探寻群众能接受和喜爱的传播方式。

3. 传播主体讨价还价的余地问题

作为马克思列宁主义传播的施动者，传播主体在传播模式中起到至关重要的作用。一般情况下，如果传播主体对"马克思列宁主义"的信仰程度不高、信仰性质不纯洁、知识结构不合理甚至对马克思列宁主义存在讨价还价的想法，等等。那么，他在传播马克思列宁主义的过程中，就会出现政治立场动摇、传播方式陈旧、传播内容不科学等问题，这也必然降低传播效率。相反，那些知识结构合理、信仰纯洁、立场坚定的传播施动者，他们的传播效率就比较高。所以，提高马克思列宁主义的传播效率，必须选择政治合格、业务过硬的传播施动者。

4. 马克思列宁主义与其他社会思潮的关系问题

无论何种社会思潮，它们都是社会存在的反映，它们之间都有一些相似的特性。因此，马克思列宁主义思潮与非马克思列宁主义思潮之间并非必然地是非此即彼的关系。有些社会思潮虽然不是马克思列宁主义的，但它们在特定的历史条件下仍然有一定的合理性。所以，不应以强制手段取缔或消灭它们，较为合理的做法是用马克思列宁主义主导和引领它们的发展方向，规范它们的散播行为，使马克思列宁主义成为社会的核心价值取向。在这种情况下，提高马克思列宁主义的传播效率，应以"柔性"方法为主。但是，对于一些反马克思列宁主义的社会思潮，马克思列宁主义必须强制进入，必须用刚性手段才能提高马克思列宁主义的传播效率，扩大理论阵地。总之，在社会思潮"一元主导、多元并存"的情况下，提高马克思列宁主义的传播效率，就必须认真考察马克思列宁主义与其他社会思潮的关系问题，采取不同方式处理它们之间的特殊关系。

以上是影响马克思列宁主义传播效率的影响因素。但在中国，马克思列宁主义的传播效率最根本的还是取决于：（1）该种传播模式能否使马克思列宁主义更加科学地解释中国的基本国情。这是"认识世界"的问题。以文字著作为例，那些凡是能用马克思列宁主义理论科学地解释中国国情的著作，无不具有影响，它们在中国的传播效率也就较高。比如李大钊的《我的马克思列宁主义观》，毛泽东的《中国社会各阶级的分析》、《矛盾论》和《实践论》，等等。（2）该种传播模式是否能使马克思列宁主义更好地为传播对象所接受。凡是群众乐于接受的东西，其传播速度就快，传播效率就高。比如李达的《社会学大纲》、艾思奇的《大众哲学》等，它们被多次的翻印和出版，就是明证。相反，那些晦涩难懂的东西，群众就疲于应付、抵触较多，传播效率也就较低。（3）该种传播模式是否能使马克思列宁主义更好地完成中国近代以来的历史任务。虽然马克思列宁主义是历史的选择、人民的选择，但马克思列宁主义只有更好地、更快地、更有效地完成中国近代以来的历史任务，才能方显其威力。如果没有一种有效的传播模式，马克思列宁主义改造中国的实践功能可能会打折扣。因此，考察马克思列宁主义传播模式的效率，必须关注这一点。（4）该种传播模式能否使马克思列宁主义更好地把握时代脉搏。马克思列宁主义是时代的产物，也必然随着时代的步伐而不断地丰富。哪种传播模式可以使马克思列宁主义更好地紧跟时代脚步、把握时代主题、解决时代矛盾，该种传播模式的传播效率必然就高。

总之，马克思列宁主义在中国的传播模式不是一劳永逸的，而是不断变化发展的过程。传播模式的不断变化，导源于中国国情的变化和现实的需要，这就导致了马克思列宁主义在中国存在和发展的状态与原生态马克思列宁主义的不一致。这些变化，主要表现为马克思列宁主义在中国披上了更多的"中国色彩"和"中国特色"。笔者不揣浅陋，得出如下结论：（1）将马克思列宁主义与各个国家的具体国情相结合，是提高马克思列宁主义传播效率的国别途径。在中国，就是将马克思列宁主义中国化。（2）将马克思列宁主义与群众需求相结合起来，是提高马克思列宁主义传播效率的最现实途径，即将马克思列宁主义大众化。（3）将马克思列宁主义与时代特征相结合，是提高马克思列宁主义传播效率的有效途径，即将马克思列宁主义时代化。

附录Ⅱ　延伸阅读书目

一　经典著作与基本参考资料

列宁：《帝国主义论》，刘埜平译，上海：启智书局1929年版。

《列宁文选》第1卷，北京：人民出版社1953年版。

《列宁反对修正主义》，北京：人民出版社1958年版。

斯大林：《苏联社会主义经济问题》，北京：人民出版社1961年版。

列宁：《帝国主义是资本主义的最高阶段》，北京：人民出版社1964年版。

《列宁斯大林论帝国主义》，北京：人民出版社1964年版。

《列宁论帝国主义》，北京：人民出版社1974年版。

《斯大林选集》（上、下卷），北京：人民出版社1979年版。

中央编译局：《马列著作编译资料》第6辑，北京：人民出版社1979年版。

中央编译局：《马列主义研究资料》1982年第5辑，总第23辑，北京：人民出版社1982年版。

中央编译局：《马列主义研究资料》1983年第4辑，总第28辑，北京：人民出版社1983年版。

中央编译局国际共运史研究室编：《拉法格文选》，北京：人民出版社1985年版。

中央编译局：《马列主义研究资料》1988年第1辑，总第51辑，北京：人民出版社 1988 年版。

《毛泽东选集》第 1—4 卷，北京：人民出版社 1991 年版。

《列宁全集》第 1—60 卷，北京：人民出版社版。

《邓小平文选》第 3 卷，北京：人民出版社 1993 年版。

《邓小平文选》第 1—2 卷，北京：人民出版社 1994 年版。

中央编译局：《列宁研究》第 2 辑，北京：人民出版社 1993 年版。

《陈云文选》第 3 卷，北京：人民出版社 1995 年版。

中央编译局：《马克思恩格斯列宁斯大林研究》第 1 辑，北京：人民出版社 1996 年版。

《马克思恩格斯文集》第 1—10 卷，北京：人民出版社 2009 年版。

《列宁专题文集（论马克思主义）》，北京：人民出版社 2009 年版。

《列宁专题文集（论社会主义）》，北京：人民出版社 2009 年版。

《列宁专题文集（论资本主义）》，北京：人民出版社 2009 年版。

《列宁专题文集（论辩证唯物主义和历史唯物主义）》，北京：人民出版社 2009 年版。

《列宁专题文集（论无产阶级政党）》，北京：人民出版社 2009 年版。

《列宁选集》第 1—4 卷，北京：人民出版社 2013 年修订版。

列宁：《帝国主义是资本主义的最高阶段》，北京：人民出版社 2014 年版。

《马列著作编译资料》第 2 辑，北京：人民出版社 1979 年版。

《马列主义研究资料》1982 年第 3 辑，总第 21 辑，北京：人民出版社 1982 年版。

《马列主义研究资料》1984 年第 3 辑，总第 33 辑，北京：人民出版社 1984 年版。

《马列主义研究资料》1985 年第 6 辑，总第 42 辑，北京：人民出版社 1986 年版。

《马列主义研究资料》1989 年第 1 辑，总第 55 辑，北京：人民出版社 1989 年版。

二 国内专著

章汉夫：《〈帝国主义论〉读本》，上海：一般书店 1937 年版。

中央人民广播电台：《下月开始播讲帝国主义论 由郭大力教授在两个月内讲完》，载《人民日报》，1950 年版。

郭大力：《帝国主义论讲解》，生活·读书·新知三联书店 1951 年版。

苏联科学院经济研究所编：《政治经济学教科书》，中央编译局译，北京：人民出版社 1956 年版。

新华书店外文发行所：《列宁著作目录》，北京：新华书店外文发行所编印 1960 年版。

中共中央高级党校图书馆编：《马克思列宁主义经典著作目录》（增订本），北京：中共中央高级党校图书馆编印 1961 年版。

中央党校编写小组：《〈帝国主义是资本主义的最高阶段〉提要和注释》，北京：人民出版社 1974 年版。

《〈帝国主义是资本主义的最高阶段〉浅说》编写组：《〈帝国主义是资本主义的最高阶段〉浅说》，上海：上海人民出版社 1974 年版。

中国人民解放军后字二〇二部队理论组：《读列宁〈帝国主义论〉》，西安：陕西人民出版社 1974 年版。

南开大学政治经济系编：《〈帝国主义是资本主义的最高阶段〉浅说和注释》，北京：商务印书馆 1975 年版。

珍宝岛地区部队某部理论小组、鞍钢工人理论小组、中央党校编写小组：《〈帝国主义是资本主义的最高阶段〉提示和讲解》，北京：人民出版社 1975 年版。

中央编译局：《第二国际修正主义者关于帝国主义的谬论》，北京：

生活·读书·新知三联书店1976年版。

中国人民大学马列主义发展史研究所：《列宁思想史》，上海：上海人民出版社1981年版。

王茂湘：《列宁的〈帝国主义论〉和当代资本主义》，成都：四川人民出版社1982年版。

《红旗》杂志社国际部编：《论当代帝国主义经济——"帝国主义经济问题论坛"文集》，北京：红旗出版社1982年版。

《高等师范院校政治教育专业教学大纲》（上），北京：北京师范大学出版社1982年版。

苏绍智等主编：《布哈林思想研究》（译文集），北京：人民出版社1983年版。

尚德文：《列宁经济理论的形成和发展（1893—1913）》，北京：北京大学出版社1983年版。

陈其人：《帝国主义理论研究》，上海：上海人民出版社1984年版。

《列宁年谱》第3卷，北京：人民出版社1984年版。

《中学教师进修高等师范本、专科政治经济学教学大纲》（供公共政治理论课试用），北京：北京师范大学出版社1984年版。

《师范专科学校政治教育专业教学大纲（试用本）》，北京：北京师范大学出版社1984年版。

傅骊元、王茂根：《政治经济学（帝国主义部分）》，北京：北京大学出版社1984年版。

《经济研究》编辑部编：《论当代帝国主义》，上海：上海人民出版社1984年版。

《马克思主义基本原理》，长春：吉林大学出版社1985年版。

中共上海市委宣传部编：《马克思主义基本知识》，上海：上海人民出版社1984年版。

人民出版社马列著作编辑室编：《马克思、恩格斯、列宁、斯大林著作中文本书目、版本、简介（1950—1983）》，北京：人民出版社

1985年版。

李子猷、刘永佶、王毅武、宋宁：《列宁的经济学说》，西安：陕西人民出版社1988年版。

《马列著作选读·科学社会主义》，北京：人民出版社1988年版。

刘永佶：《政治经济学方法论史》，北京：中共中央党校出版社1988年版。

叶卫平：《西方"列宁学"研究》，北京：中国人民大学出版社1991年版。

蔡中兴：《当代帝国主义理论》，上海：上海三联书店1992年版。

商德文：《列宁经济思想发展史》，北京：经济科学出版社1992年版。

李忠杰：《列宁主义论纲》，南宁：广西人民出版社1992年版。

刘永佶：《政治经济学方法论》，上海：上海人民出版社1992年版。

马健行：《帝国主义理论形成史》，北京：中国社会科学出版社1993年版。

马健行、高峰等：《垄断资本概论——马克思主义的帝国主义理论·历史与当代》，济南：山东人民出版社1993年版。

蔡中兴、漆光瑛：《马克思主义经济思想史》，上海：复旦大学出版社1994年版。

北京图书馆编：《列宁著作在中国（1919—1992年文献调研报告）》，北京：书目文献出版社出版1995年版。

王元璋：《列宁经济发展思想研究》，武汉：武汉大学出版社1995年版。

叶卫平：《西方"马克思学"研究》，北京：北京出版社1995年版。

陈德兴：《列宁传》，北京：当代世界出版社1998年版。

张一兵：《回到列宁——关于〈哲学笔记〉的一种后文本学解读》，南京：江苏人民出版社1999年版。

陈学明编：《苏联东欧剧变后国外马克思主义趋向》，北京：中国人民大学出版社2000年版。

张翼星、贺翠香、陈岸瑛:《读懂列宁》,成都:四川人民出版社2001年版。

张亮:《"崩溃的逻辑"的历史建构》,北京:中央编译出版社2003年版。

李惠斌、叶汝贤主编:《当代中国的马克思主义》第2卷,北京:社会科学文献出版社2006年版。

马祖毅等著:《中国翻译通史·现当代部分》(第1卷),武汉:湖北教育出版社2006年版。

郑异凡:《布哈林论》,北京:中央编译出版社2006年版。

俞良早:《关于列宁学说的论争》,北京:中共中央党校出版社2006年版。

陈俊明主笔:《政治经济学批判:从〈资本论〉到〈帝国主义论〉》,北京:中央编译出版社2007年版。

王金存:《帝国主义历史的终结——当代帝国主义的形成和发展趋势》,北京:社会科学文献出版社2008年版。

俞吾金主编、汪行福执行主编:《国外马克思主义研究报告(2010)》,北京:人民出版社2010年版。

庄前生主编:《马克思主义经典文献的出版和传播研究》,北京:中国社会科学出版社2010年版。

姚开建编:《马克思主义经济学说史》,北京:中国人民大学出版社2010年版。

赵甲明、王代月:《〈帝国主义是资本主义的最高阶段〉导读》,北京:中国民主法制出版社2012年版。

田文峰:《列宁帝国主义理论的历史贡献与现代价值》,北京:中国社会科学出版社2013年版。

三 译著

〔苏〕得佛尔根:《论列宁的〈帝国主义是资本主义的最高阶段〉》,李少甫译,北京:中华书局1949年版。

〔苏〕列昂节夫:《怎样研读列宁的帝国主义论》,申谷译,上海:书报杂志联合发行所1950年版。

〔苏〕米·费·斯比利顿诺夫:《政治经济学讲义(手稿)》上册,北京:高等教育出版社1954年版。

〔苏〕И.Н.德伏尔金:《列宁——斯大林的帝国主义论》,大地译,上海:作家书屋1954年版。

〔苏〕依·斯·佐托夫:《垄断资本主义——帝国主义讲义(手稿)》,吴振坤、王世范、傅美文、吕文镜合译,北京:高等教育出版社1956年版。

〔苏〕依·普·尤弗利雅科夫:《论列宁的〈帝国主义是资本主义的最高阶段〉》,北京:中共中央高级党校1957年版。

〔苏〕瓦尔加:《帝国主义经济与政治基本问题》,北京:生活·读书·新知三联书店1958年版。

〔德〕罗莎·卢森堡:《资本积累论》,彭尘舜、吴纪先译,北京:生活·读书·新知三联书店1959年版。

苏共中央马克思主义研究院编:《列宁传》,马京、华国译,北京:生活·读书·新知三联书店出版1960年版。

〔苏〕鲍·尼·波诺马辽夫主编:《苏联共产党历史》,北京:人民出版社1960年版。

福斯特:《三个国际的历史——一八四八至一九五五年的国际社会主义和共产主义运动》,李潞等译,北京:生活·读书·新知三联书店1961年版。

〔英〕约·阿·霍布森:《帝国主义》,纪明译,上海:上海人民出版社 1960 年版。

〔苏〕娜·康·克鲁普斯卡娅：《列宁回忆录》，北京：人民出版社 1960 年版。

〔德〕卡尔·考茨基：《民族国家、帝国主义国家和国家联盟》，北京：生活·读书·新知三联书店 1963 年版。

〔苏〕卡拉达耶夫、雷金娜：《经济学说史（从马克思主义产生到伟大十月革命）讲义》，翟松年等译，北京：生活·读书·新知三联书店 1963 年版。

〔德〕卢森贝：《〈资本论〉注释》第二卷，北京：生活·读书·新知三联书店 1963 年版。

〔苏〕斯大林：《列宁主义问题》，北京：人民出版社 1964 年版。

〔德〕卡尔·考茨基：《帝国主义》，史集译，北京：生活·读书·新知三联书店 1964 年版。

《联共（布）党史简明教程》，人民出版社 1975 年版。

〔苏〕凯尔任采夫：《列宁传》，企程、朔望译，北京：生活·读书·新知三联书店 1975 年版。

〔英〕G. D. H. 柯尔：《社会主义思想史》（1—5 卷），北京：商务印书馆 1977 年版。

〔苏〕H. H. 伊诺泽姆采夫主编：《列宁的帝国主义论与当代现实》，张承辉等译，北京：中国社会科学出版社 1980 年版。

《列宁回忆录》（1—5 卷），北京：人民出版社 1982 年版。

〔德〕罗莎·卢森堡、〔苏〕尼·布哈林：《帝国主义与资本积累》，柴如金等译，哈尔滨：黑龙江人民出版社 1982 年版。

《回忆列宁》（1—5 卷），上海外国语学院列宁著作翻译研究室译，北京：人民出版社 1982 年版。

法共中央经济部：《国家垄断资本主义》（上册），北京：商务印书馆 1982 年版。

〔苏〕尼·布哈林：《世界经济与帝国主义》，蒯兆德译，北京：中国社会科学出版社 1983 年版。

〔苏〕卡拉达也夫、雷金娜：《经济学术史讲义》（下册），翟松年译，北京：人民出版社 1983 年版。

〔苏〕莎拉波夫、瓦列茨基：《列宁是怎样阅读书报杂志的》，黎鉴堂、戴松成译，北京：书目文献出版社 1984 年版。

〔苏〕A. M. 鲁勉采夫：《政治经济学教科书》（上册），刘家辉等译，北京：高等教育出版社 1984 年版。

〔苏〕A.M.鲁勉采夫主编：《政治经济学》（上册），北京：高等教育出版社 1985 年版。

〔德〕《拉法格文选》下卷，北京：人民出版社 1985 年版。

〔苏〕马·莫·罗森塔尔：《哲学家列宁》，北京：北京出版社 1985 年版。

〔英〕戴维·麦克莱伦：《马克思以后的马克思主义》，林春、徐贤珍等译，蔡声宁校，北京：东方出版社 1986 年版。

〔苏〕H. A. 查戈洛夫主编：《列宁的帝国主义理论与当代政治经济学的发展》，复旦大学世界经济系世界经济教研室译，上海：复旦大学出版社 1987 年版。

〔苏〕M. H. 雷季娜、E. Г. 华西列夫斯基、B. B. 戈洛索夫等著：《经济学说史》，周新成、吴小贺译，北京：中国人民大学出版社 1987 年版。

苏联高等和中等专业教育部社会科学教学主管局编写：《苏联高等院校政治理论课教学大纲》，吴虹滨、赵大伦译，北京：求实出版社 1987 年版。

〔南〕普蕾德腊格·弗兰尼兹基：《马克思主义史》第 2 卷，胡文建、杨达洲、贾泽林译，北京：人民出版社 1988 年版。

〔苏〕季诺维也夫：《列宁主义：列宁主义研究导论》，北京：东方出版社 1989 年版。

〔苏〕T.B.里亚布什金：《列宁著作与统计学》，王毓贤等译，北京：中国统计出版社 1991 年版。

〔巴西〕特奥托尼奥·多斯桑托斯：《帝国主义与依附》，毛金里等译，北京：社会科学文献出版社 1992 年版。

〔苏〕马·莫·罗森塔尔：《列宁帝国主义理论中的辩证法》，周秀凤、赵国顺等译，郑州：河南人民出版社 1992 年版。

〔德〕鲁道夫·希法亭：《金融资本——资本主义最新发展的研究》，福民等译，北京：商务印书馆 1994 年版。

苏联科学院经济研究所编：《政治经济学教科书》，中央编译局译，北京：人民出版社 1995 年版。

中央编译局：《马克思恩格斯列宁斯大林研究》第 1 辑，北京：人民出版社 1996 年版。

〔美〕路易斯·费希尔：《列宁的一生》，彭卓吾译，北京：北京图书馆出版社 2002 年版。

〔英〕M. C. 霍华德、〔英〕J. E. 金：《马克思主义经济学说史（1929—1990）》，顾海良、张新等译，北京：中央编译出版社 2003 年版。

〔英〕布鲁厄：《马克思主义的帝国主义理论》，陆俊译，重庆：重庆出版社 2003 年版。

〔意〕安东尼拉·萨洛莫尼：《列宁与俄国革命》，北京：生活·读书·新知三联书店 2006 年版。

〔英〕梅格纳德·德赛：《马克思的复仇——资本主义的复苏和苏联集权社会主义的灭亡》，汪澄清译，北京：中国人民大学出版社 2006 年版。

四 英文文献

Mayer Alfred, *Leninism*, Praeger, 1965.

Gliff Tone, *Lenin*, Pluto Press, 1972.

Louis Althusser, *Lenin and Philosophy, and Other Essays*, New York: Monthly Review Press, 1972.

Neil Harding, *Lenin's Political Thought*, New York: St. Martin's Press, 1977.

Besancon Alain, *The Intellectual Origins of Leninism*, Basil Blackwell, 1981.

Robert Service, *Lenin: A Political Life*, Volume 1, Houndmills, Basingstoke, Hampshire, RG21, 2XS and London: The Macmillan Press Ltd., 1985.

M.C. Howard, J.E. King, *A History of Marxian Economics*, Volume 1, 1883—1929, Houndmills, Basingstoke, Hampshire, RG21, 2XS, Macmillan Education Ltd., 1989.

Neil Harding, *Leninism*, Durham: Duke University Press, 1996.

Pipes Richard, *The Unknown Lenin*, Yale University Press, 1996.

White James D., *Lenin-the Practice and Theory of Revolution*, Palgrave, 2001.

Gooding John, *Socialism in Russia-Lenin and his Legacy, 1890—1991*, Palgrave, 2002.

Ronald Grigor Suny, *A State of Nations: Empire and Nation-Making in the Age of Lenin and Stalin*, Oxford; New York: Oxford University Press, 2001

Read Christopher, *Lenin-A Revolutionary Life*, Routledge, 2005.

Blanc Paul Le, *Marx, Lenin, and the Revolutionary Experience*, Routledeg, 2006.

Budgen, Sebastian, Kouvelakis Stathis, *Lenin Reloaded*, Durham and London: Duke University Press, 2007.

五　期刊论文

高俊逸：《〈帝国主义是资本主义的最高阶段〉的分析方法》，载

《学习与探索》1981年第4期。

李达昌：《列宁〈帝国主义论〉的方法论初探》，载《四川大学学报（哲学社会科学版）》1982年第1期。

姜琦、周尚文：《对〈联共（布）党史简明教程〉的几点看法》，载《书林》1982年第1期。

朱本源：《列宁究竟怎样评价资产阶级民主主义》，载《苏联历史问题》1985年第2期。

陈铁民：《"辩证法要素"与〈帝国主义论〉》，载《厦门大学学报（哲学社会科学版）》1985年第3期。

陈国新：《〈帝国主义论〉分析和综合相结合的方法探析》，载《西南民族学院学报（哲学社会科学版）》1987年第2期。

苏振富：《〈帝国主义论〉的逻辑与〈资本论〉的逻辑的比较研究》，载《厦门大学学报（哲学社会科学版）》1987年第2期。

关山：《西方史学研究中的"帝国主义理论"》，载《国外社会科学》1993年第1期。

刘淑春等译：《前苏联学术界对列宁的帝国主义理论的几个问题的看法》，载《马克思主义与现实》1994年第1期。

郑异凡：《对"超帝国主义"理论的批判和留下的问题》，载《世界历史》1995年第6期。

肖枫：《列宁的〈帝国主义论〉与当代资本主义》，载《当代世界与社会主义》1997年第3期。

刘淑春：《美国学者布劳特撰文捍卫列宁的帝国主义理论》，载《国外理论动态》1998年第4期。

姚天皎、田晓霞：《重新审视帝国主义——重读列宁〈帝国主义是资本主义的最高阶段〉》，载《马克思主义研究》1999年第4期。

刘淑春：《俄罗斯共产党眼中的列宁》，载《高校理论战线》2000年第5期。

林锋、林秀琴：《国外学术界的列宁晚年社会主义观研究综述》，载

《马克思主义研究》2002年第1期。

权文荣：《列宁帝国主义论的理论缺环》，载《人文杂志》2003年第6期。

梁波、冯炜、陈凡：《"帝国主义"概念的变种——重温列宁〈帝国主义是资本主义的最高阶段〉》，载《东北大学学报》2003年第5期。

布成良：《全球化与帝国主义：批判及辩护——重读列宁的帝国主义论》，载《当代世界与社会主义》2003年第6期。

吴波：《列宁帝国主义论的当代沉思——兼论20世纪以来资本主义的历史定位》，载《当代世界与社会主义》2004年第4期。

〔斯洛文尼亚〕斯拉沃热·齐泽克：《〈帝国〉：21世纪的〈共产党宣言〉?》，张兆一摘译，载《国外理论动态》2004年第8期。

王丽华：《国外列宁研究中的不同观点》，载《当代世界与社会主义》2005年第6期。

左凤荣：《戈尔巴乔夫对外战略的调整与中苏关系正常化》，载《探索与争鸣》2005年第10期。

熊乐兰、詹真荣：《国外学者关于列宁帝国主义理论的研究综述》，载《杭州师范学院学报》（社会科学版）2006年第6期。

唐玉琴：《赫鲁晓夫的对外战略思想评析》，载《聊城大学学报》（社会科学版）2006年第6期。

曲延春：《列宁是如何认识和对待马克思主义的——论列宁的马克思主义观及其现实意义》，载《探索》2006年第6期。

〔埃及〕萨米尔·阿明：《帝国与大众》，段欣毅译，载《国外理论动态》2007年第5期。

姚顺良：《第二国际关于资本主义现代形态理论的当代审视——兼论列宁经典帝国主义理论的贡献和缺陷》，载《南京大学学报》2007年第1期。

高岱：《帝国主义概念考析》，载《历史教学》2007年第2期。

刘霏:《中国理论界对列宁新经济政策相关著作研究综述》,载《江汉论坛》2007年第2期。

夏银平:《列宁与俄国民粹主义关系再认识》,载《社会科学家》2007年第1期。

俞良早:《被曲解的列宁与真实的列宁》,载《中共天津市委党校学报》2007年第1期。

陈征:《对帝国主义本质和规律的深刻揭示——列宁〈帝国主义是资本主义的最高阶段〉的主要内容及其意义》,载《高校理论战线》2007年第2期。

宋朝龙:《列宁帝国主义论中的三条线索——对传统"五大特征论"的质疑》,载《海南大学学报》2008年第5期。

曹苏红、王立强:《"〈资本论〉〈帝国主义论〉与当前西方金融危机"学术研讨会综述》,载《高校理论战线》2009年第7期。

刘怀玉:《列宁帝国主义理论的当代意义》,载《中国社会科学报》2011年4月22日。

后 记

100年前，十月革命开辟了人类历史的新纪元，这是马克思列宁主义在世界无产阶级革命背景下的重大胜利，标志着科学社会主义的新飞跃和新进展。

100年后，中国特色社会主义伟大事业蒸蒸日上，中国共产党领导中国人民开辟了中国特色社会主义的新道路、形成了新理论、确立了新制度、塑造了新文化。这是马克思列宁主义发展进程中的新态势、新境界、新探索。

今年恰逢十月革命胜利100周年，本书作为向伟大的十月革命致敬的礼物，笔者倍感高兴。

今天，书稿终于和大家见面了，看着自己的辛苦劳动有了回报，很是感慨。一是书稿从最初的选题设定到入选"国家出版基金"的资助项目，得益于丛书编委会的举荐和信任。虽然本书尚存不足，但的确是著者的凝汗之作，是著者回报编委会的用心体现。本书撰写分工明确，团队成员各尽其才，不求完美无缺，但求无愧于心。二是书稿撰写过程中的艰辛超出预料，不但个别古旧版本和译本，不易找寻，而且即便沙里淘金，幸偶得寻，也往往价格昂贵且纸张残破、字迹隐淡、体例繁杂、排版怪异。这给考证、甄别工作带来了数不清的麻烦，有时为了确证其中某个译本或专有术语，需要多方资料信息的佐证方能求得最终结果的客观性。"费时费力"和"冷板凳"用在我们这项工作上，可以说是恰如其分。当然，乐观一些的话，如果我们这份"费时费力"的工作，能为学界的进一步研究提供些许帮助，哪怕是资料性的帮助，那也是

后 记

"痛并快乐着"的欣慰之事。

本书充分发挥了团队成员的研究所长,大家虽然工作单位不同,但在信仰、继承、研究和发展马克思主义这个问题上,不但志同道合,而且都有高度的责任感。在写作过程中,同志们多次商讨交流,从整体框架到章节目细节,以及各自分工都认真对待,不敢有丝毫马虎。李惠斌研究员不但负责本书的整体撰写指导工作,而且还承担了第七章的写作任务,让人感动。团队分工如下:

刘长军(中国青年政治学院副教授):中文摘要,导言,后记,第一章第一、二、三节,第二、三、四、五、八、九章,全书统稿。

李惠斌(中央编译局研究员):第七章

韩海涛(中国人民大学副教授):第六章

陈昀(中国青年政治学院研究生):第一章第四节

李云云:(中国人民大学研究生):参考资料

徐文芬:(中国人民大学博士生):英文摘要

本书在写作过程中,始终得到了中央编译局的大力支持,得到了杨金海、季正聚、薛晓源、冯雷等诸多专家学者的具体指导,中央编译出版社的盛菊艳和李媛媛编辑不辞辛苦,多次催联,使得该书及时面市。中国人民大学的博士生郎慧慧,硕士生白万超、许鹏、赵萌祺、祝伟伟等,尤其是李云云和陈昀认真核对了书中引文。此外,尚有提供若干帮助的其他亲友、学人,虽未写入后记,也在此一并致谢。

虽然本研究成果历时3年,但由于研究对象的特殊性,加上由于一些译本、版本年代久远,虽然能在某个间接资料上接触和了解,却碍于客观原因不能获得第一手资料,这不能不是一个遗憾。因此,书中肯定还有尚待完善之处,甚至还存有瑕疵和错误,欢迎读者提出批评和建议。无论你的建议如何,我们都心存感激。

刘长军

2017年4月8日于中青政弘德楼706

书在版编目（CIP）数据

宁《帝国主义是资本主义的最高阶段》研究读本／刘长军，
海涛，李惠斌编著．—北京：中央编译出版社，2017.11
马克思主义经典著作研究读本／杨金海，李惠斌主编）

BN 978-7-5117-3430-3

.①列… Ⅱ.①刘… ②韩… ③李… Ⅲ.①《帝国主义
资本主义的最高阶段》-列宁著作研究 Ⅳ.①A821.26

国版本图书馆 CIP 数据核字(2017)第 259746 号

宁《帝国主义是资本主义的最高阶段》研究读本

版　人：	葛海彦
版统筹：	贾宇琰
任编辑：	李媛媛
任印制：	刘　慧
版发行：	中央编译出版社
址：	北京西城区车公庄大街乙 5 号鸿儒大厦 B 座（100044）
话：	(010) 52612345（总编室）　　　(010) 52612335（编辑室）
	(010) 52612316（发行部）　　　(010) 52612317（网络销售）
	(010) 52612346（馆配部）　　　(010) 55626985（读者服务部）
真：	(010) 66515838
销：	全国新华书店
刷：	北京汇林印务有限公司
本：	787 毫米×1092 毫米　1/16
数：	418 千字
张：	29.75
次：	2017 年 11 月第 1 版
次：	2017 年 11 月第 1 次印刷
价：	104.00 元

址：	www.cctphome.com　　邮　箱：cctp@cctphome.com
浪微博：	@中央编译出版社　　微　信：中央编译出版社（ID：cctphome）
宝店铺：	中央编译出版社直销店（http://shop108367160.taobao.com）　(010)52612349

社常年法律顾问：北京市吴栾赵阎律师事务所律师　闫军　梁勤
有印装质量问题，本社负责调换。电话：(010)55626985